김승규 목사의
창세기 강의

"너는 복이 될지라"
김승규 목사의 **창세기 강의**

발행일   2026년 4월 30일

지은이   김승규
펴낸이   백대현
펴낸곳   도서출판 정기획(Since 1996)
출판등록   2010년 8월 25일(제2010-000003호)
주소   경기도 시흥시 서촌상가4길 14
전화번호   (031)498-8085, 010-2310-8085
팩스번호   (031)498-8084
이메일   cad96@naver.com

ISBN   979-11-93579-22-0 03230 (종이책)   979-11-93579-23-7 05230 (전자책)

김승규 목사의
창세기 강의

김승규 지음

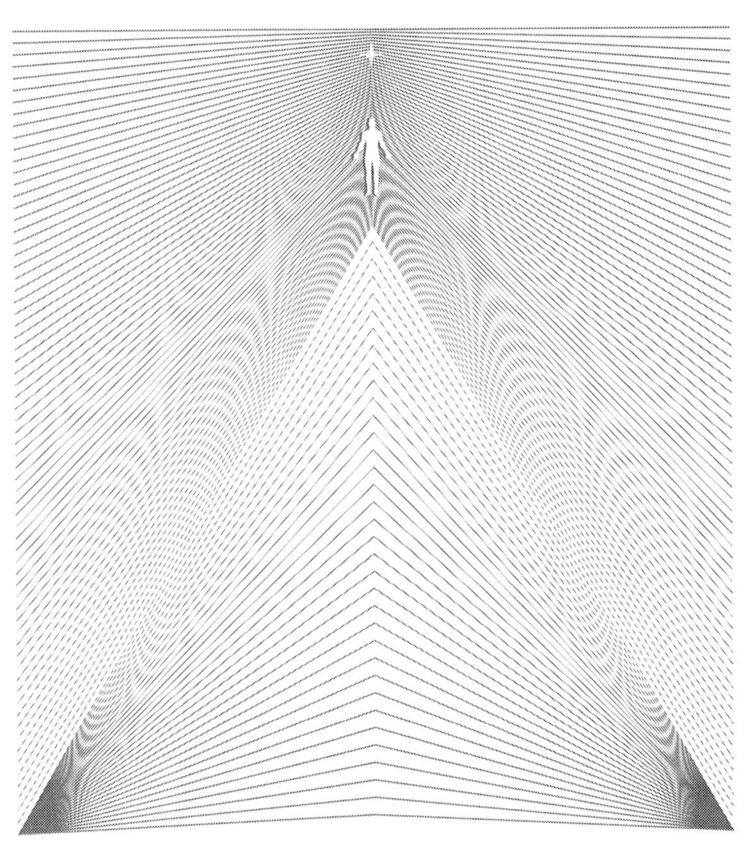

정기획

모든 이야기의 시작, 창세기에서 다시 만난 하나님

성경을 읽을 때, 우리는 자주 이런 질문을 하게 됩니다. "하나님은 왜 이렇게 하셨을까?", "내 인생은 도대체 어디에서부터 잘못된 걸까?", "지금 나의 이 믿음, 이 길은 어디로 향하는 것일까?"

그 질문의 시작점에 바로 『창세기』가 있습니다. 성경의 첫 책인 창세기는 단지 옛날이야기를 모아 놓은 책이 아닙니다. 우리의 시작을 말해 주는 책입니다. 하나님이 세상을 어떻게 만드셨는지, 왜 인간은 죄에 빠지게 되었는지, 그리고 그럼에도 불구하고 하나님은 어떻게 우리를 다시 찾아오셨는지. 이 모든 이야기가 창세기에 담겨 있습니다.

이 책은 제가 목회 현장에서 하나하나 설교하며 성도들과 함께 나누었던 창세기 말씀을 정리하여 묶은 것입니다. 매주 주일마다 본문을 묵상하고, 무릎 꿇어 기도하며, 한 사람 한 사람의 삶에 이 말씀이 어떻게 닿을까를 고민하며 전한 말씀들입니다. 그래서 이 책에는 단순한 해석이나 설명만이 아니라, 말씀을 살아내고자 했던 사람들의 이야기, 위로받고 회복되었던 간증, 다시 시작하게 된 용기와 같은 실제적인 믿음의 흔적들이 담겨 있습니다.

창세기를 따라가다 보면, 하나님께서 얼마나 섬세하고 인격적으로 우리와 함께하시는 분인지 알게 됩니다. 아담과 하와, 노아, 아브라함, 이삭, 야곱, 요셉, 그리고 유다, 그 모든 인물의 이야기가 사실은 우리 이야기이기도 하기 때문입니다. 그들도 우리처럼 실수했고, 넘어졌고, 때로는 하나님을 오해하기도 했습니다. 그러나 하나님은 그런 그들을 끝까지 붙드시고, 그들의 실패를 통해 하나님의 계획을 이루셨습니다.

혹시 지금 삶이 복잡하고 혼란스럽고, 때로는 내 믿음이 흔들리는 듯한 분이 계시다면, 창세기의 하나님을 다시 만나시길 바랍니다. 말씀 속에서 우리 삶의 본질이 무엇인지, 하나님이 우리를 향해 어떤 계획을 가지고 계신지 다시금 깨닫게 될 것입니다. 성경의 첫 페이지에서 우리는 하나님 사랑의 첫걸음을 만나게 됩니다.

이 책 '창세기 강의'는 목회자인 저의 눈으로 본 창세기, 그리고 평신도의 삶을 향해 던져지는 하나님의 음성을 담고자 했습니다. 복잡하지 않되 깊이 있게, 무겁지 않되 진지하게, 말씀을 사랑하는 모

든 성도가 창세기를 통해 더 깊은 하나님의 마음을 느끼시기를 소
망합니다.

　말씀이 길이 되고, 말씀이 위로가 되며, 말씀이 나를 다시 살리는
은혜의 통로가 되기를 바랍니다. 그 여정에 이 책이 조용히 동행할
수 있다면, 그것으로 감사하겠습니다.

2026년
김승규 목사 드림

차례

왜 창세기를 공부합니까?

말씀 창세기 1:1
요절 창세기 1:1
"태초에 하나님이 천지를 창조하시니라"

"태초에 하나님이 천지를 창조하시니라"(창세기 1:1). 성경의 첫 문장은 모든 신앙 여정을 시작하게 만드는 위대한 선언입니다. 이 한 구절은 온 우주와 인간 존재의 기원을 밝히며, 하나님의 주권과 창조 의도를 드러냅니다. 그리고 창세기의 나머지 모든 장은 이 선언에 색깔을 입히고 맥락을 부여하며, 인간과 하나님의 관계, 죄와 구원의 이야기, 약속과 믿음의 역사를 하나하나 풀어갑니다.

『창세기』는 단지 세상의 기원을 설명하는 고대 문서가 아닙니다. 이것은 오늘날을 살아가는 우리 신앙인에게 여전히 살아있는 말씀입니다. 이 책 안에는 왜 인간이 하나님을 떠나게 되었는지, 그럼에도 불구하고 하나님은 어떻게 한 사람 아브라함을 불러 새 역사를 시작하셨는지, 하나님의 언약이 어떻게 세대를 넘어 이어지는지를 보여줍니다. 따라서 창세기를 묵상한다는 것은 곧 우리의 뿌리를 찾고, 하나님의 구속사 가운데 내 위치를 돌아보는 일입니다.

창세기 안에는 모든 진리가 배종(胚種)으로 숨겨져 있습니다. 예를 들어 수박씨 안에 장차 수박이 될 요소가 숨어 있는 것과 같이, 앞으로 나타날 모든 계시의 뿌리가 창세기 안에 숨겨져 있다는 것입니다. 복음은 창세기 3:15절에 원시 복음으로 나타나고, 창세기 12:2절에서 본격적으로 시작됩니다. 그리고 시편과 선지자를 통해 더 선명한 계시가 나타나다가 예수님께서 이 땅에 오심으로 복음이 완전히 드러나게 되었습니다. 그러므로 창세기를 공부하지 않고는 모든 것의 기원 문제와 진리의 근본을 알 수 없게 됩니다. 그러면 우리가 창세기를 통해 깊이 생각해 보고 얻어야 하는 것이 무엇입니까? 왜 창세기를 공부해야 합니까?

첫째, 나의 존재 의미와 목적을 알기 위해

우리는 세상을 살아가면서 많은 의문이 생깁니다. 우리는 스스로 '나는 왜 태어났는가?', '나는 왜 살아야 하는가?', 어떻게 살아야 하며 무엇을 위해 살아야 하는가? 등 많은 질문을 해 봅니다. 이는 인류가 지금까지 찾고자 했던 인생에 있어서 아주 중요한 문제들입니다. 이 문제가 해결되지 않고는 진정한 의미에서 인생을 산다고 할 수 없습니다.

사람들은 우리 인생을 장거리 마라톤 경주에 비유합니다. 내리막길이 있는가 하면 오르막길이 있고 그 길을 인내하며 하루하루 한 발을 내딛고 있는 것이기 때문입니다. 그런데 출발점이 있으면 반드시 골인점이 있습니다. 아무리 힘차게 달리고 부지런히 뛰어도 골인점을 모른다고 하면 그 사람은 헛된 수고만 하고 있는 것입니다. 이처럼 우리 인생도 분명한 인생의 목적을 모르면 방황하게 되는 것입니다. 어느 날 깨어보니 남들이 달리니까 자기도 달리고 있을 뿐, 왜 달리고 있는지 골인점이 어디인지도 모르고 무작정 달리고 있다면 이것보다 더 비참한 것은 없습니다. 내가 누구인지도 모른 채 그저 주어진 인생 산다고 하는 것처럼 고역은 없습니다. 건축가가 집을 지을 때도 설계도가 있습니다. 그렇기에 멋지고 아름다운 집을 지을 수 있습니다. 나의 존재는 세상에서 가장 멋진 인생의 집을 지을 수 있는 존재라는 사실을 생각해 보았는지요?

우리는 연습 없는 인생이라는 연극의 본 무대에 올려진 내 인생의 주연입니다. 나는 어떤 연기를 해야 할 것인가? 나는 누구이며 무엇을 어떻게 해야 하는가? 연극은 연습이 있지만 인생은 연습이 없습니다. 내 인생에 주어진 대본은 무엇인가 생각해보았는지요? 나의 인생에서 나는 지금 엑스트라의 인생을 살고 있지는 않은지, 어떤 동작을, 어떤 대사를 해야 할지 몰라 당황하고 있지는 않은지, 조용히 생각해 보아야 합니다.

분명한 골인점이 있다면 오늘 내가 달리는 길이 오르기 힘든 언덕이라도 의미가 있습니다. 많은 사람이 보통 그저 그런 삶을 추구하며 살아갑니다. 흔히들 안정된 직장과 자가용, 내 집, 부와 명예 등 이런 것들을 목적으로 하며 남과 같이 살아갑니다. 그러나 이런 것들은 삶의 수단이요, 조건이지 결코 진정 인생이 추구하는 목적은 될 수 없습니다. 수단이 목적이 되어서 많은 사람이 삶의 갈증과 권태를 느끼고 수많은 전쟁과 싸움 등 비도덕적인 문제들이 발생해왔습니다. 결국, 내가 누구인가? 인생의 분명한 목적과 의미가 무엇인가? 등 본질 문제가 해결되지 않는 한 우리는 진정한 의미에서 인생을 산다고 볼 수 없습니다. 그런데 그 어느 누구도 이 질문에 대해 해답해 주는 이가 없습니다. 많은 책을 읽어 보아도 분명한 해답이 없습니다. 그래서 많은 사람이 적당하게 인생을 즐기며 살아갑니다. 그러나 근본적으로 인생의 허무와 공허함을 해결할 수 없기 때문에 방황합니다. 하루하루 의미 없는 삶을 되풀이하며 살게 됩니다. 그리고 이런 본질적인 문제보다 우선 당면한 실존 문제 해결에 급급하며 살아갑니다. 그런 자신이 한심해 보이지만 별 뾰족한 수가 없습니다.

그러면 인간이 왜 본질적인 질문들에 대한 해답을 얻을 수 없습니까? 그것은 인간을 창조하신 하나님을 알지 못하기 때문입니다. 우리는 거울이 없으면 자기 모습을 알 수가 없습니다. 컴퓨터가 여러 개의 쇳덩이가 굴러다니다가 우연히 모여 만들어진 기계라고 생각하는 사람은 없을 것입니다. 반드시 만든 주인이 있습니다. 우연히 쇳덩이가 뭉쳐진 것이라고 여길 때 그 컴퓨터 스스로는 우연히 이 땅에 존재할 뿐이지 어떤 능력과 기능이 있으며, 무엇을 위해 이 땅에 존재하고 살아가는지 그 의미와 목적을 찾을 수 없을 것입니다. 그것을 만든 주인이 있기에 그 컴퓨터는 이 땅에 존재하게 되었고, 존재하고 있다는 자체는 어떤 목적과 의미가 있는 것입니다. 그 존재 목적은 주인만이 가장 잘 알 것입니다. 컴퓨터도 인간이 만들었기에 그를 만든 사람이 컴퓨터를 가장 잘 알 수 있고 컴퓨터는 인간들 속에 있을 때 그 존재 의미가 있는 것입니다.

그렇다면 인간은 우연이 만들어진 것입니까? 인간이 우연히 여러 세포가 모여, 탄소 수소 질소 액체 등이 모여 이루어진 우연의 산물이라고 생각하는 것은 어리석은 일입니다. 우연의 산물이라고 생각하는 데서 인생의 본질에 대한 해답을 얻지 못한 것입니다. 나름대로 인간이 살아가는 도덕 규범과 사회 제도를 만들고 과학 문명은 발달시켰지만 그것이 인간의 본질에 대해 대답해 주지는 못하였습니다. 나라는 존재는 우연히 이 땅에 존재하는 것이 아니라 그 무엇과도 바꿀 수 없는 분명한 이유와 목적을 가지고 창조된 하나님의 피조물로서 가장 고귀한 존재입니다.

그러므로 온 우주와 만물과 인간을 창조하시고 나를 창조하신 하나님이 어떤 분이신지를 알게 되면 거울로 자기 모습을 비춰보듯 내가 누구이며, 어떤 존재인지 밝히 알게 됩니다. 우리가 절대자 앞에서 자기 발견을 하게 될 때만이 가장 보람되고 행복한 삶을 살 수 있습니다. 한 번뿐인 인생의 분명한 목적과 방향이 서게 됩니다. 시작이 있으면 반드시 끝이 있습니다. 사물은 무엇이나 목적이 있습니다. 태어났다는 자체로 우리 인생은 그 목적과 의미와 뜻이 있는 것입니다. 그러므로 나를 알려면 창조주 하나님을 알아야 합니다. 그러면 하나님을 어떻게 알고 체험할 수 있는 것입니까?

둘째, 하나님이 누구신지 알게 됩니다.

기독교에 대해서 알고자 한다면 제일 먼저 하나님이 어떤 분인지 알아야 합니다. 기독교의 하나님은 철학자들이 말하는 이론적인 신이나 관념적인 신이 아닙니다. 기독교의 신은 태초에 천지를 창조하신 권능의 하나님이요, 이성적인 사랑의 하나님이십니다. 하나님은 살아 계시며 영원토록 동일한 분이십니다.

이 하나님을 알려면 어떻게 해야 합니까? 무엇보다 성경을 공부해야 합니다. 성경은 하나님이 자신을 계시해 준 유일한 책이기 때문입니다. 우리는 자연을 통해서 살아계신 하나님의 신성과 권능을 알 수 있습니다. 만물 가운데 하나님의 신성과 능력이 나타나 있기 때문입니다. 이를 자연 계시라 합니다. 그러나 이러한 자연 계시만으로 하나님을 알기에는 너무 막연합니다. 그래서 하나님은 인간들에게 특별한 방법으로 자신을 계시하셨습니다. 이것이 특수 계시입니다. 특히 하나님께서는 자기의 아들 예수님을 세상에 보내서서 하나님이 어떤 분이신지 밝혀 주셨습니다. 이 모든 계시를 모아 놓은 책이 바로 성경입니다. 그러므로 성경을 공부하지 않고서는 하나님을 바로 알 수 없습니다.

열심히 신앙생활을 하다가 믿음을 버리는 사람들이 많습니다. 그들의 이야기를 들어보면 공통점을 발견하게 됩니다. 그것은 하나님에 대해 너무나 무식하다는 사실입니다. 예배의 대상을 모르면서 하나님을 예배한다는 것은 미신과 다름이 없습니다. 결국 그들은 자기들이 생각해낸 자기 나름대로의 신을 섬기다가 신앙의 참도를 알지 못하고 도중에서 포기하거나 나쁜 영향만 끼치게 되는 것입니다.

이제 마태복음을 마치고 금주부터 창세기를 배우게 됩니다. 특히 창세기 안에는 하나님이 어떤 분이신가 자세히 보여주고 있습니다. 앞으로 창세기를 공부하며 나의 하나님을 만날 수 있기를 기도합니다. 우리는 열린 마음으로 진리를 추구할 줄 알고 그것이 참된 진리이면 진리 앞에 머리를 숙일 줄 알아야 합니다. 하나님께서 지혜와 계시의 정신을 주사 창세기 말씀을 바르게 깨달을 수 있도록 역사하시길 기도합니다.

셋째, 하나님의 구속 역사에 귀히 쓰임받기 위해

창세기는 하나님의 구속 역사에 쓰임받은 아브라함, 이삭, 야곱의 세 조상과 요셉이 나옵니다. 하나님은 아브라함과 이삭과 야곱의 하나님이 되십니다. 하나님은 개개인의 인격적인 하나님이요, 역사 가운데 살아 역사하시는 역사의 하나님입니다. 하나님은 지금도 친히 구속 역사를 이루고 계십니다. 이 땅에는 아브라함과 이삭과 야곱과 같은 믿음의 조상이 필요합니다. 창세기 공부를 통해 믿음의 조상으로 영원한 구속 역사에 귀히 쓰임받을 수 있기를 축원합니다.

천지를 창조하신 하나님(I)

말씀 창세기 1:1-25
요절 창세기 1:1

"태초에 하나님이 천지를 창조하시니라"

오늘 공부하는 창세기 1:1-25절은 천지와 만물이 어떻게 존재하게 되어 우주 역사가 시작되었는가? 세상 만물의 존재 의미가 무엇인가? 또한 이 세상 역사를 시작하신 하나님은 어떤 분이신가를 증거하고 있습니다. 이 부분을 2주에 걸쳐 1부와 2부로 설교를 하는데 오늘은 그 1부로 창조주 하나님과 절대적인 나의 존재를 새롭게 발견할 수 있기를 축원합니다.

1. 천지 창조

다같이 창세기 1:1절 말씀을 읽어 봅시다. "태초에 하나님이 천지를 창조하시니라"("In the beginning God created the heavens and the earth.") 이 말씀은 천지가 언제, 어떻게 존재하게 되었는가를 선포하는 실로 놀라운 말씀입니다. 본문은 '천지'가 태초에 하나님의 창조로 인해 존재하게 되었음을 밝혀 줍니다. 이 천지는 이름 그대로 하늘과 땅인데 하늘은 복수(heavens)로, 땅은 단수(earth)로 쓰고 있습니다. 이 천지는 곧 거대한 우주 공간과 인간이 살고 있는 역사의 중심지인 지구를 가리킵니다.

"태초에 하나님이 천지를 창조하시니라." 하는 말씀은 우주 만물의 근원에 대한 명쾌한 해답을 주고 있습니다.

인간은 생각하기 시작한 때부터, '인간이란 무엇인가? 어떻게 살아야 참 행복한 인생을 살 수 있는가? 인간은 왜 죽는가? 죽으면 어떻게 되는가?' 하는 실존적인 문제들에 대해 끊임없이 질문해 왔습니다. 이런 질문에 해답을 얻으려 하니 자연히 '이 우주와 만물은 어떻게 존재하게 되었으며, 어디로 향해 가고 있는가?' 하는 근본 문제들을 탐구하지 않을 수 없었습니다.

우주 만물이 어떻게 존재하게 되었는가에 대한 고전적 견해로는 물, 불, 흙, 혹은 공기들이 우주 만물의 시작이라고 말한 BC 7세기경의 고대 희랍의 자연 철학자들의 견해가 있었습니다.

그러나 19세기 이후 대부분의 사람이 받아들이고 있는 견해는 찰스 다윈이 체계화한 진화론입니다. 진화론에서는 원시 대기에 있던 탄소, 수소, 질소 등 오늘날 생명체를 구성하고 있는 기본 요소들이 합성되어 아미노산이 되고, 아미노산이 모여 단백질을 형성, 생명체가 탄생되었다고 말합니다. 그리고 단세포인 미생물에서 오늘날과 같은 동식물로 진화했다는 것입니다.

그러나 이 견해는 근원 문제에 대한 해답이 될 수 없습니다. 왜냐하면 첫째로 '탄소, 수소, 질소 등 기본 원소들은 어디서 생겨나게 되었는가?'에 대해서는 설명하지 못하기 때문입니다. 둘째로 생명의 신비에 대한 해답을 주지 못하기 때문입니다. 무기물에서 어떻게 생명체가 생겨났는가? 단일 원소에서 어떻게 이 세상에 존재하는 200만 종이 넘는 갖가지 동식물이 생겨날 수 있는가? 더구나 인간만을 생각해 보더라도 인간은 파스칼의 말대로 "생각하는 갈대"요, 칸트가 말한 대로 마음에 도덕율을 가진 "자유와 양심의 존재"입니다. 기뻐하고, 슬퍼하고, 사랑하고, 즐거워하는 희비애락의 존재요, 지성과 감성과 의지를 가진 신비한 인격의 존재입니다. 이런 인간의 영혼과 양심과 인격이 어떻게 무기 물질이나 원자나 분자 간의 우연적 충돌의 산물이라는 아메바에서 생겨날 수 있습니까? 이처럼 우주 만물의 근원이나 생명의 신비를 밝힐 수 없는 진화론은 인간이 만든 하나의 가설(hypothesis)에 불과합니다.

그런데 창세기 1:1절은 우주 만물의 근원에 대해 명쾌한 해답을 줍니다. "태초에 하나님이 천지를 창조하시니라." 여기서 '태초'(베레쉬트)라는 시점은 '맨 처음'이라고 번역될 수 있는 말로서 우주 역사의 시작점을 말합니다. 이 시점에서부터 시간이라는 개념이 시작됩니다. 우주 역사의 시작 이전은 '영원'(eternity)입니다. 이 영원은 유한하여 시간을 초월할 수 없는 인간의 머리로써는 이해할 수 없습니다. 예수님께서는 요한복음 17:5절에서 '아버지여 창세 전에 내가 아버지와 함께 가졌던 영화로써 지금도 아버지와 함께 나를 영화롭게 하옵소서'라고 기도하셨습니다. 1절에서 "태초에 하나님이" 하는 이 말씀은 태초 이전, 곧 우주 역사가 시작되기 이전의 영원 속에 이미 하나님이 존재하고 계셨다는 사실을 밝혀 줍니다.

그래서 요한 사도는 요한복음 1:1절에서 "태초에 말씀이 계시니라

이 말씀이 하나님과 함께 계셨으니 이 말씀은 곧 하나님이시니라"라고 했습니다. 요한 사도가 말하는 태초는 창세기 1:1절의 태초가 아니라, 삼위 하나님이 존재하시는 시공을 초월한 영원을 말하는 것입니다. 세상을 우주와 만물의 근원(아르케)은 곧 이 하나님이십니다. 다시 정리하면 영원 세계에 계신 만물의 근원이신 태초의 하나님이(요1:1) 우주 만물 창조를 시작하신 그 첫 시작점이 바로 창세기 1:1절의 태초입니다.

또한 본문은 이 하나님께서 창조 행위를 하심으로 '천지'가 생겨났음을 선포합니다. '창조'(바라)라는 단어는 '무에서 유를 내다'는 뜻으로 히브리어에서는 하나님에게만 사용되었습니다. 그런데 골로새서 1:16, 17절은 이 세상의 가시적인 것뿐 아니라 눈에 보이지 않는 세계 곧 천사, 영의 세계, 우리 속에 있는 마음, 양심 등 모두 하나님이 창조하셨음을 밝힙니다. 또한 창1:11, 12, 21, 24, 25절은 이 땅에 200만 종이 넘는 동식물들이 존재할 수 있는 것은 하나님께서 '각기 종류대로'(according to their kinds) 창조하셨기 때문임을 밝혀 줍니다. 또 1:27절은 인간이 신비한 인격을 갖게 된 것은 하나님 자신의 형상(성품, 속성)을 따라 창조하셨기 때문임을 밝혀 줍니다.

"태초에 하나님이 천지를 창조하시니라." 이 말씀은 변할 수 없는 역사적 사실이요, 우주와 만물의 기원에 대한 유일하고 명쾌한 해답이요 절대 진리의 말씀입니다.

반면 허구로 가득 찬 진화론 가설은 인본주의 사상이 고조되던 19세기 중엽 하나님을 부인하고 인간의 위대함을 세우려는 교만한 인간들의 몸부림에서 나온 것입니다. 오래전 1980년 10월 16~19일 시카고의 한 박물관에서 생물학, 분자생물학, 유전학, 화석학, 해부학 등의 세계적인 석학 160명의 세계 진화론자 학회가 열렸습니다. 그리고 이들은 '소진화가 일어난다 해서 그것을 확대하여 대진화(종에서 종으로 바뀌는 진화)가 일어난다고 할 수 없다'는 결의를 함으로써 스스로 종의 창조를 인정하고 진화론을 부정하기에 이르렀습니다. 그런데도 세상의 교육을 받은 대부분의 지성인이 과학적 증명이 없는 진화론을 의심 없이 과학적 진리로 믿고 있습니다.

그 이유가 무엇입니까? 이는 교과서의 가르침을 절대 진리로 받아들이는 초등학교 시절부터 이 가설을 과학적 진리로 교육받아옴으로 사실은 진화론이 무엇인지도 모르면서 진화론 가설 맹신자가 되어 버렸기 때문입니다. 그러므로 시편 기자는 말하기를 "어리석은 자는 그 마음에 이르기를 하나님이 없다 하도다" 하였습니다(시14:1). 과학이 점점 발달할수록 진화론의 이론은 무색해지고 하나님의 창조 주권은 더욱 세워지고 있습니다.

생명체의 기원에 관한 이론만 하더라도 단백질은 수십 수백 개의 아미노산으로 구성되는바 100개의 아미노산이 특정 순서로 배열되어 단백질이 형성될 수 있는 가능성이 10의 130승 분의 1이라고 합니다. 그리고 영국의 저명한 천체물리학자인 프레드 호일 박사(1915~2001)는 세포는 단백질 수천 개, DNA, RNA, 세포막, 에너지 시스템 등을 포함하므로 단세포 생명체의 무작위 형성 확률은 10의 4만 승 분의 1이라고 합니다. 수학의 통계 확률에서 10에 50승 분의 1 이하는 확률이 0으로써 이는 일어날 수 없다고 합니다.

또한 단백질이 화학 물질로서 그 자체에는 아무 생명이 없고 오직 외부에서 생명의 신비가 주입되어야만 살아 움직이게 된다고 합니다. 오늘날 우리가 살고 있는 지구의 크기, 지구와 태양과의 거리,

지구를 둘러싼 대기의 고도와 밀도, 지구의 자전과 공전의 회전 속도, 23도 기울어진 것, 이 모든 요소가 밀접한 조화를 이루어 비로소 생명이 유지될 수 있지, 여기에 조금만 변화가 생겨도 지탱할 수 없다는 것입니다. 이런 신비와 조화와 자연 법칙의 운행이 우연히 이루어졌다는 생각은 얼마나 근거 없는 오만이겠습니까?

프레드 호일 박사는 지구상에 생명체가 우연히 생겨날 확률은 "태풍이 고철 야적장을 휩쓸고 지나간 후 보잉747 비행기가 조립되어 있는 것과 같다"라고 하였습니다. 그는 비록 기독교 신자는 아니었지만 과학자가 단순히 우연만으로 생명을 설명하려는 시도는 비과학적 사고라고 비판하면서 "생명의 기원에 대한 과학적 탐구는 결국 우주 이면에 초월적 지성이 존재한다는 사실 앞에 서게 될 것이다"라고 말했습니다.

결국은 이 우주는 성경 창세기 1:1절에서 선포하는 것처럼 전능하신 하나님께서 창조하셨다는 것입니다.

2. 천지를 창조하신 하나님은 어떤 분이십니까?

첫째로 하나님은 스스로 있는 분이십니다.

하나님은 친히 모세에게 자신의 존재를 이렇게 소개하신 일이 있습니다. "나는 스스로 있는 자니라"(I am who I am.)(출 3:14). 또한 계시록 1:8절에서는 "나는 알파와 오메가라, 이제도 있고, 전에도 있었고 장차 올 자요 전능한 자라"고 말씀하셨습니다.

이 말씀들을 볼 때 하나님은 누구에 의해서, 혹은 어떤 원인에 의해서 존재하게 된 분이 아니요, 본래 '스스로 계시는 분' 곧 자존자 (self-existence)이심을 알 수 있습니다. 이 하나님은 시간과 공간을 초월하여 계시는 초월자이십니다.

유한한 인간의 이해력은 무한의 세계, 초월의 세계까지 미칠 수 없습니다. 그러므로 인간은 이 하나님이 자신을 계시하시는 한도 내에서만 그를 알 수 있습니다. 또한, 하나님의 존재 형태는 영(Spirit)이시며, 영원히 살아계시는 분이십니다(요4:24, 계1:8). 하나님은 영원 속에 계시는 영원하신 자존자로서 태초라는 시점에 자신의 뜻과 계획을 따라 거대한 우주 공간과 땅(천지)을 창조하심으로 역사를 시작하셨습니다.

둘째, 하나님은 세상의 주인으로서 절대 주권자가 되십니다.

우리가 어떤 물건을 만들 때 자기가 원하는 대로 만들 수 있고 또 그 만든 물건도 마음대로 처분할 수 있습니다. 이것은 만든 사람의 권리입니다. 이와 같이 천지를 창조하신 하나님은 창조자의 권리를 가지고 있습니다. 이 권리는 절대적이기 때문에 아무도 대적할 수 없습니다.

하나님은 구속 역사를 이루어 나가실 때도 사람을 택하시고 주권적으로 역사를 이루어 나가십니다. 하나님은 긍휼히 여길 자를 긍휼히 여기시고 강퍅케 하실 자는 강퍅케 하십니다(롬9:15-18). 우리는 이러한 하나님의 주권적인 역사에 대해 불만을 품고 반발할 때가 있습니다. 그러나 하나님은 세상을 그 뜻대로 창조하신 절대 주권자가 되시기 때문에 피조물인 우리가 하나님께 불만을 품거나 대들 수 없는 것입니다.

사도 바울은 로마서 9:20, 21절에서 이렇게 말했습니다. "이 사람아! 네가 누구이기에 감히 하나님을 힐문하느뇨? 지음을 받은 물건이 지은 자에게 어찌 나를 이같이 만들었느냐 말하겠느뇨, 토기장이가 진흙 한 덩이로 하나는 귀히 쓸 그릇을, 하나는 천히 쓸 그릇을 만드는 권한이 없느냐?"

하나님은 내가 마음대로 할 수 있는 분이 아니라 절대적으로 순종하고 섬길 분이십니다. 우리가 창1:1절의 하나님의 창조 주권을 영접하지 아니할 때 우리의 삶은 창1:2절에 있는 대로 혼돈과 공허와 흑암의 상태가 되어 버립니다. 그러나 하나님의 창조 주권을 영접할 때 내 인생에는 분명한 질서가 생기고 신비스러운 생명의 빛으로 충만하게 됩니다.

셋째, 하나님은 필연적인 뜻 가운데서 세상을 창조하셨습니다.

창조란 단어는 반드시 계획이 있고 목적이 있습니다. 하나님께서는 이 세상을 지으실 때 완벽한 계획하에 필연적인 뜻 가운데서 창조하셨습니다. 하나님 안에는 운명이나 허무, 우연이 없습니다. 들판에 피는 꽃 한 송이나 풀 한 포기에도 다 하나님의 오묘한 섭리가 깃들어 있습니다. 하물며 만물의 영장인 인간에게 하나님의 깊은 뜻이 없겠습니까?

이 세상이 우연히 생기고, 나도 우연히 생겨났다고 생각할 때 모든 것이 무의미해지고 허무해집니다. 우연히 부모님들이 만나서 어쩌다가 우연히 나를 낳았다고 생각해 보십시오. 나는 운명의 노예가 되어 깊은 허무주의의 심연으로 굴러떨어지고 말 것입니다. 또 허무주의는 쾌락주의를 낳아 인생을 되는대로 살게 됩니다. 이처럼

'우연'이 우리 인생에 미치는 영향력은 치명적입니다.

그러나 하나님께서 필연적인 뜻 가운데서 나를 포함한 세상을 창조하셨음을 영접할 때 그 인생은 완전히 달라집니다. 모든 삼라만상이 뜻이 있고 내 인생도 절대적인 뜻이 있게 됩니다. 이때 우리는 더 이상 허무나 운명에 시달리지 않고 매사에 감사함으로 확신에 찬 인생을 살 수 있게 됩니다. 또한 어떤 역경에 부딪히더라도 절망하지 않고 요셉과 같이 하나님과 동행하며 뜻 있는 섭리의 인생을 살 수 있게 됩니다.

결론

"태초에 하나님이 천지를 창조하시니라" 이 말씀은 실로 흔들릴 수 없는 만고불변의 진리입니다. 이 말씀은 철학이나 과학 등 모든 것의 기초가 됩니다. 무엇보다 인생의 기초가 됩니다. 하나님의 창조 주권에 기초하여 인생의 집을 지을 때 어떤 경우에도 흔들리지 않는 견고한 인생의 집을 지을 수 있습니다.

사랑하는 성도 여러분! 아모스 선지자의 말씀처럼 오늘날 많은 젊은이가 이 바다에서 저 바다까지, 북쪽에서 동쪽까지 비틀거리며 돌아다니다 갈하여 쓰러지는 이유가 무엇입니까? 바로 하나님 말씀을 통하여 창조주 하나님을 만나지 못했기 때문입니다(암8:11~13). 창조주 하나님을 만나기 전에는 '나는 어디서부터 왔는가? 나는 왜 살며 무엇을 위해 살아야 하는가?'라는 인생의 근본 질문에 대한 해답을 얻을 수 없습니다. 물건을 사면 사용 설명서가 있는 것처럼, 온 우주 만물을 창조하신 하나님께서 우리에게 그 사용 설명서를 주셨는데 그것이 바로 성경입니다. 우리는 성경을 통하여 나를 지으신 이유와 목적을 알게 되고 어떻게 살아야 가장 가치 있고 행복한 인생을 살아가는지 발견하게 됩니다.

계속하여 창세기 강의를 통하여 우리 인생의 궁극적 삶의 의미와 목적을 발견해 갈 수 있기를 주님의 이름으로 축원합니다.

천지를 창조하신 하나님(II)

말씀 창세기 1:2-25
요절 창세기 1:2-3

"땅이 혼돈하고 공허하며 흑암이 깊음위에 있고
하나님의 신은 수면에 운행하시니라 하나님이 가라사대
빛이 있으라 하시매 빛이 있었고"

오늘은 지난 시간에 이어 천지를 창조하신 하나님에 대하여 말씀을 나누고자 합니다.

세상에 가장 위대한 문장은 무엇일까요? 그것은 성경의 첫 절, 창세기 1장 1절입니다. "태초에 하나님이 천지를 창조하시니라." 이 짧고도 위대한 선언은 인간의 존재, 우주의 기원, 삶의 목적에 대해 우리가 던지는 모든 근본적 질문에 대한 하나님의 대답입니다.

수천 년 동안 인류는 "우리는 어디서 왔는가? 왜 존재하는가? 무엇을 위해 사는가?"라는 질문 앞에서 갈망했고, 철학과 과학은 답을 찾아 헤매었습니다. 그러나 성경은 처음부터 분명히 말합니다.

"하나님이 창조하셨다." 우리는 우연의 산물이 아니라, 지성과 뜻과 사랑을 가지신 창조주의 작품입니다. 오늘 우리가 함께 나누고자 하는 말씀은, 온 우주와 인간 존재의 근원이 어떻게 시작되었는지, 하나님이 어떤 분이시며 왜 이 모든 것을 창조하셨는지를 드러내는 놀라운 계시입니다.

특히 창세기 1장의 말씀은 단순한 정보 전달이 아니라, 하나님께서 어떻게 혼돈에서 질서를, 공허에서 충만함을, 어둠에서 빛을, 죽음에서 생명을 이끌어내셨는지를 우리에게 보여줍니다.

이 창조의 이야기는 단지 오래전의 과거 사건이 아닙니다. 오늘도 하나님은 우리의 인생이라는 혼돈과 공허와 흑암 위에 그의 말씀으로 새로운 창조의 역사를 이루기를 원하십니다.

"하나님이 가라사대… 그대로 되니라."

그 말씀 한마디로 온 우주가 존재하게 되었고, 그 동일한 말씀은 지금도 살아 역사하여 무너진 가정, 절망의 삶, 상처입은 영혼을 새롭게 창조하시는 능력이 됩니다.

이 시간 우리는 하나님께서 창조하신 만물의 질서, 창조의 목적, 하나님의 성품을 하나하나 살펴보며, 창조주 앞에 무릎 꿇고 경배할 수밖에 없는 찬란한 진리의 세계로 들어가게 될 것입니다. 창조를 아는 자는 하나님을 두려워하게 되고, 하나님을 아는 자는 그분을 찬양하게 됩니다. 자 이제 하나님의 위대한 창조의 현장으로 함께 들어가 봅시다.

1. 만물창조

태초에 창조된 땅의 상태는 혼돈하고 공허하며 흑암이 깊음위에 있었습니다. 그리고 물로 뒤덮어 있었습니다. 지구는 모양도 없고, 생명도 없고, 빛도 없는 상태에서 무서운 적막만이 흐르고 있었습니다. 이런 가운데 하나님의 신은 수면에 운행하고 있었습니다.

'운행하다'라는 뜻은 '배회하다, 진동하다'는 뜻입니다. 하나님의 영이 지구를 감싸고 암탉이 부르르 떨면서 병아리를 까는 것처럼, 지구에 생명을 불어넣는 역사를 하고 있음을 의미합니다(신32:11, 사31:5). 하나님의 영, 곧 성령은 생명의 원인자가 되십니다. 창세기 2:7절에서 흙으로 만들어진 인간에게 생명을 부여하신 것도 성령의 역사입니다. 또한 죄로 말미암아 영적으로 죽은 인간이 거듭나는 영적 생명의 창조도 성령의 역사입니다(요한3:5).

3절부터 창조의 역사는 구체적으로 전개됩니다. "하나님이 빛이 있으라" 말씀하시자 깊은 흑암 가운데서 찬란한 빛이 생겨났습니다. 이 빛은 넷째 날 창조한 발광체와는 달리 모든 생명체에 에너지를 공급하는 에너지의 근원을 말합니다. 하나님은 첫째 날 빛을 만드심으로 역사창조의 기초를 놓으셨습니다.

둘째날에는 궁창을 만드셨습니다. 궁창은 히브리어로 "라키아" (רָקִיעַ, rāqîa')로 '확장' 또는 '얇게 펼침'을 뜻하는데 우리말로는 '공간', '공기' 혹은 '대기'의 뜻입니다. 궁창에는 모든 생명체가 숨을 쉴 수 있는 공기가 있으며, 또 태양에서 오는 살인광선을 막고, 적당한 온도를 유지시켜 주어 모든 생명체를 보호합니다. 또한 매일 초속 30마일로 지구 위에 떨어지는 2천만 개의 운석들을 산화시켜 버립니다. 이 대기권이 없다면 생명체가 존재할 수 없습니다.

셋째 날에는 땅과 바다를 나누시고 땅에는 각종 풀과 씨 맺는 채소와 과목으로 아름답게 단장하였습니다.

넷째 날에는 신랑과 같이 힘찬 태양과 수줍은 새색시와 같은 달, 밤하늘을 총총히 수놓은 별들을 만드셨습니다. 이로 인해 징조와 사시와 일자와 연한이 이루어지게 되었습니다.

다섯째 날에는 새와 물고기를 그 종류대로 만드심으로 하늘과 바다를 아름답고 풍요롭게 하셨습니다.

여섯째 날에는 육축과 각종 곤충류와 짐승들을 만드시고 최후로 만물의 영장인 인간을 만드셨습니다.

하나님께서 만물을 창조하심으로 말미암아 이 세상은 혼돈의 세계에서 질서의 세계로, 공허의 세계에서 충만의 세계로, 흑암의 세계에서 빛의 세계가 되었습니다. 그런데 하나님께서 창조 역사를 하실 때 무계획적으로 하신 것이 아니라 완벽한 설계 아래 아름답고 조화 있게 창조하셨습니다.

처음에는 모든 생물이 살 수 있는 환경부터 만드시고 점점 세부적으로 창조하셨습니다. 또, 무생물 생물 하등동물 고등동물 순서로 창조하셨습니다. 또한 모든 것이 서로 밀접한 관련을 갖도록 조화있게 창조하셨습니다.

식물들은 동물과 인간에게 먹이를 제공하고 동물이나 인간의 배설물은 식물의 가장 좋은 음식이 되게 하셨습니다. 또 식물은 산소를 내뿜어 인간이나 동물이 마시며 살게 하였고, 인간이나 동물이 내보내는 탄산가스는 식물이 취하여, 태양의 열을 받아 광합성 작용을 일으킴으로 필수적인 음식을 만들게 하셨습니다.

꽃은 벌을 유혹하여 꿀을 주고, 벌은 꽃가루를 옮겨 씨를 맺게 하였습니다. 이런 신비와 조화는 모든 생명체 사이에 무수히 많습니다. 이 사실은 하나님께서 천지 만물을 완벽하게 설계하여 조직적으로 창조하셨음을 증명해 줍니다. 실로 천지와 만물을 창조하신 하나님 앞에 옷깃을 여미고 나아가 찬송과 경배를 드려야 마땅합니다. 이 하나님을 찬양합시다.

창주주 하나님께 영광을♬

2. 창조의 목적

하나님의 주권과 영광의 선포.

4, 10, 12, 18, 21, 25절을 보십시오. 하나님은 각 날에 창조 역사를 마친 후에 "하나님의 보시기에 좋았더라"는 소감을 발표하셨습니다. "하나님의 보시기에 좋았더라"는 말씀에는 몇 가지 뜻이 있습니다.

첫째는, 하나님께서 창조하신 모든 피조물은 완전한 걸작품들이요, 하나님은 이들을 선하게 창조하셨음을 말해줍니다.

인간이 범죄하여 하나님의 저주를 받은 세상에는 약육강식과 살상의 비극이 계속되고 있습니다. 독사는 사람을 물고, 쥐나 모기는 사람을 귀찮게 합니다. 그러나 이런 생물들까지도 본래는 선하고 아름답게 창조되었습니다. 참 아름다워라, 주님의 세계는..." (찬78장).

둘째는 모든 피조물은 창조주 하나님 앞에서 절대적인 존재 의미가 있는 필연적인 존재들이라는 뜻입니다.

"God saw and pleased." 하나님은 자신이 창조하신 각 피조물들을 볼때마다 기뻐하시고 만족하셨습니다. 그러므로 사자가 곰을 보고 '멍청이'라고 무시할 수 없습니다. 풀 한 포기, 나무 한 그루 어느 하나 의미 없이 존재하는 것은 하나도 없습니다. 하물며 사람이야 어떠하겠습니까?

셋째는 모든 피조물이 창조주 하나님의 영광을 드러내고 있다는 뜻입니다.

시편 기자는 "하늘이 하나님의 영광을 선포하고, 궁창이 그 손으로 하신 일을 나타내는도다"(시19:1)라고 노래했습니다. 그렇습니다. 꽃들이 웃고, 새들이 노래할 때, 푸르른 나뭇잎이 사뿐 사뿐 춤을 출 때 하나님의 신비하심과 영광은 드러나고, 하나님은 이를 기뻐하십니다. 여기서 우리는 하나님께서 천지와 만물을 창조하신 첫째 목적이 하나님의 크신 주권을 온 세상에 선포함이요, 그의 영광을 드러내고자 하심에 있음을 알 수 있습니다.

인간의 행복

천지의 창조로 시작된 창조사역은 인간 창조로 끝이 났습니다. 여기서 우리는 천지와 만물 창조의 절정(climax)이 인간 창조임을 알 수 있습니다. 다음 강의에서 자세히 공부하겠지만 하나님은 인간에게 전권을 위임하셔서 우주 만물을 지배하고 다스리는 청지기로 세우심으로 인간을 축복하셨습니다(1:28). 이렇게 하심은 인간이 우주 만물을 가꾸며 이용하여 위대한 역사를 창조하고, 일을 통해 하나님의 주권과 영광을 더욱 드러내도록 함이었습니다. 이를 볼 때 우주 만물은 인간을 위해 창조되었다 해도 과언이 아닙니다. 하나님의 창조의 두 번째 목적은 인간에게 행복을 주고자 함이었습니다.

3. 하나님의 성품

그러면 창조사역 가운데 나타난 창조주 하나님은 어떤 분이십니까?

하나님은 빛이십니다.

첫째 날 빛의 창조로 천지에 만물을 내기 시작하신 하나님의 속성은 빛이십니다(요일1:5). 이 하나님께는 어두움이 조금도 없으십니다. 이 하나님에게는 변함도 없으시고, 회전하는 그림자도 없으십니다(약1:17). 이 하나님께서 그의 주권으로 창조하신 세상은 빛된 세상이요, 거기에는 완전한 아름다움과 조화와 질서가 있을 뿐이었습니다.

그런데 이 세상에, 또 우리의 내면 속에 어두움이 존재하는 것은 죄로 인해 사단의 권세인 어두움이 들어 왔기 때문입니다. 그러나 빛되신 하나님께서 칠흑같은 어두움 가운데서 창조의 역사를 하셨습니다. 이는 하나님께서 사람을 구원하는 재창조의 역사도 어떤 어두움, 불행한 인간 조건 가운데서도 능히 이루시는 분이심을 말해 줍니다.

고린도후서 4:6절 말씀은 "어두운 데서 빛이 비쳐라 하시던 그 하나님이 예수 그리스도의 얼굴에 있는 하나님의 영광을 아는 빛을 우리 마음에 비추셨으니라"고 증거합니다. 빛이신 하나님은 빛으로 오신 예수님(요1:9)을 통하여 우리의 마음, 가정, 사회를 비추심으로 어둠권세를 몰아내는 역사를 이루고 계십니다.

지난 주간 3일간 성전에서 금식하며 기도하던 **임성진** 형제님 마음 속에 이십여년 숨어 있던 어둠덩어리들을 다 몰아내고 새 생명을 이루신 역사는 바로 빛이신 하나님만이 하실 수 있는 빛의 역사였습니다. 빛되신 예수님을 영접할 때 그의 우울증과 불면증 공항장애가 치료되었습니다. 빛되신 하나님 앞에 우리가 어떤 죄와 허물이라도 들고 나오면 그의 영광의 광채로 소멸해 주시고 다시는 기억도 안 하십니다.

하나님은 전능자이십니다.

하나님께서 각 피조물을 무엇으로 창조하셨습니까? 3, 6, 9, 11, 14, 20, 24절에 보면 "하나님이 가라사대… 그대로 되니라"는 말씀이 반복되고 있습니다. 이 말씀은 하나님께서 천지와 만물을 말씀(Logos, 의지의 표현)으로 창조하셨음을 말해줍니다. 하나님은 말씀으로 역사하시는 분이십니다.

또한 하나님이 하신 말씀은 그대로 이루어졌습니다. 하나님께서 "빛이 있으라" 말씀하시자 큰 흑암 가운데 빛이 비췄었습니다. "태양아 동편하늘에 떠오르라" 하시매 눈부신 태양이 힘있게 떠올랐습니다. 하나님의 말씀은 살았고 운동력이 있습니다(히4:12). 하나님의 말씀에는 무에서 유를 창조하는 전능의 힘(almighty power)이 있습니다.

1장에서 하나님의 이름은 히브리어로 엘로힘(אֱלֹהִים)인데, 이는 '강하고 위엄 있는 하나님'이라는 뜻으로, 모든 것을 창조하고 다스릴 수 있는 분을 의미합니다. 이 이름은 하나님의 권능과 주권을 강조합니다. 하나님은 스스로 "나는 전능한 하나님이라"고 아브라함에게 밝히신 적도 있습니다(창17:1).

이 하나님의 능력이 상상할 수 없어 큰 공인 태양이나, 지구를 쇠끈을 사용치 않고 우주 공간에 매달아 놓고 게시며, 수많은 별이 교통 사고 한 건 없이 자기 궤도를 돌게 하고 계십니다. 이 하나님 말씀의 능력은 무덤에 묻혀 썩은 냄새 나는 나사로를 "나사로야 나오라"는 음성으로 다시 살리신 예수님에게서도 밝게 나타났습니다 (요11:43).

전능하신 하나님의 손이 얼마나 큰지 아십니까? 하늘을 한 뼘으로 재실 만큼 크십니다. 하나님은 땅의 티끌도 되에 담으시며, 열방 나라들을 한 방울의 물같이 여기는 분이십니다. (아사야 40:12-17). 이 하나님이 우리의 보호자요 목자요 인도자이십니다(시46:1,시23:1). 이 하나님이 우리의 백(background)이 되십니다.

그런데도 여러분은 장래에 대한 막연한 두려움과 필요 없는 헛생각으로 사서 고생하신다면 하나님을 슬프시게 하는 것입니다. 우리가 하나님을 믿는다고 하면서도 전능자이신 하나님을 믿지 않고 사는 교만의 죄를 회개해야 합니다. 전능하신 하나님보다도 우선 눈에 보이는 것들을 더 믿는 무지와 불신을 회개해야 합니다. 하나님은 전능자일 뿐아니라 그를 믿고 의지하는 자들에게 능력을 베푸셔서 능력 있는 인생을 살게 하십니다. 우리가 믿고 의지하기만 하면 이 하나님께서 우리 각자의 인생길을 책임지시고 가장 좋은 길로 인도하여 주십니다. 하나님은 전능자이십니다.

하나님은 인격을 가지신 분이십니다.

하나님께서 생명체를 창조하실 때에는 반드시 "각기 종류대로" 창조하셨습니다. 오늘날까지 발견 및 이름이 붙여진 종류만 하더라도 동물이 약 150만 종, 식물이 39만 종, 그중 꽃 피는 식물이 약 30만 종, 균류가 14만 종으로 확인된 생물 종수는 약 200만 종 이상이라고 합니다. 과학자들은 아직 발견되지 않은 생물 종이 최대 870만 종에 이를 수 있다고 추정합니다. 이는 곧 신비에 속합니다.

그런데 그 종류들은 모양이나 크기, 색깔 등 각기 개성이 독특합니다. 같은 종에서는 변이가 가능하여도 다른 종으로는 변이할 수가 없습니다. 또 변이된 것은 번식이 불가능합니다. 예를 들면 말과 당나귀를 교배시키면 노새가 나오지만, 노새는 번식능력이 없습니다. 이 사실은 모든 생물이 단일원소로 부터 진화되었다는 진화론이 얼마나 허구로 가득 찬 하나의 가설일 뿐인가를 잘 반증해 줍니다.

하나님은 각기 종류대로 모든 생물을 창조하셨습니다. 이 하나님은 곧 지, 정, 의를 가지신 인격의 하나님이심을 드러내 줍니다. 또한 하나님은 전능하지만, 섬세하고 자상하셔서 코끼리를 창조하신 그 손으로 우아하고 날씬한 모기도 창조하셨습니다.

지구상에 50억이 넘는 천문학적 숫자의 사람이 살고 있으나 같은 사람은 한 사람도 없습니다. 인격의 하나님은 각 개인을 섬세하게 창조하십니다. 그러므로 각 개인을 가장 잘 도우실 수 있습니다. 이 하나님은 그를 믿는 자 속에, 또 그 곁에 항상 영으로 함께 계십니다. 아무도 나를 이해 못하고, 책임질 수 없을지라도 이 하나님은 나를 이해하시고 책임져 주십니다. 그러므로 우리 성도들은 이 하나님을 신뢰하고 자신 있게 믿음으로 살 수 있기를 축원합니다.

하나님은 우주 만물과 역사의 주관자이십니다.

2절 말씀에서 맨 처음 창조된 땅은 혼돈하였습니다. 그러나 하나님께서 창조 역사를 해 가시는 동안에 이 세계는 완전한 질서와 조화의 세계가 되었습니다. 9절에 보면 물을 한곳으로 모으시고 땅을 드러나게 하셨습니다. 15절에 보면 모든 광명은 하늘의 궁창에 있게 하셨습니다. 해는 낮을 주관하게 하시고, 달은 밤을 주관하게 하셨습니다(16). 또한 새는 하늘에서, 물고기는 바다에서, 짐승은 땅에서만 살게 하셨습니다(20, 24). 이와 같이 하나님은 피조물들의 자리를 정해 주심으로써 그 세우신 질서와 조화 가운데 생존하게 하셨습니다.

모든 생물도 이 질서 속에서만 생명을 부지할 수 있습니다. 만일 물고기가 땅에서 살고 싶다고 물을 버리고 땅으로 나오면 살아남을 수 없습니다. 이 세상은 하나님이 세우신 질서 속에서 운행되고 있습니다. 지구는 자전과 공전을 하며 태양 주위를 돌고, 수많은 별은 한 번도 부딪힘이 없이 자기궤도를 돌고 있습니다. 이것은 하나님께서 그 피조물들의 자리를 정해 주시고, 일정한 자연법칙을 두어 세상을 운전하고 계시기 때문에 가능한 일입니다. 콜롬비아호가 우주 여행을 하고 돌아올 수 있는 것도 조금의 오차도 없이 우주 질서를 운전하시는 하나님의 자연법칙이 있기 때문에 가능한 것입니다.

인간은 이로써 오만해질 것이 아니라 우주 만물을 운행하시는 하나님께 무릎을 꿇고 경배드려야 합니다. 여기서 우리는 역사를 주관하는 자도 강대국의 왕들이 아니요, 창조주 하나님이심을 알 수 있습니다. 이 하나님의 손에 역사의 종말도 달려 있습니다. 그러므로 아무것도 두려워할 필요가 없습니다.

결론: 하나님은 창조주입니다. 신앙생활을 한다면서도 실제로는 천지와 만물을 창조하신 절대주권자 하나님 앞에 절대적인 경배와 찬송, 그리고 순종 없이 사는 것, 그래서 생명을 움켜쥐고 자기 생각

과 욕심과 감정을 더 앞세우고 사는 것은 하나님 앞에 큰 죄입니다.

또한 내 인생 전체에 두신 하나님의 가장 완벽한 뜻과 섭리를 깊이 신뢰하지 못하여 깊은 마음속에 늘 불안과 두려움이 있는 자도 이 시간을 통해 회개해야 합니다. 우리에게 신비한 생명을 주셔서 이 아름다운 세상을 살게 하신 하나님, 영원토록 살아계셔서 크신 영광과 주권으로 역사를 주관하시고 운전하시는 창조주 하나님께 경배와 찬양을 드립니다.

할렐루야(Praise the Lord)!

정복하고 다스리라

"하나님이 그들에게 복을 주시며 그들에게 이르시되 생육하고
번성하여 땅에 충만하라, 땅을 정복하라, 바다의 고기와 공중의
새와 땅에 움직이는 모든 생물을 다스리라 하시니라"

20세기의 대표적인 실존철학자 중 하나인 사르트르(J. P. SSRTRE)
는 "존재는 본질에 앞선다"는 명제하에 난파당한 배를 비유로 하
여 인간이란 난파당한 실존으로서 널판지 하나를 붙들고 망망한
바다에서 목숨이 붙어 있는 한 최선을 다해야 하는 존재라고 말했
습니다.

이 인생론은 사실 인간이란 무엇이며, 무엇을 위해, 어떻게 살아
야 하는가? 하는 근본문제에 대한 해답을 주지 못합니다. 사람은 인
생의 근본문제에 대한 절대적이고 분명한 해답을 얻지 못할 때 원치
않게 끝없이 갈등하고 또 많은 시행착오를 하며 허무와 절망에 시달
립니다. 불행합니다.

그러나 오늘 공부하는 창1:26-2:3절은 하나님께서 인간을 어떤 존
재로, 왜 창조하셨으며, 인간에게 어떤 사명을 주셨는가를 증거하고
있습니다. 그러므로 이 말씀은 인간이란 무엇이며, 무엇을 위해 살

아야 하는가? 하는 가장 근본적인 인생 문제에 대한 분명한 해답을 주고 있습니다. 오늘 우리는 이 근본적인 인생 문제에 대한 해답을 얻으므로 하나님을 기쁘시게 하고, 참된 행복을 얻고, 위대한 생을 창조해 나가는 복된 인생이 되길 축원합니다.

1. 인간의 지위와 창조의 가치질서(26)

26절을 보십시오. "하나님이 가라사대 우리의 형상을 따라 우리의 모양대로 우리가 사람을 만들고 그로 바다의 고기와 공중의 새와 육축과 온 땅과 땅에 기는 모든 것을 다스리게 하자 하시고." 이 말씀은 하나님께서 천지와 만물을 다 창조하신 후 인간을 창조하시기 전에 그 심중에 가지신 인간 창조에 대한 특별한 계획(special plan)입니다. 그 계획은 두 가지였습니다. 첫째, 인간을 하나님의 형상을 따라 창조하겠다는 것이었습니다. 둘째, 인간을 천지와 만물을 다스릴 자로 창조하겠다는 것이었습니다. 이처럼 인간은 처음부터 하나님의 특별한 뜻을 따라 창조된 존재입니다.

여기서 우리는 우주 만물 가운데서 인간이 차지하는 지위(position)가 무엇인가를 분명히 알 수 있습니다. 인간의 지위는 첫째로, 하나님으로부터 우주 만물을 다스리는 권한을 위임받은 하나님의 청지기입니다. 청지기란 주인으로부터 권한을 위임받아 주인의 역할을 하지만 주인은 아닙니다. 둘째로, 인간은 우주 만물을 그 발아래 두고 다스리며 지배하는 만물의 영장입니다. 하나님은 우주 만물을 생의 수단이요 역사창조의 환경으로 이용하도록 인간에게 주셨습니다.

인간의 지위에서 볼 때 하나님이 창조하신 이 세상에는, 하나님→인간→만물(자연 세계, 인간이 이루어 놓은 예술, 학문 등 모든 업적 포함)의 분명한 존재의 질서와 3차원의 가치체계(Value system)가 존재함을 알 수 있습니다. 하나님은 영원 속에 살아계시는 초월자로서 창조주요, 인간은 만물의 지배자요, 만물은 인간의 삶과 역사 창조의 수단이요, 환경입니다. 이것이 곧 창조의 가치 질서요 우주와 인간 역사의 대순리입니다. 이것은 깨져서는 안 되는 절대적인 진리요 질서입니다. 이 질서와 순리를 지킬 때 인간은 하나님으로부터 받은 모든 특권을 누릴 수 있으며 인간의 행복은 보장됩니다.

그런데 인간의 범죄로 인해 이 창조의 가치 질서, 우주와 인간의 대순리가 파괴되었습니다. 대부분의 사람들은 말은 고상하게 하지만 실제 생활에서는 생활의 수단에 불과한 물질을 가장 높은 위치에 두고 삽니다. 그런가 하면 같은 인간을 마음 첫 자리에 모시고 사는 자들도 있습니다. 이들은 감정으로 인해 영혼이 마비되어 하나님의 영이 거하는 거룩한 성전인 몸을 더럽힙니다. 또한 교만하여 사단의 종된 인간들은 하나님은 없다 하고, 무시하고, 욕되게 합니다. 그뿐아니라 신앙생활을 하면서도 하나님을 자신의 경배와 절대적인 순종을 받으실 분으로 대접하지 않고 자기를 축복해주고 도와주기 위해 존재하는 하나님으로 전락시키는 사람들도 많습니다. 인간은 창조의 가치 질서를 전도시켜 만물→인간→하나님으로 만들어 버렸습니다.

이같이 질서가 무너진 결과가 무엇입니까?

'창조의 가치 질서' 파괴는 온 세상을 혼돈과 무질서와 불행으로 빠트렸습니다. 이 시대는 가치관 혼란의 시대입니다. 세상은 요지경 속이요, 뒤죽박죽입니다. 그래서 머리가 아프고 노이로제 환자가 많습니다. 풍요한 물질과 과학 문명의 발달로 안일한 생활을 누리지만 참 내면의 행복이 없습니다. 그 모든 원인은 한마디로 '창조의 가치질서 파괴'입니다.

불행한 세상을 살면서 우리가 어떻게 참 행복을 되찾을 수 있습니까? 먼저 내 마음속에 이 우주와 인간존재의 대질서를 회복해야 합니다. 이는 우리를 구원하러 오신 예수 그리스도의 피의 능력으로 거듭날 때 가능합니다(요3:3). 이 사회의 구원도 거듭난 개개인이 모일 때만 이루어질 수 있습니다.

2. 인간의 본질(27)

그러면 하나님께서 창조하신 인간의 본래의 모습은 어떠합니까? 27절을 읽어 봅시다. "하나님이 자기형상 곧 하나님의 형상대로 사람을 창조하시되 남자와 여자를 창조하시고." 하나님은 인간을 하나님의 형상을 따라 창조하셨습니다. 여기서 형상이란 내면적 속성(image)을 가리킵니다. 하나님은 200만 종이 넘는 자신의 피조물 가운데 특별히 인간에게만 자신의 내면적 속성, 곧 성품을 부여하셨습니다.

하나님의 속성은 무엇입니까? 가장 중요한 것은 그의 존재 형태입니다. 요4:24절에 보면 하나님은 영(spirit)으로 존재하십니다. 그런데 하나님은 흙으로 사람을 만드시고 생기(spirit)를 그 코에 불어 넣으시니 사람이 "생령"이 되었습니다(창2:7). 사람이 생령이 되었다는 것은 인간이 영혼을 가진 산 존재(living being)가 되었다는 뜻입니다.

인간은 육체와 함께 동시에 영혼을 가진 신비한 존재입니다. 인간의 생명은 이중적입니다. 인간에게는 육체의 생명(목숨, soul)과 영적 생명(영혼, spirit)이 있습니다. 그러므로 인간은 영이신 하나님 생명의 분신이라고도 말할 수 있습니다. 인간은 영혼의 존재이기 때문에 육체의 만족만으로 살 수 없습니다. 좋은 음식만으로 살 수 없습니다.

복음서에 나오는 니고데모는 세상에서 성공한 사람의 상징이었습니다. 그는 많은 지식과 큰 권세, 명예를 가졌습니다. 그러나 그는 밤중에 몰래 예수님을 찾지 않을 수 없었습니다. 여리고 세무서장이던 삭개오는 큰 부자였습니다. 그러나 그는 예수님을 만나기 위해 뽕나무라도 올라가야만 했습니다. 사마리아 여인은 남편을 다섯이나 둔 화려한 여인이었습니다. 그러나 그녀는 심히 목말라 하였습니다.

사람들은 이 세 사람이 합해진 사람이 된다면 참으로 행복할 것이라 생각합니다. 그런데 그런 사람이 있었습니다. 그는 통일 이스라엘의 왕 다윗이었습니다. 그는 니고데모, 삭개오, 사마리아 **남자**를 합한 인물에다 시인이요 음악가로서 고상한 예술의 세계도 소유한 사람이었습니다. 그런데 그도 역시 시편 86:3-6에 보면 "하나님이여 내 영혼을 기쁘게하소서"라고 울부짖었습니다. 그는 고등동물이 아니라 하나님의 형상, 곧 영혼을 가진 위대한 존재였기 때문입니다.

그러면 영혼을 가진 인간은 어떻게 산 존재답게 인생을 살 수 있습니까? 생명의 근원이시요, 영이신 하나님과 바른 관계를 맺고, 하나님의 말씀을 먹는 생활을 해야 됩니다. 인간은 영혼을 가졌으나 죄로 인해 하나님과의 관계가 끊어짐으로 그 영혼이 죽어 있습니다. 그래서 사단의 종이 되었습니다. 이로 말미암아 온갖 불의, 추악, 탐욕, 악의, 시기, 살인, 분쟁, 사기, 악독, 수군수군, 비방, 미움, 능욕, 교만, 자랑, 무정, 무자비, 음란 등 추하고 부끄러운 일들이 가득하게 되었습니다(롬1:26-32).

그러나 예수님의 사죄의 십자가로 죄 사함을 받고 하나님과 관계성을 회복할 때 죽었던 영혼은 다시 살아나게 됩니다. 또한 욕된 본성이 점차 하나님의 거룩한 모습으로 변화됩니다. 또한 음식을 먹어야 육신의 생명이 부지되듯이 우리 영혼도 풍성한 생명을 누리기 위해서는 끊임없이 영혼의 양식, 곧 하나님의 말씀을 먹어야 합니다. 영적 생명이 풍성할 때 인간은 한계를 넘어서는 능력을 덧입고, 능력 있고 무한히 행복한 생애를 창조해 갈 수 있습니다. 영혼의 갈증으로 울부짖던 다윗은 하나님을 믿음으로 죄의 사함을 받고, 하나님의 말씀을 좇아 살았을 때 참 만족을 얻게 되었습니다. 그는 영혼에서 우러나오는 많은 시를 썼습니다. 하나님을 본받아 백성들의 좋은 목자요, 왕으로서 위대한 생애를 살게 되었습니다.

인간이 부여받은 하나님의 속성 중 다음으로 중요한 것은 의, 진리, 거룩함, 사랑(righteousness, truth, holiness, love) 등입니다(엡4:24, 요일4:7, 8). 인간은 하나님의 성품을 부여받았기 때문에 옳고 그른 것을 분별할 줄 아는 양심과 이성, 의의 속성이 있고, 진리를 사랑하며, 거룩함을 사모하는 것입니다.

또 참 사랑(Agape, 하나님의 사랑)을 부여받았기 때문에 사람의 영혼을 사랑할 줄 아는 것입니다. 하나님의 성품을 부여받았기 때문에 인간에게 희비애락이 있고, 인격이 있고, 예술의 세계가 존재하는 것입니다. 인간은 우연히 미생물에서 진화되어 덧없이 살다가 흙으로 돌아가는 존재가 아닙니다. 인간은 거룩한 하나님의 형상을 가진 존재요, 저 높은 곳을 향하여 부단히 달려가는 거룩한 순례자들입니다. 인간이 인간일 수 있고 위대한 것은, 인간이 하나님의 형상이요, 특별히 영혼을 가진 거룩한 하나님 생명의 분신이기 때문입니다.

그래서 예수님도 인간의 한 생명을 우주와도 바꿀 수 없다고 말씀하셨습니다(막8:36). 육체와 영혼을 함께 가진 신비한 존재, 동물성과 신성의 연합체, 거룩한 하나님의 형상, 이것이 인간입니다. 이것이 인간의 본질입니다.

3. 인생의 근본목적(28)

28절을 봅시다. "하나님이 그들에게 복을 주시며 그들에게 이르시되 생육하고 번성하여 땅에 충만하라, 땅을 정복하라, 바다의 고기와 공중의 새와 땅에 움직이는 모든 생물을 다스리라" 이 말씀은 하나님께서 자신의 형상대로 창조하신 인간에게 주신 최초의 말씀(the first message)입니다. 그러므로 이 말씀 속에 인간의 존재 이유(the cause of being), 곧 하나님께서 인간을 창조하신 목적이 들어 있습니다. 그러면 이 첫 번째 말씀이 주는 의미는 무엇입니까?

첫째, 종족 번식을 통하여 인간이 온 땅에 충만하게 퍼지라는 것입니다.

그런데 오늘날은 세계의 인구, 식량문제가 심각할 만큼 온 땅에 인간이 충만하게 되었습니다. 그러므로 문자적인 의미로서의 생육, 번성은 다 이루어졌다고 볼 수 있습니다. 다만 이는 하나님의 형상을 닮은 인간을 많이 생육 번성하라는 것으로 볼 때 인간이 죄를 범하기 전에는 낳기만 하면 모두 하나님의 형상을 닮은 존재들이 되었지만 지금은 그렇지 못합니다. 그러므로 이는 복음으로 전도하여 중생한 영혼들을 많이 열매 맺으라는 말씀이기도 합니다.

둘째, 정복 정신과 도전 정신을 갖고 모든 자연과 환경을 지배하고 다스리라는 것입니다.

"정복하고, 다스리라". 이 말씀으로 하나님은 자기 형상대로 창조하신 인간에게 드디어 만물지배권을 부여하사 만물의 영장으로 세우신 것입니다. 인간은 자연 만물을 정복하고 다스리는 과정을 통하여 과학과 문명을 발전시키고 더 나아가 하나님을 체험하고, 하나님께 대한 산지식을 얻게 됩니다.

인간은 본래부터 자연 만물, 환경을 정복하고 다스림으로 새 역사를 창조해야 할 역사의 주인공으로 창조되었습니다. 인간이 자기의 조건이나 환경이 어렵다고 남을 원망하거나 불평하거나 의존심과 패배주의의 돗자리를 깔고 드러누워서는 안 되는 이유가 여기에 있습니다. 영적 중풍이 심각한 죄인 이유가 여기 있습니다. "정복하고 다스리라". 이 말씀에는 전능하신 하나님께서 인간과 함께하심으로써 6척밖에 안 되는 인간이 우주와 만물을 정복하고 다스리며 역사를 창조할 수 있게 하시겠다는 약속이 들어 있습니다.

셋째, 이 말씀은 인간이 온 땅을 정복하고 다스림으로 창조주 하나님의 영광과 주권을 온 세상에 퍼뜨리라는 뜻입니다.

다시 말하면 온 땅에 3차원의 창조질서를 세우라는 뜻입니다. 이 것이 하나님께서 인간에게 주신 사명이요, 삶의 방향입니다. 하나님께서 인간을 창조하신 목적이요, 우리 인생이 존재하는 근본 목적입니다. 정복하고 다스리며, 역사창조를 통하여 온 땅에 창조주 하나님의 영광과 주권을 세우는 것, 곧 하나님의 영광을 드러내는 것(for the glory of God), 이것이 인생의 근본 목적입니다.

이 땅의 사람은 모두 인생의 목적을 갖고 열심히 사는 것처럼 보입니다. 그러나 대부분의 인생은 생의 고뇌 가운데 허우적거리며 끊임없이 절망과 불만족하며 불행한 생을 살아갑니다. 왜 그렇게 되었습니까? 그것은 진리에 기초한 생의 목적이 없기 때문입니다. 사람들은 땅에서 어떤 지위나 재물을 얻기 위해서 열심히 삽니다. 열심히 사는 것은 매우 좋습니다. 그런데 무엇을 위해(for what?) 지위나 명예나 재물을 얻으려 하는지 불분명합니다.

이 세상에서 얻는 것들은 우리 생애 동안의 어떤 목표(goal)는 될 수 있을지라도 목적(purpose)은 될 수 없습니다. 왜냐하면 우리 인간은 본래 하나님의 영광과 주권을 온 땅에 드러내야 할 위대한 존재로 창조되었기 때문입니다. 그러므로 사람은 이 땅의 것들을 얻으면 얻고 난 후, 얻지 못하면 못 얻는대로 허무감과 절망에 빠지는 것입니다.

사람이 왜 존재하는 것입니까? 인간은 맛있는 음식을 먹으며, 좋은 가구나 쓰다듬으며 넓은 집에서 잠자기 위해 존재하는 것이 아닙니다. 육신의 욕망대로 살다가 다른 사람을 상하게 하고 괴로움 가운데 에고 에고 하다가 죽기 위해 존재하는 것은 더더욱 아닙니다. 인간은 창조주 하나님께서 맡기신 '미션'(mission)을 이루며, 하나님의 영광을 위하여 위대한 생애를 살다가 하나님께로 돌아가기 위해 존재하는 것입니다. 본문은 "하나님이 그들을 축복하심으로" 이 말씀을 주셨다고 말하고 있습니다(28a). 이 말씀은 곧 하나님께서 인간에게 주신 큰 축복의 말씀입니다.

그러면 오늘날 우리가 어떻게 온 땅에 하나님의 영광을 드러내고, 하나님의 주권을 세울 수 있습니까?

예수님은 부활하여 승천하실 때 제자들에게 유언적인 명령을 남기셨습니다. "너희는 모든 족속으로 제자를 삼아 아버지와 아들과 성령의 이름으로 세례를 주고, 내가 너희에게 분부한 모든 것을 가르쳐 지키게 하라"(마28:18-20).

하나님은 온 땅에 복음을 전파하심으로 죄인들을 구원하여 천지창조의 가치 질서를 회복함으로 자신의 주권과 영광을 세우고자 하십니다. 그러므로 온 땅에 하나님의 영광을 드러내고, 하나님의 주권을 세우는 일은 나 한 사람이 회개하고 창조의 가치 질서를 바로 세우는 데서부터 시작됩니다. 그리고 내 주위에서부터, 이웃으로, 직장의 한 사람 한 사람에게 복음을 전파하여 그들이 회개하고 하나님께로 돌아와 하나님의 영광을 드러내는 위대한 삶을 살도록 돕는 것입니다. 복음역사란 창세기적으로 말하면 '천지창조 가치 질서 회복 운동'이라고 말할 수 있습니다. 그러므로 예수님의 지상 명령은 하나님께서 아담에게 주신 본래적 사명과 같은 것입니다.

역사의 흐름과 함께 인간의 삶은 갖가지 전공 분야와 직업으로 세분화되었습니다. 사람은 자기 전공과 직업을 통하여 자연 세계를 지배하고, 인간의 삶을 복되게 해야 한다는 사명감이 있어야 합니다. 더 나아가서 자기의 있는 곳에서 복음을 전파함으로 창조질서를 세우는 역사를 감당해야 합니다.

특히 우리 교회는 미래의 지도자들을 양성하는 특수 사명을 받았습니다. 우리 **광명교회**의 공동체 고백을 함께 암송해 보겠습니다.

"우리는 세상으로로터 부름받은 하나님의 백성입니다. 또한 세상으로 보냄받은 그리스도 예수의 제자입니다. 나를 구원하신 예수님과 함께하며, 하나님을 기쁨으로 찬양하는 성령 충만한 예배자가 되겠습니다. 온 성도가 주님의 몸 안에서 하나 되어 서로 사랑하는 섬기는 공동체가 되겠습니다. 은혜에 빚진 자가 되어 땅끝까지 복음을 전파하는 전도자가 되겠습니다. 이를 위해 진리를 배우고 수호하는 훈련자가 되겠습니다. 이웃의 아픔을 함께하는 치유자가 되고, 사회적 책임을 다하는 소명자가 되겠습니다. 그리하여 주의 나라가 이 땅에 임하며, 하나님을 영화롭게 하는 자랑스러운 **광명교회** 지체가 되겠습니다."

우리가 죄악 중에 태어나서 세상의 그릇된 가치관 속에서 상하고 찢기며, 감정과 본성을 따라 살 때 허무한 생을 살다 죽고 심판을 받을 자들이었습니다. 그런데 예수 그리스도의 보배 피로 구원하시고, 이제는 사람의 생명을 살리며, 온 땅에 창조주 하나님의 영광과 주권을 세우는 복음 역사에 동참하게 된 이것은 우리에게 임한 최고의 축복이요, 그 자체가 인생의 구원입니다.

29, 30절을 봅시다. "하나님이 가라사대 내가 온 지면의 씨 맺는

채소와 씨 가진 열매 맺는 모든 나무를 너희에게 주노니 너희 식물이 되리라. 또 땅의 모든 짐승과 공중의 모든 새와 생명이 있어 땅에 기는 모든 것에게는 내가 모든 푸른 풀을 식물로 주노라 하시니 그대로 되니라". 이제 하나님은 인간의 음식 문제를 해결해 주셨습니다.

그런데 인간에게 사명을 주신 후 음식을 주셨다는 데에 뜻이 있습니다. 이를 볼 때 사람은 먹기 위해 사는 존재가 아님을 알 수 있습니다. 사람들은 열심히 노력하는데 정말 깊이 양심적으로 생각한다면 잘 먹고 좋은 집에서 살기 위해 그렇게 노력하는 것이 대부분입니다. 그러나 무엇을 먹든지 하루 세 끼 먹는 것은 같고, 어디에서 자든지 밤이면 누구나 잠자는 것은 같습니다. 생의 진정한 목적을 잃고 에고의 십자가를 짊어진 채 전 인생을 하루 세끼 음식을 위하여 수고하는 인간은 참으로 불행합니다. 하나님께로부터 받은 사명을 위해 사는 자에게 하나님은 반드시 먹을 것을 주십니다.

4. 인간의 존재 의미(31)

하나님께서 인간을 창조하사 사명을 주시고, 음식 문제를 해결해 줌으로써 비로소 거대한 창조 사역이 끝이 났습니다. 작곡가 하이든(J. Haydn)은 이 창조 기사를 읽고, 영국의 시인 리들리(Lidly)의 대본을 받아 위대한 역작 '천지창조'를 작곡했습니다.

장엄한 창조 사역을 마치신 하나님의 소감이 무엇입니까? 31절을 읽어 봅시다. "하나님이 그 지으신 모든것을 보시니 보시기에 심히 좋았더라." 하나님은 그 지으신 모든 것을 보시고 심히 기뻐하셨습니다. 만물을 창조하실 때는 그냥 "보시기에 좋았더라"고 하셨는데 하나님의 형상인 인간을 창조하심으로 창조 사역을 마치셨을 때는 "심히"라는 부사를 써서 "보시기에 심히 좋았더라"(It was very good)라고 말씀하셨습니다.

하나님께서 창조하신 천지와 만물은 모두 하나님께서 선하게 창조하신 걸작품이었습니다. 특히 인간은 최고의 걸작품이었습니다. "보시기에 심히 좋았더라." 이 말씀은 원문에서 히브리어로 'vᵉ-hinnēh tov me'od'(וְהִנֵּה־טוֹב מְאֹד)로서, 직역하면 '보라! 참으로 좋다!'는 감탄문입니다. 하나님께서 그분의 창조 세계를 바라보시며 완전한 만족과 기쁨으로 감탄하신 선언입니다. 특히 인간 창조 이후에 주어진 이 표현은, 인간이 하나님의 최고의 걸작품임을 보여줍니다.

우리 인간은 창조주 하나님의 형상대로 창조된 영혼의 존재이기 때문에 하나님께서 창조하시고 심히 기뻐하신 존재입니다. 이 점에서 모든 인간은 평등하며 고귀합니다.

뿐만 아니라 하나님께서 선하신 뜻대로, 선한 일을 위하여(엡2:10), 우주와도 바꿀 수 없는 우리 각 개인을 창조하셨기 때문에 외모, 성격, 재능, 환경이 각각 다 다릅니다. 어떤 사람은 좀 길게, 어떤 사람은 좀 짧게, 어떤 사람은 좀 굵게, 어떤 사람은 좀 가늘게, 자기의 선하신 뜻대로 창조하셨습니다. 그리고 이 땅에서 한 생애 동안 '정복하고 다스리며' 살게 하셨습니다.

"자기 동일시(Self-identification)"는 심리학적으로는 개인이 스스로를 누구라고 여기는가에 대한 인식입니다. 이는 다음과 같은 요소들로 구성됩니다:

- 자기 개념(self-concept): 나는 어떤 사람인가?

- 자기 가치(self-worth): 나는 얼마나 소중한 존재인가?

- 자기 역할(self-role): 나는 어떤 위치에 있는가?

이 세 가지를 통합하여, 개인은 자신만의 고유한 정체성을 형성합니다. 그런데 이 정체성은 그것을 어디에 기반하느냐에 따라 매우 달라질 수 있습니다. 세상적인 자기 동일시는 외모, 능력, 학벌, 재산, 성취 등 외적인 조건에 의해 형성됩니다. 비교와 경쟁을 통해 자기 가치를 느끼려 합니다. 실패하거나 누군가에게 밀리면 열등감, 혼란, 자기혐오로 이어지고 반대로 다른 사람과 비교해서 우월감을 갖고, 다른 사람을 무시하는 교만으로 이어집니다. 결국 자신의 존재는 사람들 속에서 상대적인 존재로 전락하는 것이며, 사람들의 평가에 따라 울고 웃는 삐에로와 같은 인생을 사는 것입니다.

사람은 하나님 앞에서 "내가 누구인가"(Who I am)를 발견하는 절대적인 존재 인식이 필요합니다. '나'란 과연 누구입니까? 나란 우연히 이 땅에 던져졌다가 한 줌의 흙으로 돌아가는 허무한 존재가 아닙니다. 나는 못나고, 쓸모없고, 있으나 마나한 존재가 아닙니다. 나는 거룩하신 하나님 영혼의 분신이요, 이 땅에서 전 생애를 통하여 하나님의 영광을 드러내고, 위대한 역사를 창조하며, 무한한 행복을 누리며 살다가 하나님께로 돌아가야 할 거룩한 순례자(a holy pilgrim)입니다. 나는 하나님께서 창조하시고 심히 기뻐하신 이 세상에 하나밖에 없는 절대적인 존재입니다. 나는 이 세상에 없어서는 안 될 필연적인 존재입니다. 나라는 사람의 존재 근거는 하나님의 형상대로 지음받은 존재요 하나님이 심히 기뻐하는 존재라는 사실에서 출발합니다.

여러분, '내가 누구인가?' 하는 자기 존재 인식을 하십시요. 여기서부터 나의 인생, my way가 시작됩니다. 이 위대한 출발은 창조주 하나님 앞에서만 시작될 수 있습니다.

하나님은 그 창조하신 인간을 보시고 "보라, 얼마나 좋으냐!"고 말씀하셨습니다. 하나님이 창조하시고 심히 기뻐하신 우리 각자는 이제 하나님 앞에서 살아야 하겠습니다. 세상이 변하고, 상대주의와 상황 윤리 가운데 병들어도, 우리는 하나님 중심의 절대 가치관을 굳게 붙들어야 하겠습니다.

하나님이 기뻐하신 인간은 하나님을 기쁘시게 할 때 그 존재가치가 있습니다. 또한 나를 창조하시고 "보라, 얼마나 좋으냐!"라고 말씀하신, 나의 생명과 인생의 주 하나님께 나의 장래와 인생을 온전히 맡기고, 신뢰하고, 그의 말씀을 순종하여 살 때, 하나님은 나의 전 생애를 가장 좋은 길로 인도하시고, 귀하게 쓰시고, 나의 전 생애를 통해 영광을 받으실 것입니다. 나의 경배와 찬송을 받으실 유일하신 주, 나의 창조주 하나님을 찬양합니다. 이 하나님을 사랑합니다.

결론: 다 같이 28절을 다시 한번 읽어봅시다. "하나님이 그들에게 복을 주시며 그들에게 이르시되 생육하고 번성하여 땅에 충만하라, 땅을 정복하라, 바다의 고기와 공중의 새와 땅에 움직이는 모든 생물을 다스리라 하시니라". 하나님은 자신의 형태대로 창조되어 전권을 위임받은 인간들이 온 땅에 하나님의 영광과 주권을 세우시기를 원하십니다. 이를 위하여 정복하고, 다스리며, 적극적으로, 믿음으로 살라 명하십니다.

우리의 생은 일회적입니다. 이 땅에서 창조주 하나님께서 주신 올바른 생의 목적을 향하여 적극적으로, 믿음으로 살때 우리는 하나님을 기쁘시게 할 수 있습니다. 이럴 때 무한히 행복하고, 능력 있고, 열매 맺는 생애를 살게 됩니다. 이 시간 우리 각자의 생의 근본 목적을 "하나님의 영광을 위하여"에 세울 수 있기를 기도합니다.

우주 만물을 창조하시고, 인간을 창조하시고, 사명을 주신 하나님은 영원 가운데 살아계시는 영원하신 하나님이요, 전능하신 창조주시며, 모든 인생의 경배와 영광과 찬송을 받으실 영광의 하나님이십니다. 영광의 하나님을 찬양합시다.

"하나님이 그들에게 복을 주시며 그들에게 이르시되 생육하고 번성하여 땅에 충만하라, 땅을 정복하라, 바다의 고기와 공중의 새와 땅에 움직이는 모든 생물을 다스리라 하시니라"

할렐루야!

안식일을 거룩히 지키라

말씀 창세기 2:1-3
요절 창세기 2:3

"하나님이 그 일곱째 날을 복되게 하사 거룩하게 하셨으니
이는 하나님이 그 창조하시며 만드시던 모든 일을 마치시고
그 날에 안식하셨음이니라"

어느 기업 회장님이 강의하기 위해 강단에 섰습니다. 그는 등장하자마자 칠판에 "1000억"이라고 크게 쓰고는 이렇게 말했습니다. "외람된 말씀이기는 하지만 저의 재산이 아마 1000억 원은 훨씬 넘을 것 같습니다." 그러자 청중들은 부러운 듯 와~ 하고 반응을 했습니다. "제가 부러우십니까?" 모두가 예, 하고 대답하면서, 오늘 회장님은 우리에게 어떻게 저런 부자가 될 것인가를 강의하려나 보다 한껏 기대를 모았습니다.

"여러분 1000억 중에 0이 세 개가 있지요. 첫 번째 0은 돈입니다. 두 번째 0은 사회적 지위와 권력입니다. 세 번째 0은 평생 쌓은 명예입니다. 저는 젊어서 돈을 얻고자 발버둥쳤고, 그 후에 사회적 지위도 얻었고, 이제 이렇게 강의 다닐 만큼 명예도 얻었습니다. 이것들은 인생에서 누구에게나 필요하고 선망의 대상이 됩니다. 그런데 제가 드리고 싶은 말씀은 0 앞에 있는 1이라는 숫자입니다. 만일 1이라는 숫자를 없애면 1000억이라는 숫자가 어떻게 되겠습니까? 바로 0원이 되는 것입니다.

그렇습니다. 인생에서 돈과 권력과 명예도 중요하지만 꼭 한 가지가 바탕이 되어야 하는데 그것이 없으면 모든 것이 헛된 것이 됩니다. 바로 그것은 하나님, 유일하신 창조주 하나님, 단 한 분입니다. 내 인생에 이 하나님이 없으면 내가 가진 모든 것은 가치 없고, 실패한 인생이 되어 버리는 것입니다. 저는 이제 곧 병이 들어 죽음을 앞두고 있습니다. 죽으면 재물과 권세와 명예가 다 제로가 됩니다. 제게 남는 것은 무엇만 있을까요? 바로 하나님입니다. 하나님부터 만나시고 1을 그린 다음, 나머지 명예도, 부도, 권세도 얻으시길 바랍니다.”

우리는 하나님이 1로 잘 세워져 있는 성도가 된 것을 감사합니다. 오늘은 여러 날 중 하나님께서 거룩한 날이라고 정하신 안식일에 관하여 이야기를 나누어 보고자 합니다.

2:1-3절을 보십시요. 하나님은 천지와 만물을 다 지으신 후 일곱째 날을 복 주시고 거룩하게 하셨습니다. ‘거룩하게 하셨다’는 것은 구별하셨다는 뜻입니다. 그리고 이날에 안식하셨습니다.

그 이유가 무엇입니까? 이는 하나님이 피곤하셔서서가 아닙니다. 출 20:8-11절에 보면 하나님은 안식일을 거룩하게 지킴으로 하나님을 예배할 것을 10계명 중 넷째 계명으로 주셨습니다. 하나님은 안식일을 제정하심으로써 인생들로 부터 경배와 찬송을 받으시고, 자신의 영광과 주권을 세세무궁토록 온 땅에 세우기를 원하신 것입니다.

성경에서 안식의 개념은 매우 중요합니다. 하나님께서도 쉬셨을 뿐 아니라 우리로 하여금 쉬게 하셨고, 우리에게 쉼을 알려 주셨습니다. 일과 쉼이 창조의 법칙 속에 있는데 인간이 죄를 범하므로 이 안식을 잃어버렸습니다. 예수님은 안식일의 주인이라 하셨습니다. 그리고 예수님은 이렇게 초청하셨습니다. 수고하고 무거운 짐진 자들아 다 네게로 오라 내가 너희를 쉬게 하리라. 죄와 사망의 노예가 되어 참 안식을 잃어버리고 살아가는 인생들을 구원코자 예수님이 이 땅에 오셨습니다. 십자가에서 죄를 소멸하시고 부활하심으로 사망 권세를 깨뜨리신 주님은 우리에게 참 안식을 주셨습니다. 그래서 우리는 이날을 주일로 지킵니다. 오늘은 안식일을 거룩히 지키라는 말씀을 통해 안식일을 만들어 주신 하나님의 뜻이 무엇인가를 새겨 들으며 은혜받는 복된 시간 될 수 있길 축원합니다.

1. 우리는 쉼이 필요한 존재입니다.

구약의 안식일은 안식월, 안식년, 희년, 그리고 영원한 안식, 천국으로 이어지는 개념입니다. 이것은 곧 인간은 쉼이 필요한 존재임을 말해줍니다. 안식은 창조의 리듬에 맞추는 것입니다. 모든 피조물은 하나님의 창조 질서 안에 순응해야 합니다. 피조물로서 인간이 지켜야 할 질서는 6일은 일하고 하루는 쉬는 것입니다. 이것이 하나님이 만들어 놓으신 법칙이고 이 법칙을 무시하면 위험한 결과가 나옵니다. 물고기는 물에서 살도록 만들어 놓았는데 그 법칙을 어기고 육지로 나온다면 죽는 것처럼 말입니다. 이 법칙은 생명의 법칙입니다. 하나님은 하루를 낮과 밤으로 구별하셨습니다. 낮에는 일하고 밤에는 쉬라는 것입니다.

창세기 11장에 에덴 동산에서 쫓겨난 인간이 바벨탑을 쌓습니다.

이 바벨탑은 인간의 힘으로 성을 쌓아 하늘꼭대기까지 닿게 하여 인간의 이름을 내고자 하는 교만의 탑입니다. 일을 너무 잘하거나 자수성가한 사람들이 빠지기 쉬운 함정입니다. 자기가 하나님이 되려고 하고 자기가 하나님인 것처럼 착각하는 것입니다. 쉬지 않고 일을 열심히 하는 동안에는 그 열심 안에는 하나님이 안중에 없는 것입니다. 하나님보다 자신의 능력과 열심을 더 믿습니다. 거기에서 사고가 터지고 문제가 발생합니다.

마르바 던은 『안식』이라는 책에서 "우리가 안식일을 지키는 것이 아니라 사실은 안식일이 우리를 지켜주는 것이다"라고 하였습니다. 안식일을 지키다 보면 안식일이 우리를 보호하기 위한 하나님의 계명이라는 것을 알게 됩니다. 창조의 원리를 깨고 쉬지 않고 일을 하면 인간은 망가지게 되어 있습니다. 언젠가는 그 창조의 원리를 깬 대가를 치르게 됩니다. 건강 문제가 생길 수도 있고, 삶이 망가지고 정신이 황폐해질 수 있고, 어느 날부터 이상하게 겉돌기 시작하고 무너지기 시작하는 것입니다. 그러므로 주일 성수는 단순히 하루를 쉬는 것을 말하는 것이 아니라 하나님을 하나님으로 인정해 드리고 피조물이 피조물의 자리로 돌아가는 것입니다. 그것이 안식입니다.

2. 안식은 자유인에게 주어지는 특권입니다.

십계명은 애굽의 종 되었던 집에서 인도하여 낸 여호와 하나님께서 주신 계명입니다. 노예로 있을 때 주어진 십계명이 아니고 자유인이 되었을 때 출애굽하고 난 뒤 시내 산에서 모세를 통해 주신 계명입니다. 노예는 자유가 없습니다. 히브리인들이 애굽에 살 동안에는 허리를 펼 날이 없었습니다. 십계명은 자유를 얻은 자들에게 주어졌습니다. 진정한 자유인은 쉼을 누려야 자유인입니다. 몸은 쉬는데 마음에 진정한 쉼과 안식이 없다면 아직 노예에서 해방이 안 된 것입니다.

여기서 현대판 노예란 말이 나오는 것입니다. 겉으로는 쉬는 것 같아도 휴일도 쉬는 것이 아닙니다. 스스로 쉴 수 없는 불안감이 늘 우리 속에 있습니다. 이전에는 주인과 노예를 신분적으로 구분했는데 요즘은 일과 쉼이 구분이 안 되는 삶을 살아가는 사람이 현대판 노예라 할 수 있습니다. 쉬고 싶은데 쉴 수가 없습니다. 일한하고 쉬면 불안합니다. 주일날 문을 닫았는데 불안하다면 주일이 안식일이 못 되는 것입니다. 주일은 일만 멈추는 것이 아니라 염려도 멈춰야 하는 것입니다. 일을 하지 않고 쉬는 정도가 아니라 내 마음 안에 평안과 기쁨을 누려야 진정한 안식일을 지키는 것이라는 말입니다.

그래서 단순히 쉬는 날이 아니라 안식일의 중심은 예배가 되는 것입니다. 생명의 근원이며 창조주이신 하나님을 예배하고 그분과 사귐을 가지며 하나님으로부터 오는 삶의 에너지와 풍성함을 받는 복된 날이 되어야 하는 것입니다. 주님 안에 참된 자유가 있고 삶의 평화가 있습니다. 이제 코로나로 묶여있던 쇠사슬을 끊어내고, 세상 일에 얽매였던 멍에를 끊어 내고 주일을 거룩히 지킬 수 있기를 바랍니다. 나에게 진정한 평화와 안식을 주시기 위해 십자가 지신 주님 앞에 돌아와 경배와 찬양을 드림으로 참된 평화를 맛볼 수 있기를 축원합니다.

예수님 내가 옵니다♬

3. 참된 안식은 하나님을 기억하는 것입니다.

이스라엘 백성들은 광야에서 매일 하나님이 내려 주시는 만나를 먹었습니다. 만나는 6일 동안 내리고 7일째는 내리지 않았습니다. 대신 그 전날에 갑절로 내려주었습니다. 하나님의 의도는 일주일 중 하루는 쉬고 특별한 날로 거룩히 지키라는 것입니다. 그날은 만나와 메추라기를 거두는 것보다 더 중요한 시간이라는 것을 알려주신 것입니다. 안식일은 하나님을 기억하는 날입니다. 하늘이 열리고 만나와 메추라기가 쏟아져 내려 백성들이 먹고 살며 매일 기적을 맛보았습니다. 그 기적을 베푸신 것이 하나님이십니다. 하나님이 생명의 근원이라는 것입니다. 그 하나님께 감사하고 그 하나님의 말씀을 듣고 그 하나님을 예배하고 그 하나님을 찬송하는 날입니다.

그러므로 안식일은 한두 번 하고 끝날 일이 아니라 7일 단위로 반복하면서 안식일을 지킴으로써 하나님을 기억하게 하는 것입니다. 인간은 망각을 잘하니 7일 단위로 반복하게 하심으로 늘 기억하고 살라는 것입니다. 남자는 결혼기념일이나 아내의 생일을 기억해야 합니다. 다른 날은 잊어도 되는데 그날은 잊으면 큰일 납니다. 그런데 아내의 생일을 잊어버리지 않고 확실하게 기억하는 방법이 있습니다. 잊어버려서 확실하게 환란과 핍박을 당하고 나면 평생 잊을 수 없게 됩니다.

바쁘게 살다보면 "아이고, 깜박했네"라는 말을 자주 합니다. 우리는 하나님의 은혜를 기억하기 위해서라도 잠시 멈춰 서야 합니다. 주일은 멈춰 서는 날입니다. 그리고 중요한 것을 기억하는 날입니다. 그러므로 주일예배는 매우 중요합니다. 땅만 바라보며 열심히 살던 사람들이 하늘을 바라보는 시간입니다. 우리의 힘으로 살려고 했던 교만을 내려놓고 하나님의 능력을 의지하고 하나님의 도우심을 구하는 시간입니다. 4계명은 1, 2, 3계명과 연결됩니다. 하나님만을 예배하는 참된 삶으로 나갈 것인가 아니면 하나님을 떠나는 배교의 길로 갈 것인가의 중심에 안식일이 있고 그 중심에 예배가 있습니다. 주일날 하나님을 예배하고 영적인 힘을 공급받고 한 주간을 시작해야 부모 공경도하고 6, 7, 8, 9, 10계명 모두를 지키고 살 수 있는 원동력이 생기는 것입니다. 숱한 배교의 위험과 사단의 공격과 경쟁 사회 속에서 오는 압력을 이겨내고 거룩한 삶을 살 수 있는 힘이 생기는 것입니다.

군산 미군 비행장 옆에는 옥봉이라는 곳이 있는데 제가 몇 년 전 그곳 **옥봉교회**에 부흥회를 다녀왔습니다. 그 교회 담임목사님으로부터 들은 이야기입니다. 과거 그곳에는 비행장에서 나오는 쓰레기를 주워가며 사는 사람들이 많았습니다. 그중에서도 집도 없이 땅굴 속에서 살고 있던 한 가난한 과부가 있었습니다.

미군이 버린 쓰레기를 뒤지면서 왜 저렇게 미국은 잘사는가 물어보니 예수님을 믿는 나라라서 그런다고 하였습니다. 그래서 그 과부는 예수님을 믿기로 하고 옥봉교회를 출석하게 되었습니다. 한국 사람은 주일에도 쉬지 않고 일하는데 미군들은 여지없이 주일에는 꼭 쉬면서 교회를 가는 것을 보고는 나도 주일에는 굶어 죽어도 일하지 않고 예배드리겠다 다짐했습니다. 그리고 적은 소득이었지만 그 소득에서 반드시 십일조를 드렸습니다.

그러던 어느 날, 그 과부는 그동안 집을 사려고 모아 두었던 돈을 교회에 몽땅 바쳤습니다. 조그만 집이라도 사서 동굴에서 나오려고 한 푼, 두 푼 열심히 모았던 돈을 헌금한 것입니다. 그 이유는 옥봉 교회의 건축을 돕기 위해서였습니다. 그녀는 자기의 집을 사기 전에 하나님의 집을 먼저 지어야 한다고 생각했던 것입니다.

그것을 알게 된 비행장의 미국인 군목이 눈물을 흘리면서 그녀를 축복해 주었습니다. 그리고 그는 과부를 식당에 취직시켜 주고 그 아들을 비행장의 경비로 취직시켜 주었습니다. 뿐만 아니라 본국으로 돌아가서는 미국 교회에서 이 과부의 이야기를 간증했습니다. 그랬더니 어느 큰 농장을 경영하는 장로님이 그 모자를 데려다가 함께 살겠다고 제안했습니다. 그래서 과부와 아들은 그 미국 장로님의 큰 집에서 함께 살게 되었습니다. 그리고 그 아들이 후에 신학을 공부하여 미국에 유명한 교회의 목사가 되었습니다.

사랑하는 성도 여러분!

쉬실 필요가 없으신 하나님께서 일곱째 날을 안식하시며 우리에게 참 안식을 주신 것을 감사합니다. 안식은 하나님을 기억하고 하나님을 예배하는 데 있습니다. 하나님보다 더 중요한 것은 없습니다. 하나님을 예배하는 것을 놓치고 얻을 수 있는 것은 아무것도 없습니다. 주일을 생명처럼 지키고 예배 안에서 참된 안식을 맛볼 수 있길 축원합니다. 예배 안에서 "네 인생은 내가 책임진다. 나를 의지해라 내가 너를 인도하고 돕겠다." 확실한 주님의 음성을 들으며 6일을 승리하며 살아가는 성도들이 될 수 있기를 주님의 이름으로 축원합니다.

동방의 에덴에 동산을 창설하시고

말씀 창세기 2:4-25
요절 창세기 2:8

"여호와 하나님이 동방의 에덴에 동산을 창설하시고
그 지으신 사람을 거기 두시고"

행복해지고 싶지 않은 사람은 없습니다. 누구나 좋은 환경과 안정된 삶을 꿈꿉니다. 그런데 이 땅 위에 진정한 낙원이 있습니까? 과학이 발전하고 경제가 성장했지만, 우울증과 고독, 분노는 더 깊어졌습니다. 우리는 진정 무엇을 잃어버린 걸까요?

역사 속 많은 철학자와 이상주의자들이 유토피아를 꿈꾸었습니다. 토마스 모어의 『유토피아』, 캄파넬라의 『태양의 나라』는 그런 노력의 산물입니다. 그러나 어느 누구도 진정한 낙원을 만들지는 못했습니다. 왜일까요? 그것은 인간의 죄 때문입니다. 낙원은 인간의 힘으로 회복할 수 없습니다.

그러나 성경은 선언합니다. 하나님께서 인간을 위해 낙원을 창설하셨다고. 창세기 2장은 하나님이 인류에게 선물하신 낙원, 에덴 동산을 소개합니다. 이 말씀을 통해 우리는 참된 행복의 원형이 무엇인지, 그리고 어떻게 그 행복을 회복할 수 있는지를 배우게 됩니다.

1. 주인공이 있기에 낙원입니다(4-7).

4절을 보십시오. "여호와 하나님이 천지를 창조하신 때에 천지의 창조된 대략이 이러하니라." 창세기 1장에서 천지 만물을 창조하신 하나님은, 이제 인간을 창조하시고 그 중심에 세우십니다. 흙으로 사람을 빚고, 코에 생기를 불어 넣으시니 사람이 생령이 되었습니다.

여기서부터 하나님은 스스로를 '여호와 하나님'이라 부르십니다. 이는 단순한 창조주가 아니라, 인간과 인격적 관계를 맺으시고 사랑과 언약 가운데 돌보시는 분이라는 뜻입니다.

그런데 하나님께서 창조하신 자연 세계는 아직 초목도 없고 밭에는 채소도 나지 아니하였으며(5절), 비도 내리지 않았습니다. 왜일까요? 그것은 주인공이 없었기 때문입니다. 인간이 없는 땅은 아름다움을 꽃피울 수 없습니다. 하나님은 그 땅을 사람이 관리하고 경작할 때 비로소 완성되도록 설계하셨습니다.

오늘도 마찬가지입니다. 교회, 가정, 사회가 삭막한 이유는 하나님의 형상을 지닌 '주인공'이 제자리에 서 있지 않기 때문입니다. 우리가 하나님의 주권 아래서 삶의 중심에 설 때, 하나님은 우리를 통해 낙원을 회복시키십니다.

교회에도 주인공이 있어야 합니다. 교회의 기둥 같은 일꾼들이 있어야 합니다. 일꾼이 없는 교회는 삭막하고 광야와 같이 황량하며 꽃이 피고 열매가 맺히지 않습니다. 우리 **광명교회**가 꽃이 피고 열매가 맺히는 아름다운 교회가 되기 위해서는 우리 각 사람이 주인이 되어야 합니다. 그곳이 에덴입니다.

여러분은 지금 어떤 공간에서 하나님의 주인공으로 살아가고 있습니까?

다음으로 중요한 것은, 이 주인공이 하나님과 어떤 관계를 맺는가입니다.

2. 생령의 존재로 하나님과 깊은 교제를 할 수 있기에 낙원입니다.

"여호와 하나님이 흙으로 사람을 지으시고 생기를 그 코에 불어넣으시니 사람이 생령이 된지라". "사람이 생령이 되니라." 인간은 단지 육체적 존재가 아닙니다. 하나님은 우리 안에 '영'을 불어넣으셨습니다. 영혼을 가진 존재로 창조하신 것입니다. 왜일까요? 바로 하나님과 교제하도록 하기 위해서입니다.

하나님은 사랑이십니다. 그분은 교제하시길 원하십니다. 그러나 다른 피조물은 하나님과 교제할 수 없습니다. 오직 인간만이 신령과 진정으로 하나님을 예배할 수 있습니다. 이것이 인간의 가장 고귀한 존재 이유이며, 가장 큰 복입니다.

오늘 우리가 삶의 피로와 허무함 속에서 행복을 잃어버렸다면, 그것은 하나님과의 교제가 끊어졌기 때문입니다. 하나님과 대화하지 않고, 말씀과 기도가 식어버린 삶은 낙원을 잃은 삶입니다.

그러나 우리가 다시 하나님께 나아가면, 그 순간 우리의 마음에 낙원이 열립니다. 낙원은 장소가 아니라, 관계의 상태입니다.

나는 요즘 하나님과 깊이 교제하고 있는가요? 내 마음에 낙원이 임하고 있는가요?

하나님은 그 교제를 위해 환경까지 완벽하게 준비하셨습니다.

3. 하나님이 특별히 준비하신 환경이 있었기에 낙원입니다.

하나님은 단지 사람만 창조하신 것이 아니라, 사람이 살기에 가장 좋은 환경을 준비하셨습니다. "여호와 하나님이 동방의 에덴에 동산을 창설하시고 그 지으신 사람을 거기 두시고". 하나님께서는 동방의 에덴에 동산을 창설하셨습니다. 하나님이 인간을 위해 맞춤형 집을 직접 지으셨다는 뜻입니다 "창설했다"는 말은 특별히 준비하였다는 뜻입니다. 본문의 '동산'은 헬라어 원문에는 파라데이소스라고 썼는데 이것은 Paradise, 곧 낙원이라는 뜻입니다. 이처럼 낙원이라는 단어는 창2:8절에서 기원했습니다. 하나님은 그 지으신 인간을 위하여 동방의 에덴에 낙원을 특별히 준비하시고, 그곳에서 살게 하신 것입니다.

하나님께서 창설하신 에덴 낙원의 모습이 어떠했습니까?

첫째, 그 땅의 나무들은 보기에 아름답고, 먹기에 좋은 실과들을 맺었습니다.

아담은 동산을 거닐다가 손만 내밀면 무엇이든 마음껏 먹을 수 있었습니다. 먹고살 것을 염려하거나, 고생할 필요가 없었습니다. 여기서 "보기에 아름답고 먹기에 좋은 나무", 이것은 평범한 표현이나 에덴 낙원이 외적으로나 내용적으로 부족함이 없는 완전한 낙원임을 의미하는 것입니다.

둘째, 동산 가운데에는 두 가지 특수한 나무인 생명나무와 선악을 알게 하는 나무가 있었습니다(9).

생명나무는 사람의 영원한 생명을 보장하는 나무입니다. 아담은 이 실과를 먹을 때마다 생명을 주신 하나님을 기억하고 감사할 수 있었을 것입니다. 선악과는 인간으로 하여금 선을 파수하도록 돕는 파수꾼 역할을 하는 나무입니다. 이 낙원에는 죄가 없었습니다. 거짓, 미움, 시기, 악독이 없습니다. 그러므로 독재도, 전쟁도, 감옥도 없습니다. 오직 평강과 사랑이 충만하며, 선만이 있었습니다. 이곳에서 인간은 하나님과 교제하며, 찬송하고, 기도하며, 참 행복과 영원한 생명을 누릴 수 있었습니다.

셋째, 에덴낙원은 매우 아름다운 곳이었습니다.

동산 중앙 깊은 계곡에 있는 작은 옹달샘에서부터 졸졸졸 흘러나온 물이 큰 강을 이루었고, 그 강은 온 낙원을 둘러 흘렀습니다. 그리고 네 갈래로 갈라져 하나는 하윌라(아라비아), 다른 하나는 구스(이집트), 다른 하나는 앗수르(이라크) 쪽으로 흐르고 있었습니다. 힛데겔의 다른 이름은 티그리스입니다. 문화사에서도 인류문명의 발상지를 유프라테스와 티그리스 강가로 보고 있습니다. 강은 곧 인간의 삶과 문명의 젖줄입니다. 역사를 통해 볼 때 문명의 꽃들은 강가에서 피어났습니다. 그런데 에덴낙원에서 강이 발원하여 그 낙원을 둘러 흘렀습니다. 그뿐이 아닙니다. 그 땅에는 정금, 진주, 호박 등의 보석이 깔려 반짝반짝 빛을 내고 있었습니다. 그러므로 금이나 다이아몬드 밀수 같은 일도 있을 리 없습니다.

이런 환경뿐이 아닙니다. 그곳에는 약육강식의 생물 살상도 없었습니다. 이리가 어린 양과 함께 살며, 표범이 어린 염소와 함께 누워 자며, 암소와 곰이 함께 먹으며, 사자가 소처럼 풀을 뜯어 먹었습니다. 온갖 새들이 하모니를 이루어 노래하고, 벌 나비들이 날며, 사자가 어린양과 함께 뒹구는 곳, 거기에는 상함도 해됨도 없으며, 사망이나 애통하는 것이나 질병도 없었습니다(이사야 11:6-9, 계 21:4).

17세기 영국의 존 밀턴(John Milton)은 그의 탁월한 예술성과 시상으로 이 에덴낙원을 묘사하는 역작 '실낙원'(the Paradise Lost)을 남겼습니다. 그러나 밀턴도, 그 어느 누구도 죄악된 세상에서 살고 있는 인간이 인간의 언어로 이 낙원을 묘사한다는 것은 불가능합니다. 그래서 저도 그만두겠습니다. 다만 '그곳은 낙원이었다'라고 말할 수 있습니다. 이 에덴 낙원은 하나님께서 인간에게 주신 축복의 선물이었습니다. 하나님은 진실로 인간이 무한한 행복을 누리길 원하십니다.

인간은 처음부터 낙원의 소유자였습니다. 그렇기 때문에 인간은 죄로 인해 낙원을 잃었으나 끊임없이 '유토피아'를 사모하는 것입니다. 모든 나라는 소위 복지국가를 이룸으로써 낙원을 찾으려 노력합니다. 그러나 그렇게 될 수 없습니다. 왜냐하면 인간이 낙원을 상실한 원인은 죄 때문이요, 인간의 타락 이후 세상은 악령, 곧 사탄의 영향력 아래 있기 때문입니다.

그런데 하나님은 낙원을 잃은 인생들을 위해 하나님의 아들 예수님을 이 땅에 보내셨습니다. 그의 십자가에 피 흘려 죽으심과 부활을 통해 우리 인생들이 마음의 천국을 회복할 수 있는 구원의 길을 열어 놓으셨습니다(요 3:5, 벧전 1:3,4). 누구든지 자기의 죄를 회개하고 예수그리스도를 구주로 영접하는 자는 마음에 천국을 얻게 됩니다(막1:15). 이 예수님이 그 마음에 차지하는 자리가 넓으면 넓을수록 마음에 임한 천국이 넓어집니다.

그러나 우리는 육신을 입고 악한 세상에 살고 있기 때문에 예수님을 통해 회복한 낙원을 온전히 누릴 수는 없습니다. 천국 생활을 누리다가도 잠시 한눈을 팔면 또 지옥 생활로 빠지기 쉽습니다. 그러나 우리가 육신을 벗고 우리 영혼이 하나님께로 돌아갈 때 우리는 낙원을 온전히 누릴 수 있게 됩니다. 이 하나님의 나라가 우리의 산 소망입니다(벧전1:3).

그뿐이 아닙니다. 부활 승천하사 하나님 보좌 우편에 계시는 예수님께서 최후 심판장으로 이 땅에 다시 오실 때 욕된 이 세상은 사라지고, 동시에 모든 불의와 사탄 권세가 파하고 완전한 새 하늘과 새 땅의 낙원을 이루십니다(계21:4). 그 나라는 하나님의 영광이 있으며 그 성의 빛이 지극히 귀한 보석 같고, 벽옥과 수정같이 맑습니다. 그 성벽은 벽옥으로 쌓았고 그 성은 정금인데 맑은 유리와 같습니다(계 21:11, 18). 그곳에는 해나 달의 비춤이 쓸데없으니 이는 하나님의 영광이 비치고 어린 양 예수님께서 등불이 되시기 때문입니다(계 21:23).

사도 요한은 계시로 이 나라를 보았습니다. "내가 들으니 보좌에서 큰 음성이 나서 가로되 보라 하나님의 장막이 사람들과 함께 있으매 하나님이 저희와 함께 거하시리니 저희는 하나님의 백성이 되고 하나님은 친히 저희와 함께 계셔서 모든 눈물을 그 눈에서 씻기시매 다시 사망이 없고 애통하는 것이나 곡하는 것이나 아픈 것이 다시 있지 아니하리니 처음 것들이 다 지나갔음이러라"(계21:3,4). 이 나라가 그리스도의 재림으로 완성될 낙원, 곧 실제의 하나님 나라입니다. 에덴낙원은 예수님의 재림으로 완성하실 하나님 나라의 모형입니다. 그리스도의 피로 거듭난 자들은 이 낙원에서 영원토록

주와 함께 살게 됩니다. 하나님은 인간을 위해 낙원을 창설하셨습니다.

나는 무엇으로 행복을 찾고 있습니까? 환경을 바꾸려 하기보다, 마음의 낙원을 먼저 회복해야 하지 않겠습니까?

그런데 낙원은 단지 편안한 쉼터가 아니었습니다. 거기에는 사명이 있었습니다.

4. 삶의 방향이 있기에 그곳은 낙원이었습니다.

15절을 보십시오. "여호와 하나님이 그 사람을 이끌어 에덴 동산에 두사 그것을 다스리며 지키게 하시고." 하나님은 아담에게 단지 안락한 삶을 주신 것이 아니라, 분명한 사명과 책임을 함께 주셨습니다.

그는 동산을 다스리고 지켜야 했습니다. 관리하고 보호해야 했습니다. 낙원은 무위도식하는 곳이 아니라, 의미 있고 가치 있는 삶이 펼쳐지는 곳입니다. 사명이 있는 곳이 낙원입니다.

오늘 우리는 신앙생활을 하면서도 삶의 의미를 잃고 방황할 때가 많습니다. 왜일까요? 사명을 놓쳤기 때문입니다. 내가 왜 이 가정에 있는지, 왜 이 직장에 있는지, 왜 이 교회에 있는지 모르면, 아무리 좋은 환경이라도 낙원이 아닙니다.

그러나 하나님은 우리 각자에게 사명을 주셨습니다. 그 사명을 깨닫고 살아갈 때, 우리의 삶은 낙원이 됩니다.

나는 하나님께서 주신 사명을 어떻게 감당하고 있습니까?

사랑하는 성도 여러분!

낙원은 먼 옛날의 전설이 아닙니다. 미래의 꿈만도 아닙니다. 낙원은 예수 그리스도 안에서 오늘 우리 마음에 다시 시작됩니다.

예수님은 십자가로 잃어버린 낙원의 문을 다시 여셨습니다.

"네가 오늘 나와 함께 낙원에 있으리라"(눅 23:43). 그 말씀이 지금 우리에게 주어집니다.

하나님은 오늘도 여러분을 위해 낙원을 준비하고 계십니다.

주님과 깊은 교제를 회복하십시오.

하나님의 형상으로서 삶의 주인공이 되십시오.

주신 사명을 붙들고 교회와 가정에서 하나님의 낙원을 다시 세워 가십시오.

그리할 때, 여러분의 가정이 에덴의 울타리가 되고, 광명교회가 천국의 마당이 될 것입니다. 그리고 주님 다시 오실 그날, 우리는 완전한 새 하늘과 새 땅에서 영원한 낙원을 누릴 것입니다.

"하나님은 인간을 위해 낙원을 창설하셨습니다."

그 하나님을 깊이 신뢰하며, 오늘도 주 안에서 낙원의 삶을 살아가시길 축원합니다.

왜 선악과를 만드셨나?

“선악을 알게 하는 나무의 열매는 먹지 말라 네가 먹는 날에
는 반드시 죽으리라 하시니라”

우리는 지난 주간에 에텐 동산을 창설하여 인간들에게 주신 하나
님의 크신 은혜와 사랑을 나누어 보았습니다. 하나님은 우리 인간
을 영혼을 가진 존재로 창조하사 하나님과 교제하는 특권을 허락하
셨으니 은혜요, 또 행복의 동산 에텐낙원을 선물하사 역사 창조의
무대로 주셨으니 이 또한 크신 은혜요, 그 땅에 대한 지배권과 정복
권을 주사 만물의 영장으로 세우셨으니 크신 하나님의 축복이 아닐
수 없습니다.

뿐만 아니라 하나님은 우리 인간들에게 계명의 말씀을 주셨습
니다.

제가 젊은 날 예수 믿으며 마음에 있었던 회의적인 질문이 하나
있었습니다. 그것은 왜 하나님께서 선악과를 에텐 동산에 만드셨는
가 하는 것입니다. 하나님은 전지전능하신데 인간이 그걸 따먹을 줄
모르신 것도 아닌데 왜 그토록 위험한 선악과를 만드셨는가? 병 주

고 약 주는 것인가? 구속해 주신 주님의 은혜가 고맙긴 한데, 이같은 의문점은 떨쳐 버릴 수가 없었습니다. 또한 안 믿는 친구들은 늘 이 문제를 가지고 공격해 오는 것이었습니다.

그러나 대학 시절 성경 공부를 하면서 이 문제에 대한 확실한 의문이 풀리며, 오히려 선악과를 통해 하나님의 사랑을 더욱 깊이 깨닫게 되었습니다.

오늘은 이 선악과의 문제를 다루고자 합니다. 말씀을 통하여 선악을 알게 하는 나무를 주신 하나님의 깊으신 사랑과 은혜를 깨닫는 복된 시간 되시길 축원합니다.

에덴 동산의 선악과는 인간에게 주신 하나님 축복의 절정이었습니다. 왜 그렇습니까? 이는 선악과를 주신 하나님의 뜻을 생각해 볼 때 잘 알 수 있습니다. 인간들을 위해 에덴 동산까지 만들어 주신 하나님, 정말 인간을 사랑하는 하나님, 그 하나님이 왜 선악과를 만드셨을까요? 아니 선악과가 아니라 '선악을 알게 하는 나무'입니다. 선악과라 하면 그 열매에 초점이 맞추어져서 그것을 따먹어야 선악을 아는 것처럼 의심과 의혹을 불러일으키지만, 그러나 이는 분명 '선악을 알게 하는 나무'입니다. 소나무처럼 나무라는 데 초점이 있습니다. 그러면 선악을 알게 하는 나무를 주신 하나님의 깊은 뜻이 무엇입니까?

첫째, 사랑의 질서입니다.

이 세상은 하나님께서 창조하셨습니다. 하나님은 모든 천지와 만물을 인간에게 주셨지만 어디까지나 인간은 청지기입니다. 인간은 피조물입니다. 인자하신 아버지가 자식들의 모든 재롱과 실수를 용납해주고 오냐, 오냐 할지라도 자식이 아버지가 되겠다고 아버지의 위치에 올라갈 수 없습니다. 마찬가지로 창조주 하나님과 인간 사이에는 넘어설 수 없는 엄연한 구별이 있습니다.

피조물인 인간은 창조주 하나님을 경배하고 섬기고 순종해야 할 절대적인 질서가 있어야 합니다. 이런 질서 속에서 인격적인 사랑의 관계성이 유지됩니다. 하나님은 금지된 나무 열매를 먹지 말라는 말씀을 통해 이 질서를 세우셨습니다. 이 질서는 곧 사랑의 질서입니다.

어떤 사회나 국가이든 질서가 있어야 합니다. 질서는 모든 각 개인의 안녕과 행복을 유지시켜주고 지켜주는 파수꾼입니다. 질서가 없을 때 그 사회는 혼란하고 지옥이고 죽은 사회입니다.

그 질서는 무엇으로 세우고 유지합니까? 그것은 바로 법입니다.

교통질서는 무엇으로 세웁니까? 그것은 교통법규입니다. 빨간 불일 때는 정지하고, 파란 불일 때는 통과하라는 법령을 세웁니다. 바쁠 때 이 교통법규가 부담스럽습니다. 그래서 '아 이런 법을 왜 만든 거야' 하고 불평할 수 있습니다. 그러나 이 법규가 없다면 무질서한 사거리에서 쏜살같이 달리는 자동차에 치어 내가 혹은 나의 사랑하는 가족이 큰 사고를 당하고 불행해질 수 있습니다. 교통법규가 있기에 좀 불편은 해도 나와 내 가족의 생명을 지킬 수 있고, 보호받을 수 있고, 사회는 질서 있는 공동체가 되어 평화를 유지하는 것입니다.

그래서 나라에는 헌법도 있고 수많은 법률이 있으며, 사회 구성원들은 이 법률을 존중하는 것입니다. 거기에 질서가 있으며 안녕이 있습니다.

하나님은 창조주와 피조물 간에 영적인 질서를 세우셨습니다. 그래서 계명의 말씀을 주신 것입니다. "선악을 알게 하는 나무의 열매는 먹지 말라, 먹는 날에는 반드시 죽으리라" 이것은 엄위한 명령이요 계명입니다.

하나님은 계명의 말씀을 주시므로 하나님과 인간 사이에 질서를 세우셨습니다. 이 질서가 세워지고 지켜지는 곳에 평화가 있고 행복이 있고, 하나님이 주신 에덴의 행복이 유지되고 보존되는 것입니다. 그러므로 계명을 주신 하나님은 정말 인간을 사랑하는 사랑의 하나님입니다. 그래서 이 계명을 사랑의 계명이라고 하는 것입니다.

둘째, 선택의 자유입니다.

하나님은 인간을 청지기로 세우시고 에덴낙원을 다스리며 지키게 하셨습니다. 하나님은 이를 위해 인간에게 '자유'를 선물로 주셨습니다. 자유란 하나님이 인간에게 주신 최대의 특권입니다. 인간은 이 자유를 통하여 위대한 역사를 창조할 수 있는 것입니다.

이 자유는 어디서 오는 것입니까? 선택할 수 있는 능력에서 옵니다.

사람이 A와 B 중 어느 것이나 선택할 수 있을 때 자유가 성립됩니다. A만 선택해야 할 때 그것은 이미 자유가 아니라 억압입니다.

하나님은 아담에게 동산 각종 나무의 열매를 임의로 먹되 선악을 알게 하는 나무의 열매만은 먹지 말라고 하셨습니다. 그에게는 따 먹을 수도 있고, 안 따먹을 수도 있는 선택권과 자유의지를 통한 결정권이 주어졌습니다.

우리는 여기서 아주 중요한 것을 알게 됩니다. 자유는 하나님이 주셨다는 것입니다.

하나님이 없는 세상에서는 인간의 자유가 억압당합니다. 과거 로마가 세상을 다스리던 때, 80%가 노예였습니다. 이들에게 자유가 없었습니다. 로마 시민권을 가진 자는 이들 노예의 피와 땀을 먹이로 하여 득세하고 자유를 누렸습니다. 그러나 하나님을 믿는 기독인들은 달랐습니다. 하나님 앞에 모든 인간은 자유를 가진 존재라는 것입니다. 하나님이 인간을 하나님의 형상대로 지으시고, 인간 모두에게 자유를 주셨다는 것입니다. 하나님이 선악을 알게 하는 나무를 주시고 따먹지 말라고 한 것이 그 증거라는 것입니다.

그래서 기독교인이 되면 집안에 있는 노예들을 다 해방시켜 주었습니다. 그리고 형제자매라고 불렀습니다.

그러자 로마 황제는 화가 났습니다. 그래서 초대교회 때 기독교인들이 엄청난 핍박을 받았습니다. 자유는 누가 주는 것입니까? 로마 시민이라는 혈통이 주는 것입니까? 노예의 아들이라는 혈통을 타고나면 자유가 없는 것입니까?

오늘날도 공산국가에서는 선택이 박탈당합니다. 거주이전의 자유도 제한됩니다. 대통령을 뽑을 때 선택의 자유가 없습니다. 그래서 일당 독재라고 하는 것입니다. 그래서 공산당은 기독교를 아주 싫어하는 것입니다.

저는 사범대학을 다니며 국민윤리교육을 전공했습니다. 아시다시피 국민윤리는 철학이 중요합니다. 동서양 철학을 공부하였습니다. 그중 서양철학에서 칸트의 사상이 가장 난해하고 깊다고 합니다. 우리나라에서 칸트철학을 깊이 연구하여 박사가 되신 저명한 분이 저희 학교 교수님이셨는데, 그분에게 칸트철학을 한 학기 배울 수 있었는데, 칸트 철학은 두 가지 이성에 기초합니다.

그 첫째가 순수 이성(Pure Reason) 또는 이론 이성(Theoretical Reason)이라고도 부릅니다. 자연과학, 수학, 형이상학의 기초가 되는 이성입니다. 외부의 물리적 환경을 통해 지식을 습득하는 것입니다. 이 이성이 있기 때문에 '나는 무엇을 알 수 있는가'에 대한 탐구가 가능한 것입니다.

또 하나는 실천 이성(Practical Reason)이라는 것입니다. 이것은 도덕 이성이라고도 합니다. 인간의 행위, 즉 해야 할 것, 다시 말해 좀 학문적인 용어로 '당위성'에 대한 판단과 결정을 담당하는 이성입니다. 이 이성이 있기에 인간은 도덕적 행위를 하게 되는 것입니다. 이는 '무엇을 해야 하는가'에 대한 대답을 탐구하는 것으로 칸트는 다음과 같은 유명한 말을 남겼습니다.

"네 행위의 준칙이 보편적 법칙이 될 수 있도록 행위하라" 인간은 자유의지를 가진 존재이며, 자율적 도덕법칙에 따라 행동해야 한다는 것입니다. 이같은 당위성은, 다시 말해 인간이 도덕적 존재가 될 수 있는 것은 '자유'가 전제된다는 것입니다. "네가 무엇 무엇을 해야 된다"라는 윤리적인 명령은 곧 선택할 수 있는 자유가 있을 때 가능하다는 것입니다. 이 말을 순종할 수도 있고, 순종하지 않을 수도 있는 선택의 자유가 있을 때 그렇게 해야 한다는 당위성이 가능하다는 것입니다.

좀 어렵나요? 역시 철학은 아무리 쉽게 설명하려고 해도 좀 힘이 듭니다.

거짓말하지 말라는 도덕적 실천명령은 인간이 거짓말을 할 수도 있고 안 할 수도 있는 자유로운 존재라는 전제 위에 가능하다는 것입니다. 이것을 이해하면 그 난해한 칸트철학을 웬만큼 이해한 것입니다.

그런데 이 자유는 누구로부터 왔느냐는 것입니다. 이 문제 앞에서 칸트는 한계에 봉착합니다. 마찬가지로 저를 가르친 교수님도 이 문제 앞에 칸트처럼 한계에 부딪쳐 있었습니다. 그래서 제가 교수님께 인간은 하나님의 형상대로 창조된 인격적 존재이며, 하나님께서 인간에게 자유의지를 주셨는데 그 증거가 선악과라고 설명했습니다. 자유는 하나님이 인간에게 주신 축복이며, 그래서 인간은 선험적으로 자유를 가지게 된 것으로 도덕적 존재가 가능한 것이라고 말했습니다. 그리고 인간은 하나님의 형상대로 지음받았기에 모두가 평등한 권리를 가지며 존엄하다고 설명해 주었습니다.

선악과 앞에서 교수님은 눈물을 흘리며 감격해하셨습니다. 이제야 철학의 한계에서 벗어났다고 외쳤습니다. 그리고 교회에 등록하고, 교회에서 목사님이 인도하는 성경공부반에서 성경을 공부하며 독실한 기독교 신자가 되었습니다.

선악과를 주신 하나님의 깊은 뜻은 인간을 로봇처럼 만들지 않고 자유의지를 가진 존엄한 존재로 지으셨다는 것을 말해 줍니다.

또 하나님께서 우리 인간을 로봇처럼 무인격체로 자유가 없는 존재로 지으시지 않았다는 것은 무엇을 말해 줍니까? 하나님은 인격적인 섬김과 경배를 받으시는 분이라는 사실을 가르쳐 줍니다.

자유의지가 없는 로봇과는 인격적인 사귐과 교제가 이루어질 수 없습니다. 하나님은 우리 인간과 인격적인 교제를 원하십니다. 마음 깊은 곳에서 우러나오는 자발적인 경배와 찬송을 받으시기를 원하십니다. 그렇게 하지 않을 수도 있는데도 불구하고, 자발적으로 마음에서 우러나오는 감사와 공경으로써 경배를 드린다면 그것이 바로 하나님이 원하시는 예배입니다. 이 속에서 사랑이 싹트고 자라나는 것입니다.

셋째는 행복의 열쇠입니다.

무엇보다 선악과는 하나님이 인간에게 주신 행복의 열쇠입니다. 삶의 좌표입니다. 왜 그렇습니까? 인간이 에덴낙원을 선물로 받아 부족함이 없다 할지라도 이 축복을 주신 하나님을 잃어버린다면 그때부터 인간은 불행하게 됩니다.

마태복음 21:33-41절에 보면 축복을 주신 창조주 하나님을 잃어버린 인간의 완악하고 부패한 모습과 그 최후를 비유하여 설명하고 있습니다.

예수님께서는 하나님과 우리 인간의 관계를 설명해 주시기 위해서 한 가지 비유를 드셨습니다. 어느 마을에 한 부자가 있었는데 그는 손수 아름다운 포도원을 만들었습니다. 거친 땅을 일구어 거름을 주고 옥토로 만든 다음에 극상품 포도나무를 사다가 심었습니다. 울타리도 치고, 포도즙을 짤 수 있도록 틀도 만들었습니다. 또한 원두막 역할을 하는 망대도 지어서, 포도원 정문 앞에 세워 두었습니다. 주인은 사실 땅만 빌려주고 세만 받아먹어도 되었습니다. 그러나 이 주인은 포도 농사에 필요한 모든 환경을 완벽하게 준비한 후 땅이 없어 일하지 못하고 가난한 농부들에게 세를 주고자 했습니다. 이제 농부들은 열심히 일을 하며, 단지 10분의 1의 세만 정한 때에 잘 내면 되었습니다. 세는 농부와 주인과의 질서요, 이 질서만 지켜지면 농부들은 영원토록 이곳에서 포도원을 경작하며 풍성하고 행복하게 살 수 있었습니다. 세는 행복의 열쇠였습니다.

여기서 주인은 하나님을, 농부는 이스라엘의 종교 지도자들을, 그리고 포도원은 이스라엘 나라를 가리킵니다. 좀 더 넓은 의미로는 포도원은 세상을, 농부는 인간을 가리킵니다.

그런데 이 모습을 가만히 보면 하나님께서 최초의 인간에게 너무나 풍성하고 아름다운 에덴 동산을 주신 것과 같지 않습니까?

농부들이 세를 바친다는 것은 포도원을 마음껏 경작할 수 있지만 주인이 아니라는 증거입니다. 아담이 에덴 동산의 모든 것을 임의로 먹을 수 있지만 선악을 알게 하는 나무의 열매를 먹을 수 없다는 것은 아담이 주인이 아니라는 것입니다. 주인 되는 하나님이 계시다는 것입니다. 그것을 알게 하는 나무가 바로 이 선악을 알게 하는 나무라는 것입니다. 그 열매를 따 먹어서 선과 악을 아는 것이 아니라, 그 나무 자체가 무엇이 선이고 무엇이 악인지를 알게 하는 나무라는 것입니다.

무엇이 선입니까? 하나님의 은혜를 알고, 창조주 하나님을 공경하여 마음에서 우러나오는 깊은 감사로 율법을 지키는 것이 선이요, 감사를 잃어버리고, 청지기의 신분을 망각하고 하나님의 지위를 탐하여 스스로 주인이 되고자 율법을 어기고 열매를 따먹는 것이 악이라는 것입니다. 그러므로 이 나무는 행복의 열쇠라고 할 수 있습니다.

마태복음의 비유에서 주인이 타국에 갔다는 것은 보이지 않는다는 것입니다. 보이지 않기에 신분을 망각할 수 있습니다. 주인이 옆집에 살면서 매일 농부들과 함께했다면 농부들이 언감생심 나쁜 마음을 먹었겠습니까? 주인을 볼 때마다 농부들이 주인의 은혜를 감사하고 고마워했을 것입니다. 그런데 타국에 가서 눈에 보이지 않는 그 주인을 표시하는 것이 바로 소출 얼마는 세로 내는 법이었습니다. 이 법을 마음에 담고 있다면 이 법을 생각할 때마다 주인의 은혜를 생각하고, 이 세를 구별되게 드림으로 그 행복을 지켜 나갈 수 있었던 것입니다.

마찬가지로 하나님은 우리 눈에 보이지 않습니다. 그래서 잘못하면 아담이 청지기의 신분을 잃어버리고 하나님의 지위를 탐할 수 있습니다. 그런데 하나님은 선악을 알게 하는 나무를 주시므로, 늘 이 나무를 보면서 에덴 동산과 이 모든 것을 창조하여 주신 하나님의 은혜를 깊이 깨닫고 감사할 수 있었습니다.

우리는 여기서 오늘날 성도들에게 선악과와 같은 것이 있다는 것을 느끼게 됩니다. 그것은 바로 십일조입니다. 하나님은 소출의 90%나 50%, 30%가 아니라 단지 10%만을 받고자 하십니다. 이것은 주인으로서 정당한 요구입니다. 이 십일조는 행복의 열쇠입니다. 하나님을 하나님으로 인정하고 공경하고 존중하는 표시이며, 하나님을 내 삶의 주인임을 고백하는 신앙고백이기도 합니다.

하나님은 눈에 보이지 않습니다. 그러므로 대부분의 사람들이 창조주 하나님을 잃어버리고 청지기 신분을 망각하고 자기 맘대로 인생을 살려고 합니다. 그러나 아담은 선악과를 보면서 자기보다 위에 계신 창조주 하나님을 기억하고 늘 은혜를 감사할 수 있었습니다. 오늘날 성도들에게 있어서 십일조도 마찬가지입니다. 하나님은 계명의 말씀을 직접 눈에 보여주시므로 창조주 하나님을 잃어버리는 과오를 범하지 않도록 하셨습니다. 이 또한 하나님의 크신 사랑입니다.

사랑하는 성도 여러분!

인간이 에덴낙원의 참 행복을 누리는 길이 무엇입니까? 그것은 하나님께서 주신 계명의 말씀을 절대적으로 지킴으로 창조주 하나님을 마음 첫 자리에 모시고, 하나님이 주시는 능력과 지혜를 덧입어 맡기신 사명을 감당함으로 위대한 생애와 역사를 창조해 가는 것입니다. 이것이 하나님이 인간에게 주신 행복의 길, 곧 창조 사건에 근거한 행복론입니다. 그러므로 선악과는 곧 하나님이 인간에게 주신 행복의 열쇠입니다. 인간은 선악과를 바라볼 때마다 생명과 축복의 하나님을 기억하고 하나님께 대한 경외심과 자세를 새롭게 할 수 있었을 것입니다.

이처럼 선악과는 나무나 과일이 중요하기보다, 그것이 하나님이 주신 계명의 말씀(the word of commandment)이라는 점에서 중요한 것입니다. 그래서 2:16, 17절을 '아담의 성경'(the Adam's Bible)이라고도 합니다. 이 말씀은 하나님의 절대적인 말씀이요 아담이 지키기만 하면 영생과 구원을 누릴 수 있는 하나님의 구원 언약(the covenant of salvation)이기 때문입니다.

그런데 인간은 교만에 빠져 이 구원의 언약을 깨트리고 말았습니다. 이로써 낙원은 파괴되었고 인간은 불행으로 빠졌습니다. 그런데 하나님의 크신 은혜로 이 땅에 구원의 주 예수님을 보내주셨습니다.

오늘날 우리 인생들에게 선악과는 예수 그리스도라 말할 수 있습니다. 누구든지 예수님의 십자가 속죄와 부활을 믿기만 하면 죄 사함과 영생을 주시기로 약속하셨습니다. 이는 은혜로 된 구원의 언약입니다. 그러므로 예수님을 통하여 죄 사함을 받고, 마음에 창조 질서를 회복하고, 하나님의 능력과 지혜를 덧입어 내게 맡기신 사명을 감당함으로 위대한 생애와 역사를 창조해 가는 것이 곧 행복의 길, 하나님이 가르쳐 주시는 행복론입니다. 여호와 하나님은 인간에게 에덴낙원을 선물하시고 계명의 말씀을 주셨습니다. 계명을 주신 하나님을 찬양합니다. 할렐루야 아멘.

가정을 창설하신 하나님

"여호와 하나님이 이르시되 사람이 혼자 사는 것이 좋지 아
니하니 내가 그를 위하여 돕는 배필을 지으리라 하시니라"

우리는 혼자 살아갈 수 없는 존재입니다. 사람은 누구나 관계를
통해 위로받고, 성장하며, 존재의 의미를 발견합니다. 아무리 뛰어
난 사람이라도, 혼자서는 인생의 깊은 기쁨을 누릴 수 없습니다.

하나님께서 이 땅에 처음 사람을 지으시고, 그를 에덴 동산에 두
셨을 때, 그분은 모든 것을 보시며 "보시기에 좋았다"고 말씀하셨습
니다. 그런데 단 하나, 하나님께서 "좋지 않다"고 하신 것이 있었습니
다. 바로 "사람이 혼자 있는 것"입니다.

오늘 우리가 함께 묵상할 본문은 하나님께서 가정을 창설하신 순
간입니다. 하나님은 아담의 외로움을 보시고, 그를 위하여 "돕는 배
필"을 지으셨습니다. 이 장면은 단순히 결혼 제도의 기원이 아닙니
다. 그것은 하나님께서 인간에게 허락하신 가장 처음이자 가장 깊
은 공동체, 즉 가정의 시작을 보여주는 감격스러운 순간입니다.

오늘 이 말씀을 통해 우리는 세 가지 중요한 사실을 확인하려 합

니다.

1. 가정은 하나님께서 직접 창설하신 거룩한 제도라는 것,
2. 결혼은 감정이 아니라 사명과 믿음의 동역임을 보여준다는 것,
3. 그리고 진리에 기초한 결혼과 가정은 하나님께서 기뻐하시는 복된 삶의 터전이 된다는 사실입니다.

이 말씀 앞에서, 우리 모두는 가정의 의미를 다시 새기고, 이미 결혼한 분들은 자신의 가정이 하나님 뜻 안에 서 있는지 돌아보며, 아직 결혼하지 않은 분들은 어떤 기준으로 동역자를 만나야 할지를 깨닫는 복된 시간이 되시길 축원합니다.

1. 돕는 배필을 지으신 하나님

하나님께서는 아담을 위해 '돕는 배필'을 지으시겠다고 하셨습니다. 이는 단지 누군가의 결혼 상대를 만들어주겠다는 뜻이 아닙니다. 이 구절은 인류 역사상 최초의 관계, 최초의 공동체, 최초의 동역 개념이 시작되는 놀라운 선언입니다.

에덴 동산에서 아담은 하나님의 명령에 순종하며 각종 동물의 이름을 짓고 있었습니다. 그는 사명을 감당하며 창조 세계를 돌보는 주체로 부름을 받았고, "정복하고 다스리라"는 하나님의 말씀을 따라 책임감 있게 행동하고 있었습니다.

그러나 하나님께서는 이 모든 것을 보고서도 말씀하십니다.

“사람이 혼자 있는 것이 좋지 아니하니…” (창 2:18)

하나님께서 창조하신 세상은 모두 ‘심히 좋았더라’고 선언되었지만, 단 하나, ‘혼자 있음’은 좋지 않았습니다. 이것은 인간이 결핍되었기 때문이 아니라, 인간이 ‘관계를 통해 하나님 형상을 완성하도록 지음받았기 때문’입니다.

그래서 하나님은 아담을 위하여 돕는 배필(‘에제르 케네그도’), 곧 함께 하나님 사명을 이끌어갈 동역자를 지으셨습니다. 히브리어 ‘에제르’는 단순한 보조자가 아니라, 성경에서 하나님 자신을 가리킬 때도 사용되는 단어입니다(시 33:20, 시 121:1-2). 즉, ‘돕는 자’란 열등한 위치의 보조자가 아니라, 사명을 위해 함께 싸우는 힘 있는 협력자입니다.

여성과 남성은 결코 우열의 관계가 아닙니다.

하나님은 여자를 남자의 옆구리에서 취하셨지, 머리 위에서나 발아래에서 취하지 않으셨습니다. 이는 여성이 남성과 ‘함께’ 서도록 창조되었음을 보여줍니다.

하지만 오랜 세월 동안 남성 중심의 문화 속에서 여성은 이 존귀한 정체성을 잃고 때로는 소외되었고, 또 반대로 세상은 남녀를 단지 서로의 성적 욕망을 채우기 위한 대상으로 격하시켜 왔습니다. 하나님이 창조하신 거룩한 형상은 소비되고, 왜곡되고, 감정과 외모 중심으로 평가받는 시대가 되어버렸습니다.

사랑하는 자매 여러분,
여러분은 결코 열등한 존재가 아닙니다.

하나님께서 존귀하게 창조하신 거룩한 동역자요, 하나님의 형상을 드러내는 사명의 동반자입니다. 이 세상의 가치관은 여성에게 끊임없이 비교와 외모, 감성의 기준을 들이대지만, 하나님은 말씀하십니다.

"너는 내가 보배롭고 존귀하며 내가 너를 사랑하였은즉…" (사 43:4)

또한 형제 여러분,

남자로 태어났다는 것만으로 우월감을 느낄 수는 없습니다. 진정한 남성은 하나님 앞에서 사명을 책임지고 순종하며, 가정을 이끌어 갈 영적 리더로 자라가는 사람입니다.

부드럽고도 강한 인격, 진리를 향한 충성, 그리고 동역자에게 대한 존중이 진짜 리더의 모습입니다.

하나님은 남자와 여자를 성별로 나누시되, 가치로 나누시지 않았습니다. 두 존재는 다르지만, 함께 하나님의 뜻을 이루는 팀으로 부름을 받았습니다.

그러므로 오늘 우리는 올바른 형제관과 자매관을 회복해야 합니다.

이성은 육체적 욕망의 대상이 아니라, 하나님께서 주신 신비한 동역자입니다.

거룩한 시선으로, 진리 안에서 서로를 바라보며 존귀하게 대하는 거룩한 관계의 질서를 회복해야 합니다.

사랑하는 여러분,

오늘 이 시대의 젊은이들은 정욕과 감정, 외모와 조건 중심으로 이성을 대합니다. 그러나 하나님 백성은 다릅니다. 우리는 진리로 살아야 하며, 창조주의 설계도를 따라야 합니다. 그리고 하나님 앞에서 나 자신을 바로 알고, 상대를 동역자로 인정하고 존중하는 믿음의 사람으로 자라가야 합니다.

돕는 배필은 하나님의 창조 질서의 걸작품입니다. 그리고 그 안에는 사랑, 사명, 책임, 그리고 하나님의 영광이 담겨 있습니다.

2. 결혼이란 무엇인가?

하나님은 아담이 홀로 있는 것을 좋지 않게 여기시고, 깊이 잠들게 하신 후 그의 갈빗대를 취하여 여자를 만드셨습니다. 이 장면은 하나님께서 인간의 필요를 친히 돌보시고, 가장 정교하고 친밀한 방식으로 동반자를 지으신 아름다운 창조의 클라이맥스입니다.

여자는 아담의 머리 위에서, 혹은 발 아래에서가 아니라 옆구리, 곧 가장 가까운 곳에서 지음받았습니다. 이는 여성이 남성과 '함께' 걷도록 창조되었음을 보여줍니다.

하나님은 그 여자를 아담에게로 인도하셨고, 아담은 감격에 찬 고백으로 응답합니다.

"이는 내 뼈 중의 뼈요, 살 중의 살이라…" (창 2:23)

이 말은 단순한 기쁨의 표현이 아닙니다.

자신과 본질을 같이하는 한 존재를 향한 전인격적 수용이며, 하나님이 맺어주신 동역자에 대한 깊은 존경과 헌신의 표현입니다.

그리고 하나님은 이어서 결혼의 정의를 선언하십니다.

"이러므로 남자가 부모를 떠나 그의 아내와 합하여 둘이 한 몸을 이룰지로다." (창 2:24)

이 짧은 구절에는 결혼의 본질이 담겨 있습니다.

결혼은 한 남자와 한 여자가 연합하는 것입니다.

'연합한다'는 말은 단지 함께 산다는 의미가 아닙니다. 히브리어 '다바크'는 '붙어 있다, 접착되다'는 뜻으로, 인격과 삶이 하나가 되는 깊은 영적·육적 연합을 말합니다. 이 연합은 각자의 개성과 인격이 존중되는 가운데 이루어지는 거룩한 결합입니다.

결혼은 하나님께서 주례하시고 축복하신 제도입니다.

아담과 하와의 결혼에는 인간의 조건, 감정, 계산이 개입되지 않았습니다. 결혼의 시작은 하나님의 뜻, 하나님의 때, 하나님의 중매였습니다. 그렇기에 결혼은 단지 사랑의 감정이나 조건의 만남이 아니라, 하나님의 뜻 안에서 함께 사명을 이루기 위한 언약적 연합입니다.

결혼은 가정을 이루는 출발점이며, 하나님의 영광을 드러내는 최소 공동체입니다.

결혼은 고생문도 아니고, 환상의 낙원도 아닙니다. 또한 실패한 현실에서의 도피처도 아닙니다. 결혼은 하나님 나라의 질서를 담아내는 통로요, 그분의 형상을 이 땅에 구현하는 믿음의 무대입니다. 하나님께서 주인이 되시고, 남편과 아내가 동역하여 하나님의 뜻을 이루는 곳. 그것이 바로 성경적 결혼이며 가정입니다.

* 결혼에 대한 오해들

오늘날 많은 이가 결혼을 잘못 이해합니다. 어떤 사람은 결혼을 고난의 시작처럼 여기고, 어떤 이는 결혼만 하면 모든 외로움과 상처가 치유될 것이라 기대합니다. 또 어떤 이는 결혼을 현실 회피의 수단으로 여겨 무작정 뛰어듭니다.

그러나 결혼은 감정이나 필요를 충족시키기 위한 제도가 아니라, 서로를 통해 하나님의 뜻을 배우고, 성숙해지는 통로입니다. 결혼이란 하나님 앞에서 자신의 자아를 다듬어가는 거룩한 여정이며, 사명의 동반자와 함께 걸어가는 믿음의 언약입니다.

하지만 현실은 그렇지 못합니다. 많은 젊은이가 감정에 휘둘려 결혼하고, 조건을 따져 계산적으로 결혼하며, 감정이 식으면 이혼을 쉽게 선택합니다.

그 결과 가정은 깨어지고, 자녀는 상처받고, 사회는 병들어갑니다. Broken Family는 Broken Society를 낳습니다.

오늘날 이 시대는 결혼의 의미를 무너뜨리는 패역한 시대입니다.

동거, 감정 중심의 연애, 소비적인 데이팅 문화는 결혼을 감정의 연장선으로 만들었습니다.

그로 인해 많은 이들이 결혼에 실패하고, 가정이 깨어지며, 자녀들이 정체성을 잃고, 사회는 더 깊은 혼돈으로 들어가고 있습니다.

* 결혼의 진리를 회복하라

그러므로 지금 우리는 다시 창세기의 말씀으로 돌아가야 합니다.

결혼은 하나님께서 친히 설계하신 창조 질서의 핵심입니다. 이 결혼의 진리는 한 남자와 한 여자의 평생의 언약이며, 그 안에서 하나님은 '경건한 자손'을 얻기를 원하십니다(말 2:15).

예수님께서도 말씀하셨습니다.

"하나님이 짝지어 주신 것을 사람이 나누지 못할지니라." (마 19:6)

그렇기에 결혼은 이혼할 수 없는 언약입니다. 한 몸을 이루는 결혼은 결코 파편화되어서는 안 되며, 정욕이나 이익, 감정으로 선택해서도 안 됩니다.

* 믿음의 가정은 이 시대의 소망입니다

행복한 결혼, 성숙한 가정, 경건한 후손은 결코 저절로 생기지 않습니다. 결혼에 대한 올바른 진리를 배우고, 진리 위에 가정을 세우는 일은 복지 정책보다 더 시급한 사회 개혁입니다.

이 땅이 다시 회복되려면, 하나님께서 기뻐하시는 가정이 회복되어야 합니다.

그 시작은 바로 우리 각자의 결혼관, 가정관을 말씀 위에 다시 세우는 데서 시작됩니다.

3. 창조 질서를 위협하는 젠더 이데올로기에 대항하라

사랑하는 성도 여러분,

하나님께서 창세기 2장에서 결혼을 제정하신 이래로, 가정은 인류 공동체의 기초이자 복의 통로가 되어왔습니다. 그러나 오늘날 우리는 그 거룩한 질서가 정면으로 도전받고 무너지고 있는 시대를 살아가고 있습니다.

오늘 이 시대는 결혼을 단순한 개인의 선택이나 감정의 결합으로 축소시킵니다. 더 나아가 하나님께서 세우신 결혼 질서 자체를 부정하며, '남자와 여자의 연합'이라는 창조 목적을 해체하려는 이데올로기들이 사회, 교육, 법제도 속에 깊숙이 자리 잡고 있습니다.

반(反)창조적 흐름은 단순한 인권 문제가 아니다

대표적으로 동성결혼, 젠더 이데올로기, 성별 해체론, 다자혼 합법화 시도 등은 단순한 사회 현상이 아니라, 창조주 하나님을 부정하고 하나님의 형상을 왜곡하려는 반성경적 도전입니다.

세상은 '인권'이라는 이름으로 이 모든 것을 포장하지만, 그 안에는 창조 질서에 대한 불순종과 죄의 합리화가 자리하고 있습니다.

사도 바울은 이렇게 진단합니다.

"그들이 하나님의 진리를 거짓 것으로 바꾸어 피조물을 조물주보다 더 경배하고 섬기니라…" (롬 1:25)

동성 간의 관계는 성경이 명백하게 죄라고 말씀합니다(레 18:22, 롬 1:26-27, 고전 6:9-10).

그것은 단순한 취향이나 기호가 아니라, 하나님의 형상 훼손이며 창조 질서에 대한 반역입니다. 이러한 문화 속에서 자란 다음 세대는 성정체성 혼란을 겪고, 결혼과 가정에 대한 기준 없이 방황하게 됩니다.

교회는 무엇을 해야 하는가?

우리는 이 시대의 흐름에 침묵해서는 안 됩니다. 단지 비난하거나 정죄하려는 것이 아닙니다.

오히려 진리를 사랑으로 말하며(엡 4:15), 창조주의 뜻을 온전히 선포하고 지키는 일에 충성해야 합니다.

- 우리는 모든 죄인을 품되, 죄 자체를 인정해서는 안 됩니다.
- 우리는 회개의 문을 열되, 거룩의 기준을 무너뜨려서는 안 됩니다.

성경적 결혼관은 시대의 답이다

하나님께서 세우신 결혼은 한 남자와 한 여자가 하나님의 뜻 안에서 연합하여, 서로의 인격을 존중하고 사명을 함께 감당하는 언약적 동행입니다.

하나님은 그 안에서 '경건한 자손'을 얻고자 하신다(말 2:15)고 하셨습니다. 이는 곧 결혼이 단지 부부만의 문제가 아니라, 다음 세대와 역사의 문제라는 뜻입니다.

사랑하는 여러분, 창조 질서와 결혼의 진리를 지키는 것은 오늘날 세상과의 치열한 전선입니다. 하지만 우리는 두려워하지 말아야 합니다. 하나님의 질서는 무너지지 않으며, 그 질서를 따르는 자는 결코 수치를 당하지 않을 것입니다.

그러므로 가정과 결혼에 대한 성경적 진리를 확고히 붙들고, 자녀들에게 올바른 정체성과 결혼관을 전수하는 신앙 공동체가 됩시다. 이것이야말로 이 시대를 향한 교회의 선지자적 사명이며, 우리의 다음 세대를 살릴 길입니다.

4. 하나님이 짝지어 주시는 결혼을 하라

결혼은 인간이 선택하는 것처럼 보이지만, 성경은 말씀합니다.
"하나님이 짝지어 주신 것을 사람이 나누지 못할지니라." (마 19:6)
이 말씀은 결혼이 단순한 연애의 결말이나 사회적 제도가 아니라,
하나님께서 짝지어 주시는 은혜의 언약임을 선포합니다.

믿음 안에서 짝지어지는 결혼

'하나님이 짝지어 주시는 결혼'이란, 먼저 믿음이 하나인 두 사람이
하나님의 뜻과 사명을 공유하고, 삶의 방향과 가치관이 일치하는
가운데 이루어지는 것입니다. 결혼이 믿음 밖에서 이루어지면, 인생
의 근본 목적이 달라 혼란과 고통이 따르게 됩니다.

하나님을 경외하는 한 사람, 하나님의 말씀에 순종하는 한 사람,
하나님의 뜻을 함께 감당하려는 한 사람이야말로 하나님이 예비하
신 짝입니다.

신자와 불신자의 결혼에 대한 분명한 입장

하나님은 신자에게 불신자와 멍에를 함께 메지 말라(고후 6:14)고
하셨습니다. 이는 단순한 교리 문제가 아니라, 신앙의 본질을 지키
기 위한 하나님의 배려이자 질서입니다.

믿음이 다른 사람과의 결혼은 삶 전체에 영향을 미치며, 자녀에게
도 신앙의 유산을 이어주기 어렵게 만듭니다.

하나님이 주신 짝은 가까운 곳에 있다

종종 사람들은 너무 멀리서, 너무 높은 조건에서, 혹은 감정에만 치우쳐 짝을 찾으려 합니다.

그러나 하나님은 우리 삶 가까운 곳에 믿음의 동역자를 준비해 두시는 분이십니다. 신앙 공동체 안에서 함께 말씀을 배우고 기도하며 자란 사람들 가운데 하나님께서 짝지어 주실 가능성이 가장 큽니다.

결혼은 완전한 사람이 아니라 회개하는 사람이 준비된 것이다

믿음 안에서 결혼을 한다고 해서 갈등이 없는 것은 아닙니다. 결혼은 두 죄인이 만나 하나가 되는 연합입니다. 그러나 믿음의 결혼은 다릅니다. 문제가 생겼을 때 하나님께 나아가 회개하고, 말씀으로 문제를 풀어가며, 서로를 더욱 사랑하고 세워가는 은혜의 여정입니다.

행복한 결혼, 아름다운 가정은 창세기의 결혼 진리를 깊이 영접하고, 순종하는 사람들의 삶에 열매로 주어집니다.

벌거벗되 부끄럽지 않은 관계

창세기 2장 25절은 말합니다.

"아담과 그의 아내 두 사람이 벌거벗었으나 부끄러워하지 아니하니라."

이 구절은 단순히 육체적 상태를 말하는 것이 아닙니다. 서로를 있는 그대로 받아들이고, 진실과 사랑으로 연합한 깊은 신뢰와 존중의 공동체를 뜻합니다. 진리 위에 선 결혼은 가림이 없고, 숨김이

없고, 회피가 없습니다. 오직 하나님의 임재 안에서 드러남과 자유함이 있습니다.

사랑하는 성도 여러분!

창세기 2장에서 하나님은 아담에게 돕는 배필을 지어주시고, 그 둘을 하나로 연합시키셨습니다. 그분은 결혼을 통해 가정이라는 축복을 시작하셨고, 그것이 온 인류 공동체의 기초가 되게 하셨습니다. 하지만 오늘날 이 귀한 질서가 얼마나 많이 무너져 있는지 우리는 현실 속에서 절감합니다. 혼전 성관계, 이혼의 남발, 감정 중심의 결혼, 물질적 조건만을 따지는 가치관⋯ 이 모든 것은 창조 질서를 거슬러 불행을 초래하고, 사회를 병들게 합니다.

그러므로 우리는 다시 창세기의 진리 앞에 서야 합니다. 결혼은 고생문도, 낙원도, 도피처도 아닌 하나님의 동역자로 부르심받은 두 사람이 믿음 안에서 연합하는 하나의 거룩한 삶의 형태입니다.

여러분, 지금 가정을 이루셨다면 당신의 가정은 하나님의 영광을 드러내고 있습니까?

하나님이 주신 배우자를 믿음으로 돕고 있습니까?

가정에서 자녀들이 진리를 배우고 있습니까?

혹시 아직 결혼하지 않은 분이 있다면, 감정이나 조건이 아닌 믿음, 사명, 가치관이 일치하는 동역자를 위해 기도하고 계십니까?

하나님은 오늘도 당신의 백성 가운데 믿음의 가정들을 세워 가십니다. 그리고 그러한 가정들을 통해 무너진 시대를 회복시키고, 하나님의 나라를 확장시키십니다.

마지막으로 창세기 2장 25절의 고백처럼, "아담과 그 아내 두 사람이 벌거벗었으나 부끄러워하지 아니하니라"

이 말씀이 오늘 우리의 가정 가운데 현실이 되기를 축복합니다. 거짓과 수치 없이, 진리와 사랑으로 하나 되는 복된 가정이 세워져, 하나님께서 기뻐하시는 믿음의 가문들이 이 땅에 가득하기를 축원합니다.

유혹과 타락

“여호와 하나님이 아담을 부르시며
그에게 이르시되 네가 어디 있느냐”

우리가 이전 강의를 통해 살펴본 바와 같이, 하나님께서는 최초의 인간에게 에덴이라는 완전한 낙원을 선물로 주셨습니다. 그곳은 사랑과 평화, 영원한 생명, 진리와 선이 충만한 곳이었습니다.

그러나 오늘날 우리가 살아가는 세상은 어떻습니까? 전쟁과 폭력, 불의와 미움, 고통과 죽음의 소식이 끊이지 않습니다. 태초에 하나님이 창조하신 하늘은 여전히 푸르지만, 이 땅에는 왜 탄식과 저주의 소리가 가득한 것입니까?

그 이유는 분명합니다. 인간의 범죄와 사탄의 역사로 인해 낙원이 깨어졌고, 하나님의 진노 아래 실낙원의 세상이 되어버렸기 때문입니다. 창세기 3장은 이 비극의 기원, 즉 인간의 타락과 사탄의 계략, 그리고 그들을 대하시는 하나님의 마음을 우리에게 보여줍니다.

오늘 말씀을 통해

첫째, 사탄의 간계를 분별하고 대적할 수 있는 영적 통찰을 얻고,

둘째, 타락한 세상을 바르게 해석할 수 있는 성경적 세계관을 세우며,

셋째, 그럼에도 불구하고 우리를 끝까지 사랑하시며 구속하시는 하나님의 은혜를 깊이 경험하는 시간이 되기를 소망합니다.

비록 우리는 실낙원의 세상에 살고 있지만, 그리스도 안에 믿음의 기초를 세우고 다시금 하나님 나라를 향해 위대한 인생을 개척해 나가는 성도들이 되시기를 주님의 이름으로 축원합니다.

1. 유혹자 사탄(1-5)

세상 역사의 원수이며 모든 악의 근원은 사탄입니다. 우리 인간을 죄에 빠뜨리고 불행하게 만드는 원수도 사탄입니다. 사탄은 우리로 하여금 하나님을 대적하고 불의와 죄악에 종노릇하도록 역사합니다. 우리 싸움의 대상은 바로 이 사탄입니다. 그러므로 우리가 매일의 영적 전투에서 승리하려면 사탄을 바로 알아야 합니다. 이 사탄은 어디서 왔으며, 어떻게 에덴 동산에 살고 있던 인류의 첫 조상들을 유혹했습니까?

1절을 보십시오. "여호와 하나님이 지으신 들짐승 중에 뱀이 가장 간교하더라." 하나님께서 지으신 들짐승 중에서 뱀이 가장 간교했습니다. '간교하다'는 말은 '총명하다', '영리하다', '잔재주가 많다', '꾀가 많다'는 뜻입니다. 그러므로 간교함을 좋게 말하면 지혜가 있다는 것인데, '간교하다'는 말은 상당히 부정적인 의미입니다. 다시 말해 머리는 좋지만 사용하는 방향이 잘못되어 '간교하다'는 말을 듣게

되는 것입니다. 본문에서 뱀은 원래 지혜로웠는데, 그 좋은 머리가 사탄에게 이용당하여 잘못 사용되고 있는 것입니다.

사탄은 어디서 왔습니까?

성경에서 악한 영들을 가리키는 이름으로는 사탄(Satan, 마4:10), 마귀(요8:44), 악령 혹은 악귀(행19:12), 귀신(막1:23), 더러운 귀신(막1:26), 어둠의 세상 주관자(엡6:13) 등이 있습니다. 사탄은 마귀라고도 하며, 악한 영 중의 왕을 가리킵니다(계12:9, 막3:22, 23). 이 사탄은 본래 천사장 중 하나였습니다(에스겔28:14-17).

천사들은 하나님께서 만물을 창조하시기 이전에(욥38:6, 7) 하나님께서 창조하신 피조물들입니다(에스겔28:15, 시148:5, 골1:16). 하나님은 이들이 하나님의 영광과 권세를 찬양하고(시103:20, 눅2:13, 14, 계5:11, 12), 하나님의 뜻을 세상에 전달하고(눅1:26-38, 행1:11), 하나님을 보좌하고(살전4:16), 수종들고(마4:11, 눅22:43), 하나님의 자녀들을 돕는(히1:14, 행12:7, 행27:23, 24) 등의 일을 하도록 이들을 영계의 존재로 창조하셨습니다. 그 수는 매우 많습니다(계5:11).

그런데 천사장 중의 하나가 교만해져서 하나님을 반역하고, 자신이 우주와 역사의 주도권을 잡아 하나님의 보좌에 앉으려 했습니다(이사야14:12-15). 그리고 범죄한 천사장(사탄) 편에 서서 쿠데타를 일으킨 천사들이 악한 영들의 세계를 이루었습니다(유다서1:6, 벧후2:4). 이처럼 사탄의 무리는 타락한 천사들이기 때문에 인간보다 한 수 높은 능력과 지혜를 가지고 있습니다. 또한 하나님을 반역한 천사들이기 때문에 하나님의 하시는 일을 훼방합니다. 바로 이 사탄이 뱀 속에 들어간 것입니다.

우리는 여기서 중요한 사실을 배우게 됩니다. 사람에게는 누구나 좋은 자질이 있다는 것입니다. 문제는 그 좋은 자질이 어느 쪽으로 발달하느냐 하는 것입니다. 부정적으로 발달하면 매우 나쁜 결과가 나타나고, 긍정적으로 발달하면 아주 좋은 것이 됩니다. 사탄은 지혜가 뒤틀어져 있기 때문에 간교한 모습으로 나타났습니다.

이 사탄이 어떤 역사를 했습니까? 사탄의 유혹 방법은 어떠했습니까?

첫째로, 하나님 말씀에 대한 의심을 심었습니다. "뱀이 여자에게 물어 가로되 하나님이 참으로 너희더러 동산 모든 나무의 실과를 먹지 말라 하시더냐?"(1a). 고후11:3절에 보면 뱀이 그 간사함으로 하와를 속였다고 말합니다. 다시 말해 인간은 속임을 받을 수 있는 존재라는 뜻입니다. 누군가의 영향을 받을 수 있는 존재라는 말입니다.

여기서 '참으로'와 '모든'이 중요합니다. "참으로 먹지 말라 하시더냐?" "전부 다 먹지 말라고 했다는데 그게 사실이냐?" 이렇게 사탄은 하나님의 과격성을 부각시켜 표현했습니다. 너무하지 않느냐는 것입니다. 하나님은 너무한 분이고 너무 인색한 분이라는 것입니다. 사탄은 여자를 몹시 위하고 동정하는 척하면서 여자에게 낚싯바늘처럼 의심의 씨를 심었습니다.

우리가 본성대로 살던 생활을 떠나 하나님의 말씀대로 살고자 하고, 말씀에 뿌리내리고자 하면 사탄이 정신을 바짝 차리고 역사합니다. 가까운 친구나 직장 동료, 때로는 부모님들을 통해 역사합니다. "너는 같은 예수를 믿는데 그렇게 유별나고 힘들게 믿느냐?" 때로는 "성경은 그렇게 쓰여 있지만 우리는 어디까지나 인간이 아니냐? 인간답게 살아라, 인간답게. 쯧쯧쯧…” 하고 말합니다. 때로는 우리가 아직 연약하여 하나님 앞에서 완전하지 못하거나 실수를 하면, 사탄은 이때다 하고 “봐라, 너는 도저히 안 된다. 고생 그만하고 다른 사람들처럼 살라”고 안타깝다는 듯이 속삭입니다. 그러나 이때 넘어가서는 안 됩니다. ‘사탄아 물러가라’ 하며 대적해야 합니다.

그러면 사탄의 질문을 받은 여자는 무엇이라 대답했습니까? 2, 3절을 봅시다. “여자가 뱀에게 말하되 동산 나무의 실과를 우리가 먹을 수 있으나 동산 중앙에 있는 나무의 실과는 하나님의 말씀에 너희는 먹지도 말고 만지지도 말라. 너희가 죽을까 하노라 하셨느니라.”

사탄이 자기를 몹시 위하는 척하니 여자의 마음에 혼돈이 오기 시작했습니다. 그녀는 “각종 나무 실과를 임의로 먹으라”고 하신 말씀을 “동산 나무 실과를 우리가 먹을 수 있으나”라고 대답함으로써 ‘각종’, ‘임의로’라는 단어를 빼버리고 하나님이 주신 무한한 자유를 제한시켰습니다. 하나님은 “선악을 알게 하는 나무 실과를 먹지 말라”고 하셨지만, 그녀는 ‘동산 중앙에 있는 나무’라고 막연하게 말했습니다. 동산 중앙에는 생명나무도 있었는데, 이는 영생에 이르게 하는 하나님의 크신 사랑이 아닐 수 없었습니다. 또한 하나님은 “만지지도 말라”는 말씀은 하지 않으셨는데도, 그녀는 ‘만지지도 말라’는 말을 덧붙였습니다. 무엇보다도 하나님은 “정녕 죽으리라” 말씀하심으로 그 계명에 절대성을 부여하셨으나, 그녀는 “죽을까 하노라”라고 말했습니다. 이는 ‘혹시 죽을지도 모른다’는 말입니다. 그녀는 ‘죽는다’는 말이 못마땅하고 받아들이기 싫었던 것 같습니다. 여기서 여자의 마음에 허점이 드러났습니다.

둘째, 사탄은 여자에게 거짓 확신을 심었습니다.

"뱀이 여자에게 이르되 너희가 결코 죽지 아니하리라"(4). 사탄은 하도 뻔뻔해서 표정 하나 변하지 않고 확신 있는 거짓말을 했습니다. 그의 말에는 박력이 있었습니다. 거짓말이라도 확신 있게 말하면 사실인 것처럼 받아들여집니다. 그러므로 하나님의 말씀을 믿는 것도 확신 있게 믿어야 합니다.

믿음이 있다고 하면서도 불신자(사탄의 지배 아래 살고 있는) 친구가 "야, 너 죽은 후에 천국과 지옥이 있다고 하는데 우주과학 시대에 무슨 말이냐? 가봤니, 봤어?" 하고 추궁하면 "글쎄, 있다고 하던데…" 하면 안 됩니다. "하나님의 말씀에 확실히 쓰어 있다, 너 나중에 후회하지 말라" 하고 말할 수 있어야 합니다. 사탄은 그 본성이 거짓의 아비이기 때문에(요8:44) 참말 같은 거짓말을 확신 있게 합니다.

셋째, 여자의 마음을 교만하게 하고 하나님의 사랑을 의심하게 했습니다. 5절을 봅시다. "너희가 그것을 먹는 날에는 너희 눈이 밝아 하나님과 같이 되어 선악을 알 줄을 하나님이 아심이니라." 이 말은 한 수 더 나아가 하나님이 네가 주인 되는 것을 두려워해서 그 좋은 것을 못 먹게 했다는 뜻입니다. 사탄은 그 여자를 가장 깊이 이해하고, 그를 편들어 주는 것처럼 말했습니다. 또한 여자에게 "너도 하나님처럼 될 수 있다"는 말로 마음에 바람을 넣고 교만을 심었습니다. 사탄은 이렇게 교묘한 말로 하나님과 그 여자 사이를 이간질했습니다. 그의 속셈은 그 여자가 범죄함으로 하나님의 버림을 받아 죽게 하려는 것입니다. 사탄의 목적은 사람들을 하나님으로부터 떠나게 해서 사탄의 종들이 되게 하는 것입니다. 이처럼 사탄의 속삭임은 우리를 위하고, 우리를 편들어 주고, 우리를 가장 잘 이해하는 것 같이 말하기 때문에 그 속셈을 잘 간파해야 합니다.

넷째, 사탄은 약점을 이용했습니다. 여자는 남자의 갈빗대로 만들어졌기 때문에 혼자 있으면 연약합니다. 여자가 혼자 외로울 때 찾아왔습니다. 또 여자들은 허영심이 많습니다. 자기를 위해주는 척하고 치켜세우면 마음이 혼란해져서 분수를 모르게 됩니다. 또 여자는 하나님 말씀을 정확히 공부하지 못하고 어렴풋이 알고 있었습니다. 또 남자는 여자에게 약합니다. 아담은 아무 의심 없이 여자의 말을 듣고 받아먹었습니다. 사탄은 이런 인간의 약점을 파고들었습니다.

우리가 어떻게 사탄의 역사를 분별할 수 있습니까?

그 유일한 기준은 우리로 하여금 하나님의 말씀을 떠나게 하고, 하나님의 사랑을 의심하게 하고, 하나님에게서 멀어지게 하는 것이면 일단 그것은 사탄의 역사로 볼 수 있다는 것입니다. 사탄은 사람들을 통해서 역사합니다. 그것도 여자를 통하여 아담을 넘어뜨렸듯이 가까운 사람들을 통해서 역사할 때가 많습니다. 사탄은 수제자 베드로를 통하여 예수님을 넘어뜨리려 한 적도 있습니다(막8:29-33). 또한 사탄은 불의의 사고나 질병 등을 타고 들어와 역사하기도 합니다. 또한 사탄의 공격은 의심을 심는 일뿐 아니라 두려움, 미움, 무절제의 마음을 심는 것으로 나타날 때가 많습니다(딤후1:7). 사탄은 하나님의 말씀을 통하여 여자를 유혹했습니다.

2. 인간의 범죄(6)

인간이 범죄하는 과정은 5단계였습니다.

첫째는, 귀로 듣는 것이었습니다. 사탄의 속삭임을 듣고 대화를 하는 동안 그 여자의 마음에 어느새 의심과 탐심과 교만이 암세포처럼 자라나고 있었습니다.

둘째는, 눈으로 보는 것이었습니다. 이전에는 경이롭기만 하고, 그 실과를 바라볼 때마다 하나님을 기억케 했던 선악과가 이제 육신의 정욕, 안목의 정욕, 이생의 자랑을 채울 세상 것으로 보였습니다(요일2:16,17). 대부분의 죄가 눈을 통해 들어옵니다.

셋째, 마음으로 원한 것입니다. 영어로 '사랑'에는 'love'와 'lust'가 있습니다. 'lust'는 나의 탐심을 위해서 남을 이용하는 '욕정'입니다. 'love'는 남을 위해서 내 모든 것을 희생하는 '사랑'입니다. 그것을 먹으면 지혜롭게 될 것같은 욕정이 생긴 것입니다. 내가 하나님처럼 될 것이라는 욕정이 일어났으며, 야고보서에서 말한 대로 욕심이 잉태하여 결국 죄를 낳은 것입니다.

넷째, 손을 들어 따먹은 것입니다. 귀로 들으니까 호기심이 생기고, 눈으로 보니까 유혹이 들어오고, 마음으로 가니까 마음이 움직여서 욕심이 생기고, 그것이 결국 행동으로 나타난 것입니다.

다섯째, 자신뿐만 아니라 다른 사람도 범죄하게 했습니다. 여자는 남편에게 갖다 주었습니다. 여러 말로 남편을 꼬셨을 것입니다. 아담은 이 실과를 먹지 말라 하신 하나님의 말씀을 분명히 알았지만, 하나님의 말씀보다 아내의 말을 더 들음으로써 선악과를 먹고 말았습니다.

애굽을 떠나 광야를 지나 살아가는 신자들에게는 모래바람, 폭풍, 찬 서리, 작렬하는 태양, 이리 떼들의 시험이 있습니다. 세상 육지를 떠난 배이기에 파도와 폭풍이 다가오는 것입니다. 시험은 반드시 있는 것인데, 문제는 이 시험에서 승리하는 것입니다.

그러면 어떻게 시험에서 승리하는 삶을 살 수 있습니까? 단 한 가지, 시험을 이기신 예수님을 바라보는 것입니다. 우리는 사탄의 존재를 조금도 두려워할 필요가 없습니다. 왜냐하면 이 사탄의 머리는 예수 그리스도께서 부활하실 때 이미 짓밟혔기 때문입니다. 사탄을 이기시고, 그 머리를 짓밟으신 예수 그리스도께서 믿는 자와 함께 계시기 때문입니다. 오늘날 사탄의 역사는 마치 머리가 깨진 공룡이 꼬리만 파닥거리는 것과 같으므로, 신자들에게는 완전한 승리가 보장되어 있습니다.

하나님께서 이 사탄의 남은 세력을 예수님의 재림으로 말미암는 심판 때까지 남겨 두시는 것은 곡식밭과 같은 세상에서 가라지(사탄의 무리)를 제거하려다가 곡식(하나님의 자녀들)을 다치게 되기 때문입니다(마13:24-30). 사탄의 무리를 제거하려면 온 세상을 심판하시고 창조로 시작된 역사 자체를 멸하셔야 되기 때문입니다.

그러나 예수님께서 승리하셨다고 해서 우리가 사탄을 얕보면 안 됩니다. 그들은 우리보다 능력과 지혜가 뛰어난 타락한 천사들이기 때문입니다. 하나님의 아들이신 예수님께서 사탄의 시험을 받으실 때도 단순하게 구약에 기록된 말씀으로 대적하셨습니다(마4:10, 11). 사탄은 하나님의 말씀 앞에 꼼짝 못 합니다. 우리가 말씀으로 대적하면 사탄은 꼼짝 못 합니다. 전능하신 하나님께 기도함으로 영적 능력을 덧입고 "사탄아! 물러가라" 하고 대적하면, 사탄은 슬그머니 꽁무니를 빼고 쫓겨갑니다. 우리가 전폭적으로 하나님을 의지하고 살 때, 사탄이 접근하지 못합니다. 하나님의 사랑과 말씀 안에 거하며 승리의 주 예수님을 믿음으로 승리의 삶을 사시기를 축원합니다.

인간이 선악과를 따먹은 일은 불과 여섯 절에 짧고 단순하게 기록되었습니다. 그러나 그 결과는 너무나도 심각한 것이었음을 명심해야 합니다.

결론:

사랑하는 성도 여러분!

오늘 요절 말씀인 창세기 3:9절을 읽어 보겠습니다.

"여호와 하나님이 아담을 부르시며 그에게 이르시되, 네가 어디 있느냐?"

범죄한 인간을 향해 하나님께서 던지신 첫 음성은 책망이 아니라 부르심이었습니다.

이 말씀은 단순한 위치 확인이 아니라, 영적 상태를 향한 하나님의 호소입니다. 하나님은 죄 가운데 숨어 있는 인간을 여전히 찾으시고, 외면하지 않으십니다. 하나님은 사랑의 하나님이시며, 구속의 하나님이십니다. 하나님은 우리가 죄 가운데 도망치며 숨어 있는 모습을 보시고 묻습니다.

"너는 지금 어디에 있느냐? 나는 너를 낙원으로 회복시키고 싶은데, 너는 지금 어디를 향해 가고 있느냐?"

오늘 이 하나님의 음성은 우리 모두를 향한 말씀입니다.

우리는 지금 어디에 있습니까?

말씀에서 떠나 있지는 않습니까?

기도의 자리에서 멀어져 있지는 않습니까?

하나님의 뜻보다 자기 욕망을 앞세우고 있지는 않습니까?

그러나 소망이 있습니다. 하나님은 오늘도 우리를 찾으십니다. 그리고 예수 그리스도를 통해 다시 낙원의 길로 인도하십니다. 그분은 사탄의 머리를 짓밟으신 승리자이시며, 십자가와 부활을 통해 새 생명의 문을 여신 구속자이십니다. 사탄은 여전히 세상을 어지럽히지만, 예수 그리스도 안에 있는 자는 이미 승리를 소유한 자입니다. 말씀과 기도로 무장하고, 회개와 순종으로 응답할 때, 하나님은 우리를 다시 은혜의 자리, 생명의 동산으로 인도하십니다.

사랑하는 성도 여러분,

오늘 하나님께서 "네가 어디 있느냐"고 물으실 때, 숨지 마십시오. 그 음성 앞에 정직하게 서십시오. 말씀 앞에 자신을 비추고, 다시 하나님 앞으로 나아가십시오. 그리고 예수 그리스도의 승리를 힘입어 사탄의 유혹을 분별하고, 믿음으로 승리하는 인생을 살아가십시오.

실낙원의 세상 가운데서도, 복음으로 다시 하나님 나라를 살아가는 성도들이 되시기를 주님의 이름으로 축원합니다.

구속의 씨를 약속하신 하나님

"내가 너로 여자의 후손과 원수가 되게 하고
네 후손도 여자의 후손과 원수가 되게 하리니
여자의 후손은 네 머리를 상하게 할 것이요
너는 그의 발꿈치를 상하게 할 것이니라 하시고"

사랑하는 성도 여러분, 우리는 누구나 '행복한 삶'을 꿈꿉니다. 고요한 정원에서 사랑하는 이들과 함께 걱정 없이 살아가는 삶, 이것이 많은 사람이 그리는 이상적인 삶의 그림입니다. 그리고 성경은 그런 삶이 실제로 존재했음을 말합니다. 바로 에덴 동산, 하나님이 창조하신 완전한 낙원입니다.

그러나 그 낙원은 오래가지 못했습니다. 하나님께서 사람에게 주신 자유의지를 잘못 사용한 결과, 인간은 죄를 택했고, 죄는 낙원을 무너뜨렸습니다. 이 사건은 단지 한 사람의 실패가 아니라 인류 전체의 존재적 비극의 시작이었습니다.

창세기 3장은 낙원에서 죄가 들어오고, 죄로 인해 인간이 어떤 존재로 바뀌게 되었는지를 극명하게 보여줍니다. 하나님과의 관계는 끊어지고, 내면은 수치와 두려움으로 가득 차며, 인간 사이의 신뢰는 무너지고, 자연과의 조화는 파괴되고, 삶은 고통과 노동, 죽음의 연속이 됩니다.

그러나 놀라운 사실은, 이런 절망의 한복판에서 하나님은 구속의 씨를 약속하셨다는 것입니다. 오늘 우리가 나누는 이 말씀 속에는 인간의 죄에 대한 하나님의 거룩한 심판과 더불어, 인간을 포기하지 않으시는 하나님의 깊은 사랑과 구원의 약속이 담겨 있습니다.

오늘 말씀을 통해 우리는 죄가 우리 삶에 얼마나 깊은 상처를 남기는지를 살펴보고, 하나님이 어떤 형벌을 내리셨는지를 정직하게 마주하며, 그 속에서도 포기하지 않고 우리를 찾아오시고, 회복시키시는 하나님의 구속의 사랑을 함께 묵상하려고 합니다.

비록 지금 우리는 실낙원의 세상에 살고 있지만, 예수 그리스도 안에서 복낙원이 회복될 수 있음을 믿으며, 그 은혜의 부르심 앞에 나아가는 복된 시간이 되기를 축원합니다.

1. 범죄의 결과(7-13)

하나님의 말씀에 불순종하고 선악을 알게 하는 나무의 실과를 따 먹은 이들은 하나님과 같이 되었습니까? 아닙니다. 이들에게 예기치 않았던 불행이 닥치게 되었습니다.

수치심, 도피심, 두려움, 거짓이 생기게 되었습니다.

인간의 내면은 한마디로 슬픔과 번민과 고통과 죄의식으로 지옥이 되었습니다. 지금까지는 두 사람이 벌거벗었으나 부끄러워하지 않았습니다. 그런데 이제 순결한 마음은 떠나고 수치심을 갖게 되었습니다. 그래서 무화과나무잎을 엮어 남녀 모두 치마를 하였습니다. 이제 숨기는 것, 곧 거짓이 생긴 것입니다. 죄에 눈뜨게 된 것입니다. 그들은 죄의식으로 인해 하나님의 낯을 피해 동산 나무 사이에 숨게 되었습니다. 그들은 두려움에 사로잡혔습니다(10). 그들은 사랑과 존경의 대상이요, 보호자이셨던 하나님을 두려워하고, 멀리하게 되었습니다. 하나님의 말씀을 불순종함으로 인간의 하나님께 대한 관계가 끊어졌습니다. 이것이 곧 죄의 시작이었습니다.

인간은 존재를 상실하게 되었습니다.

인간은 창조주 하나님 앞에서 심히 좋은 존재였습니다. 또한 무엇을 위해서, 어떻게 살아야 하는가? 하는 분명한 진리가 있었습니다. 그럴 때 인간은 하나님의 청지기요, 만물의 영장으로서 우주 만물을 정복하고 다스리며 역사를 창조하는 위대한 존재였습니다. 그러나 이제 하나님의 낯을 피하여 나무 뒤에 숨었습니다. 인간은 마치 나무에 붙은 매미와 같은 신세가 되었습니다. 인간은 위대한 자아를 잃었습니다. 하나님을 떠남으로 정복자로서의 위대한 자아를 상실하고 내면에는 온갖 두려움과 불안, 허무감이 가득합니다. 그러므로 인간은 창조주 하나님 앞에 돌아올 때만이 자기 존재를 다시 찾을 수 있습니다.

인간 상호간에 관계가 파괴되었습니다.

"아담이 가로되 하나님이 주셔서 나와 함께하게 하신 여자, 그가 그 나무 실과를 내게 주므로 먹었나이다."(12). 그는 죄를 회개하기보다도 뻔뻔스럽게 변명했습니다. 그는 하나님께서 주신 그 여자가 실과를 주므로 먹게 되었다고 하나님께 책임을 돌렸습니다. 그는 결혼할 때 입을 함박만큼 벌리며 좋아해 놓고서 이제 와서는 하나님이 괜히 중매를 하셨다고 하나님을 원망했습니다. 또한 이들 부부는 사랑과 존경의 관계에서 책임을 전가하고 헐뜯는 관계가 되었습니다. 이를 볼 때 하나님과의 관계가 깨어짐으로 인간 상호 간의 관계성도 깨어졌음을 알 수 있습니다.

이상에서 우리는 중요한 사실을 배웁니다.

범죄한 인간들은 아직 에덴 낙원에 있었습니다. 이들이 선악과를 따먹었다는 것 이외에는 그 낙원에 아무것도 변한 것이 없었습니다. 여전히 아침 햇살은 빛나고, 온갖 실과들은 주렁주렁 달려 있었습니다. 새들은 노래하고, 나비들은 춤을 추고 있었습니다. 꽃들은 방긋방긋 웃고 있었습니다.

그러나 이들의 내면을 볼 때 이미 이들은 낙원의 행복을 잃어버렸습니다. 이들은 에덴 낙원에 발붙이고 서 있으나 수치심과 거짓, 죄의식과 두려움, 변명, 책임 회피, 미움 등 악에 물든 이들의 내면은 이미 지옥의 삶으로 전락한 것입니다. 이는 인간 범죄의 열매였습니다.

이 사실은 참 행복, 낙원은 외적인 환경에 있지 않다는 진리를 가르쳐 줍니다. 인간의 힘으로 하나님이 만드신 에덴 낙원과 같은 환경을 만들 수 있을까요? 지금까지 인류가 얼마나 이 에덴을 만들어 보고자 노력하여 왔습니까? 한때 공산주의라는 유토피아를 건설하기 위해 수많은 생명의 피를 흘리기도 하였습니다. 그러나 유토피아는 오지 않았습니다. 자본주의 사회도 마찬가지입니다. 6월 27일에 있을 4대 지방선거에도 얼마나 많은 공약이 나옵니까?

그러나 아무리 해도 에덴 동산 같은 환경을 만들 수 있겠습니까? 아담이 살던 곳은 에덴 동산이었습니다. 그는 누구보다 행복해야 했습니다. 그러나 하나님의 말씀을 불순종하고 하나님과 관계성이 단절되자 그의 내면엔 더 이상 행복과 기쁨이 없었습니다. 불안과 초조, 근심 걱정, 수치심, 죄의식 등으로 수십 길 낭떠러지로 그의 심연은 곤두박질하고 있었습니다. 인간의 행복은 외적인 데 있지 않습니다. 하나님을 떠난 죄를 회개하고 하나님 앞에 돌아올 때 참 행복이 있는 것입니다. 이 행복을 맛보지 않으시럽니까? 찾아보지 않으시럽니까?

2. 하나님의 형벌(14~24)

하나님은 창조주요 인생들의 경배와 섬김과 순종을 받으셔야 할 절대자이십니다. 또한 하나님은 거룩하십니다. 죄와 함께하실 수 없습니다. 하나님은 계명의 말씀, 곧 구원의 언약을 범한 인간들을 찾아 문책하셨습니다. 그뿐 아니라 이제 인간의 범죄에 대해 형벌을 내리십니다.

뱀에 대한 저주(14, 15)

뱀에게 내린 하나님의 저주는 일생 동안 배로 기어다니는 고통을 감수하는 것입니다. 또한 종신토록 흙을 먹을 것이라 했습니다. 이는 그가 지극히 낮아져 비열과 수치, 멸시의 존재가 되는 것을 의미합니다(미가 7:17). 그리고 뱀은 인간과 원수가 되게 하셨습니다. 하나님은 그래도 범죄한 인간보다 인간을 유혹하여 넘어뜨린 뱀을 먼저 저주하셨습니다. 또한 "네가 모든 육축과 들의 모든 짐승보다 더욱 저주를 받아"라고 하신 말씀을 볼 때 하나님은 땅의 모든 짐승에게도 저주를 내린 것을 알 수 있습니다. 이로써 땅의 짐승들 간에 살육과 약육강식의 피 흘리는 싸움이 시작된 것입니다.

여자에 대한 형벌(16)

여자에게 임한 형벌은 잉태하는 고통을 크게 더하신 것입니다. 범죄가 없었다면 잉태와 해산의 고통이 그렇게 크지 않았을 것입니다. 잉태와 해산의 고통은 죽음을 맛보는 것 같이 크다고 합니다. 또한 여자로 하여금 남편을 사모하고, 남편의 다스림을 받는 자가 되게 하셨습니다. 그래서 오늘날도 구원받지 못한 여자들은 남편을 왕으로 모시고, 사모하고, 다스림받으며 한 많은 '여자의 일생'을 살아가고 있습니다. 그러나 예수 그리스도의 보배 피로 구원받은 자들은 본래 창조된 모습대로 주님의 사명을 감당하는 남자들의 아름다운 동역자로 그 생애가 회복됩니다.

남자에 대한 형벌(17-24)

남자는 지상 역사의 전권을 위임받은 청지기였기 때문에 그 형벌 또한 큰 것이었습니다.

첫째, 아담으로 인해 땅을 저주하셨습니다.

"아담에게 이르시되 네가 네 아내의 말을 듣고 내가 너더러 먹지 말라 한 나무 실과를 먹었은즉 땅은 너로 인하여 저주를 받고 너는 종신토록 수고하여야 그 소산을 먹으리라. 땅이 네게 가시덤불과 엉경퀴를 낼 것이라. 너의 먹을 것은 밭의 채소인즉"(17, 18). 땅은 인간의 활동무대입니다. 하나님은 이 땅을 저주하셨습니다. 그래서 여호와의 동산 같은 땅에서 지진과 기근, 이상기온, 황사 사태, 해일, 태풍, 폭우 등 자연의 분노와 파괴가 일어나게 되었습니다. 가시덤불과 엉경퀴 같은 독초가 나게 되었습니다. 땅이 저주를 받음으로 모든 피조물은 함께 탄식하며 속히 만유가 회복될 날을 고대하고 있습니다. "피조물이 허무한 데 굴복하는 것은 자기 뜻이 아니요, 오직 굴복케 하시는 이로 말미암음이라. 피조물이 다 이제까지 함께 탄식하며 함께 고통하는 것을 우리가 아나니"(롬 8:20, 22). 그러나 장차 그리스도께서 재림하시는 날에는 새 하늘과 새 땅이 임합니다(계 21:1). 모든 만유가 창조 시와 같은 본래의 모습으로 회복됩니다.(롬 8:21).

둘째, 중노동을 선고하셨습니다.

"너는 종신토록 수고하여야 그 소산을 먹으리라"(17b). "네가 얼굴에 땀이 흘러야 식물을 먹고"(19a). 인간은 먹고살기 위해 종신토록 중노동을 하지 않으면 안 되게 되었습니다. 에덴 동산에서 인간은 사명을 감당하다가 손만 내밀면 먹고 싶은 것을 마음껏 먹을 수 있었습니다. 그러나 오늘날 이 형벌 아래 있는 인간들은 하루 세끼 음식을 위해 새벽부터 밤중까지 에고의 십자가를 지고 고생을 합니다. 일터에서는 상관의 눈치를 보아야 합니다.

셋째, 죽음을 선고하셨습니다.

"필경은 흙으로 돌아가리니 그 속에서 네가 취함을 입었음이라. 너는 흙이니 흙으로 돌아갈 것이니라 하시니라"(19). 죽음은 인간이 범한 죄의 삯입니다(롬 6:23). "흙으로 돌아간다"는 것은 다만 육신의 죽음이 임하는 방법을 말하는 것입니다.

넷째, 낙원에서 쫓아내셨습니다.

하나님은 죄와 악에 물든 인간들이 영원히 사는 것을 원치 않으셨습니다. 그들을 낙원에서 추방하심으로 죽음에 이르도록 하셨습니다. 인간은 낙원에서 추방되어 방랑자가 되었습니다.

인간은 지상의 낙원을 잃었습니다. 땅과 모든 짐승과 피조물이 하나님의 저주를 받음으로 에덴 낙원에서의 본래 모습을 잃게 되었습니다. 왜 이 세상은 혼돈하고 연일 비극적인 사건이 일어나는 것입니까? 이는 인간의 범죄로 인해 땅이 하나님의 저주를 받은 결과요, 사단이 지금도 역사하는 결과입니다. 그래서 전쟁의 소식, 해일과 홍수 등 재난의 소식이 그치지 않습니다. 이런 재난들은 아직도 죄를 깨닫지 못하고 오만과 죄 가운데 하나님을 거스르는 인생들에 대한 하나님의 경고입니다. 사단의 지배 밑에 종된 자들은 지금도 사람의 존재를 물질로 보며 끊임없이 악을 자행합니다. 인간의 범죄로 인한 실낙원의 세상, 이것이 성경이 가르쳐 주는 현재의 세계입니다.

그러므로 인간의 제도나 법으로 인간들의 불행을 해결할 수 없습니다. 인간의 육체를 중시하고, 하나님을 제외시킨 마르크스주의에 기초한 사회주의 이론의 모순과 허구성이 여기에 있습니다. 이 세상은 하나님의 구원이 필요합니다. 이 땅의 불행은 하나님의 나라가 임해야 해결됩니다. 그러므로 온 세상은 복음으로 말미암은 구원이 필요한 목장이요, 세계선교의 교구입니다. 이것이 우리가 가져야 할 올바른 세계관입니다. 그러므로 세상에 문제가 많은 것을 인해 놀랄 필요가 없습니다. 오히려 이런 세상 만민을 위해 예수님을 보내 주시고 우리 각자를 영적 지도자요, 목자로 부르시는 주님의 음성을 들어야 합니다. 이 세상은 사단의 유혹과 인간의 범죄로 인해 실낙원이 된 세상입니다.

3. 하나님의 구속의 사랑(9, 15, 20, 21)

하나님은 절대적인 계명의 말씀을 범한 인생들을 문책하시고 형벌을 내리셨습니다. 그러나 이런 가운데서도 인생들과 세상을 구원하시고자 하는 거룩하신 뜻을 가지셨습니다.

아담을 심방하신 하나님(9)

"여호와 하나님이 아담을 부르시며 그에게 이르시되 네가 어디 있느냐"(9). 아담은 죄를 짓고 불안과 두려움에 떨고 있을 뿐 어떻게 할 바를 몰랐습니다. 그는 살았으나 죽은 자와 같았습니다. 그런데 하나님께서 먼저 그를 찾아오셨습니다. 하나님은 죄 짓고 불안과 두려움에 떨고 있는 인생들을 먼저 심방 오셔서 "네가 어디 있느냐?" 물으십니다. 집 나간 탕자를 찾으시는 아버지처럼 우리 각자를 찾으십니다. 이 하나님은 크신 사랑의 하나님이십니다. 나는 현재 어디에 있습니까? 우리 각자가 이 하나님 앞에서 "예 제가 육체의 정욕 가운데 있습니다." 혹은 "예 제가 불신과 교만 중에 있습니다." 또는 "이기심, 욕심, 시기심 가운데 있습니다."라고 자백하고 나올 때에 은 총과 영생의 축복을 베풀어 주십니다.

구속의 씨를 약속하신 하나님(15)

"내가 너로 여자와 원수가 되게 하고 너의 후손도 여자의 후손과 원수가 되게 하리니 여자의 후손은 네 머리를 상하게 할 것이요, 너 는 그의 발꿈치를 상하게 할 것이니라 하시고". 이 말씀은 뱀에 대 한 하나님의 저주였습니다. 그런데 이 말씀 가운데에는 하나님께서 타락한 인생들에게 구원자를 보내시겠다는 하나님의 구속 계획이 암시적으로 나타나 있습니다.

이 말씀에서 '여자의 후손'은 장차 이 땅에 태어나실 예수 그리스 도를 가리킵니다(이사야 7:14, 갈 4:4). 그가 사단에게 물려 발꿈치를 상하게 된다는 것은 그가 당할 고난과 십자가의 죽음을 뜻합니다. 또 그가 사단의 머리를 상하게 할 것이라는 것은 장차 죽은 자 가 운데서 부활하심으로 죽음 권세, 사단의 권세를 파하셔서 인생들의 주요 그리스도가 되실 것을 뜻합니다(고전 15:3,4, 행 2:36).

이 놀라운 구속 사역은 하나님의 예언대로 이천 년 전 유대 땅에 서 이루어졌습니다. 이 하나님의 아들 예수 그리스도의 십자가와 부활로 말미암아 죽음을 선고받은 인생들에게 영생의 길을 열어 주 셨습니다. 그를 믿는 자의 내면에서 낙원이 회복됩니다. 사단과 죄 의 권세를 이기고 정복자의 생애를 창조해 갈 수 있게 됩니다. 예수 그리스도 안에서 실낙원의 세상도 부분적으로나마 회복이 됩니다.

한 개인이나 이 사회의 구원의 소망은 오직 예수 그리스도에게만 있습니다. 우리의 유일한 구원의 소망이신 예수님을 찬양합니다. 하나님은 예수 그리스도 안에서 복낙원(Paradise Regained)을 이루셨습니다. 하나님은 범죄한 인간들을 구원코자 하시는 사랑의 하나님이십니다. 이 하나님은 아담에게 가장 원시적인 형태로 이 복음의 말씀을 주셨습니다. 그래서 창 3:15절을 원시복음이라고 말합니다.

가죽 옷을 지어 입히신 하나님(20, 21)

아담은 그 아내의 이름을 '하와'라 불렀습니다. '하와'라는 이름은 '생명'이라는 뜻입니다. 아담은 그 아내를 '모든 산 자의 어미'로 생각했습니다. 이 사실은 죄로 인한 하나님의 진노와 형벌 가운데서도 구속의 씨로 말미암는 새로운 구원을 베푸시겠다는 하나님의 약속을 영접했음을 반증해 줍니다. 이를 볼 때 아담 부부는 죄를 회개하고 믿음으로 하나님의 구원에 대한 소망의 말씀을 영접했습니다. 이때 하나님은 처음으로 짐승의 피를 흘려 가죽으로 옷을 지어 이들에게 입혀 주셨습니다. 하나님은 이들의 수치를 덮으시며, 이들을 추위와 생명의 위험에서 보호하신 것입니다. 이 가죽옷은 오늘날 우리들에게 입혀 주신 의의 옷 그리스도에 대한 그림자라고 할 수 있습니다.

또한 24절에 보면 하나님은 인간을 에덴 동산에서 쫓아 내시면서도 그룹(천사)들과 두루 도는 화염검(회전하는 칼같은 불꽃)을 두어 생명 나무를 지키셨습니다. 이는 죽음을 선고받은 인생들이 영생을 얻을 수 있는 소망을 아직 남겨 두신 것을 의미합니다.

이 땅에 그리스도가 오심으로써 영생의 소망은 성취되었습니다.

누구든지 그를 믿는 자들은 영생을 얻을 뿐 아니라 마음에 낙원을 회복하게 됩니다. 예수 그리스도는 절대적인 구원의 언약입니다. 우리가 저주받은 세상에서, 죄 가운데 살고 있을지라도 구속의 씨 예수 그리스도를 통한 하나님의 구원을 영접하고 믿음으로 모든 사단의 유혹과 싸워 승리하는 성도들이 되어야겠습니다.

사랑하는 성도 여러분!

우리는 오늘 창세기 3장의 말씀을 통해 인간의 죄가 얼마나 파괴적인 결과를 가져왔는지를 보았습니다. 아담과 하와는 여전히 에덴동산에 있었지만, 이미 낙원의 기쁨과 평화를 잃은 사람들이었습니다. 수치심, 두려움, 거짓, 책임 전가, 단절된 관계등. 하나님과의 관계가 깨어지는 순간, 인간은 자기 존재를 잃었고, 내면은 지옥이 되었습니다.

하나님께서 땅과 인류에게 내리신 형벌도 결코 가볍지 않았습니다. 뱀은 저주를 받았고, 여자는 고통을, 남자는 땅의 저주와 중노동을, 그리고 모든 인류는 결국 죽음과 낙원의 추방이라는 형벌을 피할 수 없었습니다.

그러나, 이 비극의 한복판에서 하나님은 구속의 씨, 예수 그리스도를 약속하셨습니다.

"여자의 후손은 네 머리를 상하게 할 것이요, 너는 그의 발꿈치를 상하게 할 것이다."(창 3:15)

이 말씀은 단지 뱀에 대한 저주가 아닙니다. 그것은 죄인들을 위한 하나님의 최초의 복음 선포, 원시복음입니다. 하나님은 죄인에게 먼저 다가오셨습니다. "네가 어디 있느냐?"라고 부르시는 하나님의 음성은, 심판이 아니라 회복을 향한 부르심입니다.

그 하나님의 부르심 앞에 아담은 '하와'라는 이름을 짓습니다. 생명의 어머니. 절망 속에서도 소망을 본 것입니다.

그리고 하나님은 가죽옷을 지어 입히십니다. 수치를 가리시고, 피 흘림으로 생명을 보호하시며, 장차 오실 그리스도의 구속을 예표하신 것입니다.

사랑하는 여러분! 우리가 사는 이 세상은 실낙원의 세상입니다. 죄로 인해 무너졌고, 사단이 역사하며, 고통과 죽음이 가득합니다. 그러나 복음은 선언합니다:

"복낙원은 예수 그리스도 안에서 다시 시작된다."

예수님은 우리의 죄를 짊어지시고 십자가에서 죽으셨고, 사망 권세를 깨뜨리고 부활하셔서 구속의 길을 여셨습니다. 그를 믿는 자는 낙원을 다시 누리게 됩니다. 하나님은 지금도 묻고 계십니다:

"너는 지금 어디 있느냐?"

여러분은 어디에 계십니까? 수치와 두려움에 숨고 계십니까? 그렇다면 오늘, 그 음성 앞에 나아오십시오. 예수 그리스도를 영접하십시오. 그 안에만 생명이 있고, 구원이 있고, 회복된 낙원이 있습니다. 오늘도 복낙원은 예수 그리스도 안에서 우리에게 열려 있습니다. 예수님을 붙들고, 구속의 씨에서 싹튼 새 생명의 삶을 살아가시기를 주님의 이름으로 축원합니다.

가인과 아벨

말씀 창세기 4:1-8
요절 창세기 4:4

“아벨은 자기도 양의 첫새끼와 그 기름으로 드렸더니
여호와께서 아벨과 그 제물은 열납하셨으나”

오늘은 한국전쟁이 일어난 지 73년이 되는 날입니다. 그날은 주일이었고, 교회마다 예배를 드리던 시간이었습니다. 그러나 한 민족이 두 편으로 나뉘어 서로 총칼을 겨누며 형제의 피를 흘리는 비극이 벌어졌습니다. 과연 무엇을 위해 싸웠고, 그 결과로 우리는 무엇을 얻었습니까? 지금도 전 세계 곳곳에서는 형제가, 이웃이, 민족이 서로를 향해 분노를 폭발시키며 갈라지고 있습니다.

이러한 비극의 근원을 성경은 어디서부터 설명할까요? 오늘 우리가 함께 읽은 창세기 4장은 인류 최초의 형제 살인 사건을 기록하고 있습니다. 아담과 하와의 아들인 가인과 아벨. 그들은 형제였고, 함께 하나님께 제사를 드린 자들이었습니다. 그러나 하나님께서 한 사람의 제사는 받으시고 다른 사람의 제사는 받지 않으셨을 때, 그 마음속에 들끓는 시기와 분노는 결국 살인의 비극으로 이어졌습니다.

오늘 이 말씀은 단순히 한 가족의 비극이 아니라, 인간의 본성과 죄의 본질, 그리고 참된 예배의 중심이 무엇인가를 우리에게 깊이 묻고 있습니다.

왜 하나님은 아벨의 제사는 받으시고 가인의 제사는 거절하셨을까요?

하나님이 받으시는 예배와 받지 않으시는 예배의 차이는 무엇일까요?

오늘날 우리는 어떤 자세로 하나님 앞에 서야 할까요?

이 본문을 통해 우리는 하나님께 나아가는 바른 길이 무엇이며, 하나님이 받으시는 예배자의 모습이 어떤 것인지를 함께 배워가려 합니다. 이 말씀을 통해 하나님과의 관계가 회복되고, 우리의 가정과 공동체 안에 화목과 치유의 은혜가 임하기를 주님의 이름으로 축원합니다.

1. 하나님께 나아갈 수 있는 길

아담과 하와는 범죄 이후 에덴에서 쫓겨났습니다. 그들은 그 이후 고통과 수고 속에 살아갔고, 어느 날 하와는 아들을 낳고 이렇게 말합니다.

> "내가 여호와로 말미암아 득남하였다." (창 4:1)

하와는 이 아이가 혹시 하나님이 약속하신 '여자의 후손'은 아닐까 기대했을지도 모릅니다. 그렇게 태어난 첫아들 가인은 농사를 짓는 자가 되었고, 둘째 아들 아벨은 양을 치는 자가 되었습니다. 세월이 지나 두 사람은 각자 자신의 수고 열매로 하나님께 제물을 드렸습니다. 가인은 땅의 소산을, 아벨은 양의 첫 새끼와 그 기름을 드렸습니다.

이 장면에서 우리는 성경 속 최초의 '제사' 장면을 보게 됩니다. 여기서 중요한 질문은 이것입니다.

왜 인간은 제물을 가지고 하나님께 나아가야 하는가?

그 이유는 바로 죄 때문입니다. 아담의 범죄 이후 인간은 하나님과의 관계에서 끊어졌습니다. 거룩하신 하나님 앞에 죄인은 결코 스스로 나아갈 수 없습니다. 그러나 하나님은 그 끊어진 관계를 회복할 길을 제시하셨습니다. 그것이 바로 '제사'입니다.

제사란, 죄인이 하나님 앞에 나아가기 위해 하나님의 방법에 따라 드리는 예배이며, 회복의 통로요 은혜의 제도입니다.

아담과 하와도 범죄 이후 가죽옷을 입었습니다. (창 3:21)

이는 누군가의 피 흘림, 즉 희생이 있었다는 것을 뜻합니다.

"피 흘림이 없은즉 사함이 없느니라." (히 9:22)

바로 이것이 제사의 본질입니다. 죄의 사함은 누군가의 생명 대가를 통해서만 이루어집니다.

이 제사 제도는 후에 레위기에 구체적으로 계시되며, 종국에는 예수 그리스도의 십자가 제사로 완성됩니다.

예수님은 죄 없으신 하나님의 어린 양으로 오셔서, 단 한 번의 속죄 제사로 우리를 하나님과 화목하게 하셨습니다.

이제 신약 시대의 우리는 예수 그리스도의 이름으로 성령 하나님의 도우심을 받아, 하나님 아버지께 나아가는 예배자가 된 것입니다.

예배는 구속사의 중심입니다.

예배는 우리가 하나님과 올바른 관계를 맺고, 그분의 임재 앞에 나아가는 길입니다.

그 어떤 의식보다 중요한 것은, 나는 지금 예배를 통해 하나님께 '어떤 마음'으로 나아가고 있는가 하는 것입니다.

2. 하나님이 받으시는 제사

가인과 아벨이 각각 제사드렸을 때, 하나님께서는 아벨과 그의 제물은 열납하셨으나, 가인과 그의 제물은 열납하지 않으셨습니다.

이 본문은 우리에게 중요한 사실 하나를 선포합니다. 하나님은 모든 예배를 받지 않으신다는 것, 즉 하나님이 기뻐 받으시는 제사와 거절하시는 제사가 있다는 것입니다.

그렇다면 하나님이 받으시는 제사는 어떤 제사입니까?

가장 귀한 것을 정성껏 드리는 제사

아벨은 양의 첫 새끼와 그 기름을 드렸습니다. 이는 단순한 제물이 아니라, 자신이 가진 것 중 가장 귀하고 희생이 따르는 것이었습니다. 그는 제물 속에 자신의 감사와 경외심, 헌신의 마음을 담았습니다.

레위기 2장 14절과 27장 26절에서도 하나님은 "첫 것"을 드릴 것을 명령하십니다. 가장 귀한 것을 드린다는 것은, 나의 마음과 우선순위가 하나님 중심임을 고백하는 행위입니다.

반면, 가인은 땅의 소산 중 '얼마'를 드렸습니다. 성경은 그가 첫 열매를 드렸다고 말하지 않습니다. 그의 제사에는 정성도, 믿음도, 회개의 마음도 없었습니다. 그의 제사는 형식적이었고, 하나님보다 자기 공로와 행위에 중심이 있었던 것입니다. 하나님은 양이냐 곡식이냐를 따지지 않으셨습니다. 그 제물에 담긴 마음을 보신 것입니다.

가인의 태도는 '하나님 중심'이 아니라 '자기 중심'이었습니다. 그는 하나님이 누구이신지를 인식하지 못한 채, 의무감 혹은 자기 만족으로 예배를 드렸습니다. 오늘날로 치면, '예배는 드렸으니 됐다'는 식의 습관화된 종교 행위입니다. 이는 '하나님을 인격적으로 사랑하는 관계'가 아니라, '형식적인 종교적 거래'에 불과합니다.

오늘 우리의 예배 속에도 혹시 '시간 때우는 예배', '마음 없는 봉사', '정성 빠진 헌신'은 없습니까? 하나님은 양을 원하시는 것이 아니라, 양에 담긴 우리의 마음을 원하십니다.

믿음으로 드리는 제사입니다.

아벨은 아버지 아담과 어머니 하와의 뒷모습을 보며 자랐습니다. 어느 날은 어머니가 가죽옷을 손질하며 아담에게 말합니다.

"여보, 그날 에덴에서 쫓겨났던 일이 아직도 생생해요. 우리가 선악과를 따먹지만 않았더라면."

"하나님께서 동산 중앙에서 피 흘린 짐승으로 우리에게 옷을 지어 주셨지. 그 은혜를 잊을 수가 없어…"

아벨은 그 이야기를 들으며 자신의 출생 이전부터 부모가 경험한 죄와 하나님의 은혜에 대해 배웠습니다. 그는 깨달았습니다.

"나는 죄인의 자손이구나. 하나님 없이 나는 살 수 없구나. 하나님이 아니면 우리의 죄는 도무지 덮일 수가 없구나…."

그래서 그는 한 해를 마무리할 즈음, 자신이 기른 양들 가운데 가장 건강하고 귀한 새끼를 골라 정성껏 준비합니다. 떨리는 손으로 제물의 목을 자르며, 마음으로 이렇게 기도했을지도 모릅니다. "하나님, 이 피가 저를 대신하게 하소서. 저는 죄인입니다. 하나님 없이는 설 수 없습니다. 이 제물이 아니라, 저를 받아 주옵소서…."

아벨은 제물보다 먼저 자신을 하나님께 드렸습니다. 그는 자기의 의로 하나님께 나아가지 않았습니다. 하나님의 자비와 은혜를 구하며 나아갔습니다. 이것이 바로 믿음으로 드리는 제사입니다.

히브리서 기자는 이렇게 평가합니다.

"믿음으로 아벨은 가인보다 더 나은 제사를 하나님께 드림으로 의롭다 하시는 증거를 얻었고…" (히 11:4)

반면, 가인의 제사는 전혀 달랐습니다. 그는 자기 밭에서 수확한 곡식을 '얼마' 골라서 하나님께 드렸습니다. 성경은 그가 '첫 것'을 드렸다고 말하지 않습니다.

그는 마음속으로 이렇게 생각했을 수 있습니다. '이 정도면 되겠지. 내가 얼마나 수고해서 거둔 건데. 이것만 해도 아버지보다, 동생보다 훨씬 더 잘하고 있는 거야.'

그는 하나님 앞에 나아오면서도 자기 성과에 대한 확신을 가지고 있었고, 하나님이 자신의 제사를 받으시는 것이 당연하다고 여겼을 수 있습니다. 그러나 하나님의 반응은 뜻밖이었습니다. "가인과 그의 제물은 받지 아니하셨다."

가인의 제사는 믿음의 제사가 아니었던 것입니다. 그에게는 감사하는 마음이나 회개의 심정이 없었습니다. 그는 자기 의가 충만하여 자신의 노력으로 얻은 것을 하나님께 자랑하고 인정받고 싶은 마음으로 드렸습니다. 하나님께서는 이런 그를 받으실 수가 없었습니다.

누가복음 18:9-14절을 보면 바리새인과 세리의 기도가 나옵니다. 바리새인은 배를 내밀면서 거만한 자세로 이상한 기도를 하였습니다. "하나님이여, 나는 다른 사람들 곧 토색, 불의, 간음을 하는 자들과 같지 않고, 이 세리와도 같지 아니함을 감사하나이다. 나는 이레에 두 번씩 금식하고 또 소득의 십일조를 드리나이다." 이것은 하나님의 은혜를 감사하는 기도가 아니라 자기를 자랑하는 기도였습니다.

반면 세리는 멀리 서서 감히 눈을 들어 하늘을 우러러 보지도 못하고 다만 가슴을 치며 기도했습니다. "하나님이여, 불쌍히 여기시옵소서. 나는 죄인이로소이다." 하나님께서는 바리새인의 기도는 받지 아니하시고 세리의 기도만 받으시고 그를 의롭다 하셨습니다. 하나님은 통회하고 마음이 겸손한 자와 함께 거하시며(사 57:15) 상한 심령의 제사를 열납하십니다(시 51:17).

하나님은 우리의 삶, 우리의 인생 전체를 거룩한 산 제사로 드리기를 원하십니다(롬 12:1). 이것이 우리의 드릴 영적 예배입니다.

하나님의 주권을 영접하고 드리는 것입니다.

하나님께서 아벨과 그 제물은 열납하시고, 가인과 그 제물을 열납치 않는 것은 하나님의 주권이었습니다. 그런데 제사를 거절당한 가인은 어떻게 하였습니까?

그는 심히 분하여 안색이 굳어지고 얼굴이 울그락불그락 하였습니다. 안색이 그 죄를 스스로 발표하였습니다(사 3:9). 얼굴은 마음의 창이라고 합니다. 마음에 문제가 있으면 표정이 굳어져서 심각해집니다. 가인은 마음의 분을 참지 못하여 하나님께 핏대를 내며 씩씩거렸습니다. 그는 하나님께서 제사를 받지 않으셨을 때, 그 원인을 자기에게서 찾고 회개하기보다 하나님께 문제가 있다고 생각하고 대들었습니다. 이는 한마디로 하나님의 주권을 인정치 않는 것이었습니다. 그는 하나님의 주권을 인정하고 자신의 그릇된 자세를 고쳐야 했습니다.

그러나 그는 회개하기를 원치 않았습니다. 그는 하나님이 불공평하다고 생각했습니다. 하나님의 하시는 일이 영 마음에 들지 않았습니다. 그는 마음에 불만을 품고 하나님의 주권에 도전했습니다.

그가 하나님의 주권을 인정치 않을 때 어떻게 되었습니까?

아벨도 용납할 수 없었습니다. 결국 아벨과 비교하게 되고 시기심의 노예가 되어 자신을 감당할 수 없는 상태로까지 굴러떨어지게 되었습니다. 하나님의 주권을 인정치 않을 때 하나님께 섭섭한 감정을 품고 원망하고 불평하고 반발하게 됩니다. 또한 남과 비교하고 시기하고 인간적인 갈등으로 뼈가 썩는 듯한 고통을 맛보게 됩니다.

어떤 분은 가난한 환경 가운데 태어나 돈도 없고, 백도 없는 설움을 맛보며 성장했기 때문에 가진 자들과 권세 잡은 자들에 대한 반항심이 뿌리 깊었습니다. 그런데 신앙 생활하면서 하나님께도 똑같은 반발을 하는 것을 보았습니다. 또 어떤 분은 율법적인 아버지 밑에서 자라나서 하나님과 하나님의 종들에 대해서도 여전한 것을 보았습니다. 조그마한 어려움이 생겨도 하나님께 섭섭한 감정을 품고 불평하고 원망합니다. 또 주님의 종들에 대해서도 반발하고 대드는 자들이 있습니다. 또한 남이 잘되는 것을 참지 못하고 비교의식과 시기심과 인간적인 갈등으로 늘 속이 부글부글 끓는 자들이 있습니다. 이 모든 것은 근본적으로 하나님의 주권을 영접치 않았기 때문입니다.

하나님은 절대 주권자이십니다. 하나님은 어떤 사람은 강대국의 부유한 가정에서 태어나게 하시고 또 어떤 사람은 약소민족의 가난한 가정에서 태어나게 하십니다. 어떤 사람은 크고 잘생기고 재능이 많은 자로 태어나게 하시고, 어떤 사람은 아담하고 평범하고 단순한 자로 태어나게 하십니다. 그러나 어떤 경우에도 나에게 두신 하나님의 주권은 선합니다. 하나님은 나에게 선한 뜻을 두시고 가장 좋은 길로 인도하십니다. 우리가 하나님의 선하신 주권을 영접할 때 우리는 매사에 무슨 일을 당하든 불평하기보다 감사하게 되고 반발하기보다 순종하게 됩니다. 뿐만 아니라 남과 비교하여 시기하기보다 상대방을 인정하고 배우고자 할 때 우리의 인생은 완전히 달라집니다.

욥은 순전하고 정직하여 하나님을 경외하며 악에서 떠난 자였습니다. 그러나 사단의 시기로 하루아침에 모든 재산과 사랑하는 자녀들을 잃었습니다. 그는 슬픔을 이기지 못하여 하나님을 원망하고 저주할 수밖에 없었습니다.

그러나 그는 오히려 이 소식을 듣자마자 땅에 엎드려 하나님께 경배하며 말했습니다. "내가 모태에서 적신으로 나왔사온즉 또한 적신이 그리로 돌아갈지라. 주신 자도 여호와시요 취하신 자도 여호와시니 여호와의 이름이 찬송을 받으실지니이다." 그의 신앙은 하나님의 주권에 기초했기 때문에 축복의 날이나 환난의 날에도 조금도 요동함이 없이 하나님께 감사했습니다. 주권 신앙을 가진 자는 범사에 감사하고, 하나님의 뜻에 순종합니다. 하나님의 주권을 믿는 믿음은 사람을 성숙하게 합니다.

3. 가인과 오늘 우리

저는 오늘 가인의 문제를 보면서 오늘날 우리의 삶과 신앙 안에 가인과 같은 안타까운 상황이 재현되고 있다는 것입니다. 그렇다면 왜 이런 문제가 신앙 안에 빈번히 일어나며 어떻게 고쳐질 수 있는가라는 것입니다.

가인의 문제는 왜 신앙 안에서 고쳐지지 않았는가?

가인은 단지 하나님을 몰라서 무너진 사람이 아닙니다. 그는 하나님을 알고 있었고, 제사를 드릴 줄 아는 신앙적 환경 속에 있었습니다. 하지만 그럼에도 불구하고 그의 삶은 무너졌습니다. 왜일까요?

첫째, 신앙을 '관계'가 아닌 '의무'로 접근했기 때문입니다.

가인에게 신앙은 하나님과의 인격적 만남이 아니라, 일종의 종교적 행위였습니다. "이 정도는 드렸으니 받으시겠지"라는 조건적 신앙, 즉 종교적 거래의 프레임이 있었던 것입니다.

신앙의 핵심이 '은혜'가 아닌 '자기 의지'였기 때문에 변화가 불가능했습니다.

둘째, 회개의 기회를 외면했기 때문입니다.

하나님은 가인에게 직접 말씀하셨습니다. "죄가 문에 엎드려 있으나 너는 그것을 다스릴지니라."(7절) 이는 회개의 기회요, 하나님의 두 번째 부르심이었습니다. 하지만 가인은 그 기회를 무시하고 자기 감정과 판단을 고집합니다. 말씀 앞에 자신을 낮추지 않았기 때문에, 변화는 시작조차 되지 않았습니다.

셋째, 내면의 문제를 외면하고, 외부에 원인을 투사했기 때문입니다.

가인은 자신의 예배가 받아들여지지 않은 이유를 자기 내면이 아닌 동생 아벨에게서 찾았습니다. 책임을 회피하고 감정을 투사하는 한, 성장은 불가능합니다.

오늘날 이 같은 가인의 문제는 어떻게 나타나는가?

일상적인 사회에서 가인의 문제는 빈번히 일어나고 있습니다. 이 같은 가인의 심리는 다음과 같은 형태로 재현되고 있습니다.

첫째, 비교의식과 자아 정체성 혼란입니다. (Identity Crisis)

가인은 아벨과 자신을 비교하면서 열등감과 모멸감을 느낍니다. 이것은 심리학적으로 말해 정체감의 위기(identity crisis)입니다. 자기 정체성을 하나님 안에서가 아니라 자기 성과와 타인과의 비교에서 찾았기 때문에, 실패를 견디지 못하는 것입니다. 청년들이 SNS에서 남과 자신을 끊임없이 비교하면서 자존감을 잃고 우울해지는 모습입니다.

둘째, 인지 왜곡(Cognitive Distortion): '내 탓이 아닌 남 탓'

하나님이 자신의 제사를 받지 않으신 이유는 신앙의 태도 문제인데, 가인은 그 책임을 아벨에게 전가합니다. 이것은 심리학적으로 책임 전가(projection)이며, 동시에 인지 왜곡의 한 형태입니다.

"내 예배를 안 받으셨다 → 하나님이 불공정하다 → 아벨이 문제다."

이 논리는 현실을 정확히 보지 못하고 감정적으로 왜곡된 해석을 내리는 피해자 사고(victim mindset)를 보여줍니다. "내가 승진을 못한 건 상사가 날 싫어해서야", "나는 괜찮은데 사람들이 몰라줘서 그래" 등의 피해의식적 인식입니다.

셋째, 미해결 분노와 감정조절 실패 (Anger Mismanagement)입니다.

창 4:5, "가인이 심히 분하여 안색이 변하니…" 가인은 자신의 분노를 제어하지 못하고 행동으로 옮겼습니다. 하나님은 "죄가 문에 엎드려 있느니라. 너는 그것을 다스릴지니라"(4:7)라고 경고하셨지만, 그는 감정조절(self-regulation)에 실패합니다. 분노는 원래 2차 감정입니다. 그 뿌리는 주로 상실감, 무시당함, 수치심입니다. 가인은 "하나님께 거절당했다"는 상실감을, "동생보다 못하다"는 비교의 수치심을 분노로 폭발시킵니다.

오늘날 분노조절장애(Intermittent Explosive Disorder), 수치 기반 분노 반응(Schema-triggered anger) 등이 유사한 구조를 가집니다.

넷째, 자기중심적 사고와 자아 팽창(Ego Inflation)입니다

가인은 하나님의 평가를 받아들이지 않고, 자신의 방식을 고수합니다. 이는 '하나님보다 내가 옳다'는 교만(자기확대, narcissistic defense)입니다. 그는 하나님을 "판단자"로 받아들이기보다 "자신을 인정해줘야 할 대상"으로 여깁니다. 하나님 앞에 나아왔지만, 하나님을 경배한 것이 아니라 '설득'하거나 '인정받으려 한 것'이었습니다.

오늘날 종교나 신앙을 '수단'으로 이용하고, 하나님을 인정하기보다는 도구화하는 현대인의 경향성과 맞닿아 있습니다.

다섯째, 공감 결여(Empathy Deficit)와 도덕적 둔감화(Moral Disengagement)입니다

가인은 아벨을 들로 불러내고 쳐 죽입니다. 동생의 존재는 '사랑받는 자', '축복받은 자'가 아니라 자신의 좌절을 투사할 대상이 되었습니다. 이는 감정이입의 상실, 도덕적 기준의 마비, 나아가 타인에 대한 분노의 외부화를 의미합니다.

오늘날 학교폭력 가해자, 사이버 비난, 집단 따돌림 등 타인을 자신의 문제 해소 대상으로 삼는 심리 기제와 동일합니다.

이같은 문제는 가정과 직장에서 반복됩니다. 형제간 비교로 인한 질투 "동생만 칭찬받는다", 배우자 간 섭섭함과 감정 폭발 "나는 이렇게 했는데 왜 몰라줘?", 부모에 대한 원망 "왜 나한테만 엄격했나"

직장 안에서 동료의 승진이나 인정에 대한 과민 반응으로 나타납니다. 상사의 피드백을 '거절'로 해석하여 분노, 인정받지 못하면 관계를 단절하거나 내부에서 방해하려 합니다. 관계의 핵심이 '사랑'이나 '섬김'이 아닌 '인정과 보상'일 때, 가인의 마음이 드러납니다.

가인의 문제는 어떻게 신앙으로 치료될 수 있는가?

첫째, 하나님 앞에 자기 존재를 정직하게 드러내는 것에서 회복이

시작됩니다.

아벨은 "죄인입니다"라는 정체성을 가지고 하나님께 나아갔고, 가인은 "인정받아야 할 사람"이라는 정체성으로 나아갔습니다. 회복은 '자기 의'가 무너질 때 시작됩니다. 하나님은 "상한 심령을 멸시하지 않으십니다"(시 51:17). 진실된 자기 고백과 회개가 가인의 길을 멈추게 합니다.

둘째, 하나님의 주권을 받아들일 때 분노가 평안으로 바뀝니다.

가인은 하나님의 평가에 동의하지 않았습니다. 그러나 욥은 모든 것을 잃고도 이렇게 고백합니다. "주신 자도 여호와시요, 취하신 자도 여호와시니 여호와의 이름이 찬송을 받으실지니이다." (욥 1:21)

주권 신앙은 비교와 분노를 녹입니다. "내 인생의 분량과 몫은 하나님이 가장 잘 아신다"는 신뢰가 생길 때, 우리는 더 이상 남과 비교하지 않습니다.

셋째, 그리스도의 십자가 안에서 자기 존재를 재발견해야 합니다.

가인은 "나는 왜 안 받아주십니까?"라고 말했지만, 그리스도의 십자가는 이렇게 말합니다.

"이미 너는 받아들여졌다. 내가 너를 위해 죽었다."

우리는 십자가 앞에서야 비로소 이렇게 고백할 수 있습니다. "하나님, 저는 부족하고 죄 많지만 예수님의 은혜로 하나님께 받아들여진 사람입니다."

복음만이 우리의 비교심을 녹이고, 자기 의에서 벗어나게 하며, 정체성을 회복시킵니다.

사랑하는 성도 여러분!

저는 오늘 한 장로님의 간증으로 오늘 말씀을 맺고자 합니다.

그분은 교회에서 누구보다 열심이었습니다. 재정을 맡아 충성했고, 주일학교 교사로 아이들을 가르치며, 매 예배 빠짐없이 참석하고 헌금도 풍성히 드렸습니다. 그런데도 이상하게도 그분의 얼굴에는 항상 그늘이 있었습니다. 기도 응답도, 마음의 평안도 없었던 것입니다.

그러던 어느 날 부흥회에서 초청 강사 목사님이 이렇게 설교하셨습니다.

"하나님은 우리가 드리는 예배보다, 예배를 드리는 우리의 마음을 먼저 받으십니다. 형제에게 원망 들을 일이 있거든 먼저 가서 화해하고 예물을 드리라 하셨습니다."

그 말씀을 들은 장로님은 자리에서 벌떡 일어나 예배당을 나갔습니다. 그리고 무려 20년간 연을 끊고 지냈던 친형을 찾아가 무릎을 꿇었습니다.

"형, 내가 하나님께 수많은 예배와 헌신을 드렸지만… 형과의 관계가 깨어진 채였다는 것을 이제야 깨달았소. 미안하오. 나 같은 사람이 무슨 예배를 드린다 한들… 하나님이 받으시겠소."

그날 두 형제는 눈물로 화해했고, 이후 장로님의 얼굴에는 말할 수 없는 평안과 은혜의 빛이 나타났습니다. 그가 하나님께 드렸던 예배는 그제야 하나님이 받으시는 예배가 되었습니다.

사랑하는 성도 여러분! 오늘 우리는 어떤 예배를 드리고 있습니까? 내 안에 숨겨진 가인의 마음을 내려놓고, 아벨처럼 하나님 앞에 중심을 드리는 진정한 예배자로 서서, 하나님과의 관계가 깊어지고 잃어버린 에덴이 내 영혼 깊은 곳에서 회복되고 삶이 행복해지는 복 있는 성도들이 될 수 있기를 축원합니다.

죄인을 찾아오시는 하나님

"여호와께서 그에게 이르시되 그렇지 않다 가인을 죽이는 자는
벌을 칠 배나 받으리라 하시고 가인에게 표를 주사 만나는
누구에게든지 죽임을 면하게 하시니라"

오늘은 맥추감사주일입니다. 한 해의 절반을 지나는 시점에서, 우리는 지금까지 지켜주시고 인도해주신 하나님의 은혜에 감사하며 하나님 앞에 나아왔습니다. 무엇으로 하나님께 감사드릴 수 있을까요? 풍성한 수확물로, 아름다운 찬양으로, 정성스런 예물로도 감사를 표현할 수 있지만, 그 무엇보다 하나님이 가장 기뻐하시는 감사는 바로 한 생명을 하나님께 인도하는 것입니다. 그것은 단지 숫자의 문제가 아니라, 한 영혼의 가치를 아시는 하나님의 마음에 닿는 감사입니다.

오늘 본문은 우리가 흔히 '살인자'로 알고 있는 가인의 이야기입니다. 그러나 이 본문은 단순히 한 사람의 죄악과 그에 따른 심판을 말하는 장면이 아닙니다. 오히려 그토록 어그러진 한 사람을 끝까지 찾아오시는 하나님의 사랑, 가장 끔찍한 죄를 지은 자에게조차 회개의 기회를 주시는 하나님의 긍휼, 그분의 한 생명에 대한 관심이 얼마나 깊고 애절한지를 보여주는 이야기입니다.

그래서 우리는 오늘 가인의 이야기를 통해, 우리가 어떤 존재이든, 어떤 죄를 범했든, 하나님은 여전히 우리를 찾으시는 분이라는 사실을 다시 발견하게 됩니다.

그분은 오늘도 "아담아, 네가 어디 있느냐?", "가인아, 네 아우가 어디 있느냐?", "너는 지금 무엇을 하고 있느냐?" 하고 우리 인생을 부르십니다. 감사는 이 부르심 앞에 응답하는 것입니다. 하나님께 돌아가는 것, 그것이 참된 감사입니다.

오늘 말씀을 통해, 하나님이 죄인 가인을 찾아오신 장면에서 한 생명을 끝까지 포기하지 않으시는 하나님의 마음을 함께 만나기를 원합니다. 그리고 그 은혜 앞에, 우리도 두 손 들고 나아가기를 소망합니다. 오늘 이 예배가, 한 사람 한 사람이 하나님과 다시 만나는 자리가 되고,

그것이 우리 인생의 가장 깊은 감사가 되기를 주님의 이름으로 축원합니다.

1. 죄인들을 향한 하나님의 음성

인류의 시조 아담이 하나님의 말씀을 불순종하여 죄를 범하였을 때 하나님께서 먼저 찾아오셨습니다. 또 그의 아들 가인이 동생을 죽이는 죄를 범하였을 때도 하나님은 먼저 죄인을 찾아오셨습니다. 오늘날도 아담의 불순종과 가인의 반발심과 살인자의 피로 얼룩진 우리 인생들에게 하나님은 찾아오십니다. 죄 범한 인생들을 찾아오

신 하나님은 다음 세 가지 질문을 하셨습니다.

첫째, 아담아 네가 어디 있느냐? (창 3:9)

아담이 있어야 할 곳은 어디입니까? 거룩하신 하나님 앞이었습니다. 하나님께서 주신 밝은 태양이 있는 곳, 나무와 새들이 꽃들의 향기와 어우러지고, 들짐승들이 평화롭게 뒹구는 행복의 동산이었습니다. 그곳에서 아담은 동산의 청지기로써 만물을 다스리며 지키고 역사를 창조하는 능력 있고, 멋있고, 만물의 영장의 권위와 명예가 있는 사명자의 삶이 있었습니다. 그런데 지금 아담이 있는 곳은 어디입니까? 하나님의 낯을 피하여 동산 나무 사이에 숨었습니다. 정복자의 모습이 아니라 패배자의 모습이요, 거룩한 빛의 아들이 아니라 어둠의 종이 된 모습입니다. 용기와 기쁨과 패기보다는 약함과 슬픔과 두려움으로 가득합니다. 그곳은 더 이상 행복의 동산이 아니었습니다.

오늘날 우리는 어디에 살고 있습니까? 하나님의 품을 떠나 무화과나무 사이에 숨어있는 아담과 같지는 않습니까? 현대문명이라는 무화과나무 뒤에 숨어 두려움과 번뇌와 슬픔 속에 무기력하게 있지는 않습니까? 무화과나무는 물질입니다. 하나님의 낯을 피하여 물질을 의지하며 그 뒤에 숨어있는 삶이 행복합니까? "아담아 네가 어디 있느냐?" 하나님은 우리가 하나님의 음성을 듣고 나아와 그 죄를 회개하고 거듭나기를 원하십니다. 인간 본연의 모습으로 돌아와 새 삶을 살기를 원하십니다.

이에 아담은 무엇이라 대답합니까? "내가 벗었으므로 무화과나무 뒤에 숨었나이다." 벗었다는 말은 가난하다는 말입니다. 가난하다는 말은 없다는 말입니다. 우리들도 곧잘 이런 말을 합니다. 옷이 없어서, 돈이 없어서, 아는 것이 없어서, 마음에 위로가 없어서, 기도할 줄 몰라서, 재미가 없어서 교회에 못 온다고 합니다. 이 모든 사람은 가난해서, 다시 말해 벗었으므로 하나님의 낯을 피한다는 말입니다.

에덴 동산이 어디 가난한 곳입니까? 축복의 근원이신 하나님을 믿지 못하고 떠나니까 불만족스럽고 감사가 없고 부족한 것밖에는 없는 것입니다. 하나님이 주신 풍요의 동산에서도 아담이 하나님의 낯을 피하니 가난하게 된 것입니다.

불평과 불만의 자리에서 나오십시오. 핑계하는 곳에서 나오십시오. 그곳은 여러분이 있어야 할 곳이 아닙니다. 하나님을 모시고 사는 곳은 그 어디나 하늘나라입니다. 풍족합니다. 은혜가 넘칩니다. 행복이 넘칩니다. 기쁨이 넘칩니다. 감사가 넘칩니다. 찬양이 넘칩니다. 이곳이 바로 천국입니다.

둘째, 네 아우 아벨이 어디 있느냐?

동생을 시기하여 죽인 가인에게 하나님은 찾아오셔서 물으십니다. "네 아우 아벨은 어디 있느냐?" 아벨은 어디에 있어야 합니까? 가인과 아벨은 한 배에서 피를 나눈 형제들로서 떼래야 뗄 수 없는 관계입니다. 형은 동생을 아끼고 사랑하고 돌봐야 합니다. 그런데 그 아우 아벨을 어디에 두고 너 혼자 있느냐 그것입니다. 동생이 이리에게 물려갔다면 형이 돌보지 못한 책임이 있습니다. 그런데 그 동생을 죽이다니 참으로 놀라운 일입니다.

이에 대해 가인은 무엇이라 말합니까? "내가 동생을 지키는 자니

이까?" 그는 반항했습니다. 오늘도 하나님은 "네 남편이 어디 있느냐?", "네 아들은 어디 있느냐?", "네 부모는 어디 있느냐?", "네 이웃은 어디 있느냐?", "네 형제는 어디 있느냐?" 하고 우리를 향하여 묻고 있습니다. 믿지 않는 남편의 구원은 믿는 아내에게도 그 책임이 있습니다. 자녀에 대한 책임은 그 부모에게 있습니다. 우리가 이 책임을 감당하지 못할 때 하나님은 우리에게 "네 아우 아벨은 어디 있느냐?" 하고 가인에게 물으셨듯이 우리에게도 준엄하게 물으시는 것입니다.

오늘날에는 형제를 이용하고 이웃을 이용하여 자기 배를 채우려는 사람들이 많습니다. 돈을 벌기 위해 고객들의 생명에 무책임하였습니다. 우리 믿는 사람들 가운데도 이러한 자세로 사는 사람이 많은데 하나님은 이렇게 사는 자를 미워하십니다. 그리고 하나님께서 그에 대한 책임을 반드시 물으실 것입니다.

셋째, 네가 무엇을 하였느냐? (10절)

동생 아벨을 죽인 가인에게 "네가 지금 무엇을 하였느냐?" 하고 하나님은 물으셨습니다. 마태복음 25장에 보면 달란트 맡은 종들의 이야기가 나옵니다. 우리는 하나님의 달란트를 받은 일꾼들입니다. 그러므로 이에 대해 하나님 앞에서 심판할 때가 있을 것입니다. "주리고 목마른 사람에게 무엇을 하였느냐?", "옥에 갇히고 병든 자에게 무엇을 하였느냐?", "나라와 사회를 위해 무엇을 하였느냐?", "교회를 위해서 무엇을 하였느냐?"

우리는 지금 무엇을 하고 있습니까? 하나님을 사랑하며 하나님과 떨어질 수 없는 확실한 신앙의 자리에 있습니까? 이웃과 사회를 위하여 한 걸음 더 나아가 하나님의 나라와 하나님의 의를 위하여 힘써 일하고 있습니까? 반성할 수 있는 기회가 되기를 바랍니다. 그리하여 잘못된 생각과 행동을 버리고 하나님 안에 거하여 늘 책임을 다하는 성도들이 되시기를 기도합니다.

2. 책벌 (9-12절)

회개할 기회를 주셨으나 끝내 회개하지 않는 가인을 하나님은 책벌하십니다. "네가 밭을 갈아도 땅이 다시는 그 효력을 네게 주지 아니할 것이요 너는 땅에서 피하며 유리하는 자가 되리라"(12절) 하나님은 공의의 하나님이십니다. 따라서 범죄한 인생은 반드시 책벌하십니다.

첫째는 밭을 갈아도 땅이 그 효력을 내지 아니합니다.

이는 경제적인 어려움이 올 것이란 말입니다. 땀 흘려 수고하는데 수고한 만큼 소득을 얻지 못합니다. 사업에 어려움이 있고 될 듯 될 듯하면서도 안 되고 땀 흘린 대가가 오지 않아 고통 중에 있는 분들은 하나님과의 관계에서 무엇이 잘못되었는가를 살필 수 있기를 바랍니다. "내가 어디 있는가? 무엇을 하고 있는가?"를 바로 점검하여 하나님과의 바른 관계성을 맺을 수 있기를 주님의 이름으로 축원합니다.

둘째는 땅에서 피하여 유리하는 자가 됩니다.

신명기 28:65-66에 "이 민족들 중에서 평안함을 얻지 못할 것이며 네 발바닥을 쉴 곳도 얻지 못할 것이요 오직 여호와께서 거기서 너로 마음이 떨리고 눈이 쇠하고 정신이 산란하게 하시리니 네 생명이 의심나는 곳에 달린 것 같아서 주야로 두려워하며 네 생명을 확신할 수 없을 것이라"고 했습니다. 이사야 48:22에 "악인에게는 평강이 없다"라고 하셨으며 로마서 2:9에 "악을 행하는 각 사람의 영에게는 환난과 곤고가 있으리라"고 했습니다. 가인은 유랑하는 방랑족들의 상징적 인물이 되었습니다. 유리 방황하는 집시적 삶은 낭만적인 것이 아니라 하나님의 징계요 저주받은 삶인 것입니다. 오늘날 많은 사람이 방황을 많이 합니다. 정착하지 못하고 유리하며 그 내면은 쉼이 없고 늘 피곤하며 불안합니다. 이것이 현대인의 병입니다.

3. 하나님의 사랑 (13-15절)

하나님의 징계에 대해 가인의 반응은 무엇입니까? "내 죄벌이 너무 중하여 견딜 수 없나이다" 가인은 자신의 죄는 생각하지 않고 하나님의 벌만이 중하다고 불평합니다. 이런 가인을 볼 때 당장에 심판당해 마땅합니다. 그러나 하나님은 어떻게 하십니까? 15절을 보십시오.

첫째, 하나님은 오래 참으셨습니다.
살인자요 거짓말쟁이요, 반발하고 거스르는 자이지만 그에게 회개할 기회를 주시기 위해 심판을 유보하셨습니다. 하나님은 지금도 모든 인생이 회개하고 돌아오기를 바라시며 천 년을 하루같이 참으시고 계십니다. (베드로후서 3:9, 디모데전서 2:4) 그러므로 내가 죄를 지어도 심판하지 않는다고 제멋대로 해서는 안 됩니다.

둘째, 가인을 끝까지 사랑하고 그를 보호해 주셨습니다.

죄는 미워하시되 죄인은 끝까지 사랑하셨습니다. 하나님은 가인에게 표를 주셔서 만나는 누구에게든지 죽임을 면하게 하셨습니다. 이 표는 살인자의 표가 아니요 사랑의 표였습니다. 생명의 표였습니다.

우리는 모두 가인과 같이 저주받은 땅에서 유리 방황하며 살아가고 있습니다. 이런 인생들을 위하여 하나님은 예수님의 십자가 보혈의 피로써 표를 삼아 죄인들에게 주셨습니다. 이 예수님의 십자가 보혈의 피로 인침을 받은 자는 생명책에 기록되어 죽임을 면하게 되고 영원한 생명을 얻어 살게 됩니다.

사랑하는 성도 여러분!

오늘 우리는 예수님의 십자가 보혈의 표를 받아야 됩니다. 이 표를 받기만 하면 멸망을 받지 아니하며 영생을 얻게 됩니다. 모든 저주와 사단의 권세가 꺾이게 됩니다. 하나님이 주시는 평강과 기쁨과 즐거움이 있습니다. 더 이상 유리하며 방황하지 않고 인생의 분명한 목적과 삶의 행복이 있는 거룩한 순례자가 됩니다. 하나님은 사랑이십니다. "여호와께서 말씀하시되 오라 우리가 서로 변론하자 너희 죄가 주홍 같을지라도 눈과 같이 희어질 것이요 진홍같이 붉을지라도 양털같이 되리라"

하나님은 우리들에게 어떤 때는 권고도 하시고 책망도 하십니다. 이는 하나님의 사랑에서 나오는 것입니다. 우리가 이를 달게 받으면 하나님은 우리 잘못을 용서하십니다. 그러므로 성도들은 어떠한 경우라도 하나님을 떠나서는 안 됩니다. 항상 주의 말씀을 묵상하면서 그의 은총을 간구하는 성도들이 되시기를 축원합니다.

간증문

저는 올해로 마흔다섯 살, 두 아들을 둔 평범한 가장입니다. 하지만 제 마음속은 전혀 평범하지 않았습니다. 직장에서는 늘 성과와 비교의 전쟁 속에 살았습니다. 후배가 성과를 내면 기쁘기보다 불안했습니다. 어느 날은 그 후배의 아이디어를 슬쩍 제 것처럼 포장해서 보고했고, 인정받았지만 마음은 기쁘지 않았습니다. 오히려 더 두려웠습니다. "들키면 어쩌지? 나는 진짜 아무것도 아닌데…."

가정에 돌아오면, 제 마음은 형에 대한 열등감과 상처로 가득했습니다. 어릴 적부터 늘 형은 똑똑하고 모범적인 자식이었습니다. 저는 그늘이었습니다. 부모님의 작은 한마디, "너는 왜 그 꼬라지냐? 같은 배 속에서 나와서 왜 그런지 몰라. 형처럼은 안 되냐?" 이는 저에게 깊은 상처와 수치심을 심어 주었습니다.

그리고 그 상처는 결혼 후 아들들에게 향한 화풀이로 드러났습니다.

"그것밖에 못 하지, 너 인생 망한다." "1등 해야 아빠가 자랑스러워하지."

제가 하는 말들은 늘 위협과 경쟁, 그리고 채찍이었습니다. 그 아이들의 눈빛이 점점 어두워져 가는 것도 알았습니다. 그런데 멈출 수가 없었습니다. 제가 멈추면, 저는 아무것도 아닌 사람 같았기 때문입니다.

밤마다 불면증에 시달렸습니다. 정신과 문 앞까지 갔다 돌아온 적도 있습니다. '나는 도대체 누구인가⋯. 왜 이렇게 못났는가⋯.' 술로 밤새우다 새벽에 들어오는 경우가 많았고, 그런 저를 아내는 늘 안타깝게 바라보았습니다. 술취하면 '나를 만난 것을 후회하지?' 하면서 괜히 아내를 의심하고 도리어 화를 내었습니다.

아내는 그때마다 새벽에 교회에 나가 기도하고 돌아왔습니다.

어느 날 아내가 조용히 말했습니다. "여보, 교회에서 이번 주에 '한 영혼 초청 잔치'가 있어요. 꼭 한사람을 데리고 가야 하는데 한 번만 같이 가 주면 안 될까?"

그전에는 그냥 무시했는데, 이번엔 이상하게 마음이 끌렸습니다. 나 믿고 지금까지 살았는데 소원 한번 들어 주자는 생각이 들었습니다. 무엇보다 저는 더 이상 버틸 힘이 없었거든요. 지푸라기라도 잡고 싶은 심정이었으니까요.

그렇게 처음 광명교회 예배당에 발을 디뎠습니다.

그날 설교 본문은 창세기 4장, 가인의 이야기였습니다. 목사님은 말씀하셨습니다.

"하나님은 가인에게 '네 아우가 어디 있느냐?'라고 물으셨습니다.

그리고 '네가 지금 무엇을 하고 있느냐?'고 물으셨습니다."

그 순간, 하나님이 제게 묻고 계셨습니다.

"네가 지금 무엇을 하고 있느냐?

왜 아들들에게 상처를 주고,

왜 아내의 눈물에 눈 감고,

왜 내가 너를 사랑하지 않는다고 믿느냐?"

그때 울음이 터졌습니다. 그동안 제가 저지른 수많은 말과 행동이 한 장면, 한 장면 떠올랐습니다. 그 모든 죄악 앞에서 하나님은 저를 정죄하지 않으시고, 찾아오셨던 것입니다.

그날 이후, 저는 제 아내에게 처음으로 진심으로 "미안하다"고 말했습니다.

두 아들을 붙잡고, "아빠가 미안해. 너희가 잘되기만 바라서 그랬는데, 내가 틀렸어" 하고 처음으로 눈물을 흘렸습니다.

교회에 등록한 후 목사님과 성경 공부하며 하나님 앞에서 제가 얼마나 소중한 존재인가를 깨닫게 되었습니다. 예수님의 피로 값 주고 사신 남과 비교할 수 없는 세상에서 가장 가치로운 존재라는 사실을 깨닫게 되었습니다. 목사님은 늘 내게 '감정의 노예가 되지 말고, 생각이 성령의 지배를 받으라'고 하셔서 때마다 영적인 전투를 치루며 하루하루 살아갑니다.

지금 저는 여전히 부족합니다. 그러나 제 마음엔 하나님의 "표"가 있습니다. 그 표는 예수님의 십자가입니다. 정죄의 낙인이 아니라, 하나님의 용서와 회복의 보증입니다. 이제 저는 더 이상 불안 속에 유리하는 자가 아닙니다. 하나님께서 찾으신 사람, 하나님께서 다시 세우신 두 아들의 아버지로서, 그리고 사랑하는 아내의 한 남편으로 하나님 앞에 살고자 노력하고 있습니다.

아내는 기도하던 그날을 아직도 잊지 못한다고 합니다.

"하나님이 당신을 절대 포기하지 않으실 줄 알았어요.

당신은 가인이었지만, 하나님은 가인을 끝까지 찾으셨으니까요."

하나님은 지금도 우리에게 묻고 계십니다. "네가 어디 있느냐?",

“네 아우가 어디 있느냐?”, “지금 무엇을 하고 있느냐?” 저는 그 질문
에 ‘여기 있습니다’라고 대답했습니다. 그 순간, 제 인생은 다시 시작
되었습니다. 그분은 죄인을 정죄하지 않고, 죄인을 찾으시는 하나님
이십니다.

제가 이제 나와 같이 방황하는 사람들에게 다가가 저들을 주님 품
으로 초청하고 돕는 멋있는 인생을 살아 가길 기도합니다. 감사합니다.

죽음 속에 흐르는 생명의 계보

"에녹이 하나님과 동행하더니 하나님이 그를 데려가시므로
세상에 있지 아니하였더라"

사랑하는 성도 여러분,

우리는 성경을 읽다가 '족보'가 나오면 본능적으로 건너뛰고 싶은 마음이 듭니다.

반복되는 이름들, 긴 수명, 낯선 인물들의 나열 속에서 무엇을 얻을 수 있을까 하는 생각이 들기 때문입니다. 하지만 성경의 족보는 단순한 기록 그 이상입니다. 그 안에는 하나님의 구속 계획, 인간의 실존, 그리고 믿음의 길이 오롯이 담겨 있습니다.

오늘 우리가 함께 살펴볼 창세기 5장은 바로 그런 족보입니다. 아담으로부터 시작하여 셋, 에노스, 에녹, 무두셀라, 라멕, 그리고 노아로 이어지는 이 계보는 '생명의 흐름'을 기록한 듯 보이지만, 사실은 반복적으로 한 문장이 나타납니다. 바로 이 말씀입니다:

"그리고 그는 죽었더라"

아담이 죽고, 셋이 죽고, 에노스가 죽고, 그나마 969세를 살았던 무두셀라도 결국 "죽었더라"고 기록됩니다.

이 족보는 한편으로 죄로 인해 죽음이 인류의 운명이 되었음을 증언하는 장면입니다. 하나님은 "정녕 죽으리라"고 하셨고, 그 말씀은 지금도 현실이 되어 나타나고 있습니다.

그런데, 이 어둡고 무거운 흐름 가운데 한 사람이 등장합니다. 그는 죽지 않았습니다. 그는 죽었다는 말 대신 이런 말이 쓰입니다:

"에녹이 하나님과 동행하더니 하나님이 그를 데려가시므로 세상에 있지 아니하였더라"

사랑하는 여러분,

오늘 우리는 이 족보를 통해 죽음의 권세 아래 놓인 인간의 실존을 바라보면서도, 그 가운데 하나님과 동행한 자에게 허락하시는 생명의 소망을 함께 발견하게 되기를 원합니다. 창세기 5장은 단지 옛날 사람들의 이름이 아니라, 오늘을 사는 우리의 이야기이며, 하나님이 이어가시는 은혜의 족보입니다. 죽음으로 점철된 이 족보 속에서 '하나님과 동행한 에녹'처럼 살기를 꿈꾸는 믿음의 사람들이 일어나기를 소망하며, 오늘 말씀을 함께 나누는 복 있는 성도들이 될 수 있기를 축원합니다.

1. 죽음의 반복 속에서 인간의 한계를 보다

창세기 5장을 정독해 보면, 마치 북소리처럼 반복되는 한 문장을 만나게 됩니다.

"그리고 그는 죽었더라."

히브리어 원문에는 **"와야못"**(וַיָּמָת)**이라는** 짧고도 강렬한 단어입니다. 이 말씀은 아담부터 시작해서 셋, 에노스, 개난, 마할랄렐, 야렛, 무두셀라, 라멕까지… 반복 또 반복됩니다. 긴 생을 살았든, 짧은 생을 살았든 상관없습니다. 결국 그 인생의 끝은 "그리고 그는 죽었더라"입니다.

그렇습니다. 창세기 5장은 생명의 계보가 아니라, 죽음의 행렬을 보여주는 장입니다.

아담은 930세를 살았지만 결국 죽었습니다. 무두셀라는 무려 969세를 살았지만, 그도 죽었습니다. 시간은 흘렀고, 사람들은 태어났고, 자식을 낳았고, 세월을 살았지만, 마지막 결론은 똑같습니다. "그리고 그는 죽었더라."

이 말은 창세기 3장에서 시작된 죄의 결과가 얼마나 무섭고 철저한지를 증명하는 선언입니다. 하나님은 에덴 동산에서 말씀하셨습니다. "선악을 알게 하는 나무의 열매를 먹는 날에는 정녕 죽으리라." 사탄은 이렇게 말했습니다. "결코 죽지 아니하리라." 그리고 인간은 그 말을 믿었습니다. 그러나 지금, 창세기 5장에는 그 결과가 적나라하게 나타나고 있습니다. 사탄의 말은 거짓이었고, 하나님의 말씀은 진실이었습니다.

사랑하는 여러분,

우리는 이 족보를 통해 다시 한번 인간이 얼마나 연약하고 유한한 존재인지 깨달아야 합니다. 수명이 아무리 길어도, 죽음을 피할 수는 없습니다. 건강하게 살고, 부유하게 살고, 유명하게 살아도 죽음은 반드시 찾아옵니다. 누구도 예외가 없습니다. "그리고 그는 죽었더라."

누군가는 이렇게 말할 수도 있습니다. "무두셀라는 969세나 살았잖아요. 얼마나 위대한 인생입니까!" 그러나 하나님은 그에 대해 딱 한 문장만 하십니다. "그리고 그는 죽었더라." 그 긴 생애 속에 하나님과의 관계가 없었다면, 그 생애는 아무 의미 없는 순간들이었을 것입니다.

미국의 유명한 시계 회사 '하워드 밀러'에는 어떤 기계 장인이 일평생 고급 시계를 만들었습니다. 그는 세상에서 가장 정밀한 시계를 만들어 수많은 명성을 얻었지만, 마지막엔 이런 말을 남기고 세상을 떠났다고 합니다.

"내가 만든 시계는 멈추지 않지만, 내 생명은 멈추는구나."

우리는 기술로는 시간을 만들 수 있어도, 생명을 연장할 수는 없습니다.

그렇다면 여러분, 오늘을 사는 우리는 이 반복되는 죽음의 문장 앞에서 어떤 마음을 가져야 할까요?

첫째, 겸손함을 배워야 합니다.

나는 죽지 않을 것처럼 교만하게 살아가고 있지는 않은지요? 나의 계획과 성공이 영원할 것이라고 착각하고 있지는 않은지요? 나는 나를 위하여만 살다가, 결국 "죽었다"는 기록 하나로 끝날 인생을 향해 가고 있지는 않은지요?

둘째, 시간의 소중함을 깨달아야 합니다.

"주께서 우리의 날 개수함을 가르치사 지혜로운 마음을 얻게 하소서"(시편 90:12) 내게 주어진 시간은 결코 무한하지 않습니다. 한 번 가면 다시 돌아오지 않습니다. 지금 내가 살아있는 이 시간은 회개할 수 있는 시간이며, 하나님과 동행할 수 있는 은혜의 시간입니다.

셋째, 영원을 준비하는 삶을 살아야 합니다.

이 땅의 생명은 '죽었더라'로 끝나지만, 믿는 자의 생명은 '부활하리라'는 약속으로 이어집니다. 죽음 이후에도 계속되는 인생이 있음을 믿는 자는, 지금의 삶을 다르게 살아갑니다.

사랑하는 성도 여러분, 창세기 5장은 우리에게 잔인한 현실을 말하고 있습니다. 죽음은 피할 수 없다는 것. 하지만 그 죽음 속에서 깨어 있는 자는, 진짜 생명을 준비하는 자가 될 수 있습니다. 오늘도 하나님은 우리에게 묻습니다. "네 생은 어떻게 끝날 것이냐? 너의 삶은 '죽었더라'로만 기록되겠느냐? 아니면 그 속에서 나와 동행했던 흔적이 남아 있겠느냐?"

2. 죽음의 패턴을 깬 사람 - 에녹

세기 5장을 읽다 보면 계속해서 반복되는 문장, "그리고 그는 죽었더라"는 말에 마음이 무거워집니다. 그런데 그 반복을 정지시키는 단 한 사람이 등장합니다. 바로 에녹입니다. 창세기 5장 24절은 이렇게 기록합니다.

"에녹이 하나님과 동행하더니 하나님이 그를 데려가시므로 세상에 있지 아니하였더라."

다른 사람들과는 완전히 다릅니다. 아담도 죽고, 셋도 죽고, 무두셀라도 죽고, 라멕도 죽었는데…, 에녹은 죽음을 겪지 않고 하나님께로 옮겨졌습니다.

히브리서 11장 5절은 이렇게 해석합니다. "믿음으로 에녹은 죽음을 보지 않고 옮겨졌으니 하나님이 그를 옮기심으로 다시 보이지 아니하였느니라. 그는 옮겨지기 전에 하나님을 기쁘시게 하는 자라 하는 증거를 받았느니라."

무엇이 에녹을 다르게 만들었습니까? 그는 하나님과 동행한 자였습니다. 그는 단순히 도덕적인 삶을 산 것이 아닙니다. 그는 하나님과 '함께 걸은' 사람입니다.

히브리어 원문에서 '동행하다'는 단어 **'히트할레크'**(הִתְהַלֵּךְ) 는 계속적이고 친밀한 관계 속에서 걸어가는 모습을 의미합니다. 에녹은 어느 날 갑자기 하나님을 만난 것이 아니라, 매일, 매 순간 하나님과 함께 사는 삶을 살았습니다.

에녹의 동행은 어떻게 가능했을까요?

첫째, 믿음으로

히브리서 11장은 분명히 말합니다. "믿음으로 에녹은…" 그는 보이지 않는 하나님을 믿었습니다. 그는 세상보다 하나님을 더 신뢰했습니다. 그는 장래에 이루어질 하나님의 약속을 붙들고 살았습니다.

믿음이란 눈에 보이는 것이 아닙니다. 믿음이란 하나님의 말씀을 따라 오늘을 살아내는 힘입니다. 에녹은 그 믿음으로 하루하루를 하나님과 걸었습니다.

둘째, 삶의 전환점에서 동행을 시작했습니다.

22절을 보십시오. "에녹은 므두셀라를 낳은 후 300년을 하나님과 동행하며 자녀를 낳았으며"

여기서 중요한 것은 에녹은 므두셀라를 낳은 그 시점부터 하나님과 동행하기 시작했다고 성경은 기록합니다. 무엇이 그의 삶을 바꾸게 했을까요? 단지 아들을 얻은 감격 때문이었을까요?

아니요, 단순한 감정이 아닌, 믿음의 통찰과 영적 경각심이 있었기 때문입니다. 히브리어로 '므두셀라'는 "그가 죽을 때 그것이 올 것이다"라는 의미로 해석되며, 이는 단지 한 아들의 이름이 아니라 장차 닥칠 하나님의 심판, 곧 홍수의 경고를 품고 있는 이름이었습니다.

놀라운 사실은, 성경의 연대를 따라 계산해 보면 다음과 같습니다:

므두셀라는 187세에 라멕을 낳고, 라멕은 182세에 노아를 낳고, 노아가 600세 되던 해에 홍수가 임했는데, 이것을 더하면 정확히 187 + 182 + 600 = 969세가 됩니다. 이는 므두셀라가 죽은 해이며, 그 해에 바로 노아의 홍수가 일어난 것입니다.

즉, 므두셀라의 이름 그대로, "그가 죽을 때 그것이 올 것이다"는 하나님의 경고가 문자 그대로 성취된 셈입니다.

에녹은 이 세상이 그저 평온하게 계속되지 않으리라는 것, 하나님께서 반드시 정의와 심판으로 개입하시리라는 것을 믿음으로 바라보았고, 아들의 이름을 므두셀라라고 지었던것입니다. 그리고 하나님의 심판을 세상에 경고하고자 했던 것입니다.

그 깨달음이 그의 삶의 방향을 완전히 바꾸게 된 전환점이 되었던 것입니다. 믿음은 한순간의 감정이 아닙니다. 믿음은 하나님의 말씀 앞에서 삶의 전환을 결단하는 선택이며, 에녹은 그 믿음으로 하나님과 동행하는 인생을 시작한 것입니다.

우리도 이런 전환점을 경험해야 합니다. 인생의 위기에서 자녀의 출생을 통해 인생의 공허함을 체험하며 어떤 깊은 회개와 깨달음을 통해 "이제는 더 이상 내가 주인이 아니라, 하나님과 함께 걷는 삶을 살겠습니다."라고 결단하는 순간이 필요합니다.

한 아버지가 어린 아들과 함께 산책을 하다가 어두운 숲길로 접어들었습니다. 아들이 말합니다. "아빠, 무서워요." 아버지는 "괜찮아. 아빠 손 꼭 잡고만 있어." 그리고 두 사람은 손을 잡고 걸어갔습니다. 아들이 넘어질 때마다, 아빠는 바로 일으켜 세웠고 밤길이 두려울 때마다 아빠는 노래를 불러주었습니다. 그 아들은 밤이 지나도 그 길이 무섭지 않았습니다. 왜일까요? "아버지와 함께 걷는 길이었기 때문입니다."

에녹의 인생은 바로 그랬습니다. 길이 쉬웠던 것이 아닙니다. 하나님과 함께 걸었기 때문에, 두려움도 이기고 죽음도 이긴 삶이 된 것입니다.

오늘 우리 자신에게 이런 질문을 던져 봅시다. 나는 오늘 누구와 동행하고 있는가? 세상의 가치관과 동행하고 있지는 않은가? 돈, 명예, 자기 만족, 두려움과 함께 걷고 있지는 않은가? 나의 삶의 기록은 "그는 하나님과 동행하더니"로 시작될 수 있는가? 내 인생이 끝날 때, 자녀들이, 교우들이, 이웃들이 "그는 하나님과 동행한 사람이었다"고 말할 수 있을까?

여러분은 지금 에녹처럼 하나님과 동행하는 삶을 살고 있는가요? 매일 아침, 하나님과 동행을 선포하며 하루를 시작해 보십시오. "주님, 오늘도 주님과 동행하겠습니다." 성경과 기도로, 주님과 걷는 '삶의 리듬'을 만들어 보십시오. 하나님과의 동행은 특별한 일이 아니라, 평범한 일상을 거룩하게 만드는 신앙의 길입니다.

사랑하는 여러분! 에녹은 죽음을 경험하지 않았습니다. 그러나 더 놀라운 사실은, 그가 죽음을 두려워하지 않았다는 것입니다. 왜냐하면 그는 늘 하나님과 함께 있었기 때문입니다. 죽음은 단절이지만, 하나님과 동행하는 자에겐 그것마저 새로운 시작이 됩니다. 그리고 하나님은 그를 데려가셨습니다. 이 얼마나 부러운 인생입니까?

오늘 우리도 '하나님과 동행하는 인생'을 살기로 결단할수 있기를 축원합니다.

3. 믿음의 족보는 지금도 이어진다

우리가 지금까지 살펴본 창세기 5장은 이름과 수명, 그리고 "죽었더라"는 문장으로 이어지는 한 족보였습니다. 그러나 그 족보는 단절된 족보가 아니라, 계속 이어지는 족보입니다. 이 족보는 아담에게서 시작해 에녹을 지나, 노아로 이어집니다. 그리고 성경의 다른 족보들과 연결되어 예수 그리스도에게로 향하는 하나님의 구속사의 한 흐름이 됩니다.

믿음의 족보는 구속사의 시발점입니다.

하나님은 에덴에서 쫓겨난 인류를 버리시지 않았습니다. 그저 '죽었더라'로 끝나게 내버려두지 않으셨습니다. 하나님은 신실한 사람들의 이름을 기록하시고, 세대를 거쳐 믿음의 족보를 이어가십니다.

창세기 5장 → 11장의 셈의 족보 → 12장의 아브라함 그리고 아브라함 → 이삭 → 야곱 → 유다 → 다윗 → 예수 그리스도

누가복음 3장 38절을 보십시오. "그 위는 에노스요 그 위는 셋이요 그 위는 아담이요 그 위는 하나님이시니라"

하나님은 아담의 후손 가운데서 믿음의 계보를 일으키시고, 그 계보를 통해 자신의 아들 예수 그리스도를 이 땅에 보내셨습니다. 이것이 바로 창세기 5장이 단순한 족보가 아니라 구속의 역사에 기록된 생명의 족보라는 이유입니다.

믿음의 족보는 예수 그리스도에게로 이어집니다.

믿음의 족보는 예수님으로 끝나지 않았습니다. 그분 안에서 이제 우리가 그 족보에 접붙임되었습니다. 갈라디아서 3장 29절은 말합니다. "너희가 그리스도께 속한 자면 곧 아브라함의 자손이요 약속대로 유업을 이을 자니라."

베드로전서 2장 9절도 선언합니다. "너희는 택하신 족속이요 왕 같은 제사장들이요 거룩한 나라요 그의 소유가 된 백성이니…"

우리는 더 이상 무명으로 사라지는 자가 아닙니다. 하나님이 기억하시는 족보 안에, 구속사의 계보 안에 속한 사람들입니다. 이것이

얼마나 놀라운 정체성입니까?

세상 사람들은 인맥과 족보를 자랑합니다. '어느 학교 출신이다', '어느 집안 출신이다', '어떤 업적을 이루었다'고 말합니다. 하지만 성도는 말합니다. "나는 하나님이 기억하시는 족보에 속한 사람이다." "나는 그리스도의 피로 이어진 믿음의 계보를 살아가는 사람이다."

이제 우리는 다음 세대를 위한 계보를 써내려가야 합니다

이 족보를 보며 다음 세대를 생각하게 됩니다. 우리는 지금 이 시대를 살아가며, 다음 세대에게 어떤 족보를 남기고 있습니까? 나는 자녀에게 신앙의 유산을 전하고 있는가? 나는 공동체 안에서 믿음의 계보를 잇는 역할을 감당하고 있는가? 나는 내가 만나는 사람들에게 '하나님과 동행하는 사람'으로 기억되고 있는가?

사랑하는 성도 여러분! "나는 오늘 어떤 족보에 이름을 올리고 있는가요?" 창세기 5장은 죽음으로 점철된 족보 같지만, 그 안에는 믿음과 생명의 씨앗이 살아 있었습니다. 에녹의 삶은 하나님과의 동행이 죽음의 권세를 이긴다는 것을 보여주었습니다. 그리고 그 계보는 예수 그리스도에게로 이어졌고, 이제 우리도 그 믿음의 족보 안에 살아 있는 이름으로 부름받았습니다. 여러분의 이름이 이 땅에서는 잊힐지라도, 하늘의 생명책에는 선명하게 기록되기를 축복합니다. 그리고 여러분의 삶을 통해 또 한 사람의 이름이 구속의 족보에 접붙임되기를 기도합니다. 믿음의 족보는 지금도 계속됩니다. 그리고 그다음 줄에, 하나님은 당신의 이름을 기다리고 계십니다.

결론:

사랑하는 성도 여러분!,

오늘 우리는 창세기 5장의 족보를 함께 묵상했습니다. 세상 사람들의 눈에는 단지 이름과 수명, 그리고 "죽었더라"는 말의 반복처럼 보일지 모르지만, 그 속에는 하나님께서 세상을 버리지 않으시고 구원의 계보를 이어가시는 깊은 은혜가 담겨 있었습니다.

아담의 죄로 인해 인류는 죽음의 대열에 설 수밖에 없었지만, 하나님은 그 죽음 가운데서도 믿음의 사람들을 통해 생명의 족보를 남기셨습니다. 그리고 그 믿음의 족보는 마침내 예수 그리스도에게로 이어졌습니다. 그리고 이제 그 족보는 오늘, 우리에게로 이어졌습니다.

오늘날 우리는 어떤 이름으로 기억되기를 원합니까? "그는 부자로 살다가 죽었더라." "그는 성공했으나 외로웠더라." "그는 세상에서 많은 것을 이루었으나, 하나님 없이 살았더라." 그런 이름으로는 남지 않기를 바랍니다.

에녹처럼 살기를 바랍니다. "그는 하나님과 동행하더니" 이보다 더 아름다운 인생의 설명은 없습니다. 길이 험해도, 시간이 부족해도, 삶이 흔들려도 하나님과 함께 걷는 사람에게는 죽음조차도 더 이상 끝이 아닙니다.

사랑하는 여러분, 오늘 하나님은 이 시대의 에녹을 찾고 계십니다. 매일 아침, 주님의 손을 꼭 붙잡고 걷는 자, 말씀에 귀 기울이며 살아가는 자, 하나님의 마음을 알고 그 뜻을 이루려는 자…, 그런 동행의 사람을 통해 하나님은 다시 구속의 계보를 이어가십니다. 당신의 이름은 지금 어디에 기록되어 있습니까? 세상의 업적 명단입니까? 일시적인 인기 목록입니까? 아니면 하나님의 생명책입니까?

　이제는 하나님과 동행하는 이름으로 살아가시기를 축복합니다. 그리고 그 동행이 여러분의 가정과 자녀들에게 믿음의 족보로 전수되기를 축복합니다. 주님 앞에 서는 날, "그는 하나님과 동행하더니, 이제는 내 품에 있도다." 이렇게 불리우는 그날이 오기를 소망하고 축복합니다.

방주를 지으라

말씀 창세기 6:1-22
요절 창세기 6:14

**"너는 잣나무로 너를 위하여 방주를 짓되
그 안에 칸들을 막고 역청으로 그 안팎을 칠하라"**

지금 우리는 전에 없이 빠르게 변하는 세상을 살아가고 있습니다. 기술은 날로 발전하고, 삶은 겉보기엔 편리해졌지만, 인간의 내면과 도덕, 그리고 신앙의 기초는 오히려 점점 무너져 가고 있습니다. 뉴스만 틀어도 들려오는 것은 폭력, 부정, 타락, 탐욕… 마치 어둠이 세상을 삼키고 있는 것 같습니다.

하지만 더 무서운 현실은, 이런 세속적 물결이 세상에만 머무는 것이 아니라, 교회와 성도들의 삶 속까지 깊이 스며들고 있다는 것입니다.

하나님 중심이 아닌 '나 중심의 신앙', 절제 없는 욕망의 시대, 거룩보다 편안함을 따르는 풍조, 예배보다 세상의 기쁨을 좇는 문화… 어쩌면 지금 이 시대는 노아의 시대보다 더 영적으로 혼탁한 때일지 모릅니다.

그런 시대에 하나님은 우리에게 말씀하십니다.

"방주를 지으라."

이는 단지 과거 노아에게 주신 말씀이 아닙니다. 오늘을 사는 우리 모두에게 주시는 심판 앞의 은혜요, 믿음에 대한 요청입니다.

지금은 세상 흐름을 따라 표류할 때가 아니라, 믿음으로 방주를 짓고 가족을 구원하며 하나님의 뜻에 순종할 때입니다.

아담으로부터 시작된 죄는 점점 성장하여 가인과 라멕을 거쳐 노아 시대에 와서는 절정에 이르렀습니다. 인구가 증가하고 문화가 발달함에 따라 죄도 함께 성장했습니다. 세상은 부패와 강포로 충만하게 되었습니다. 하나님은 마침내 세상을 홍수로 심판하셨습니다. 그러나 하나님을 경외하는 노아 한 사람을 통해 하나님은 세상을 보존하시고 구원하십니다.

오늘 본문에는 죄악된 세상과 하나님의 심판과 하나님의 구원이라는 세 가지 주제로 오늘을 사는 우리들에게 교훈하고 있습니다. 말씀을 통하여 눈으로는 시대를 바로 보고, 귀로는 하나님의 경고를 듣고, 몸으로는 죄악된 세상을 거슬러 사는 신앙의 자세를 배울 수 있기를 축원합니다.

1. 노아가 살던 시대(1-7)

노아가 살던 시대는 한마디로 육체가 된 시대였습니다(3). 인간은 본래 하나님의 형상대로 창조되었습니다. 다시 말해 동물과 달리 이성과 영혼을 가진 존재로서 이성의 지배를 받으며 영을 쫓아 살도록 지음받았습니다. 그런데 육체가 되었다는 것은 하나님의 형상을 잃고 동물과 같이 되었다는 것입니다.

왜 그들이 육체가 되었습니까? 2절을 보십시오. "하나님의 아들들이 사람의 딸들의 아름다움을 보고 자기들의 좋아하는 모든 자로 아내를 삼는지라" 여기서 하나님의 아들들이란 셋의 후예인 신자들을 말합니다. 사람의 딸들은 가인의 후예인 불신자들을 의미합니다. 그러므로 신자들이 불신자들과 결혼하였다는 것입니다. 이는 왜 그 시대가 육체가 되었는지를 말해줍니다.

첫째, 성경적 결혼관의 파괴입니다.

결혼은 원래 하나님이 창설했습니다. 하나님을 경외하는 같은 신앙 안에서, 하나님의 거룩하신 사명을 더 잘 이루기 위해, 또 하나님을 경외하는 신앙의 자녀들을 낳고 기르기 위해 하나님이 중매자 되어 하나님이 창설했습니다. 그래서 고후 6:14절에서 "너희는 믿지 않는 자와 멍에를 같이 하지 말라 의와 불법이 어찌 함께하며 빛과 어둠이 어찌 사귀며"라고 말씀하고 있습니다. 일부일처의 결혼관이 무너지고 일부다처주의로 문란한 가정이 되었습니다. 육신적인 결혼은 자녀들에게도 영향을 주어 네피림 족속과 같이 자녀들은 강포하게 되고 육체가 되어갔습니다. 하나님의 신은 파괴된 가정과 함께할 수 없었습니다.

둘째, 인본주의 신앙으로의 타락입니다.

인간의 범죄는 하나님과 무관한 사람들의 범죄요, 또 다른 하나는 하나님을 섬기고 하나님을 예배하고 하나님을 믿는 자의 범죄입니다. 어떤 범죄를 더 심각하게 다루십니까? 어차피 불신자의 죄에 대한 심판은 결정적이지만, 하나님은 시대의 소망이요 빛과 소금의 역할을 해야 할 셋의 후손들에 대한 타락을 심각하게 다루셨습니다. 예수님께서도 세상 마지막 때의 심판을 경고하실 때 노아 때와 같으리라고 말씀하셨습니다. 이는 종교적 타락이요 교회의 타락이요 신앙의 세속화가 심각한 죄악임을 밝혀줍니다.

신자들이 자기들의 원하는 대로 모든 사람의 딸들을 취하였다 하였습니다. 이는 곧 하나님 중심의 신앙에서 자기 중심의 삶으로 변질되었다는 것입니다. 교회는 예수님을 그리스도로 고백한 자들의 모임입니다. 그 고백은 예수님은 나의 왕이라는 고백이요 나의 생명이요 나의 구원자요 나의 주인이라는 고백입니다. 그러면 우리 신자들의 삶은 하나님 중심적이어야 합니다. 그런데 자기 원하는 대로 삶을 사는 것은 하나님을 향한 거역이요 하나님을 무시하는 행위입니다. 하나님은 이런 자들과 함께할 수 없습니다.

셋째, 음란한 시대였습니다.

예수님은 노아가 살던 시대를 한마디로 표현하였습니다. "노아가 방주에 들어가던 날까지 사람들이 먹고 마시고 장가들고 시집가더니" 신자들은 세상의 빛과 소금의 역할을 감당하며 세상에 영향을 끼쳐야 합니다. 그런데 오히려 먹고 마시고 장가가는 불신자들의 영향을 받았습니다. 세상 것이 좋아졌습니다. 세상 자매들은 화장을 진하게 하고 화사한 옷을 입고 온갖 장신구로 몸을 치장하고 이기죽거리고 다녔습니다. 그리고 음심이 가득한 눈으로 형제를 유혹했습니다. 그러면 믿음의 형제들은 그들의 아름다움에 넋을 잃고 정신이 나간 사람처럼 바라보았습니다. 그리고 신앙도 팔아먹고 세상 자매를 취하였습니다. 이는 무엇을 말해줍니까?

신앙인들이 세상의 화려함에 매력을 느끼고 그것들과 결혼한다는 것입니다. 믿는 하나님의 자녀들은 다시 오실 예수님을 기다리는 신부들입니다. 그런데 세상 것에 미혹되어 신앙의 절개를 잃어버리고 좋아 보이는 모든 세상 것을 취한다면 이는 영적인 간음인 것입니다. 이런 사람들과는 하나님은 함께할 수 없습니다.

세상 사람처럼 거룩한 주일에 결혼하고 또 결혼식에 참여하고, 먹으러 가고, 마시러 가는 행위, 이 모든 것이 육체가 된 시대상을 말해주고 있습니다.

2. 하나님의 심판계획(5-7)

5절을 보십시오. "여호와께서 사람의 죄악이 세상에 관영함과 그 마음의 생각의 모든 계획이 항상 악할 뿐임을 보시고" 이 말씀은 하나님께서 그들을 멸할 수밖에 없는 근본 이유를 말씀해주고 있습니다. 노아 시대 사람들의 죄악은 일시적으로 나타나는 증상이 아니라 내면 깊이 박혀있는 것이었습니다. 나뭇가지가 썩으면 잘라내면 되지만 나무의 뿌리가 썩을 때는 뽑아버릴 수밖에 없는 것입니다. 그 시대는 근본적으로 그 심성이 부패하여 생각하고 계획하는 마음의 모든 경향이 하나님 보시기에 다 악했습니다.

하나님은 이런 세상을 심판하기로 작정하셨습니다. 사람뿐만이 아니라 육축과 기는 것과 공중의 새까지도 모든 지면에서 쓸어버리시고자 하셨습니다. 옛날이나 지금이나 세상에 죄악이 관영하면 하나님께서 반드시 심판하십니다. 하나님께서는 소돔, 고모라도 죄악이 관영할 때 심판하셨고, 폼페이도 죄악이 관영할 때 심판하셨습니다. 오늘날도 죄악이 관영하면 반드시 심판하십니다. 이것은 개인이나 사회나 국가나 다 마찬가지입니다.

하나님께서는 노아 시대 사람들을 심판하고자 작정하셨지만 당장에 그들을 멸하지 아니하시고 그들에게 회개할 기회를 주시기 위해 120년간 심판을 유보하셨습니다. 하나님의 마음은 근본적으로 심판이 아니라 구원입니다. 하나님은 오래 참으사 아무도 멸망하지 않고 다 회개하기에 이르기를 원하십니다(벧후 3:9). 하나님께서 심판을 유보하신 120년간은 그들에게 은혜의 날이요 구원의 날이었습니다.

3. 은혜 입은 노아(8-22)

하나님은 이런 시대에 노아 한 사람을 발견하셨습니다. "그러나 노아는 여호와께 은혜를 입었더라" 하나님은 그 시대 사람들을 보실 때 심히 슬퍼하셨지만, 노아를 보실 때는 심히 기뻐하셨습니다. 하나님은 모든 사람을 심판하는 가운데서 노아 한 사람만은 제외시켰습니다. 하나님은 노아를 심판 가운데서 어떻게 구원해주시겠다고 말씀합니까?

13, 14절을 보십시오. "너는 너를 위하여 잣나무로 방주를 짓되" 하나님은 노아에게 심판계획을 말하여 주고 구원의 방주를 짓도록 하셨습니다. 하나님은 방주의 크기와 모양과 어떤 재료를 사용할 것

인가를 상세히 말씀해 주셨습니다. 그후 그와 언약을 세우셨습니다. 이는 방주를 짓고 그 안에 들어가기만 하면 생명을 보존케 된다는 것이었습니다.(18, 19) 방주는 세상의 모든 생물을 한 쌍씩 보존해야 했기 때문에 길이가 약 135m, 넓이가 22.5m, 높이가 13m가 되는 큰 배였습니다. 배수량이 약 2만 톤, 용적이 1만 4천 톤으로 항공모함과 같이 큰 배였습니다.

노아는 경고하심을 받았을 때에 어떻게 하였습니까? 22절을 보십시오. "노아가 그와 같이 하되 하나님이 자기에게 명하신 대로 다 준행하였더라"

히 11:7절은 말합니다. "노아는 믿음으로 아직 보지 못하는 일에 경고하심을 받아 경외함으로 방주를 예비하여 그 집을 구원하였으니"

우리는 여기서 패역한 시대, 하나님의 진노와 심판 가운데서 자신뿐만 아니라 가족이 구원받고 나아가 시대를 구원하는 하나님의 구원역사 가운데 귀하게 쓰임받은 노아의 신앙을 배우게 됩니다.

첫째, 노아는 하나님 앞에 의인이었습니다.

이는 그가 아무 죄가 없는 완전한 인간이란 뜻이 아닙니다. 세상에 의인은 없나니 하나도 없습니다(롬 3:10). 다만 자복하고 통회하는 마음으로 하나님의 긍휼과 은혜의 보좌 앞에 믿음으로 나아가는 자를 하나님은 죄 사함 주시고 그를 의롭다 하는 것입니다. 그는 자신이 죄인이란 사실을 알고 회개의 삶을 사는 자였고 죄 사함의 은혜를 누리고 사는 자였습니다.

둘째, 노아는 하나님과 동행하는 삶을 살았습니다.

이는 그가 세상 가치관이나 자기 원하는 대로 살지 아니하고 하나님 중심적으로 살았다는 것입니다. 그 시대는 육신적이고 향락적이며, 물질과 인간 중심으로 살았습니다. 그런 시대에서 하나님 중심적으로 살기란 쉽지가 않습니다. 그러나 그는 타협하지 않았습니다. 그는 홀로 좁은 길을 걸었습니다. 그는 하나님을 사랑하고 하나님 앞에서 하나님의 법대로 살고자 했습니다. 그의 삶은 마치 살아있는 잉어가 폭포수를 거슬러 올라가듯, 홀로 죄악의 파도와 싸우는 거룩한 삶이었습니다. 하나님은 이런 노아 한 사람을 그 시대 수백만, 수천만 사람보다 더 귀히 여기셨습니다. 그리고 무서운 심판 가운데서 그에게 구원의 은혜를 베푸셨습니다.

셋째, 그는 믿음의 사람이었습니다.

한 치 앞도 모르는 인간이 100년 후의 일을 위해 방주를 준비한다는 것은 그리 쉽지가 않습니다. 보통 사람들은 세상을 심판하는 홍수가 난다는 말을 믿을 수가 없습니다. 노아는 사람들에게 외쳤습니다. "하나님이 세상을 홍수로 멸할 것이다 모두 회개하고 방주를 준비하자" 한 사람도 그 말을 듣는 사람이 없었습니다. 사람들은 오히려 광신자, 현실을 모르는 어리석은 자, 노망한 영감이라고 하며 놀려 대었습니다. 그러나 노아는 그것이 하나님의 말씀이기 때문에 믿었습니다. 그는 모든 사람이 죄악의 깊은 잠에 빠져있을 때 파멸의 날이 다가오고 있음을 알고 조용히 이를 준비했습니다.

넷째, 순종의 사람이었습니다.

그는 방주를 준비하되 나름대로 준비하지 않았습니다. 잣나무가 구하기 힘들다고 소나무로 하지 않고, 크기가 너무 크다고 반으로 줄여서 작게 만들지도 않았습니다. 그는 말씀에 자기 생각을 덧붙이거나 빼지 않았습니다. 말씀 그대로 순종하였습니다. 그는 자기 형편에 말씀을 맞추지 않고 말씀에다가 자기를 맞추었습니다.

다섯째, 헌신과 희생의 사람이었습니다.

순종에는 희생이 따릅니다. 육체적인 희생이 따릅니다. 당시 전기톱도 없었으며 기계도 없었습니다. 그는 맨손으로 그 일을 해야 했습니다. 통나무를 잘라 오고 그것을 패고 깎아 방주를 짓는 일은 너무나 힘들고 희생이 요구되었습니다.

뿐만 아니라 돈을 벌기 위한 일도 아니요 심판을 대비하여 방주를 짓는 것이었습니다. 오히려 있던 물질도 목재를 사고 일꾼을 사느라 투자해야 했으며 눈 코 뜰 새 없이 바쁜 시간을 보내야 했습니다. 가족들은 육체적인 피로와 함께 굶기가 일쑤였고, 그런 가족들을 볼 때 안쓰러운 생각이 들었을 것입니다. 그러나 그는 방주를 짓는 데 많은 물질과 시간과 정열을 투자하는 데 아끼지 않았습니다.

여섯째, 인내의 사람이었습니다.

방주를 준비하는 그에겐 외적인 아픔보다 내적으로 파고드는 고독과 소외감, 사탄이 심는 회의와 두려움, 상대적인 생각이 더 힘들었을 것입니다. 그러나 그는 끝까지 인내하였습니다. 하루이틀에 끝나는 것이 아닌 120년이라는 긴 세월 동안 그는 갖은 모멸과 수치와 따돌림과 회의와 아픔을 참고 견디며 방주를 준비했습니다.

그러면 그가 억지로 마지못해 인내했을까요? 1, 2년은 그렇게 할 수 있을지 모르지만 100년이 넘도록 이렇게 한다는 것은 마음에 기쁨과 소망과 확신이 없이는 불가능합니다. 그는 자신과 싸워 승리하기 위해 항상 기뻐하고 범사에 감사하고 쉬지 않고 기도했습니다. 이런 그에게 하나님의 위로와 사랑이 있었습니다.

저는 고등학교 3학년 때, 아버지의 사업 실패로 인해 갑작스레 모든 것을 잃었습니다. 집을 떠나야 했고, 가족은 흩어졌으며, 친구들은 하나둘 곁을 떠났습니다. 한순간에 삶이 무너져, 저는 광야 한복판에 던져진 외톨이가 되었습니다.

원하던 대학의 꿈도 접고, 지방의 사범대학에 입학했습니다. 그러나 마음은 황폐했고, 자살을 결심할 만큼 삶의 이유를 잃었습니다. 밤거리에서 쓰러진 저를 발견한 분이 계셨습니다. 한 개척교회의 목사님이었고, 그분의 손길을 통해 저는 다시 살아났습니다. 그리고 처음으로 교회의 문을 열고 들어갔습니다.

눈물로 성경을 붙잡던 어느 날, 저는 노아의 이야기를 만나게 되었습니다. 모두가 죄악에 빠진 시대에도 하나님은 한 사람을 통해 구원의 길을 여셨다는 사실에 가슴이 뛰었습니다. 그리고 그날 저는 하나님께 이렇게 기도드렸습니다.

"하나님, 저도 제 가족을 구할 방주를 짓겠습니다."

그날 이후, 저의 청춘은 노아처럼 방주를 짓는 삶이었습니다. 부모님의 생사를 알지 못한 채, 새벽마다 그분들을 위해 기도했습니다. 형제자매들의 구원을 위해 울었고, 성도라곤 저 하나밖에 없던 그 개척교회의 부흥을 위해 간절히 부르짖었습니다. 생활비와 등록금도 빠듯한 상황이었지만, 예배당 월세를 감당하며 헌신했고, 한 번의 미팅도 없이 20대를 말씀과 기도로 지냈습니다.

그 결과, 절간 주지승이던 외할머니의 영향으로 철저한 불교 신자였던 어머니가 예수님을 믿게 되었고, 절망에 빠졌던 아버지도 주님 앞에 무릎 꿇게 되었습니다. 흩어졌던 가족은 회복되었고, 두 누님 또한 신앙을 회복하고 주의 종으로 부르심을 받게 되었습니다.

돌이켜보면, 그 고아처럼 느껴졌던 10년의 세월 속에서도, 하나님은 결코 저를 홀로 두지 않으셨습니다. 제가 방주를 짓고 있다고 생각했지만, 실은 하나님께서 제 안에, 우리 가정 안에 구원의 방주를 손수 짓고 계셨던 것입니다.

사랑하는 성도 여러분!

하나님은 죄악된 시대 가운데서도 한 사람 노아를 통해 구원의 역사를 이어가셨습니다. 그 시대 수백만, 수천만 인구 가운데 하나님의 마음을 기쁘시게 한 단 한 사람. 그는 바로 말씀을 듣고, 순종하며, 방주를 지은 사람이었습니다.

오늘 우리는 그 노아를 통해 자신에게 묻지 않을 수 없습니다. 나는 지금 무엇을 짓고 있는가? 내 손으로 세워가는 것이 내 이름을 높이기 위한 바벨탑입니까, 아니면 하나님이 명하신 구원의 방주입니까?

노아처럼, 묵묵히, 조용히, 믿음으로 방주를 짓는 사람을 하나님은 오늘도 찾고 계십니다. 그 방주는 나 자신만이 아니라, 내 자녀, 내 가족, 우리 시대를 위한 하나님의 구원 도구입니다. 노아는 눈앞에 홍수가 보이지 않아도 말씀을 믿고 순종했습니다. 사람들의 조롱에도 흔들리지 않았고, 120년이라는 긴 시간 동안 낙심하지 않았습니다. 그 결과, 그는 하나님의 구원 역사에 귀하게 쓰임받는 거룩한 도구가 되었습니다.

사랑하는 여러분, 오늘 이 말씀 앞에서 우리도 결단합시다. 나와 내 가정을 위한 믿음의 방주를 다시 짓겠습니다. 말씀대로 순종하며, 영혼을 살리는 방주, 교회를 살리는 방주, 다음 세대를 위한 방주를 정직히 지어가겠습니다. 그리고 마지막 날, 주님 앞에서 이렇게 고백하게 되기를 소망합니다.

"주님, 저는 다만 주께서 명하신 대로 다 준행하였을 뿐입니다." (창 6:22)

지금 우리는 죄악이 관영한 말세의 시대를 살고 있습니다. 하나님은 이 세상을 반드시 불로 심판하실 것입니다. 그러나 하나님은 그 심판 속에서도 방주를 짓는 자를 통해 구원의 길을 예비하십니다. 저와 여러분이 노아처럼 믿음으로 방주를 짓는 삶, 순종으로 하나님 마음을 시원케 해드리는 인생, 가족과 시대를 구원하는 삶이 되기를 주님의 이름으로 축원합니다.

심판과 구원의 방주

말씀 창세기 7:1-8:22
요절 창세기 7:23

"지면의 모든 생물을 쓸어버리시니 곧 사람과 짐승과 기는 것
과 공중의 새까지라 이들은 땅에서 쓸어버림을 당하였으되
홀로 노아와 그와 함께 방주에 있던 자만 남았더라"

사랑하는 성도 여러분,

우리는 뉴스를 통해 전 세계 곳곳에서 일어나는 재해와 전쟁, 도덕적 타락과 종교의 쇠퇴, 인간성의 붕괴를 목도하고 있습니다. 하지만 놀랍게도 많은 사람은 여전히 "세상은 앞으로도 잘 돌아갈 것"이라는 착각 속에 살아갑니다. 심지어 신앙인들조차 "설마 내 생애에 그런 일이 일어나겠어?"라고 말하며 현실에 안주합니다.

하지만 성경은 그렇게 말하지 않습니다. 하나님은 죄악이 관영하던 노아 시대에 심판을 내리셨고, 똑같은 방식은 아니지만 장차 다시 한번, 전 인류를 향한 마지막 심판이 반드시 있을 것이라고 선언하십니다.

오늘 본문인 창세기 7장과 8장은 인류 역사상 가장 무서운 심판의 사건, 홍수 심판과 그 속에서 유일하게 구원받은 방주의 이야기를 기록하고 있습니다. "지면의 모든 생물을 쓸어버리시니… 오직

노아와 그와 함께 방주에 있던 자만 남았더라.” (창 7:23)

이 짧은 말씀은 한 시대의 결말을 단 한 문장으로 요약합니다. “누가 구원을 받았는가?”“방주에 있던 자만.”

이것은 단지 과거의 이야기가 아닙니다. 예수님께서는 말세의 징조를 말씀하시며 이렇게 경고하셨습니다. “노아의 때에 된 것과 같이 인자의 임함도 그러하리라.” (마 24:37)

노아의 홍수는 장차 올 최후 심판의 예고편이며, 방주는 구원의 유일한 길이신 예수 그리스도의 예표입니다. 오늘 우리는 이 말씀을 통해 세 가지 질문 앞에 서게 됩니다.

하나님의 심판은 정말 오는가?

나는 그 심판을 피할 준비가 되어 있는가?

그리고 나는 지금, 방주 안에 있는가?

오늘 이 질문에 대한 답을 찾는 시간 되시기를 바라며 하나님의 구원 은혜가 우리에게 충만히 임하길 축원합니다.

1. 하나님의 심판

사람들은 하나님의 심판에 대해 말하면 껄끄러워합니다. “하나님이 사랑이라면, 왜 심판하시는가?”라고 묻습니다. 또는 “죽으면 끝이지, 무슨 심판이냐”고 말하며, 인생을 순간의 쾌락에 맡기고 살아갑니다.

그러나 성경은 분명히 말합니다. “한 번 죽는 것은 사람에게 정하신 것이요 그 후에는 심판이 있으리라”(히 9:27). 죽음은 끝이 아니라 시작입니다. 우리는 모두 살아계신 하나님의 심판대 앞에 서게 될 것입니다. 사도 바울도 "이는 우리가 다 반드시 그리스도의 심판대 앞에 드러나 각각 선악 간에 그 몸으로 행한 것을 따라 받으려 함이라"(고후 5:10)고 했습니다.

성경은 하나님의 심판이 단순히 화풀이가 아니라, 거룩하신 하나님께서 죄를 그냥 지나치지 않으시는 공의의 표현임을 보여줍니다. 하나님은 사랑이시지만, 동시에 공의이시며, 죄에 대해 반드시 책임을 묻는 분이십니다. 베드로는 말합니다. "주의 날이 도둑같이 오리니 그날에는 하늘이 큰 소리로 떠나가고, 체질이 뜨거운 불에 풀어지고, 땅과 그중에 있는 모든 일이 드러나리로다"(벧후 3:10).

예수님께서도 말세의 징조에 대해 말씀하시며 노아 시대와 롯의 시대를 예로 들어 최후 심판을 경고하셨습니다.(눅 17:26-30)

그런데도 어떤 사람은 "많은 사람이 지옥에 가는데 난들 못 가랴" 하며 하나님의 심판을 가볍게 생각합니다. 그러나 하나님의 심판은 우리가 상상할 수 없을 만큼 무섭습니다. 계시록 21:8절은 불과 유황으로 타는 못에서 영원토록 고통한다고 하였습니다. 또 막 9:48, 49절은 "그곳은 구더기도 죽지 않고 불도 꺼지지 않는 곳으로 사람마다 불로써 소금 치듯 함을 받으리라"고 하였습니다. 심판은 무섭고 철저합니다.

인생은 일회적입니다. 이 일회적인 인생을 어떻게 사는가 하는 것은 매우 중요합니다.

영생을 얻느냐 아니면 영원한 멸망에 처하느냐? 하는 중요한 문제입니다.

사람들은 노아가 방주를 지을 때 노아를 비웃고 조롱했습니다.

그러나 심판은 말씀대로 이루어졌습니다. 비웃고 조롱하던 자들은 모두 물에 빠져 비참히 죽었습니다. 성경은 장차 무서운 불 심판이 있을 것을 경고하고 있습니다. 우리가 이러한 심판을 생각할 때 어떤 인생을 살아야 합니까? 인생을 함부로 살아서는 안 되겠습니다. 옷깃을 여미며 두렵고 떨림으로 살아야 됩니다.

하지만 여기서 우리는 하나님의 또 다른 얼굴을 봐야 합니다. 하나님은 심판보다 구원을 기뻐하시는 분이라는 사실입니다. 하나님은 죄인을 기뻐하지 않으십니다. 그들이 회개하여 돌아오기를 간절히 기다리시는 분입니다.

베드로후서 3장 9절은 이렇게 말합니다.

"주의 약속은 어떤 이들이 더디다고 생각하는 것 같이 더딘 것이 아니라, 오직 너희를 대하여 오래 참으사 아무도 멸망하지 아니하고 다 회개에 이르기를 원하시느니라."

하나님은 방주를 단숨에 만들게 하실 수도 있었습니다. 그러나 노아에게 방주를 120년 동안 짓게 하셨습니다. 그 시간은 단순한 건축의 시간이 아니라 은혜의 유예 기간이었습니다. 죄인들이 돌이켜 회개하고 방주로 들어올 수 있는 기회의 시간이었습니다.

그러나 안타깝게도 사람들은 노아의 경고를 비웃고 조롱했습니다. "비가 온다고? 물로 심판한다고?" 말도 안 되는 소리라며 노아를 광인 취급했습니다. 하지만 결국 심판은 말씀대로 임했습니다. 모두가 외면한 그 방주만이 구원의 길이었습니다.

오늘날도 마찬가지입니다. 세상은 여전히 하나님의 심판을 부인하고, 종말을 우스개로 삼습니다. 그러나 하나님의 말씀은 결코 헛되지 않으며, 주의 날은 반드시 임합니다. 그러므로 우리는 다음의 말씀 앞에 겸손히 서야 합니다.

"이 모든 것이 이렇게 풀어지리니 너희가 어떠한 사람이 되어야 마땅하뇨? 거룩한 행실과 경건함으로 하나님의 날이 임하기를 바라보고 간절히 사모하라"(벧후 3:11-12)

사랑하는 성도 여러분, 하나님은 지금도 은혜의 문을 열어 놓고 계십니다. 지금은 심판의 날이 아니라, 구원의 날입니다. 지금은 정죄의 시간이 아니라, 회개의 시간입니다. 오늘 우리는 하나님의 공의를 두려워하되, 동시에 그분의 자비를 붙들어야 합니다. 회개하는 자에게 하나님은 한없이 인자하신 분이십니다. 예레미야애가 3장 22-23절 말씀을 기억합시다.

"여호와의 인자와 긍휼이 무궁하시므로 우리가 진멸되지 아니함이니이다. 이것들이 아침마다 새로우니 주의 성실하심이 크시도소이다."

심판을 알기에, 우리는 오늘 은혜의 시간 안에서 더욱 주님 앞에 가까이 나아가야 합니다. 죄악을 돌이켜 회개하고, 방주 대신 되신 예수 그리스도를 붙잡는 것이야말로, 심판을 피하는 유일한 길이며 영원한 생명을 얻는 복된 길입니다.

2. 구원의 방주

심판을 경고받은 노아는 잣나무로 방주를 만들었습니다. 방주에는 물이 들어오지 않도록 역청으로 안팎을 칠하였습니다. 방주가 완성되자 노아의 식구들과 모든 동물이 암수 둘씩 들어가고 하나님은 방주의 문을 닫으시고 홍수를 세상에 보내사 심판하셨습니다. 세상은 온통 물속에 잠기고 파멸했지만 이 방주만큼은 유유히 승리를 거두었습니다. 심판의 물결을 헤치고 두둥실 떠 있었습니다. 흙탕물 속엔 나무들과 짐승들과 사람들의 시체가 떠내려가고 썩은 냄새가 진동했습니다. 그러나 방주만큼은 그 위에 떠 있었습니다. 방주는 평안했습니다. 방주 안에 있는 모든 것이 안전했습니다. 홍수에서 구원받은 방주는 구원의 수단이요, 구원의 방편이요, 구원 그자체가 되는 예수 그리스도의 모형이요, 그림자입니다. 방주는 예수 그리스도의 몸 된 교회를 잘 보여 주고 있습니다.

우리는 여기서 몇 가지 사실을 생각해볼 수 있습니다.

노아 가정의 믿음입니다.

롯의 가정은 소돔과 고모라가 멸망을 받을 때 아내는 소금기둥이 되고 사위들은 하나님의 경고를 농담으로 알아듣다가 타 죽었습니다. 그러나 노아 가족은 모두 구원받았습니다. 노아의 가족은 여덟 식구는 죄악의 시대에도 가족 간에 서로 믿음과 신뢰의 관계로 맺어져 있었습니다. 아내도 남편이 하고자 하는 일에 의심하지 않고 순종하며 동역하여 주었습니다. 노아의 세 아들은 젊은 사람들이므로 세상 모든 사람의 비방과 조소를 다 들어야 했음에도 불구하고 아버지 말씀에 순종하였고 하나님의 아들들이 사람의 딸들 아름다움을 보고 결혼할 때 하나님의 뜻에 따라 믿음의 여자를 아내로 맞았습니다. 노아 부부가 모든 면에서 자녀들에게 본이 되었고 신앙으로 바르게 양육하였습니다. 그 결과 온 세상이 멸망당할 때 노아 가족은 모두 구원받았습니다.

이는 가정이 믿음을 살 때 하나 되어 온전한 구원을 얻을 수 있음을 보여줍니다. 히브리서 11장 7절은 이렇게 기록합니다. "믿음으로 노아는 아직 보이지 않는 일에 경고하심을 받아 경외함으로 방주를 준비하여 그 집을 구원하였으니 이로 말미암아 세상을 정죄하고 믿음을 따르는 의의 상속자가 되었느니라" 노아 한 사람 믿음의 선한 영향력으로 온 가족이 믿음의 공동체를 이루고 그 가족이 구원의 은총을 받았습니다.

이것이 믿음으로 사는 한 사람의 중요성입니다. 그래서 사도 바울은 이렇게 말합니다. "주 예수를 믿으라 그리하면 너와 네 집이 구원을 받으리라"(행16:31) 예수님은 믿음으로 사는 한 사람을 밀알로 비유하여 이렇게 말씀했습니다. "한 알의 밀이 땅에 떨어져 죽지 아니하면 한 알 그대로 있고 죽으면 많은 열매를 맺느니라"(요12:24)

우리의 가정은 믿음의 가정으로 바로 살아가고 있습니까? 심판의 날은 다가옵니다. 믿음으로 살고 또 믿음의 본을 자녀들에게 보이고 신앙으로 바로 양육할 수 있기를 축원합니다.

방주는 교회라는 진리입니다

방주는 교회의 상징입니다. 방주가 물 위에 떠 있는 것처럼 교회는 세상 위에 떠 있고 운행자는 하나님 한 분뿐입니다. 우리는 방주의 모형을 통하여 교회를 배울 수 있습니다.

첫째, 방주에는 창과 문이 하나밖에 없다는 것입니다.

하나의 창은 예수 그리스도를 의미합니다. 방주의 창은 채광창입니다. 방주는 이 창을 통하여 빛을 받아들이고 있는 것입니다. 방주에 창이 하나인 것같이 우리도 성령을 통하지 않고는 생명의 빛을 얻을 수 없습니다. 하나의 문은 예수 그리스도이십니다. 주님께서 말씀하시기를 "내가 양의 문이라 누구든지 나로 말미암아 들어가며 구원을 얻고 또 들어가며 나오며 꼴을 얻으리라"(요 10:7-9)라고 하였습니다.

세상에 지위, 권세, 명예, 부귀가 있다 해도 오직 주 예수 그리스도의 문을 통해서만 구원을 얻을 수 있음을 말씀하고 있습니다. 부자나 가난한 자, 지혜 있는 자나 무식한 자나 다 함께 구원을 얻을 길은 단 하나밖에 없고, 구원 얻는 방법도 하나뿐입니다. 즉 주 예수를 믿으면 구원을 얻고, 믿지 아니하면 멸망받게 됩니다. 방주로 들어가는 문은 하나뿐입니다.

둘째, 방주에는 간과 층이 있습니다.

14절에 "방주를 짓되 그 안에 간들을 막고 역청으로 그 안팎을 칠하라"고 하였습니다. 여기에 간(間)이란 말은 방을 가리킵니다. 동물들을 그 종류대로 보관하기 위함입니다. 방주 안에는 방 칸들이 있었습니다. 즉 교회에도 여러 교파가 있습니다. 그러나 교인들의 교파는 다르나, 다 같은 방주라는 교회 안에 있음은 부인 못 하는 사실입니다. 방주 안에 있다는 사실이 중요하지, 칸이 어디에 속하느냐가 중요한 것이 아닙니다.

또 본문 8:16에 "상중하 삼층으로 할지니라"고 했습니다. 방주는 단층으로 된 것이 아닙니다. 이같이 교회 안의 교인들의 사회적 지위, 생활 수준, 활동 분야, 생업 모두 다릅니다. 얼굴도 다 다르고, 생활도 다르고, 성격도 다르고, 지위도 다르고, 학문도 다르고, 모든 것이 다르나 다 구원 얻을 방주 안에 있다는 사실입니다.

그러므로 편협한 생각으로 나와 같지 않다고 배척해서는 안 됩니다. 태평양은 고래도 있고 새우도 있습니다. 그러나 얕은 냇가엔 송사리밖에 없습니다. 우리 광명교회가 태평양 같은 교회가 되느냐, 얕은 냇물 같은 교회가 되느냐 하는 것은 각 사람에게 달려 있습니다. 교회는 각양각색의 사람들을 모두 품어야 합니다. 광명교회의 성도들은 열국의 아비요, 어미와 같은 내면성 있는 성도들이 될 수 있길 축원합니다.

셋째, 방주에는 각양 동물이 타고 있습니다.

창 7:2-3절에 "정결한 짐승과 부정한 짐승을 방주로 들어 생명을 보존하게 하라"고 했습니다. 방주에는 전부 정결한 동물만 있는 것이 아닙니다. 오늘날 주님의 교회에도 완전한 자와 불완전한 자, 의인과 죄인이 함께 있습니다. 하나님은 죄인까지도 불러 구원시켜 주십니다.

교회는 신자만 있는 것이 아닙니다. 전도하는 교회는 불신자도 교회에 와 앉아 있습니다. 이것이 정상입니다. 문제는 하나님의 교회가 능력이 있어 불신자를 변화시켜 신자로 만드느냐 아니면 신자들이 교회에 들어온 불신자의 영향을 받아 세속화되느냐 하는 것입니다. 살아있는 교회는 부정한 죄인을 많이 초청하여 이들도 생명을 보전하도록 하는 교회입니다. 광명교회는 살아있는 교회가 되길 축원합니다.

방주 안으로 들어가야 산다는 것입니다

노아가 방주로 들어갈 때는 비가 올 때가 아닙니다. 비 오기 일주일 전입니다. 그러나 노아는 믿음으로 방주에 들어갔습니다. 노아는 순종함으로 모든 것을 버리고 방주로 들어갔습니다. 노아의 가족도 노아를 따라 방주로 들어갔습니다. 노아의 식구들은 방주에 들어간 순간 그들의 세계가 방주 안이란 테두리 속에 제한되었습니다. 외출이 허용되지 않았습니다. 그러나 구원이란 계약은 불편과 비교해볼 때 족히 비교되지 않았습니다. 노아의 가족은 방주 안에서만 행복을 추구하게 되었고, 방주 밖의 일은 가치가 없게 되었습니다. 이처럼 한 영혼이 그리스도 안으로 들어오려면 세상의 줄을 끊는 아픔과 쓰라림이 있어야 합니다.

방주 안의 생활

방주의 생활은 매우 불편했습니다. 비 오기 전 7일, 비가 오는 40일, 방주가 떠 있는 150일, 물이 걷히기 시작하는 150일 등 무려 일년여 기간 동안 방주 안에 있어야 했습니다. 창도 위에서 한 규빗 되는 곳에 하나만 만들어졌으니 어두워서 불편했습니다. 또 짐승들과 같이 지내자니 얼마나 괴로웠습니까? 공기는 탁하고 짐승들의 배설물 악취도 대단했습니다. 안에서는 동물들의 울음소리 밖에서는 빗소리, 파도 소리 등으로 시끄러웠습니다. 뿐만 아니라 부지런히 일해야 했습니다. 허다한 짐승들과 새들에게 사료를 주고, 또 그것들이 배설한 것을 청소하는 작업도 해야 했습니다. 노아의 가족 여덟 식구가 그 많은 짐승을 매일같이 건사하느라 아마 세월 가는 것도 모르고 지내야 했을 것입니다.

이처럼 구원받은 성도들은 교회 생활을 해야 되는데, 그 삶이 결코 쉽지만은 않습니다. 봉사와 희생과 수고가 따릅니다. 답답할 때도 많습니다. 방주만 나가면 자유로울 것 같습니다. 그러나 방주 밖은 어떻습니까? 방주 밖은 죄악이 흉흉한 바다입니다. 빗발치는 폭우와 높다란 파도 그 위에 수천 수만의 시체들이 그 흙탕물 위에 떠 있는 참혹한 바다입니다. 방주 생활이 비록 고달프지만, 죄악이 관영한 심판의 바다보다는 한결 천국입니다. 교회에 힘써 봉사하고 양 떼들을 돌보는 일에 힘쓰는 저와 여러분이 되기를 축복합니다.

결론:

노아의 홍수 사건은 단지 고대의 전설이 아닙니다. 그것은 장차 이 땅에 임할 최후의 심판을 예고하는 그림자요 예언입니다. 예수님은 말씀하셨습니다.

"노아의 때에 된 것과 같이 인자의 임함도 그러하리라… 홍수가 나서 그들을 다 멸하기까지 깨닫지 못하였으니 인자의 임함도 이와 같으리라"(마 24:37-39)

그날이 오면 세상의 권세나 재물, 학벌이나 명예는 아무런 힘을 발휘하지 못할 것입니다. 그날 중요한 것은 단 하나입니다. "나는 지금 방주 안에 있는가?"

많은 이가 오늘도 방주 밖에서 조롱하고, 심판을 부정하며, 주의 경고를 외면합니다. 그러나 심판은 반드시 말씀대로 이루어질 것입니다. 방주의 문은 영원히 열려 있지 않습니다. 하나님이 문을 닫으시면 아무도 열 수 없습니다.

하지만 아직은 자비의 날입니다. 구원의 문이 열려 있습니다. 지금은 은혜의 시간이요, 하나님의 긍휼이 새롭게 임하는 아침입니다.

그 은혜의 문 안으로 들어간 이들이 있습니다. 우리 교회 박 권사님이 있습니다. 남편과 자녀 모두 교회를 떠났고, 혼자서 새벽마다 이름을 불러가며 눈물로 기도했습니다. 아들은 "난 그런 거 안 믿어, 그냥 나 좀 내버려 둬."라며 반항했습니다.

그러나 어느 날, 그 아들이 교통사고로 생사의 경계에 놓였습니다. 권사님은 중환자실 앞에서 마지막처럼 말했습니다.

"애야, 지금은 방주의 문이 열려 있어. 들어가기만 하면 돼…."

그 말은 아들의 마음을 흔들었고, 그는 병상에서 눈물로 회개했습니다. 지금 그 아들은 교회의 충직한 일꾼으로 살아가고 있습니다.

제가 대학 시절 전도하던 같은 과 친구가 있었습니다. 그는 신앙 좋은 가정에서 자랐지만 대학 진학과 함께 세상의 유혹에 빠져 교회를 떠났습니다. "나중에 믿지, 지금은 좀 놀고 싶다"고 했습니다. 그런데 함께 자전거를 타고 가던 친구가 버스와 부딪치는 사고가 났고 친구가 보는 앞에서 생을 달리하였습니다. 이 사고 후 그는 영혼의 깊은 두려움 중에 교회를 찾았습니다. 그는 고백했습니다.

"나는 방주의 문이 닫히기 직전에, 아슬아슬하게 그 안으로 뛰어든 사람입니다."

사랑하는 성도 여러분!

오늘 우리는 어디에 있습니까? 방주 안입니까, 밖입니까?

우리의 가족과 자녀들은 어디에 있습니까?

지금은 그들에게 방주의 문을 열어 보여주어야 할 시간입니다. 지금은 우리가 다시 믿음으로 방주를 지어야 할 때입니다. 그 방주는 예수 그리스도이시며, 오늘날의 교회입니다. 그 안으로 들어간 자만

이 심판을 면하고 구원을 얻습니다. "지면의 모든 생물을 쓸어버리시나… 오직 노아와 그와 함께 방주에 있던 자만 남았더라." (창 7:23)

이 말씀이 오늘 우리에게도 그대로 적용될 날이 반드시 옵니다. 그날에 후회하지 않기 위하여, 지금 방주 안으로 들어갑시다. 그리고 아직 밖에 있는 이들을 초청합시다. 지금이 바로 구원의 날입니다.

"주 예수를 믿으라 그리하면 너와 네 집이 구원을 받으리라"(행 16:31)

이 구원의 약속이 저와 여러분의 가정, 우리 교회 위에 이루어지기를 주의 이름으로 축원합니다.

무지개 언약

말씀 창세기 8:20~9:17
요절 창세기 9:13

"내가 내 무지개를 구름 속에 두었나니
이것이 나와 세상 사이의 언약의 증거니라

혹독한 겨울을 지나고 봄을 맞이한 땅은 다시 꽃을 피웁니다. 뜨거운 땡볕 아래 마른 들판에도 가을비가 내리면 생명이 움트고 열매가 자랍니다.

인류의 역사도 그러합니다. 무너지고 꺾이고 심판당해도, 그 끝에는 늘 하나님의 자비와 은혜가 흐르고 있었습니다.

오늘 본문은 인류 역사상 가장 큰 심판, 대홍수 심판 이후의 장면입니다. 하나님은 인류의 죄악이 세상에 가득한 것을 보시고 심판하셨습니다. 그러나 그 무서운 심판 속에서도 하나님은 노아의 방주라는 구원의 방편을 예비하셨습니다. 그리고 그 방주에서 나온 노아가 드린 제사를 받으신 하나님은, 다시는 땅을 저주하지 않겠다고 말씀하십니다.

여기에서 우리는 중요한 하나님의 마음을 발견합니다.

하나님은 심판으로 끝내시는 분이 아니라, 은혜로 새 시대를 여시는 분이십니다.

오늘 우리가 함께 살펴볼 창세기 8장 20절부터 9장 17절까지의 말씀은, 이 심판 이후에 하나님께서 노아와 맺으신 첫 공식적인 언약의 기록입니다. 이 언약은 단순한 평화 조약이 아닙니다. 하나님과 인류, 그리고 모든 피조물 사이에 맺어진 은혜의 약속이며, 동시에 구속사의 첫 언약으로서의 기초가 되는 결정적 장면입니다.

성도 여러분, 우리는 이 본문을 통해 하나님의 자비, 창조 세계에 대한 회복의 의지, 그리고 그리스도 언약으로 이어지는 구속사의 언약 신학적 구조를 살펴보게 될 것입니다. 홍수는 죄에 대한 하나님의 분노였지만, 무지개는 은혜에 대한 하나님의 선언입니다. 오늘 이 말씀을 통해, 하나님이 어떤 분이신지, 하나님이 우리와 어떤 관계를 맺기를 원하시는지 깊이 깨닫고, 그분의 언약 아래 거하는 백성으로서 우리가 어떻게 살아야 할지를 함께 깨닫는 복된 시간이 되기를 축원합니다.

1. 하나님은 제사를 받으시고 은혜를 베푸셨습니다 (창 8:20-22)

노아는 1년 넘게 방주 안에 있었습니다. 하늘의 창이 닫히고, 땅의 물이 서서히 빠질 때까지 인내하며 기다렸습니다. 그리고 마침내 하나님이 말씀하십니다.

"너와 네 아내와 네 아들들과 네 며느리들과 함께 방주에서 나오라."

노아는 그 명령에 순종하여 새로운 땅에 발을 딛습니다. 그런데,

그 첫걸음이 무엇입니까?

어떤 사람은 당장 집을 지으려 했을지도 모릅니다. 또 어떤 사람은 살아남은 기쁨에 잔치를 벌였을지도 모릅니다. 하지만 노아는 가장 먼저 제단을 쌓았습니다. 그는 땅을 고르기보다 먼저 무릎을 꿇었고, 곡괭이를 들기보다 먼저 손을 모았습니다. 노아는 하나님 앞에 감사의 제사를 드림으로 새로운 시대를 시작했습니다.

우리는 이 장면에서 하나님의 구속사적 은혜에 반응하는 신자의 태도, 그리고 예배의 우선순위를 배울 수 있습니다.

율법 이전에도 예배는 있었습니다

"노아가 여호와께 제단을 쌓고 모든 정결한 짐승 중에서… 번제를 드렸더니…"(8:20) 본문은 노아가 '번제'를 드렸다고 명확히 말합니다. 이 번제는 훗날 레위기 1장에서 율법으로 명시되는 제사 제도보다 훨씬 앞선 시기입니다. 그렇다면 노아가 어떻게 '율법 이전'에 제사법을 알았을까요? 여기서 우리는 다음과 같은 신학적 해석이 가능합니다:

첫째, 원시 계시로서의 제사 전통입니다.

아담 이후의 인류는 하나님께 제사를 드리는 전통을 가지고 있었습니다. 창세기 4장에서 가인과 아벨이 제사를 드렸던 장면도 같은 맥락입니다. 하나님은 특별한 율법 없이도, 인간 안에 구속과 예배에 대한 직관적 인식, 곧 원시 계시적 신앙의 형태를 주셨습니다.

둘째, 번제는 보편적 예배의 모형입니다.

번제는 전적인 헌신, 속죄, 하나님과의 화목을 상징합니다. 율법 이전에도 하나님 앞에 나아가려면 반드시 '속죄'와 '헌신'이 있어야 했습니다. 따라서 노아가 드린 번제는 율법의 틀 이전에 존재하던 '구속 언약의 신앙 행위'였습니다. 노아의 번제는 단순한 예식이 아니라, 하나님의 은혜에 대한 감사와 헌신의 고백입니다. 그리고 인간이 하나님 앞에 나아가기 위해서는 반드시 대속의 피가 필요하다는 영적 진리를 선포하는 행위였던 것입니다.

하나님은 마음이 담긴 제사를 기쁘게 받으십니다 (8:21상)

"여호와께서 그 향기를 흠향하시고…" 하나님은 그 제사를 기쁘게 받으십니다. '향기를 흠향하다'는 표현은 단지 냄새를 맡는 행위가 아니라, 하나님의 감정이 움직이셨다는 표현입니다. 이것은 구약 전체에서 하나님이 기쁘게 받으신 제사에 반복적으로 사용되는 언어입니다(레 1:9; 엡 5:2 참조).

하나님은 단지 짐승을 태우는 것을 기뻐하신 것이 아닙니다. 노아의 제사 속에 담긴 감격, 경외, 헌신, 그리고 감사의 마음을 받으신 것입니다.

바울은 에베소서 5:2에서 그리스도의 십자가를 "향기로운 제물"이라 부릅니다. 이는 번제가 예표하는 그리스도의 속죄적 죽음을 반영하는 언어입니다. 즉, 노아의 번제는 장차 오실 예수 그리스도의 대속적 사역을 예표하는 그림자였던 것입니다.

하나님은 은혜로 인류를 다시 품으십니다. (8:21하-22)

"내가 다시는 사람으로 말미암아 땅을 저주하지 아니하리니…" 하나님은 노아의 제사를 받으신 후, 심판을 중단하겠다는 은혜의 선언을 하십니다. 이는 인간이 죄를 범하지 않기 때문이 아닙니다. 오히려 "사람의 마음이 어려서부터 악함이라"고 말씀하시며, 인간의 죄악성을 인정하면서도 자비를 베푸시겠다는 결단입니다.

이 말씀은 하나님의 심판이 끝났다는 선언이 아니라, 은혜로 인류 역사를 이끌어가시겠다는 구속적 결단입니다. 그리고 하나님은 생명의 질서, 자연의 리듬을 약속하십니다.

"씨 뿌리는 때와 거두는 때, 추위와 더위, 여름과 겨울, 낮과 밤이 쉬지 아니하리라." (8:22)

이것은 창조 질서의 회복이자 유지입니다. 하나님은 죄로 인해 오염된 세상을 은혜로 다스리기로 결정하셨습니다. 하나님의 은혜는 죄를 덮는 것이 아니라, 죄를 알면서도 자비로 인류를 품으시는 신실하심입니다.

사랑하는 성도 여러분!

노아는 구원 이후 가장 먼저 제단을 쌓은 사람이었습니다. 그는 집보다 예배를 먼저 세웠고, 기쁨보다 감사를 먼저 올렸습니다. 그 중심에 하나님을 향한 전적인 헌신이 있었기에, 하나님은 그 제사를 기쁘게 흠향하셨습니다. 그리고 그 제사 이후, 하나님은 은혜의 언약을 시작하셨습니다. 혹시 지금 우리 삶의 중심에서 예배가 밀려나 있지는 않습니까? 고난을 지나고 난 뒤, 먼저 계획을 세우기보다 제단을 쌓아야 합니다. 노아처럼 심판 뒤에 예배로 나아가는 자, 하나님의 은혜 언약을 붙드는 자가 되시기 바랍니다. 그럴 때, 하나님은 우리의 삶 속에서도 다시는 저주하지 않겠다는 은혜의 무지개를 보어주실 것입니다.

2. 하나님은 생명의 질서를 세우시며 언약을 주십니다
(창세기 9:1-7)

노아가 제단을 쌓고 하나님께 예배를 드렸을 때, 하나님은 그 향기를 기쁘게 받으셨습니다. 그리고 한 가지 놀라운 결정을 내리셨습니다. "내가 다시는 사람으로 인해 땅을 저주하지 아니하리라." 심판을 멈추시고 은혜를 베푸시기로 하신 것입니다.

하지만 하나님은 그 은혜의 결정에서 멈추지 않으셨습니다. 이제는 그 은혜를 질서로 구체화시키십니다. 새로운 시대, 새로운 땅에서 하나님의 백성이 어떻게 살아야 하는지를 말씀하십니다. 은혜는 무질서가 아닙니다. 은혜는 질서를 낳고, 생명을 존중하게 만듭니다.

창세기 9장 1절부터 7절까지는 하나님께서 새롭게 세상을 다스릴 생명의 질서를 노아와 그의 후손에게 위임하시는 장면입니다.

첫째, 복의 명령을 다시 주시는 하나님 (9:1, 7)
"하나님이 노아와 그의 아들들에게 복을 주시며 그들에게 이르시되 생육하고 번성하여 땅에 충만하라." (9:1)

이 말씀은 어디서 많이 들어본 말씀이 아닙니까? 그렇습니다. 바로 창세기 1장 28절, 하나님이 아담에게 주셨던 창조의 복입니다. 죄로 인해 끊어진 복의 명령이 이제 노아를 통해 다시 회복되고 있는 것입니다. 하나님은 방금 전 세상을 심판하셨지만, 이제는 다시 복을 선언하십니다. 노아는 마치 제2의 아담처럼, 새 시대의 시작점에 서 있는 것입니다.

"너희는 생육하고 번성하며 땅에 가득하여 그 중에 번성하라." (9:7)

하나님은 동일한 명령을 두 번이나 반복하십니다. 그만큼 중요하고, 확실한 약속이라는 뜻입니다. 이 복은 단순히 자녀가 많아지는 것이 아닙니다. 하나님의 형상이 땅에 다시 퍼져 나가는 은혜의 확산입니다.

둘째, 생명을 존중하는 질서를 세우시는 하나님 (9:2-4)

"땅의 모든 짐승과 공중의 모든 새와… 너희를 두려워하며 너희를 무서워하리니…" (9:2)

하나님은 인간과 동물의 관계에도 새로운 질서를 주십니다. 이제 동물은 인간을 두려워하게 될 것이고, 인간은 짐승의 고기를 먹을 수 있게 됩니다. 이것은 먹는 것의 자유를 허락하신 것처럼 보일 수 있지만, 실제로는 생명의 무게를 더 깊이 인식하게 하려는 하나님의 의도가 담겨 있습니다.

"그러나 고기를 그 생명 되는 피째 먹지는 말 것이니라." (9:4)

이 말씀은 단순한 음식 규제가 아닙니다. 피는 생명입니다. 하나님은 피를 통해 생명의 고귀함을 각인시키고 계십니다. 하나님께서는 "고기는 먹되, 생명은 존중하라"고 말씀하십니다. 먹는 것조차 경외심을 가지고 행하라는 것입니다. 이것은 창조세계 전체에 대한 책임 있는 청지기적 태도를 요구하는 명령입니다.

셋째, 피에 대한 책임을 강조하시는 하나님 (9:5-6)

"내가 반드시 너희 피, 곧 너희 생명의 피를 찾으리니…" (9:5)

이제 하나님은 인간 생명에 대한 고의적 살해를 철저히 금하십니다. 인간이 동물에게 죽임을 당하든, 인간이 인간을 죽이든, 하나님은 그 피에 대한 책임을 묻겠다고 하십니다. 그리고 이어지는 절은 구약 윤리의 핵심 중 하나입니다.

"사람의 피를 흘리면 그 사람의 피도 흘릴 것이니… 이는 하나님이 자기 형상대로 사람을 지으셨음이니라." (9:6)

생명은 왜 존중되어야 합니까? 단순히 소중해서가 아닙니다. 하나님의 형상이기 때문입니다. 인간은 하나님의 형상을 따라 지음받은 존재이기에, 그 생명을 해치는 것은 곧 하나님을 모독하는 일입니다. 하나님은 이 새 시대를 "형상 존중의 시대"로 세우기를 원하셨습니다. 단지 살지 말라는 것이 아니라, 서로를 존귀하게 여기며 살라는 윤리적 책임의 선언입니다.

사랑하는 성도 여러분!

은혜는 무질서를 방치하지 않습니다. 은혜는 질서를 세우고, 생명을 살리는 방향으로 흐릅니다. 하나님은 노아에게 복을 회복시키셨고, 생명의 무게를 다시 가르쳐 주셨고, 인간답게 사는 길을 보여 주셨습니다.

오늘날 우리는 생명의 가치를 얼마나 존중하며 살아가고 있습니까? 생명 경시, 낙태, 자살, 폭력, 중독, 혐오 이 시대는 하나님의 형상을 향해 끊임없이 피를 흘리게 하고 있습니다. 그러나 하나님은 오늘도 말씀하십니다. "나는 그 피를 찾을 것이다." "사람은 내 형상이다. 함부로 할 수 없다." 우리는 이 시대 속에서 생명을 살리는 언약 백성으로 살아야 합니다. 사람을 존귀히 여기고, 생명 있는 것을 아끼고, 관계를 소중히 여기며 살아야 합니다. 하나님의 복은 풍성한 생명 위에 임합니다. 그 복이 우리 삶과 광명교회에 임하기를 축복합니다.

3. 하나님은 무지개로 언약을 확증하십니다 (창세기 9:8-17)

노아가 드린 예배 위에 하나님은 은혜를 베푸셨습니다. 그리고 그 은혜는 삶의 질서와 생명의 윤리로 이어졌습니다. 하지만 하나님은 여기서 멈추지 않으셨습니다. 이제 하나님은 그 은혜와 질서를 언약이라는 형식으로 굳게 세우십니다. 그리고 그 언약을 눈에 보이는 표징, 곧 무지개로 확증해 주십니다.

하나님이 언약을 맺으신다는 것은 무엇을 의미합니까? 하나님은 우리의 삶을 조건 없이 품으시며, 신실하게 기억하시고 끝까지 지키시겠다는 뜻입니다.

첫째, 언약은 하나님의 주권적 선언입니다 (9:8-11)

"내가 내 언약을 너희와 너희 후손과 모든 생물과 함께 세우리니…" (9:9-10)

하나님은 노아와 그의 후손, 그리고 모든 피조물과 언약을 맺으십니다. 여기서 중요한 점이 있습니다. 이 언약은 인간이 요청한 것이 아닙니다. 하나님이 스스로 정하시고, 선언하시며, 선포하신 언약입니다.

"내가 세우리니… 내가 다시는… 내가 맺은 언약을 기억하리니…"

9장 8절부터 17절까지 반복적으로 등장하는 주어는 전부 '하나님'입니다. 이 언약은 무조건적(unconditional) 언약입니다. 인간의 순종 여부나 공로와 상관없이 주어지는 하나님의 일방적인 자비의 선포입니다. 이는 구속사 전체에서 하나님 중심의 언약 신학의 뿌리를 이루는 장면입니다. 하나님은 지금까지의 심판을 거두시고, 앞으로는 은혜로 인류를 이끌어 가시겠다는 구속사의 출발선을 이 언약에서 밝히십니다.

둘째, 무지개는 언약의 표징입니다 (9:12-16)

"내가 내 무지개를 구름 속에 두었나니 이것이 나와 땅 사이의 언약의 증거니라." (9:13)

하나님은 눈에 보이는 언약의 표징으로 무지개를 주십니다. 이때 사용된 히브리어 **'케셰트'(קֶשֶׁת)** 전쟁용 활(bow)을 뜻하는 단어입니다. 활의 형태처럼 하늘에 걸리는 무지개는, 더 이상 하나님이 인간을 향해 심판의 활시위를 당기지 않으시겠다는 상징적 표현입니다.

무지개는 자연현상이 아닙니다. 무지개는 언약의 상징입니다. 인간에게는 희망의 표징이고, 하나님께는 기억의 표징입니다. "무지개가 구름 사이에 있으리니 내가 보고 나와 땅 사이에 세운 영원한 언약을 기억하리라." (9:16)

하나님은 무지개를 보시고 직접 언약을 기억하신다고 말씀하십니다. 우리가 언약을 잊어도, 하나님은 잊지 않으시는 분입니다. 무지개는 우리의 눈에 보이도록 주신 하나님 마음의 언어입니다. 그 언약을 하나님이 먼저 기억하신다는 사실이 우리 신앙의 가장 깊은 안정을 줍니다.

노아와 그 후손들은 비가 오면 또 하나님이 세상을 물로 심판하는 것은 아닌가 두려웠을 것입니다. 그러나 곧 무지개가 뜨면, 하나님의 언약을 기억하고 감격이 몰려왔을 것입니다.

셋째, 언약은 구속사의 기초입니다 (9:17)

"하나님이 노아에게 또 이르시되 내가 나와 땅에 있는 모든 생물 사이에 세운 언약의 증거가 이것이라 하셨더라." (9:17)

노아 언약은 창세기에서 나타나는 첫 공식적인 언약입니다. 그러나 이 언약은 단절된 사건이 아닙니다. 하나님이 구속사를 이끌어 가시는 언약의 시작점입니다. 이후에 나타나는 아브라함 언약(창 12장), 모세 언약(출 19장), 다윗 언약(삼하 7장), 그리고 마침내 예수 그리스도 안에서 성취되는 새 언약(눅 22:20)은 모두 이 노아 언약에서 출발합니다.

아브라함 언약은 "하나님 백성의 형성"이고, 모세 언약은 "율법에 따른 관계 정립"이며, 다윗 언약은 "왕권과 메시아의 계승"이고, 새 언약은 "예수 그리스도를 통한 영원한 구속의 완성"입니다.

그리고 이 모든 언약의 시작이 바로 노아 언약입니다. 노아 언약은 공포 뒤에 베푸신 은혜, 혼돈 뒤에 주어진 평화, 죽음 뒤에 열어 주신 생명의 언약입니다.

결론:

사랑하는 성도 여러분!

무지개는 비가 내린 후에야 비로소 나타납니다. 심판 뒤에 하나님의 자비가 드러나는 것처럼 말입니다. 하나님은 우리가 보도록, 기억하도록, 믿도록 무지개를 두셨습니다. 하지만 더 놀라운 것은, 그 무지개를 하나님이 먼저 보시고, 하나님이 먼저 기억하신다는 것입니다. 그렇다면 우리에게는 두 가지 사명이 있습니다:

무지개를 보며 하나님의 자비를 잊지 말 것과 언약 백성으로서 그 신실하심에 합당하게 살아갈 것입니다. 하나님은 오늘도 우리 인생에 무지개를 걸고 계십니다. 고난 뒤에 소망의 언약을, 실수 뒤에 회복의 언약을, 눈물 뒤에 은혜의 언약을 걸고 계십니다.

무지개를 보셨습니까? 그렇다면, 하나님이 여전히 우리를 기억하고 계심을 믿으십시오. 그리고 오늘도 그 언약 아래, 하나님을 신뢰하며 살아가는 언약 백성 되시기를 주님의 이름으로 축복합니다.

드러내는 자인가 덮는 자인가?

말씀 창세기 9:18-29
요절 창세기 9:23

"셈과 야벳이 옷을 가져다가 자기들의 어깨에 메고 뒷걸음쳐
들어가서 그들의 아버지의 하체를 덮었으며 그들이 얼굴을
돌이키고 그들의 아버지의 하체를 보지 아니하였더라"

우리의 인생은 큰 은혜를 받은 이후에도 끝이 아닙니다. 오히려 그때부터 진짜 시험이 시작될 때가 많습니다. 홍수 심판 이후, 온 땅 위에 살아남은 유일한 가족이 있습니다. 바로 노아의 가정입니다. 하나님은 그들에게 새로운 기회를 주셨고, 언약까지 맺으셨습니다. 세상을 다시 시작할 수 있는 은혜를 주셨습니다.

하지만 오늘 본문은, 그 은혜의 현장 한복판에서 벌어진 부끄러운 사건을 이야기합니다. 하나님의 은혜를 받은 자가 무너졌고, 누군가는 그것을 조롱하고 퍼뜨렸으며, 누군가는 덮었습니다. 그리고 그 결과는 생각보다 엄중했습니다. 복과 저주가 갈라졌고, 그 후손까지 영향을 미치게 되었습니다.

오늘 본문은 우리에게 말합니다.

"하나님의 은혜를 받은 자여, 그 은혜를 어떻게 간직할 것인가?"

"다른 사람의 실수를 보았을 때, 당신은 덮는 자인가 드러내는 자인가?"

"당신의 태도는 다음 세대에 어떤 흔적을 남기고 있는가?"

이제 우리는 오늘 이 말씀을 통해 세 가지의 영적 교훈을 함께 살펴보려고 합니다. 하나님께서 이 본문을 통해 우리의 태도와 마음을 다시 세우시기를 축원합니다.

1. 은혜를 받은 자도 시험에 빠질 수 있다(창 9:18-21)

본문은 노아의 세 아들, 셈과 함과 야벳의 계보를 소개하며 시작합니다. 특별히 "함은 가나안의 아버지라"는 언급이 주목됩니다. 이는 이 사건이 단순한 가족 내 해프닝이 아니라 역사적이며 신학적인 함의를 지닌 복과 저주의 기점임을 암시하는 대목입니다.

19절은 노아의 아들들을 통해 세상의 모든 민족이 퍼졌다고 밝힙니다. 그런데 그 민족의 출발점에 놓인 것이 놀랍게도 노아의 실수입니다.

20절을 보십시오. "노아가 농사를 시작하여 포도나무를 심었더니…" 이것은 악한 일이 아닙니다. 하나님께서 주신 창조 사명의 회복이라 할 수 있습니다. 그러나 문제는 21절입니다. "포도주를 마시고 취하여 그 장막 안에서 벌거벗은지라" 하나님께 은혜를 입고 새로운 땅에서 포도원을 가꾸던 노아가, 술에 취해 옷을 벗고 잠든 모습은 믿기 힘든 반전입니다. 그는 하나님의 명령을 따라 방주를 만들고, 믿음으로 심판을 통과했던 "의인이요 당대에 완전한 자"(창 6:9)였습니다. 그러나 지금은 스스로 수치를 드러낸 상태입니다.

노아의 실수는 우리에게 중요한 사실을 가르칩니다. 바로 "아무리 신실한 자라도, 은혜를 입은 자라도, 시험과 실수에서 완전히 자유로울 수 없다"는 것입니다. 노아는 하나님이 직접 선택하신 사람이었습니다. 그는 수십 년 동안 방주를 만들며 세상과 대적했던 믿음의 거장이었습니다. 그럼에도 불구하고 그 은혜의 끝자락에서 실수했습니다. 무엇을 말합니까?

은혜를 받았다고 해서 방심해서는 안 된다는 것입니다. 시험은 항상 우리가 생각하지 못한 순간에 찾아옵니다. 그리고 때로는 가장 큰 승리 후에 가장 치명적인 실패가 올 수 있습니다.

모세는 물에서 백성을 구했지만 분노로 가나안에 들어가지 못했습니다. 다윗은 전쟁에선 승리했지만 한가한 낮에 바세바를 보며 범죄했습니다. 엘리야는 갈멜산에서 불을 내렸지만, 그 직후 로뎀나무 아래서 절망했습니다.

왜 그렇습니까?

시험은 우리가 힘들고 연약할 때만 오는 것이 아니라, 오히려 교만해질 때, 느슨해졌을 때, 자신이 은혜 입었다고 안심할 때 더 강하게 옵니다.

여러분은 은혜의 순간 이후, 신앙의 경계선을 느슨히 하고 있지는 않습니까?

하나님께 쓰임받은 후에도 기도와 말씀을 게을리하진 않습니까?

"나는 이제 괜찮다", "이 정도면 신앙생활 잘한 거지"라고 자만하고 있지 않습니까?

은혜는 종착점이 아니라 출발점입니다. 방주는 도착점이 아니라 새로운 광야의 시작이었습니다.

제가 대학 시절 성경 공부할 때 스승 목사님이 늘 이런 말씀을 하셨습니다.

"마귀는 우리가 은혜를 받을 때 포기하지 않는다. 오히려 더 집요하게 우리를 무너뜨릴 타이밍을 노린다. 마귀는 우리가 축복받을 때 넘어뜨리면, 그 사람만이 아니라 그의 영향력까지 망가뜨릴 수 있음을 잘 안다."

성도 여러분, 노아의 실수는 단지 취중 해프닝이 아니라, 우리 모두에게 주는 경고장입니다. 하나님이 세우신 자도 무너질 수 있습니다. 그러므로 우리는 더더욱 자신을 돌아보며, 은혜 위에 은혜를 지켜야 합니다.

2. 타인의 수치를 대하는 태도가 나의 신앙 수준을 드러낸다 (9:22-23)

노아가 장막 안에서 술에 취해 벌거벗은 모습을 보였을 때, 세 아들 중 한 명인 함이 그것을 먼저 목격합니다. 그리고 성경은 짧지만 무거운 기록을 남깁니다.

"가나안의 아비 함이 그의 아버지의 하체를 보고, 밖으로 나가서 그의 두 형제에게 알림이라." (9:22)

이 짧은 한 구절에는 죄된 인간의 본성과 신앙의 진짜 모습이 드러나는 장면이 함축되어 있습니다.

"하체를 보았다" - 단순한 우연이 아니다.

성경이 말하는 "하체를 보았다"는 표현은 부끄러움을 바라보았다는 표현입니다. 구약에서 하체를 본다는 것은 성적인 수치나 가족의 수치를 드러낼 때 쓰이는 표현입니다(레 18장). 함은 아버지의 수치를 보았고, 그 수치를 자신의 눈에 담아 밖으로 나가 형제들에게 조롱조로 알렸습니다. 그가 해야 할 일은 '눈을 돌리고 덮어주는 것'이었습니다. 하지만 그는 오히려 형제들에게 퍼뜨리고, 드러내는 쪽을 선택했습니다. 다른 사람의 실수와 수치를 '재미'나 '비난의 소스'로 활용하는 태도는 성경에서 심각한 죄로 간주됩니다.

이처럼, 함의 태도는 경건한 자녀의 모습이 아니라, 조롱하는 자의 태도였습니다. 비판하고, 조롱하고, 타인의 약점을 즐기며 말하는 것은 하나님 앞에서 불경한 행위입니다.

셈과 야벳 - 덮는 자의 존귀함

반대로 셈과 야벳의 반응을 보십시오. "셈과 야벳이 옷을 가져다가 자기들의 어깨에 메고 뒷걸음쳐 들어가서 아버지의 하체를 덮었으며 그들이 얼굴을 돌리고 아버지의 하체를 보지 아니하였더라."(9:23)

이 장면은 참으로 경건하고도 귀한 모습입니다. 그들은 수치를 피하기 위해 고개를 돌렸고, 그 수치를 덮기 위해 어깨에 옷을 메고 뒷걸음질로 걸어갔습니다. 그리고 무엇보다, 수치 자체를 '보지 않으려는' 태도가 분명히 드러납니다. 이는 곧 하나님이 기뻐하시는 자녀의 모습입니다. 사람은 누구나 실수할 수 있고, 넘어질 수 있습니다. 하지만 누군가의 수치를 바라보는 나의 태도야말로 하나님께서 지금 평가하시는 나의 신앙입니다.

성경은 타인의 죄를 드러내는 자와, 덮어주는 자의 삶을 극명하게 구분합니다.

잠언 10:12 "미움은 다툼을 일으켜도, 사랑은 모든 허물을 가리우느니라"

갈라디아서 6:1 "형제들아 사람이 무슨 범죄한 일이 드러나거든, 신령한 너희는 온유한 심령으로 그러한 자를 바로잡고 너 자신도 살피라."

베드로전서 4:8 "무엇보다도 열심히 서로 사랑할지니, 사랑은 허다한 죄를 덮느니라."

하나님의 자녀는 진리를 왜곡하지 않으면서도, 다른 사람의 죄와 실수 앞에서 긍휼과 은혜의 시선으로 바라보는 자들입니다. 하나님께서는 진실을 말하되, 덮을 줄 아는 자를 기뻐하십니다.

나는 다른 사람의 실수를 보았을 때 어떤 반응을 보이는가? 비판하고, 비웃고, 다른 사람에게 말하는가? 아니면 조용히 기도하고, 덮어주는 자가 되는가? 우리 가정에서, 교회에서, 일터에서 누군가의 약점을 어떻게 대하고 있는가? 나의 말과 태도는 하나님의 성품을 반영하고 있는가, 아니면 함의 태도를 닮아가고 있는가?

어떤 집사님이 교회 안에서 큰 실수를 하여 많은 사람의 오해를 샀습니다. 그 이야기를 듣고, 몇몇 교인들은 뒤에서 수군거리며 말했습니다. 그런데 그때 한 권사님이 조용히 말했습니다. "그 사람은 내가 20년 동안 함께 기도해 온 사람이에요. 우리가 사랑하면, 덮어야지요. 드러내면 그 영혼은 다시 교회에 못 옵니다." 그 권사님의 한마디에 모든 수군거림이 멈췄고, 그 집사님은 다시 회복되었고, 지금은 교회에서 충성된 일군으로 잘 섬기고 있습니다.

사랑하는 성도 여러분!

타인의 수치를 드러낸 함은 자기 후손 가나안까지 저주받았습니다. 그러나 수치를 덮은 셈과 야벳은 하나님의 복을 받았습니다. 하나님의 사람은 진리로 바로 서되, 사랑으로 허물을 덮는 자입니다. 지금 내가 서 있는 자리에서, 타인의 실수 앞에 하나님의 마음으로 반응할 수 있는 자가 되시길 축복합니다.

3. 축복과 저주는 '태도'에서 시작된다(24-29)

24절부터 27절은, 노아가 깨어나 함의 행동을 알고 그에 대한 반응을 보이는 장면입니다. "노아가 술이 깨어 그의 작은아들이 자기에게 행한 일을 알고 이에 말하여 이르되 가나안은 저주를 받아 그의 형제의 종들의 종이 되기를 원하노라." (24-25절)

이 선언은 단순한 '노인의 화풀이'가 아닙니다. 성경은 선지자들을 통해 하나님의 뜻을 대언하게 하시는데, 여기서도 노아는 함의 불경한 태도를 보며, 하나님께서 역사 가운데 이루실 일을 예언적으로 선포하고 있습니다. 놀라운 점은, 저주는 함이 아니라 그의 아들 가나안에게 선포되었다는 것입니다. 왜 직접적으로 함을 꾸짖지 않고, 가나안에게 저주가 돌아갔을까요?

한 사람의 죄는 다음 세대에 영향을 미친다

고대 세계관에서는, 한 사람의 죄와 태도가 그 가문 전체의 운명을 규정하는 경우가 많았습니다. 하나님은 불공평하게 함의 아들을 저주하신 것이 아닙니다. 이는 함의 불경건함과 조롱의 태도가 그의 후손에게까지 이어질 것임을 통찰한 영적 선포입니다. 역사적으로도 이것은 사실로 드러났습니다. 가나안의 후손은 죄악이 가득하여 결국 이스라엘에게 쫓겨나는 민족, 하나님의 심판을 받는 민족이 됩니다(레위기 18장, 여호수아 10장 등 참조). 결국, 함의 태도는 가나안 족속의 영적 정체성을 예시하는 "죄의 유전적 흐름"이 되었던 것입니다.

반대로, 축복은 경건한 태도 위에 세워진다

노아는 셈과 야벳에게는 이렇게 선포합니다. "셈의 하나님 여호와를 찬송하리로다. 가나안은 셈의 종이 되고, 하나님이 야벳을 창대하게 하사 셈의 장막에 거하게 하시고 가나안은 그의 종이 되게 하시기를 원하노라." (26-27절)

이 말씀 속에는 세 가지 예언적 복이 담겨 있습니다:

첫째, 셈의 계보에서 하나님의 언약이 이어진다는 것입니다.

셈 → 아브라함 → 이삭 → 야곱 → 다윗 → 예수 그리스도로 이어집니다. 셈의 후손은 하나님의 장막(임재) 안에 거하는 복을 누립니다.

둘째, 야벳은 창대하게 되며 셈의 장막에 거하게 됩니다.

이는 장차 이방인들이 복음 안에서 유대인의 축복에 참여하게 될 것을 예표합니다. 바울은 로마서 11장에서 이방인들이 접붙임 받아 함께 구원을 얻는 것을 설명합니다.

셋째, 가나안은 종이 됩니다.

죄악의 계보는 심판을 받게 됩니다. 이 저주는 단순한 인종주의적 해석이 아니라, 죄된 문화에 대한 하나님의 영적 심판입니다.

여기서 중요한 핵심은 이것입니다. '하나님은 신앙의 유산은 복으로 이어가시고, 죄의 유산은 심판으로 다스리신다.' 복과 저주는 어디에서 시작되었습니까? 행위의 크기나 결과가 아니라, '태도'에서 시작된 것입니다. 함은 조롱의 태도로, 셈과 야벳은 경외와 존중의 태도로 반응했습니다. 그리하여 결과는 완전히 달라졌습니다.

나의 평소 말투와 태도는 하나님의 복이 임할 수 있는 그릇인가, 아니면 저주가 흘러갈 만한 통로인가? 우리 자녀들은 나의 삶에서 어떤 영적 태도를 보고 배우고 있는가? 나는 복의 통로가 되는 셈인가? 아니면 비판과 조롱으로 저주의 유산을 남기는 함인가?

어느 성도님이 자신의 아버지를 이렇게 회상했습니다. "우리 아버지는 가난했고, 배운 것도 없었습니다. 그런데 항상 말끝마다 '감사합니다', '괜찮다', '다 하나님의 은혜지' 하셨습니다. 나는 그 아버지를 보며 부자가 되는 법은 몰랐지만, 복 있는 사람의 언어와 태도는 배웠습니다. 지금 내가 목회자로 살아갈 수 있는 건, 그 경건한 태도의 유산 때문입니다."

태도는 말보다 강한 유산입니다. 여러분은 어떤 태도를, 어떤 복을 후손에게 남기고 계십니까? 하나님은 우리의 말보다 우리의 삶의 태도, 우리의 봉사보다 우리의 마음의 방향을 보고 계십니다. 노아의 세 아들을 통해 하나님은 복과 저주의 분기점을 보여주셨습니다. "하나님의 복은 하나님을 경외하는 자에게 흐르고, 하나님의 저주는 하나님을 조롱하고 가볍게 여기는 태도에서 시작된다." 우리 모두는 셈과 야벳처럼, 타인의 수치를 덮을 줄 알고, 하나님 앞에서 경건하게 서는 복의 통로가 되기를 소망합니다.

사랑하는 성도 여러분!

오늘 우리는 홍수 이후의 새로운 세상에서 벌어진 한 사건, 노아의 실수와 아들들의 반응, 그리고 하나님 앞에서 복과 저주가 갈라지는 장면을 함께 살펴보았습니다. 노아는 하나님의 은혜로 구원을 받은 사람이었지만, 은혜의 끝자락에서 방심하여 실수를 범했습니다. 그리고 그 실수를 어떻게 대하느냐에 따라 그 자녀들의 운명이 갈렸습니다. 함은 아버지의 수치를 조롱했고, 셈과 야벳은 그 수치를 덮었습니다. 그 결과, 가나안은 저주를 받았고, 셈과 야벳은 축복을 받았습니다. 하나님은 우리의 업적이나 환경보다, 마음의 태도와 중심을 보시는 분이십니다.

오늘 본문은 우리에게 이렇게 질문합니다.

"너는 은혜 받은 자로서 지금도 깨어 있는가?"

"다른 사람의 약점 앞에서 어떤 태도를 취하고 있는가?"

"너의 언어와 태도는 복을 흐르게 하는 통로인가, 아니면 상처와 저주의 씨앗인가?"

복은 탁월한 능력에서 시작되지 않습니다. 복은 하나님을 경외하는 내면의 태도에서 시작됩니다. 저주도 마찬가지입니다. 그 뿌리는 하나님을 가볍게 여기고, 사람을 비웃는 태도에서 시작됩니다.

오늘, 우리의 입술과 태도를 점검합시다. 은혜 이후의 삶 속에서도 경건함을 끝까지 지키는 사람이 됩시다. 누군가의 실수 앞에서 드러내는 함이 아니라, 덮는 셈과 야벳의 태도를 선택합시다. 그리고 우리의 삶이 다음 세대에게까지 복이 흐르게 하는 믿음의 통로가 되시기를 주님의 이름으로 축원합니다.

열방의 족보, 구속의 지도를 펼치다

말씀 창세기 10장 1-32절, 11장10-26절
요절 창세기 10:32

“이들은 나라대로 나뉘었더라.”

성경을 읽다 보면, 우리 눈에 낯설게 느껴지는 장면이 있습니다. 바로 '족보'입니다. 이름의 나열, 수많은 민족, 낯선 지명과 사람들…, 창세기 10장과 11장도 마찬가지입니다. 노아 이후 아들들로부터 민족이 퍼져 나가고, 언어와 지리, 나라가 나뉘는 장면입니다. 그런데 이 족보는 단순한 기록이 아닙니다. 이는 하나님께서 인류를 어떻게 이끌어 가시는지를 보여주는 '구속의 지도'입니다.

우리는 오늘 이 말씀을 통해, 왜 민족이 나뉘게 되었는지, 왜 인간의 수명이 줄어들게 되었는지, 하나님께서 왜 그 흩어진 열방을 다시 부르시는지 살펴보려고 합니다.

현대 인류학, 유전학, 지질학, 언어학은 우리에게 말합니다. “인류는 한 조상에게서 나왔다.”, “언어는 하나의 뿌리에서 갈라졌다.” “지형과 대륙은 한 덩어리에서 나뉘었다.”

놀랍게도 성경은 이미 창세기 10장과 11장에서 이 모든 사실을 요약하고 있었던 것입니다. 인류가 시작된 자리, 민족이 갈라진 이유, 열방이 향한 하나님의 계획이 바로 이 족보 안에 담겨 있습니다.

여러분, 세상은 점점 더 분열되고 민족 간의 경계는 높아지고 있지만, 하나님은 지금도 열방을 향한 당신의 구속 손길을 멈추지 않고 계십니다.

오늘 우리는 이 족보를 통해 과거를 기억하고, 현재를 깨닫고, 미래를 준비하는 은혜의 설계도를 함께 펼쳐보려 합니다.

1. 모든 인류는 한 조상에게서 나왔다

창세기 10장은 이렇게 시작합니다. "노아의 아들 셈과 함과 야벳의 족보는 이러하니라. 홍수 후에 그들이 아들들을 낳았더라." (창 10:1)

또한 창세기 9장 19절에는 이렇게 말씀합니다. "이들은 노아의 아들들인데 이들로부터 사람들이 온 땅에 퍼지니라."

이 두 절만 보아도 분명한 사실이 드러납니다. 오늘날 우리가 보는 모든 민족과 인종, 나라와 언어는 한 가정, 즉 노아의 가족으로부터 시작되었다는 것입니다. 성경은 인류의 기원을 그렇게 선포합니다. 그리고 현대 과학과 유전학은 그 놀라운 성경의 선언을 뒷받침하기 시작했습니다.

현대 언어학은 수천 개의 언어를 계통학적 분류(tree classification)로 분석하며, 이들이 공통 조상 언어들로부터 갈라졌다고 주장합니다. 대표적 어족으로, 인도-유럽어족(Europe, Central Asia, India) 아프로-아시아어족(북아프리카, 중동) 세미틱어군(히브리어, 아랍어) 우랄-알타이어족, 시노-티베트어족, 아메리카 원주민어족 등입니다. 학계는 실제로 '원시 공통어(proto-language)'의 존재 가능성을 인정하며, 이는 창세기 11장의 말씀, 하나의 언어로 시작하여 흩어졌다는 기록과 상응합니다.

오늘날 인류 유전학은 다음과 같은 결론을 제시하고 있습니다:

"Y염색체 아담": 전 세계 모든 남성의 Y염색체는 약 5천~1만 년 전의 공통된 한 남성에게서 유래합니다.

"미토콘드리아 이브": 전 인류의 미토콘드리아 DNA는 한 여성의 후손으로부터 내려왔다는 사실이 밝혀졌습니다.

물론 그들의 삶의 시기와 장소를 성경의 아담과 하와와 일치시키기는 어렵지만, 이 과학적 사실은 분명히 말합니다. "모든 인류는 한 혈통에서 나왔다." 이는 성경이 수천 년 전부터 증언해 온 인류의 기원과 정확히 일치하는 진리입니다.

사도 바울도 아레오바고에서 이 사실을 선포합니다. "인류의 모든 족속을 한 혈통으로 만드사…" (행 17:26)

오늘 우리는 다양한 피부색, 문화, 언어, 제도 속에 살고 있습니다. 하지만 하나님께서는 인류를 하나의 가족, 하나의 뿌리에서 나게 하셨습니다. 흑인, 백인, 황인, 혼혈인—all from one man. 유럽, 아시아, 아프리카—all from one family. 동양 문화, 서양 문명—all from one covenantal design.

하나님께서 다양한 민족과 문화, 언어를 허락하신 것은 분열이 아니라 다양성의 아름다움과 하나님의 주권을 드러내기 위함이었습니다. 하지만 죄는 그 다양성을 서로를 향한 차별과 경멸, 분리와 혐오의 근거로 바꾸어 버렸습니다. 그 결과 인종차별, 문화 우월주의, 민족 중심주의가 인류 역사 속에 깊이 뿌리박히게 된 것입니다.

하나님께서 바라보시는 인류는 '다름'이 아니라 '같음'에 초점이 맞추어져 있습니다. 하나님은 유대인만의 하나님이 아니십니다. 하나님은 백인이나 서양의 하나님이 아니십니다. 하나님은 아브라함을 택하셨지만, 모든 민족이 복을 받기 위한 통로로 그를 사용하셨습니다(창 12:3).

하나님은 지금도 말씀하십니다. "너희는 모두 나의 형상으로 지음 받았다. 너희는 하나의 피, 하나의 족보, 하나의 계획 안에서 태어난 존재다."

한 유대인과 한 아프리카계 미국인이 예루살렘에서 같은 교회에 다니게 되었습니다. 어느 날 유대인이 말했습니다. "우리는 아브라함의 혈통이오." 그때 흑인 형제가 웃으며 이렇게 대답했습니다. "저도 그렇습니다. 피는 다를지 몰라도, 믿음으로 나는 아브라함의 후손입니다." (갈라디아서 3:29)

그렇습니다, 여러분, 우리는 혈연이 아니라 믿음으로 하나님의 가족이 되었고, 그리스도의 피로 묶인 새로운 '영적 족보' 안에 들어온 사람들입니다.

사랑하는 성도 여러분, 인류는 하나입니다. 우리는 노아의 후손이며, 더 나아가 예수 그리스도의 피로 묶인 하나님의 백성입니다. 창세기 10장은 수많은 이름과 민족으로 나뉘어 보이지만, 그 뿌리는 단 하나, 하나님의 구속 계획 속에서 시작된 인류의 한 가족입니다. 이 믿음으로, 세상을 분열로 보는 것이 아니라, 복음의 회복 대상자로 바라보는 하나님의 눈을 회복하기를 축복합니다.

2. 하나님은 민족과 언어를 통해 계획하신다

창세기 10장은 '민족의 족보'로 불리는 매우 독특한 장입니다. 하나님께서 노아의 세 아들(셈, 함, 야벳) 자손들을 각기 다른 방향으로 흩으셨습니다. 그리고 그들의 이름은 언어, 지리, 민족, 나라로 구체화되어 나타납니다.

야벳의 자손은 주로 유럽과 북방 민족들(창 10:2-5), 함의 자손은 주로 아프리카와 고대 근동, 바벨탑 중심 세력(창 10:6-20), 셈의 자손은 히브리 민족의 조상, 메소포타미아 및 중동(창 10:21-31)으로 퍼집니다.

이 족보는 단지 출신과 분포를 나열한 것이 아니라, 하나님의 섭리 아래 모든 민족이 어디에서 왔고, 어디로 향하는지를 보여주는 지형도입니다.

민족의 다양성은 하나님의 주권적 섭리입니다

"그들에게서 여러 나라 백성이 나뉘어 나왔으니, 각기 언어와 족속과 나라대로"(창 10:5, 20, 31 요약) 성경은 여기서 세 차례에 걸쳐 다음과 같은 구조를 반복합니다.

야벳의 자손 - "그 땅의 족속과 언어와 나라대로 나뉘었더라"(10:5)

함의 자손 - "족속과 언어와 지방과 나라대로"(10:20)

셈의 자손 - "그 족속과 언어와 지방과 나라대로"(10:31)

이 반복은 단순한 정보 전달이 아니라, 하나님께서 언어, 민족, 지리의 다양성을 직접 허락하셨고, 그 다양성을 통해 구속사의 퍼즐을 맞추고 계심을 보여줍니다. 우리는 인간의 다양성을 혼란으로 보지만, 하나님은 다양성을 통해 자신의 계획을 펼치십니다.

바벨 사건과 벨렉 시대의 분기점

창세기 11장은 바벨탑 사건을 통해 언어가 혼잡하게 되고 민족이 흩어지는 원인을 설명합니다. 이후 11장 10절부터 나오는 셈의 족보는 그 흐름을 이어받습니다. 그러나 눈여겨볼 중요한 단서가 창세기 10장 25절에 등장합니다. "에벨은 두 아들을 낳고 하나의 이름은 벨렉이라 하였으니, 그 때에 세상이 나뉘었더라." 여기서 '세상이 나뉘었다'는 말은 히브리어로 **리플레아** נִפְלְגָה (niflegah), '갈라졌다', '분열되었다'는 의미입니다. 두 가지 해석이 가능합니다.

첫째, 언어와 민족의 분산입니다. 바벨탑 사건 이후 민족이 갈라지고 언어가 달라진 시기입니다. 이는 창세기 11장 1절에서 "언어가 하나였다"가 9절에서는 "여호와께서 거기서 그들을 온 지면에 흩으셨다"는 흐름과 정확히 일치합니다.

둘째, 지질학적 대륙 이동 가능성입니다. 창조과학 진영 일부는 이 시기를 판게아(Pangaea) 대륙이 갈라진 때로 추정합니다. 창세기 홍수 이후, 지질판의 급격한 이동과 해양 분리 현상이 있었을 수 있으며, 벨렉 시대는 그것이 표면적으로 드러나 인류의 분산과 문명 분화를 촉진했을 가능성이 있습니다.

이 두 해석이 모두 말해주는 중요한 메시지는 이것입니다. "인간은 하나님을 떠나 뭉치려 했지만, 하나님은 그들을 흩으심으로 더 큰 계획을 이루셨다."

벨렉 이후, 인간 수명의 급감 현상

창세기 11장 10절부터 등장하는 셈의 족보를 보면 눈에 띄는 특징이 있습니다. 홍수를 전후로 400세대로 나이가 줄고, 다시 벨렉 이후 자손들의 수명이 200세대로 급격히 짧아집니다. 무엇이 이 수명 감소를 가져왔을까요? 노아 홍수 이후 생태계 변화, 기후, 자외선, 식생 환경, 유전자 돌연변이 증가를 가져왔을 것입니다. 영적 타락과 문명화의 진전, 바벨탑 사건, 우상 숭배, 자율화된 도시 문명의 출현 등이 영향을 미쳤다는 것입니다.

이는 하나님의 경고 실현입니다. 아담의 타락 이후 저주받은 땅과 그 땅에서 살아가는 인간의 모습을 보여줍니다. 해석에 대한 이견이 있지만, 창 6:3 "그의 날은 120년이 되리라"는 말씀의 점진적 실현입니다. 이것은 육체의 생명이 단축되었을 뿐 아니라, 인간이 하나님과 멀어지며 영적 생명도 쇠퇴하고 있었다는 상징적 흐름입니다.

사랑하는 성도 여러분, 하나님은 언어를 흩으셨지만, 복음을 통하여 열방을 다시 하나 되게 하시는 분이십니다. 그 하나님께서 우리에게 분산된 민족들을 향한 회복의 사명을 맡기셨습니다. 오늘 우리는 벨렉 시대처럼 나뉜 세상 속에 살고 있습니다. 그러나 믿음의 사람은 그 분열의 한가운데서 하나님의 뜻을 따라 통합을 이루고, 생명의 길을 지키며, 복음을 들고 열방을 향해 나아가는 자가 되어야 할 줄로 믿습니다.

3. 하나님의 구속은 열방을 향한다

창세기 10장과 11장은 족보와 민족, 언어의 분산이라는 복잡한 주제로 가득 차 있지만, 그 모든 흐름은 한 사람을 향해 수렴되어 갑니다. "데라는 아브람과 나홀과 하란을 낳았더라." (창 11:26) 모든 이름이 흩어지던 그 족보의 흐름이 하나님께서 직접 부르시는 '아브람'이라는 이름 앞에서 멈추고 초점이 맞추어지는 것입니다.

족보의 끝은 구속사의 시작입니다

하나님은 아브라함을 부르시며 새로운 약속을 주십니다. "내가 너로 큰 민족을 이루고, 너를 축복하여 네 이름을 창대하게 하리니…; 땅의 모든 족속이 너로 말미암아 복을 얻을 것이라." (창 12:2-3)

이 말씀은 놀랍습니다. 분열되고 흩어진 족속들, 언어가 갈라지고 민족이 대립하던 그 와중에, 하나님은 "그들을 다시 복되게 하실 계획"을 아브라함을 통해 시작하십니다. 즉, 족보는 단절이 아니라 복음의 경로를 열기 위한 길입니다.

아브라함의 족보를 통해 메시아가 나시고, 그리스도를 통해 모든 민족이 다시 하나가 되는 구속의 반전이 시작되는 것입니다.

바벨에서 나뉘어진 언어는 오순절에서 하나 됨으로 회복됩니다

바벨탑 사건은 언어의 분열이었습니다. 인간의 교만이 하나로 뭉치려 하자, 하나님은 언어를 혼잡하게 하셔서 그들을 흩으셨습니다. 그러나 신약에 이르러 오순절 성령 강림 사건은 그 반대의 일을 보여줍니다. "우리가 다 우리의 언어로 하나님의 큰 일을 말함을 듣는

도다.”(행 2:11) 성령이 임하시자, 갈라졌던 언어가 다시 복음을 통해 하나로 연결되었습니다. 바벨에서 끊어진 소통은, 오순절에서 복음으로 다시 연결된 것입니다. 이는 단순한 언어의 기적이 아니라, 하나님의 구속이 다시 열방을 향하고 있다는 증거입니다.

하나님은 지금도 열방을 향한 복음을 이끄십니다

계시록 7장 9절은 구속의 끝이 어디를 향해 가는지를 보여줍니다. “각 나라와 족속과 백성과 방언에서 아무도 능히 셀 수 없는 큰 무리가… 보좌 앞과 어린 양 앞에 서서…” 하나님은 단 한 민족이 아니라 모든 족속과 언어와 나라를 구원하시려는 계획을 갖고 계셨고, 그 시작이 아브라함, 그 중심이 예수 그리스도, 그 확장이 성령 강림과 세계 선교, 그 완성이 바로 하늘 보좌 앞의 열방 예배인 것입니다.

사랑하는 성도 여러분, 창세기 10장과 11장의 족보는 단순한 역사적 기록이 아닙니다. 하나님의 구속이 열방을 향해 어떻게 흘러가는지를 보여주는 은혜의 계보입니다.

오늘도 하나님은 “이 족보를 따라, 이 언어를 넘어서, 이 세대를 지나, 복음이 너에게서 흘러가기를 원하신다”고 말씀하십니다. 우리가 오늘 그 부르심에 반응한다면, 하나님은 우리의 삶을 통해 다시 민족과 세대를 살리는 통로로 삼아주실 줄로 믿습니다.

사랑하는 성도 여러분!

오늘 우리는 창세기 10장과 11장의 족보를 살펴보았습니다. 수많은 이름, 낯선 민족들, 복잡한 분산의 기록처럼 보이지만, 사실은 그 안에 놀라운 구속사의 그림이 숨겨져 있었습니다. 모든 민족이 한 사람, 노아로부터 나왔습니다. 하나님은 각 민족과 언어 속에서도 자신의 섭리를 심으셨습니다. 결국 아브라함을 통해 열방을 구속하시는 계획을 드러내셨습니다. 그리고 그 계보의 완성은 예수 그리스도와 그 복음을 믿는 우리에게로 이어졌습니다.

우리는 단지 어떤 민족에 속한 존재가 아닙니다. 우리는 복음의 계보 위에 선 사람들입니다.우리는 바벨의 혼란이 아니라, 오순절의 회복을 살아가는 백성입니다. 우리는 지리적 족보를 넘어, 믿음의 족보에 기록된 자들입니다. 오늘, 나의 이름은 어떤 족보에 기록되고 있습니까?

성경의 족보는 단지 출생의 순서를 기록하는 것이 아니라, 믿음의 계보를 전승하는 사명의 기록입니다. 하나님은 지금도 찾고 계십니다. 민족의 경계를 넘어 복음을 들고 나아갈 자를, 아브라함처럼 순종의 길을 걷는 자를, 자녀들에게 하나님을 계승할 다음 세대의 '믿음의 부모'를, 도시 속에서 선교의 시야를 품은 교회를. 그 자리에 내가, 우리 교회가, 우리의 가정이 쓰임받기를 축원합니다.

무너진 바벨탑

말씀 창세기 11:1-9
요절 창세기 11:9

"그러므로 그 이름을 바벨이라 하니 이는 여호와께서
거기서 온 땅의 언어를 혼잡하게 하셨음이라 여호와께서
거기서 그들을 온 지면에 흩으셨더라"

사랑하는 성도 여러분,

우리는 창세기 11장에 기록된 바벨탑 사건을 통해 또 한 번 반복되는 인간의 교만과 하나님의 간섭을 깊이 묵상하게 됩니다.

하나님은 창세기 6장에서 인간의 죄악이 세상에 가득함을 보시고 홍수로 온 땅을 심판하셨습니다. 그러나 노아와 그의 가족에게 은혜를 베푸시고 방주로 구원하신 후, 무지개 언약을 주시며 다시는 물로 세상을 멸하지 않겠다고 약속하셨습니다. 이는 단순한 자연의 징표가 아니라, 인간의 죄악을 오래 참으시며 자비와 회복의 길을 여시는 하나님 사랑의 언약이었습니다.

그런데 문제는 그 언약 이후에도 인간은 여전히 변하지 않았다는 것입니다. 하나님은 "생육하고 번성하여 땅에 충만하라"는 명령을 다시 주셨지만, 사람들은 그 말씀에 순종하기보다는 다시 자신들의 욕망을 중심으로 모이기 시작했습니다.

그리고 마침내, 시날 평지에서 그들은 이렇게 말했습니다.

"자, 우리가 성과 탑을 쌓아 하늘에 닿게 하고, 우리 이름을 내고 온 지면에 흩어짐을 면하자."

바로 이것이 바벨탑의 시작이었습니다. 하나님의 뜻을 따르기보다 자기 이름을 내고자 했던 인간의 교만과 자아중심성, 하나님을 의지하기보다 스스로 하나님이 되고자 했던 영적 반역이 다시 한번 역사의 전면에 등장한 것입니다. 하나님은 이 교만한 연합을 보시고 다시 '내려오셔서' 언어를 혼잡하게 하시고, 사람들을 흩으셨습니다.

이것은 또 다른 형태의 심판이자, 하나님의 주권을 회복시키는 자비로운 개입이었습니다.

오늘 우리도 우리 삶의 자리에서 작은 바벨탑들을 쌓고 있지는 않습니까?

하나님 없이 나의 이름을 내고, 하나님 말씀보다는 나의 계획을 이루고자 하며, 하나님의 뜻 대신 내 성공과 안정만을 추구하고 있지 않습니까?

무너진 바벨탑은 단지 과거의 사건이 아닙니다.

그것은 오늘 우리 시대에 주시는 하나님의 경고이며, 하나님의 초청입니다.

하나님 없는 연합은 무너지고, 하나님 안에 다시 세워져야 할 때입니다.

오늘 이 말씀을 통해 우리 안의 바벨탑이 무너지고, 다시 하나님의 뜻 위에 서는 회복의 시간이 될 수 있기를 축원합니다.

1. 바벨탑의 의미

학교에서 외국어 시험을 치를 때나, 국제 사회에서 의사소통이 막힐 때 우리는 언어의 장벽이 얼마나 큰 혼란과 고립을 가져오는지를 실감합니다. 언어는 단순한 말이 아니라, 마음을 나누고 공동체를 이루는 삶의 통로입니다. 말이 통하지 않으면 사람 사이의 교감이 무너지고, 오해와 다툼이 생깁니다.

오늘날 우리는 말이 통하지 않아 싸우는 시대에 살고 있습니다. 가정에서도, 교회에서도, 사회에서도 언어는 같지만 뜻은 통하지 않고 마음은 나뉘어져 있습니다. 이처럼 인간의 분열과 단절의 뿌리는 어디서부터 시작되었을까요?

그 뿌리는 바로 바벨탑에서부터입니다. 하나님께서 인간의 언어를 혼잡하게 하신 것은 단순한 징벌이 아니라, 인간의 잘못된 중심을 꺾으시려는 하나님의 뜻이었습니다.

그렇다면 도대체 바벨탑은 무엇이었기에, 하나님께서 그렇게까지 개입하셔야 했을까요? 겉보기에는 단순한 건축물이지만, 그 안에는 깊은 영적 본질이 숨겨져 있습니다. 지금부터 우리는 바벨탑이 무엇을 상징하는지를 네 가지 측면에서 살펴보겠습니다.

우상의 신당

앗시리아의 옛 왕궁 터에서 고고학자들이 1850년대에 흙으로 만든 상형문자 점토판을 20만 개나 발견했습니다. 점토판 하나는 손바닥만 한 크기인데, 맨 마지막 줄에 쓴 문자를 다음 점토판의 맨 위에 반복해 적음으로써 마치 '페이지 번호'처럼 쉽게 찾을 수 있게 한 정교한 체계였습니다. 이 점토판들은 진흙을 구워 만든 후, 흙으로 된 케이스에 넣어 보관했고, 이 모든 것이 질서정연하게 왕의 도서관에 저장되어 있었습니다. 그중 많은 양이 지금도 런던 박물관에 보관되어 있습니다.

놀라운 것은 그 기록들 가운데 '바벨탑'에 관한 언급이 있다는 것입니다.

당시 바벨탑을 쌓기 위해 사용된 벽돌에는 바벨론의 신 '말둑'(또는 마르둑)의 형상이 새겨져 있었고, 탑의 꼭대기에는 말둑 신을 위한 신전이 마련되어 있었습니다. 그 안에는 침대 하나가 놓여 있었고, 밤마다 말둑 신과 교접한다고 여긴 여사제가 올라가 있었다고 합니다. 이것은 단순한 건축행위가 아니라, 신의 임재를 자처한 의식, 즉 의도적 우상숭배 행사였던 것입니다.

인간은 하나님을 대신할 '또 다른 신'을 세우고자 했습니다. 그것이 말둑이든 자신이든 간에 하나님 아닌 어떤 존재를 중심에 두고, 그를 높이고 섬기려 했다는 점에서 바벨탑은 영적 반역의 산물이었습니다. 겉으로는 화려하고 장엄한 문명처럼 보였지만, 속에는 하나님의 자리를 대신할 신전을 쌓고 있었던 것입니다.

오늘날도 이와 똑같은 일이 반복되고 있지는 않습니까? 많은 사람이 눈에 보이지는 않지만 마음속에 자신만의 '작은 바벨탑'과 '말둑 신전'을 쌓고 있습니다. 세상의 성공, 물질, 명예, 자기 자아, 심지어 종교적 행위조차도 하나님 중심이 아닌 나 중심, 우상 중심이 될 수 있습니다. 하나님은 십계명 첫 번째 계명에서 분명히 말씀하셨습니다.

"너는 나 외에는 다른 신들을 네게 두지 말라." (출애굽기 20:3)

우리는 무너진 바벨탑을 보며 물어야 합니다. "나는 지금 누구를 위해 인생의 탑을 쌓고 있는가?" 그 탑의 중심에는 하나님이 계십니까? 아니면 내가 만든 또 다른 '신'이 앉아 있습니까?

불순종의 탑

바벨탑은 단순한 건축행위가 아니라, 하나님께 대한 공개적인 반역이었습니다.

겉으로 보기에는 하나의 문명을 세우려는 시도처럼 보였지만, 그 중심에는 하나님으로부터의 독립 선언이 담겨 있었습니다.

하나님은 창조 때부터 인간에게 이렇게 명령하셨습니다.

"생육하고 번성하여 땅에 충만하라." (창세기 1:28)

그리고 홍수 심판 이후에도 같은 명령을 반복하셨습니다.

"너희는 생육하고 번성하며 땅에 가득하여 그 중에서 번성하라." (창세기 9:7)

이것은 단순히 인구 증가에 대한 명령이 아니라, 하나님의 형상을 담은 인간들이 온 땅을 다스리며, 하나님의 영광을 세상 가운데 드러내라는 사명이었습니다.

그러나 사람들은 이 명령을 거부합니다. 창세기 11장 4절에서 이렇게 말합니다.

"자, 성과 탑을 쌓아 그 꼭대기를 하늘에 닿게 하여 우리 이름을 내고 온 지면에 흩어짐을 면하자."

이 말은 곧 "하나님의 명령에는 따르지 않겠다"는 집단적 선언이었습니다. 그들은 하나님의 분산 명령 대신, 모여서 자기들끼리 하나 되려 했습니다. 그것은 곧 하나님의 뜻 대신 자기 뜻, 자기 계획, 자기 안전을 우선하겠다는 선택이었습니다. 이 바벨탑은 아담의 불순종 탑이요, 가인의 반역 탑입니다.

하나님의 말씀보다 자기 욕망을 따랐던 아담처럼, 하나님의 뜻보다 자기 분노와 성취욕을 앞세웠던 가인처럼, 이들은 하나님의 통치를 거부하고, 인간의 왕국을 세우려 했던 것입니다.

오늘날에도 우리는 여전히 바벨탑을 짓고 있습니다. 하나님께서 "나아가라" 하실 때 "여기 머물겠습니다" 하고, 하나님께서 "순종하라" 하실 때 "내 방식대로 하겠습니다"라고 말합니다. 교회 안에서도, 가정 안에서도, 내 삶의 영역 곳곳에서 하나님의 명령보다 내 안전, 내 계획, 내 생각을 우선할 때, 우리는 또 하나의 바벨탑을 쌓고 있는 것입니다.

사랑하는 성도 여러분,

불순종은 단순한 실수가 아니라 하나님을 거절하는 죄의 태도입니다. 하나님의 뜻이 불편하다고 느껴질 때, 우리는 선택의 갈림길에 서게 됩니다. 내 뜻대로 살 것인가, 하나님의 뜻에 순종할 것인가? 바벨탑이 무너진 이유는 단지 높이 쌓았기 때문이 아니라, 하나님의 말씀을 무시하고 자기 길을 고집했기 때문입니다. 오늘 우리 안에 있는 '작은 불순종의 탑'을 내려놓고, 하나님의 뜻 앞에 다시 엎드릴 수 있기를 소망합니다.

교만의 탑

바벨탑은 또한 인간의 교만이 집단적으로 표현된 상징적인 탑이었습니다. 그들이 성과 탑을 쌓은 목적이 무엇입니까? 창세기 11장 4

절은 이렇게 말합니다.

"자, 성과 탑을 쌓아 그 꼭대기를 하늘에 닿게 하여 우리 이름을 내고 온 지면에 흩어짐을 면하자."

하나님의 이름을 높이기보다 '우리 이름을 내자'고 외친 이 선언은 곧 자기 중심성의 극치였습니다. 그들은 하늘에 닿는 탑을 쌓아 하나님의 영역에 도달하겠다는 야망을 품었고, 자신들의 힘과 업적으로 영원한 이름을 남기겠다는 꿈에 사로잡혀 있었습니다. 이것은 단지 건축의 문제가 아니라, 하나님과 같은 존재가 되고자 했던 인간의 교만이었습니다.

에덴 동산에서 뱀이 하와에게 말했습니다. "너희가 그것을 먹는 날에는 너희 눈이 밝아져 하나님과 같이 되어 선악을 알 줄을 하나님이 아심이라." (창 3:5)

바벨 사람들도 같은 유혹에 빠졌습니다. 하나님의 이름이 아니라 자기 이름을 내고자 했고, 하나님의 뜻이 아니라 자기 뜻을 세우고자 했습니다. 이것은 곧 사단의 속성과 동일한 영적 본성입니다.

이사야 14장에서 사단의 실체로 이해되는 '바벨론 왕'은 이렇게 말합니다.

"내가 하늘에 올라 하나님의 묵은 별 위에 나의 보좌를 높이리라… 지극히 높은 자와 같아지리라." (사 14:13-14)

그러나 그 결과는 무엇입니까? "지옥, 곧 구덩이 맨 밑에 떨어졌도다." (사 14:15)

교만은 반드시 무너지게 되어 있습니다. 하나님은 잠언에서 말씀하십니다.

"교만은 패망의 선봉이요, 거만한 마음은 넘어짐의 앞잡이니라."

오늘날도 많은 사람이 '하늘에 닿는 탑'을 쌓고 있습니다. 높은 지위, 재산, 명예, 학벌, 인맥, SNS 팔로워 수…. 세상의 탑 위에 올라가 자신의 이름을 높이려 하지만, 그 탑은 결국 하나님 없는 교만의 탑, 무너질 운명의 탑입니다.

우리는 반드시 기억해야 합니다. 우리는 하나님의 이름을 위해 지음받은 존재이지, 내 이름을 드러내기 위해 살아가는 존재가 아닙니다. 주기도문에서도 예수님은 이렇게 기도하라고 가르치셨습니다.

"아버지의 이름이 거룩히 여김을 받으시오며" (마 6:9)

사랑하는 성도 여러분,

혹시 지금 나도 모르게 '내 이름을 내기 위한 삶'을 살고 있지는 않습니까? 내 자존심, 내 성취, 내 업적, 내 자아를 위해 살아가며 하나님의 자리를 대신 차지하려고 하지는 않습니까? 하나님은 높아지려는 자를 낮추시고, 자기를 낮추는 자를 높이십니다. (마 23:12) 진짜 복은 하늘에 닿는 높이가 아니라, 하나님 앞에 엎드리는 낮음 속에 있습니다.

오늘도 교만의 탑을 무너뜨리고, 겸손히 하나님을 경외하며 살아가는 은혜가 우리 모두에게 있기를 소망합니다.

인간 중심의 자아성

바벨탑을 쌓은 사람들은 단지 탑만 만든 것이 아니라, 그 주위에 성을 함께 쌓았습니다. 창세기 11장 4절은 이렇게 기록합니다.

"자, 우리가 성과 탑을 쌓아…"

성(城)은 본래 외부의 적으로부터 자신을 보호하기 위한 구조입니다. 그러나 당시 그들에게는 외적이 없었습니다. 그들은 모두 노아의 후손이었고, 서로 형제요 가족들이었습니다. 하나님께서 심판 이후 주신 무지개 언약은 평화와 보호의 약속이었습니다.

그런데도 그들은 마치 무언가를 두려워하듯, 마치 자신들을 지켜야만 하는 존재처럼 '가상의 적'을 설정하고 성을 쌓기 시작한 것입니다.

왜 그랬을까요? 그들은 하나님을 신뢰하지 않았기 때문입니다. 하나님의 약속보다 자기 방어 본능을 더 크게 여겼고, 하나님의 보호보다 자신의 성과 체계를 더 의지했던 것입니다.

이것이 바로 자기 중심의 성, 즉 자아의 성곽입니다. 자아의 성은 단단해 보입니다. 그러나 그 벽 안에는 두려움과 불신, 불안이 숨겨져 있습니다.

하나님을 향한 신뢰가 무너질 때, 사람은 본능적으로 자신을 보호하기 위해 사람을 경계하고, 공동체를 거부하며, 마음을 닫고, 삶을 통제하려고 합니다. 겉으로는 강해 보이지만, 실제로는 연약함과 공포에 사로잡혀 있는 것입니다.

오늘날 많은 현대인이 이처럼 보이지 않는 '자아의 성'을 쌓으며 살아갑니다. 관계를 단절하고, 자기만의 세계에 갇히고, 누구에게도 마음을 열지 않고, 심지어 하나님께조차 자기 속을 보여주지 않으려 합니다.

"나는 상처받기 싫어."

"나는 내 방식대로 살아야 해."

"나를 누구도 이해하지 못해."

이런 말들은 모두 자아 중심의 성에서 나오는 방어 기제입니다.

그 안에는 불안과 고립, 두려움과 의심이 숨어 있습니다.

그러나 주님은 우리가 그 성에서 나와, 하나님 앞에 마음을 열고, 신뢰로 살기를 원하십니다.

10편 18편 2절은 이렇게 고백합니다.

"여호와는 나의 반석이시요, 나의 요새시요, 나를 건지시는 이시요… 나의 피할 바위시오 방패시라."

진정한 안전은 내가 쌓은 성이 아니라, 하나님께 피하는 데 있습니다. 자아의 성을 헐고, 하나님의 품으로 나아갈 때 우리는 비로소 진정한 평안과 자유를 누릴 수 있습니다.

2. 하나님의 심판

하나님은 바벨탑을 보고 가만히 계시지 않으셨습니다. 하나님은 인간의 교만과 불순종을 결코 외면하지 않으십니다. 창세기 11장 5절은 이렇게 기록합니다.

"여호와께서 사람들이 건설하는 그 성과 탑을 보려고 내려오셨더니."

이 구절은 단순히 하나님께서 '살펴보셨다'는 말이 아닙니다. 하늘에 닿고자 했던 인간의 야망은 하나님께서 '내려오셔야 겨우 볼 수 있는 것'이었습니다. 인간은 높아졌다고 생각하지만, 하나님 앞에서는 여전히 작고 유한한 존재일 뿐입니다. 이 "내려오심"은 하나님의 능동적인 개입, 하나님의 주권적 심판, 그리고 죄에 대한 응답을 뜻합니다.

하나님은 죄를 눈감아주시는 분이 아닙니다. 하나님은 사랑의 하나님이시지만, 동시에 거룩과 공의를 따라 죄를 바로잡으시는 하나님이십니다. 그래서 하나님은 바벨탑을 향해 심판하시되, 그 심판 속에서도 다시 하나님의 뜻을 회복시키는 은혜의 손길을 베푸십니다.

하나님께서 내리신 심판은 두 가지 형태로 나타납니다.

언어의 혼잡 - 연합의 파괴

먼저, 하나님은 언어를 혼잡하게 하셨습니다. 7절을 보십시오.

"자, 우리가 내려가서 거기서 그들의 언어를 혼잡하게 하여 그들이 서로 알아듣지 못하게 하자."

이 심판은 단순히 말이 섞였다는 것이 아닙니다. 언어의 혼잡은 소통의 단절이며, 공동체의 해체이고, 하나 됨의 붕괴입니다. 말이 통하지 않으면 마음이 멀어지고, 마음이 멀어지면 공동체가 흩어지게 됩니다. 결국 서로 오해하고 충돌하며, 한 방향으로 나아갈 수 없게 됩니다.

이것은 단지 역사적 사건이 아니라, 오늘날 우리가 살아가는 현실 그 자체입니다. 가정에서, 교회에서, 사회에서, 심지어 같은 언어를 사용하는 공동체 안에서도 우리는 너무 자주 "말이 안 통한다"고 느낍니다. 부부 사이, 부모 자녀 간, 성도 간, 세대 간, 세상과 교회 간에 마음이 통하지 않고 언어가 부딪히는 현상이 벌어지고 있습니다.

그 이유는 하나님 중심이 아니라 인간 중심으로 연합하려고 했기 때문입니다. 하나님 없이 하나 되려는 시도는 결국 무너질 수밖에 없습니다. 말이 통하지 않을 때, 우리는 이것이 단순한 문화 차이나 성격 차이가 아니라, 하나님 없이 세운 연합의 종말이라는 영적 경고임을 깨달아야 합니다.

흩으심의 심판 - 하나님의 뜻의 회복

두 번째 심판은 흩으심이었습니다. 9절은 이렇게 기록합니다.

"여호와께서 거기서 그들을 온 지면에 흩으셨더라."

인간은 "흩어짐을 면하자"고 했지만, 하나님은 결국 그들을 흩으셨습니다. 이는 인간의 계획이 좌절된 사건이자, 하나님의 뜻이 회복된 사건입니다.

하나님은 인류에게 "땅에 충만하라"고 명령하셨습니다. 그런데 인간은 그것을 거부하고 한 곳에 모여 탑을 쌓았습니다. 그래서 하나님은 그들을 흩어 자신의 창조 명령을 다시 이행하도록 개입하신 것입니다.

여기서 중요한 교훈이 있습니다.

하나님의 심판은 단지 무너뜨리기 위한 것이 아니라, 하나님의 뜻을 되돌리기 위한 자비로운 개입이라는 사실입니다. 오늘날에도 우리는 인생이 무너지는 경험을 할 때가 있습니다. 계획하던 일이 좌절되고, 관계가 흔들리고, 삶이 흩어지는 것처럼 느껴질 때가 있습니다. 그런데 그때 우리는 이렇게 물어야 합니다.

"이것이 혹시 하나님께서 다시 하나님의 뜻으로 나를 돌이키시기 위한 은혜의 개입은 아닐까?"

하나님은 회초리를 드시는 아버지이십니다. 그분은 무너뜨리시는 분이 아니라, 다시 세우시는 분이십니다. 하나님은 바벨탑을 무너뜨리셨지만, 그 흩어진 민족들 가운데 한 사람 아브라함을 택하시고 새로운 구원의 역사를 시작하셨습니다.

사랑하는 성도 여러분! 하나님의 심판은 두렵지만, 동시에 하나님의 사랑이 담긴 회복의 손길입니다. 우리의 교만이 깨어지고, 인간 중심의 연합이 무너지고, 하나님의 뜻대로 다시 흩어지는 것, 그 안에 생명의 길이 열립니다. 우리가 지금 경험하는 혼란과 분열 속에서 하나님의 뜻을 되찾는 은혜가 있기를 축원합니다.

3. 바벨탑을 바라보는 우리의 태도

바벨탑은 단지 오래된 고대 도시의 유적지가 아닙니다. 그것은 오늘도 인간의 마음과 삶 속에 여전히 건설되고 있는 영적 구조물입니다. 그래서 우리는 이 사건을 단순히 관찰하거나 지식으로만 이해해서는 안 됩니다. 하나님 앞에서 이 바벨탑 사건이 나에게 어떤 의미인지, 내 삶에 어떻게 적용해야 할지를 깊이 성찰해야 합니다. 다음의 두 가지 태도가 우리에게 필요합니다.

인간 중심 문명에 경고를 받아야 합니다

바벨탑은 '우리 이름을 내자'는 인간의 야망에서 시작되었습니다. 하나님 없이도 성공할 수 있다는 생각, 인간끼리 연합하면 무엇이든 이룰 수 있다는 교만이 결국 심판과 분열로 이어졌습니다.

오늘날 우리는 또 다른 바벨탑의 시대에 살고 있습니다. AI 기술, 정보 문명, 자본주의, 자기계발, 인본주의 사상 등, 모두가 외치는 메시지는 이렇습니다:

"너는 너 스스로 위대해질 수 있다. 너의 이름을 내라. 너의 탑을 쌓아라."

그러나 우리가 기억해야 할 진리는 분명합니다. 하나님 없는 탑은 반드시 무너진다는 것입니다. 높이 올라갈수록 더 깊이 떨어지는 것이 인간의 교만이고, 그 끝에는 관계의 파괴, 공동체의 분열, 영혼의 고립이 기다리고 있습니다.

그러므로 우리는 이 시대의 화려한 문명과 유혹 속에서 영적으로 깨어 있어야 하며, 하나님 중심이 아닌 인간 중심의 사상과 시스템에 대해 분별력을 가져야 합니다.

하나님의 뜻을 따르는 흩어짐을 기쁨으로 받아들여야 합니다

사람들은 '흩어짐'을 실패나 고립처럼 여기지만, 하나님은 그것을 통해 자신의 뜻을 이루어 가십니다. 하나님은 바벨탑을 무너뜨린 후, 각 민족을 흩으셨고, 그 흩어진 자리에서 구속사의 새로운 역사를 시작하셨습니다.

더 나아가, 오순절 성령 강림 사건에서는 각 나라 말로 성령이 임하여 흩어진 자들을 다시 하나로 모으는 은혜의 반전이 일어났습니다. 그곳에는 더 이상 인간의 이름이 아니라 예수 그리스도의 이름만이 높아졌고, 성령으로 말미암은 연합이 이루어졌습니다.

그러므로 흩어지는 것은 두려움이 아니라 선교적 삶, 하나님 뜻에 순종하는 삶의 방향 전환일 수 있습니다. 내가 원하는 안정된 곳에서 떠나, 하나님이 부르시는 자리로 나아가는 것. 그것이 진정한 신앙의 길입니다.

우리는 흩어짐을 두려워하지 말아야 합니다. 흩어짐은 때로 하나님의 뜻을 따라 내 자리를 떠나 누군가를 품는 일, 낯선 곳에서 하나님의 영광을 드러내는 일로 우리를 인도하기 때문입니다.

사랑하는 성도 여러분!

바벨탑은 무너졌지만, 그 탑을 쌓았던 인간의 본성은 아직도 우리 안에 살아 있습니다. 이름을 내고 싶고, 나를 지키고 싶고, 내 뜻대로 살고 싶은 욕망이 오늘도 우리 마음 깊은 곳에서 조용히 탑을 쌓고 있습니다. 그 탑의 이름은 "내가 주인 되는 인생"입니다. 하나님은 지금도 그 탑을 무너뜨리기 원하십니다. 그리고 그 무너진 자리에서 하나님만을 중심으로 다시 세워지길 원하십니다.

여러분은 지금 누구를 위해 탑을 쌓고 있습니까?

무엇을 위해 오늘도 벽돌을 하나씩 얹고 있습니까?

그 탑의 중심에 하나님이 계십니까, 아니면 나입니까?

여기 저의 교회 장로님이 된 한 분의 간증을 소개합니다.

> ### 간증문
>
> 저는 이름을 얻고 싶었습니다. 어릴 적부터 늘 들었던 말은 "너는 잘돼야 한다", "너는 성공해야 한다"는 말이었습니다. 가난한 집안에서 태어나 자수성가를 꿈꿨고, 학벌, 실적, 인맥, 돈…, 그 모든 것이 제 인생의 벽돌이었고, 저는 제 이름을 내기 위한 '탑'을 차곡차곡 쌓고 있었습니다.
>
> 저는 철저히 무신론자였습니다. 그러나 친척 누님의 인도로 불당에 다니며 온갖 치성을 드리고 성공을 위해 빌었습니다.
>
> 40대 중반, 저는 다니던 대기업을 퇴사한 후, 벤처 회사를 창업했고 비교적 빠른 성공을 맛보았습니다. 언론 인터뷰도 하고, 강연 요청도

들어왔고, 이름 석 자가 검색 포털에 오르기 시작하자 저는 "이제 진짜 내 탑이 완성되어 가는구나" 생각했습니다.

하지만 이상하게도 기쁨은 오래가지 않았습니다. 사람들이 칭찬하는 만큼 저는 더 불안했고, 더 높이 오를수록 더 외로웠습니다. 어느 날엔 밤새워 일하고도 아침에 침대에서 눈뜨는 게 두려웠습니다. 회사 경영에 문제가 생기자 저는 거짓말과 위선을 포장하며 탑을 유지하려 했습니다. 결국, 투자 문제가 터졌고, 신뢰가 무너졌고, 같이 일하던 동료들이 하나둘 회사를 떠났습니다. 언론은 외면했고, 남은 건 허탈한 사무실과 무너진 자존심뿐이었습니다.

그 무너짐 속에서, 저는 하나님 앞에 처음으로 무릎을 꿇었습니다. 밤하늘에 빨갛게 빛나는 십자가를 보는 순간 한줄기 빛과 같은 것이 저의 어두운 마음을 뚫고 강력하게 들어왔습니다. 저는 인터넷을 뒤져서 광명교회 목사님 설교를 들었고, 하나님의 이끌림에 따라 교회를 찾아 등록했습니다.

"하나님, 도와주세요. 이제는 저의 힘으로 살 수 없습니다."

그 기도를 하며 성경을 폈을 때, 제 눈에 들어온 구절은 바로 이 말씀이었습니다.

"우리가 성과 탑을 쌓아 우리 이름을 내고 온 지면에 흩어짐을 면하자." (창세기 11:4)

마치 제 이야기를 하나님께서 꿰뚫어 말씀하시는 듯했습니다. "너는 지금까지 네 이름을 내기 위해 탑을 쌓았구나. 하지만 나는 너를 흩을 것이다. 네 이름이 아니라 내 이름을 높이도록 하기 위해서 말이다."

그날 이후 제 삶은 조금씩 바뀌기 시작했습니다. 성공보다는 순종을, 이름을 내는 일보다는 하나님의 뜻을 따르는 일을 선택하려 애쓰게 되었습니다. 예전보다 겉으로는 초라해졌지만, 마음은 훨씬 더 평안하고 자유로왔습니다. 하나님과 동행하는 삶은 제게 돈과 명예, 그 사랑하는 여러분!

여기 소개한 장로님의 고백처럼 이제 바벨탑을 멈추고, 하나님의 뜻 위에 인생을 다시 세우는 은혜가 여러분에게 있기를 축원합니다.

주님 앞에 겸손히 엎드리십시오. 교만을 무너뜨리십시오. 자기 중심의 성을 헐고, 하나님의 뜻에 순종하여 흩어지기를 두려워하지 마십시오. 그 자리에서 하나님은 새로운 역사를 시작하십니다. 하나님 앞에 무릎 꿇을 때, 우리의 무너진 삶은 다시 은혜로 세워집니다. 하나님의 뜻을 따르고, 하나님의 말씀에 순종하여, 하나님 중심의 삶을 다시 세우는 여러분 되시길 축원합니다.

아브라함을 부르신 하나님

말씀 창세기11:27-12:4
요절 창세기12:2

내가 너로 큰 민족을 이루고 네게 복을 주어
네 이름을 창대하게 하리니 너는 복이 될지라

성경에 많은 신앙의 영웅이 있는데, 특별히 아브라함을 믿음의 조상이라고 합니다(갈3:7). 다시 말하면 '믿음으로 산다는 것은 이렇게 사는 것이다'라는 표본으로 일컬어지는 사람이라는 것입니다. 그래서 성경은 "믿음으로 말미암은 자는 믿음이 있는 아브라함과 함께 복을 받느니라"(갈3:9)고 했습니다. 아브라함은 하나님 앞에 복 받은 사람입니다. 복 받은 사람의 표본이기도 합니다. 그래서 성경은 우리 믿는 성도들이 이 아브라함의 복을 받기를 원한다고 하였습니다(갈3:14). 저는 우리 성도님들이 아브라함의 믿음을 배우므로 아브라함과 같이 복을 받았으면 좋겠습니다. 그래서 오늘부터는 매주 설교를 통하여 아브라함의 신앙을 배우는 시간을 가져 보고자 합니다. 오늘은 아브라함이 신앙을 출발하는 장면이 나옵니다. 말씀을 통하여 아브라함을 부르시는 하나님의 역사가 우리 모두에게 임하는 복된 시간이 되기를 축원합니다.

1. 저주 가운데 있는 아브라함의 집

11장 26절, 27절을 보십시오. 여기 나오는 아브람은 창세기 17장에서 아브라함으로 개명되기 전의 이름입니다. 이아브라함의 아버지는 데라입니다. 데라는 70세에 아브라함과 나홀과 하란을 낳았다고 하였습니다. 이 말은 70세에 세쌍둥이를 낳았다는 이야기가 아니라 70세에 첫 아들을 낳았고 이어서 세월이 흐르며 아들 둘을 더 낳았다는 것입니다. 그러면 데라가 낳은 아브라함, 나홀, 하란 중에서 누가 장남입니까? 사람들은 흔히 생각하기를 아브라함이 제일 먼저 나오니까 아브라함이라고 합니다. 그러나 이름이 앞에 나온다고 무조건 형이라고 보면 안 됩니다. 성경은 대부분 나이순서보다 영적으로 중요한 사람을 앞에 기록하는 경향이 있습니다.

그러면 누가 데라가 70세에 낳은 맏아들일까요? 11장 32절에 보니 데라는 205세에 하란에서 죽습니다. 12장 4절에서 아버지가 죽자 하나님의 말씀을 좇아서 하란을 떠나는 아브라함의 나이가 75세라고 나옵니다. 이를 볼 때 만약 아브라함이 그 아버지 데라가 70세에 낳은 장남이라고 한다면 아버지가 죽을 때 아브라함의 나이는 135세가 되어야 합니다. 그런데 아버지가 죽을 때 아브라함의 나이는 고작 75세밖에 안 됩니다. 그러니 아브라함은 아버지 데라가 130세에 낳은 아들이라는 것입니다. 그러니 아브라함은 장남은 아니라는 것입니다. 창세기 24장 15절에 보면 "아브라함의 동생 나홀"이라고 나옵니다. 즉 아브라함과 나홀의 관계에 대해 나오는데 바로 나홀이 아브라함의 동생이라는 것입니다. 그러면 순서는 정해집니다. 하란이 제일 큰아들이고, 둘째가 아브라함이고 셋째가 나홀입니다. 그런데 이 장남 하란에 대하여 11장 28절은 무엇을 말합니까? "하란은 그 아비 데라보다 먼저 고향 갈대아 우르에서 죽었더라" 별로 중요하지도 않은 하란의 죽음에 대해 성경은 그 아비보다 고향에서 먼저 죽었다고 강조하여 기록합니다. 이는 이 죽음을 통해 무엇인가 말하고자 하는 것이 있다는 것입니다.

우리 옛말에 부모가 죽으면 무덤에 묻고 자식이 먼저 죽으면 가슴에 묻는다는 말이 있습니다. 또 부모가 죽으면 자식 눈에 눈물 나지만 자식이 먼저 죽으면 부모 눈에 피 눈물 난다는 말도 있습니다. 다시 말해 데라 가문에 피눈물 나는 문제가 생겼다는 것입니다. 가슴에 한을 묻는 불행을 당했다는 것입니다. 웃음이 사라지고 슬픔과 탄식과 한이 맺히는 아픔이 생긴 것입니다. 마태복음 10:29절에 참새 한 마리도 하나님이 허락하지 아니하면 땅에 떨어지지 아니한다고 하였는데, 젊은 하란이 죽은 것은 무엇인가 이유가 있다는 것입니다.

그런데 계속하여 이 집안에 무슨 문제가 생깁니까? 데라는 장남이 죽으니 얼른 아브라함과 셋째 나홀을 장가보냅니다. 장남이 죽었으니 둘째인 아브라함이 대신 장남 노릇을 해야 합니다. 그런데 아브라함에게는 결혼을 했어도 자식이 없습니다. 30절을 보십시오. "사래는 임신하지 못하므로 자식이 없었더라" 이 집안에 손이 끊어지는 아픔이 찾아 온 것입니다. 아기 울음소리가 사라진 것입니다. 자식은 하나님이 주시는 기업으로서 큰 축복입니다. 그런데 장남은 죽고, 둘째는 결혼해도 자식이 없으니 이 집안 꼴이 뭐가 되는 것입니까? 한마디로 저주받은 집안입니다. 재물이 있으면 무엇할 것이며, 고래등 같은 집이 있은들 무얼 하겠습니까?

왜 이렇게 저주받은 집이 되었을까요? 여기에 대해 여호수아 24장 2절은 이렇게 말합니다. "여호수아가 모든 백성에게 이르되 이스라엘의 하나님 여호와께서 이같이 말씀하시기를 옛적에 너희의 조상들 곧 아브라함의 아버지, 나홀의 아버지 데라가 강 저쪽에 거주하여 다른 신들을 섬겼으나" 즉 이 집안이 우상을 섬겼기 때문입니다. 우상숭배에 대해 성경은 이렇게 말합니다. 출애굽기20:4-5절 "너를 위하여 새긴 우상을 만들지 말고 또 위로 하늘에 있는 것이나 아래로 땅에 있는 것이나 땅 아래 물속에 있는 것의 어떤 형상도 만들지 말며, 그것들에게 절하지 말며 그것들을 섬기지 말라 나 네 하나님 여호와는질투 하는 하나님인즉 나를 미워하는 자의 죄를 갚되 아버지로부터 아들에게로 삼사 때까지 이르게 하거니와"살인하고, 간음하고, 도둑질하고, 사기치는등 이러한 모든 죄들에 대해서는 죄를 지은 사람이 그 죗값을 받습니다. 그런데 우상숭배의 죄는 그 당사자만 혼자 벌을 받는 것이 아니라 자손들에게도 그 죄를 갚는다는 것입니다.

옛날 삼족을 멸하는 죄가 있었습니다. 아버지가 죄를 지으면 그 죄를 아버지만 당하는 것이 아니라 아버지의 외가와 또 그 자손과 그 자손의 외가까지 벌하겠다는 것입니다. 그 죄가 바로 역모입니다. 우리 조상 아담이 지은 죄가 바로 이 역모입니다. 만왕의 왕이요 온 천지 만물의 주인이신 하나님이 있는데 이 하나님 대신 자신이 하나님같이 되려고 선악과를 따 먹은 죄가 바로 영적인 역모 아닙니까? 그러기에 이것이 원죄가 되어 그 형벌이 대대에 미치게 되는 것입니다. 그렇기에 하나님은 다른 죄는 그 지은 당사자가 벌을 받지만 우상 숭배의 죄에 대해서만큼은 그 죄를 다스리되 그 자손까지 손을 댄다는 것입니다.

이로 보건대 결국 데라의 우상 숭배 죄는 그 자식들에게 미쳐 장남이 죽고, 둘째 아브라함은 결혼해도 자식이 없는 형벌과 저주를 받고 있는 것입니다. 어떤 사람은 말할 것입니다. "우상 숭배하는 일본이나 다른 불신자들은 잘만 살던데요? 꼭 그런 것만은 아니잖아요?" 맞습니다. 우상 숭배하는데도 하나님이 간섭하지 않는 것은 이미 버린 자식이라는 것입니다(히12:8, 롬1:28). 그러니 좋아할 것도 없고 의아할 것도 없습니다. 그리고 좀 더 그 미래를 지켜 볼 필요가 있습니다. 데라의 우상숭배에 대해 하나님이 이렇게 민감하게 반응하는 것은 그래도 이 집안은 희망이 있는 집입니다. 하나님이 간섭하는 것은 희망이 있는 증거입니다. 저주 가운데 있는 이 가정에 하나님은 저주가 변하여 복이 되고, 한숨이 변하여 찬양이 되게 하시려고 아브라함을 찾아오셨습니다.

험한 세상 나그네길 ♬

2. 복이 임하게 되는 아브라함의 집

12장 1-2절을 큰 소리로 읽어 보겠습니다. 그의 아버지 데라는 이 집에 저주의 근원이 되었습니다. 가슴에 한이 맺히고, 눈에 피눈물 나는 저주받은 집이었습니다. 그러나 그런 집안을 아브라함으로 인해서 축복받은 집이 되도록 하겠다는 것입니다. 그 축복의 시작이 바로 아브라함부터 그렇게 되도록 하겠다는 것입니다. 한마디로 축복의 씨앗이 되는 것입니다. 이 축복의 씨앗이 된다는 것을 다시 설명하면 이런 것입니다. 창세기 12장 3절을 읽어 보겠습니다. "너를 축복하는 자에게는 내가 복을 내리고 너를 저주 하는 자에게는 내가 저주하리니 땅의 모든 족속이 너로 말미암아 복을 얻을 것이니라 하신지라" 하나님께서 저주하고 복을 주는 데 있어서 바로 아브라함을 통해서 그렇게 하겠다는 것입니다. 우리는 여기서 두 가지를 다시 한번 생각해 보아야 합니다.

첫째는 하나님의 마음입니다. 하나님은 아브라함에게만 복 주는 것이 아닙니다. 땅의 모든 족속이 아브라함으로 인하여 복을 얻기를 소망한다는 것입니다. 둘째는 진정한 복의 근원입니다.

하나님이 아브라함에게 너는 복의 근원이 되라고 하였지만, 궁극적으로 복을 주시는 분은 하나님이시라는 것입니다. 진정한 복의 근원은 하나님입니다. 그래서 찬송가 28장에 있듯이 "복의 근원 강림하사 찬송하게 하소서"하는 것입니다. 즉 복의 근원은 바로 하나님의 아들로 이 땅에 오신 예수그리스도입니다. 이 예수님이 심판과 영생의 복을 주는 권세를 가지고 계십니다. 우리를 죄와 사망에서 건져내어 영원한 생명을 주시는 분이 바로 예수님입니다. 본문의 진정한 의미는 아브라함의 자손을 통해 이 복의 근원이신 예수님이 온다는 것입니다(갈3:16). 이 예수를 믿으면 구원받습니다. 다시 말해보면 우상 숭배하는 가문이었으나 아브라함부터 하나님을 섬기는 가문이 되고 이로 인해 하나님이 복 주시는 가문이 되고 이 가문을 통해 예수님이 오시고, 예수님을 믿는 천하 만민이 복을 받는 다는 말씀입니다.

이는 다시 말하면 아브라함 속에는 복의 근원되시는 하나님이 있습니다. 사람들이 아브라함을 축복한다는 것은 하나님을 경외하는 아브라함의 신앙을 본받겠다는 것입니다. 그러면 하나님이 그 사람에게 복을 주는 것이요, 아브라함을 저주하는 것은 그가 믿고 경외하는 하나님을 받아들이지 않겠다는 것이므로 이런 사람에게는 하나님이 저주할 수밖에 없는 것입니다.

아브라함을 통해 이루고자 하는 하나님의 계획이 있습니다. 우상 숭배의 죄에 빠져 저주 가운데 있는 집에 아브라함부터는 하나님을 경외하는 가정이 되게 하여 하나님의 복을 받게 하시고, 나아가 아브라함을 통해 땅의 모든 족속이 하나님 앞에 돌아와 하나님 은총의 축복을 받게 하겠다는 원대한 뜻입니다. 이로 인해 아브라함의 가문은 그 아버지 데라 때까지는 저주와 고통가운데 있었지만 아브라함 때문에 그 집이 저주가 변하여 축복이 되고 그 자손이 복을 받게 되었습니다. 한마디로 아브라함은 그 집안에 복의 근원이 되었으며 뿐만아니라 민족과 나라와 세계가 복을 받게 하는 복의 근원이 되었습니다. 하나님은 우리가 이 복을 받기를 원합니다. 바로 아브라함의 집이 받은 복을 우리의 가정들이 받기를 하나님은 원하십니다. 예수님이 십자가에 대신 저주받은 것은 우리로 하여금 아브라함의 복을 받게 하시기 위함이었다고 하였습니다(갈3:13, 14).

사랑하는 성도 여러분! 저는 여러분의 조상들을 잘 알 수 없습니다. 그러나 하나 확실한 것은 우리 조상들은 옛부터 우상을 섬겨왔다는 것입니다. 어쩌면 그 저주가 우리들에게까지 미쳐 수없는 고통 속에 살아왔습니다. 결국 죄 가운데 살다 죄 가운데 멸망하여 영원한 지옥 불에 떨어져 죽을 수밖에 없는 저주받은 인생들입니다. 그러나 여러분! 하나님은 이런 우리 민족을 불쌍히 여기시고 하나님의 아들 예수님이 우리 대신 십자가에 죽으므로 모든 죄의 값을 치르셨다는 복음을 듣게 하셨습니다. 그리고 오늘날 우리가 이 복음을 영접하고 이 자리에 와 있습니다. 저는 여러분의 가문을 확실히 모르나 그러나 한 가지 확실한 것은 여러분 당대에서는 여러분의 집에 역사하는 모든 저주와 환난이 끝나고, 여러분 대부터는 하나님의 은총과 복을 받는 가정이 되어야 한다는 사실입니다. 이 아브라함의 복이 우리 모든 성도님 가정에 임하길 주님의 이름으로 축원합니다.

아브라함의 새 생활

**"이에 아브람이 여호와의 말씀을 따라갔고 롯도 그와 함께
갔으며 아브람이 하란을 떠날 때에 칠십오 세였더라"**

지난주에는 아브람을 부르신 하나님에 대해 배웠습니다. 하나님은
우상 숭배의 가정에서 태어나 아무 소망 없이 살던 아브라함을 찾
아오셔서 그를 축복의 통로로 부르셨습니다. 오늘 본문은 부르심을
받은 아브라함이 어떻게 첫 신앙생활을 했는지 그의 초기 신앙의 모
습을 보여주고 있습니다. 말씀을 통하여 부름을 받은 우리가 어떠
한 삶을 살아야 하겠는가? 배울 수 있기를 축원합니다.

1. 말씀에 순종한 생활

4절을 보십시오. "이에 아브람이 여호와의 말씀을 따라 갔고 롯도
그와 함께 갔으며 아브람이 하란을 떠날 때에 칠십오 세였더라" 아
브람은 하나님의 부르심을 받았을 때 주저하거나 말씀이 부담스럽

다고 물러서지 않았습니다. 다만 약속의 말씀만을 붙들고 믿음으로 나아갔습니다. 그는 하나님의 말씀에 근거하여 신앙 출발을 했습니다.

아브람이 말씀에 순종하여 고향과 친척과 아버지의 집을 떠나 하나님이 지시할 땅으로 나아간다는 것은 쉬운 일이 아니었습니다. 고향은 70여 년 동안 살면서 일구어 놓은 삶의 터전입니다. 친척들과 친구들이 있습니다. 인간적인 정을 끊기가 쉽지 않습니다. 또 안정된 직장이나, 사업도 정리해야 합니다. 무엇보다 미지의 세계에 대한 불안과 두려움이 컸습니다. 젊은 나이도 아니고 70이 넘은 나이면 고향을 떠났다가도 돌아올 나이입니다. 무엇을 새로 시작한다는 것이 쉽지 않습니다. 친척들과 주위 사람들로부터 정신 나갔느냐는 소리도 수없이 들었을 것입니다.

이와 같이 하나님의 부르심에 순종하는 데는 아픔이 따릅니다. 그러나 이 아픔은 의미 있고 가치 있는 아픔이요 새 역사를 창조하는 영광스러운 아픔입니다. 아브람은 이 모든 아픔을 믿음으로 잘 감당했습니다. 그는 실로 순종의 사람이었습니다. 그의 순종이 아브람을 위대하게 만들었습니다. 그의 순종은 위대한 순종이었습니다. 그의 순종은 옛 생활에 대한 회개와 새 생활에 대한 결단이었습니다. 그의 순종은 머리로 유익을 계산하고 따지지 않는 절대적인 순종이었습니다.

히브리서에서는 그의 순종을 이렇게 증거했습니다. "믿음으로 아브라함은 부르심을 받았을 때에 순종하여 장래의 유업으로 받을 땅에 나아갈 새 갈 바를 알지 못하고 나갔으며"(히11:8) 믿음은 순종으로 표현됩니다. 믿음이 있다고 하면서 실제 생활에서 순종치 않는 자는 믿음이 없는 자입니다. 순종은 머리로 이해가 되고 완벽한 계획하에서 하는 것이 아닙니다. 장래 어찌할 바를 모르지만 하나님께서 가장 좋은 길로 인도해 주실 것을 믿고, 자신의 모든 인생을 전폭적으로 하나님의 손에 맡기는 것입니다. 아브람은 갈 바를 알지 못하고 나아갔지만 조금도 불안하거나 두렵지 않았습니다. 왜냐면 그에게는 보배로운 약속의 말씀과 천지의 주재이신 하나님께서 함께하셨기 때문입니다.

이번 주 국민일보를 읽다가 보니 스시집을 운영하는 "황종안스시"의 대표 황종안 성도(38)의 간증이 실려 있었습니다. 그는 아버지의 사업 실패로 부모님은 이혼하고 어머니와 장애인 누나를 책임져야 했습니다. 그래서 고등학교를 졸업하고 무작정 상경하여 일식집에 취직하여 악바리처럼 일했습니다. 주인에게 인정도 받고 일식 요리도 배워서 아는 형과 동업하여 인천에 횟집을 차렸습니다. 소문이 나서 돈도 많이 벌었습니다. 매달 억대를 벌어들이는 일식집 사장들과 어울려 방탕한 삶도 살았습니다. 그러던 어느 날 동업 한 형의 친구가 가게에 놀러 왔다가 전도를 했습니다. 아파트 평수를 늘리고 좋은 차를 타는 것 이외의 목표가 없는 삶에 회의를 느끼던 중 창조주 하나님이 계시다는 것과 인류 역사를 BC(Before Christ)와 AD(Anno Domini)로 바꾸는 예수님의 탄생과 십자가의 죽음과 부활이 역사적 사실인 것을 알게 되었습니다.

황 대표는 전 재산이 들어간 횟집, 그리고 그동안 닦아 놓은 단골들과 삶의 기반이 있는 인천을 정리하고 춘천으로 향했습니다. 그것은 자신을 전도한 친구 형이 다니는 교회 옆으로 이사하여 신앙을 더 배우고 하나님 중심의 새 삶을 살고자 결단했기 때문입니다. 낮선 땅이기에 오직 하나님만 바라볼 수 있고, 하나님께만 집중할 수 있었고, 그는 그곳에서 자신의 이름을 건 '황종안스시'를 열었습니다. "너 장사꾼이 될래, 복음을 위해 일할래?"라는 주님의 물음을 가슴속에 던지면서 매 순간 일하게 되었고, 지금은 코로나 상황 속에서도 테이블 8개에 하루 매출 300만 원씩을 올리는 유명한 맛집이 되었습니다. 그는 일터에서 주님과 동행하며 복음을 전하며 사는 삶이 행복하다고 말했습니다.

2. 단을 쌓는 생활

아브람은 마침내 가나안 땅에 이르게 되었습니다. 하나님의 말씀에 순종하여 가나안 땅에 이르면 하나님이 준비해 놓은 기름진 땅과 안정된 직장과 삶이 준비되어 있는 줄 알았습니다. 그러나 그가 가나안 땅에 이르렀을 때 현실은 현실이었습니다. 그곳에는 원주민인 가나안 사람이 시퍼렇게 살고 있었습니다(6절). 말씀에 순종하여 신앙을 출발하였을 때 약속의 땅 가나안에는 발붙일 만한 땅도 없었습니다. 이때 하나님은 아브라함에게 찾아와 약속의 말씀을 주십니다. "여호와께서 아브람에게 나타나 이르시되 내가 이 땅을 네 자손에게 주리라 하신지라"(창12:7) 이와 같은 상황을 신약에 스테반 집사는 이렇게 풀어서 설교했습니다. "그러나 여기서 발붙일 만한 땅도 유업으로 주지 아니하시고 다만 이 땅을 아직 자식도 없는 그와 그의 후손에게 소유로 주신다고 약속하셨으며"(행7:5) '발붙일 만한 땅도 없었다. 자식도 없는 그였다. 그런데 그와 후손에게 이 땅을 주신다고 약속했다.' 현실적 축복은 없었지만 하나님은 그에게 소망을 주었다는 것입니다.

우리도 처음 신앙을 출발할 때 살아계신 하나님을 만나고 나면 그 하나님께서 당장 내 인생을 역전시키시고 뭔가 엄청난 현실적 축복을 주실 것 같은 생각이 듭니다. 안 되던 사업이 잘되고, 병도 낫고, 불행한 환경이 금새 유복한 환경으로 탈바꿈하고, 없던 직장도 생기고, 뭐 이런 드라마 같은 것을 기대합니다. 그러나 신앙생활 시작해도 삶의 환경은 변한 것은 없고 오히려 외톨이가 되고, 환경은 더욱 힘들어질 수 있습니다. 아브라함도 가나안 땅에 오면 뭔가 엄청난 축복이 기다리고 있는 것처럼 생각했지만 발붙일 만한 땅 하나 없었습니다. 큰 민족을 이루겠다고 하셨으면 부인 사래가 임신이라도 해야 하는데 그렇지도 않았습니다. 단지 하나님은 비전을 주시고 약속만 하셨습니다.

이때 아브람은 어떻게 하였습니까? 그는 가는 곳마다 단을 쌓았습니다. 12:7절에서는 자기에게 나타나신 여호와를 위하여 단을 쌓았고, 8절에서는 이사했을 때 단을 쌓고 여호와의 이름을 불렀습니다. 또 13:4절에서도 애굽에서 돌아온 후 여호와의 이름을 불렀고, 13:8절에서는 롯이 떠난 후 하나님께서 위로와 비전을 주실 때 여호와를 위하여 단을 쌓았습니다. 그의 초기 신앙 생활의 특징은 가는 곳마다 단을 쌓는 것이었습니다.

아브라함이 단을 쌓는 생활을 했다는 것은 무엇을 의미 합니까?

첫째, 범사에 감사하는 생활을 했다는 것입니다.

그는 하나님의 부르심에 감사하고, 그의 인도하심과 보호하심에 감사했습니다. 또한 허물과 실수를 정죄치 않으시고 감싸주고 용서해 주시는 사랑에 감사했습니다. 그는 왜 나를 위험한 곳으로 이끌어내어 이 고생시키느냐고 불평하지 않았습니다. 오히려 우상 숭배의 가정에 태어나 저주받은 인생을 살 수밖에 없는 자신을 불쌍히 여기시고 구원해 주시고 축복의 통로로 쓰시고자 사명주시고 소망주시는 하나님의 은혜가 너무나 감사했습니다. 결단하는 데 따르는 아픔보다 장차 그를 통해 이루실 하나님의 소망이 더욱 값진 것임을 알았습니다. 이 하나님의 크신 은혜를 깨닫게 되었을 때 그의 심령에는 신경질과 짜증 대신에 감사의 찬송이 흘러나왔습니다. ♬"아 하나님의 은혜로 이 쓸데없는 자 왜 구속하여 주는지 난 알 수 없도다"(찬310장)

사랑하는 성도 여러분! 우리의 신앙과 믿음의 삶 가운데 감사의 찬양이 늘 살아 있는지요? 처음 주님을 만날 때의 감격과 감사의 제단이 여러 날을 지내면서 굳어지지는 않았는지요? 우리 무너진 감사의 제단을 다시 쌓을 수 있기를 축원합니다.

둘째, 하나님과 관계성을 굳게 하는 생활을 했다는 것입니다.

단을 쌓았다는 것은 하나님을 기억하고 하나님께 나아갔다는 것입니다. 아브람은 환경이 바뀔 때마다 하나님을 찾고 단을 쌓았습니다. 그는 실수해도 하나님께 나아가고, 성공해도 하나님께 나아갔습니다. 그는 하나님과 관계성 맺는 것을 그 어떤 것보다 중히 여겼습니다.

죄가 무엇입니까? 그것은 하나님과의 관계성 파괴입니다. 인간이 죄를 지음으로 하나님과의 관계성이 파괴되었습니다. 하나님과의 관개성 파괴는 곧 죽음이요 저주요 멸망입니다. 예배라고 하는 것은 무너진 하나님과의 관계성 회복입니다. 십자가 앞에 나아가 회개하고 죄 사함 받고 감사의 찬양을 주님께 돌려 드리는 것입니다. 그리고 주시는 말씀을 아멘으로 받아 영혼의 양식으로 삶고, 매일 매순간 그 말씀을 통해 하나님의 다스리심을 받고 교제하고 이로써 인격적인 관계성을 맺어 가는 것입니다. 이것이 예배입니다. 아브람은 단을 쌓은 생활을 통해 이렇게 하나님께 예배하고 하나님과 친밀한 관계를 맺어 갔던 것입니다.

셋째, 하나님의 이름을 이방 세계에 전파했다는 것입니다.

"아브람이 단을 쌓고 여호와의 이름을 불렀더라"하였습니다. 가나안 토착민들은 많은 우상을 숭배했습니다. 그런 사회 속에서 아브람이 단을 쌓고 하나님의 이름을 불렀다는 것은 대단한 믿음이며 이를 통해서 그는 부지런히 하나님의 이름을 적극적으로 드러내었습니다.

지방선거에서 어느 집사님이 출마했습니다. 그는 선거 사무실에 십자가를 걸어놓고 믿음으로 출발을 잘했습니다. 그런데 어느 선배 국회위원이 오더니 정치는 정치이고 종교는 종교이니까 십자가를 걸어놓으면 예수 믿지 않는 사람들이 오면 그들이 싫어한다고 충고하며 십자가를 내리라고 하였습니다. 후보 집사님은 그 말도 일리가 있다고 생각하고 처음과는 다르게 십자가를 내리고 말았습니다. 그는 신앙의 지조를 지키지 못하고 당선에 눈이 어두어 예수님을 팔아버렸습니다. 결국은 낙선했지만 등락에 관계없이 이미 그는 십자가를 내릴 때 하나님의 나라에서 떨어지게 된 것입니다.

사랑하는 성도 여러분! 우리도 아브라함처럼 말씀에 순종하는 삶을 살 수 있기를 바랍니다. 말씀에 순종하다 보면 현실에 어려움도 겪을 수 있지만 나를 구원해 주신 하나님의 은혜를 기억하며 감사의 제단을 쌓을 수 있길 바랍니다. 그리고 적극적으로 예배의 단을 쌓으며 하나님과 교제하고 동행하며, 우리가 살아가는 삶 속에서 하나님을 증거하는 전도자로 살아갈 수 있기를 주님의 이름으로 축원합니다.

아브람을 보호하신 하나님

"그가 처음으로 제단을 쌓은 곳이라 그가 거기서
여호와의 이름을 불렀더라"

지난주엔 소망 중에 부름받은 아브람과 믿음으로 출발한 그의 새 생활을 통해 은혜받았습니다. 그런데 오늘은 그의 허물과 실수를 통해 은혜받고자 합니다. 믿음의 조상 아브람도 약점과 허물이 있었으나 하나님은 이를 인내하며 감당하시고 연단하여 그를 신앙의 위인으로 만들어 가십니다. 우리는 이를 통해 한 영혼을 깊이 섬기시는 하나님의 크신 사랑을 배울 수 있습니다. 또한 실수와 허물 속에서 큰 교훈을 깨닫고 믿음으로 정진해 나가는 아브람의 신앙을 배울 수 있습니다. 오늘 말씀을 통해 아브람을 보호하시는 하나님의 사랑과 실수를 딛고 일어서서 믿음의 투쟁을 감당하는 아브람을 통해 은혜받기를 축원합니다.

1. 애굽으로 내려간 아브람

처음 하나님을 만나 새 인생을 출발한 아브람의 심정은 미지의 세계에 대한 희망과 기대로 가득 찼습니다. 그래서 친척들과 친구들의 만류도 뿌리치고, 그는 포부도 당당하게 내일의 꿈을 안고 고향 땅을 떠났습니다. 그런 그에게 먼저 닥쳐온 것이 무엇입니까?

10절을 보십시오. 바로 기근입니다. 우리도 은혜받고 신앙 출발을 하게 되면 기근이라는 문제에 봉착하게 됩니다. 즉, 하나님의 사랑을 받을수록 남편의 사랑, 혹은 아내의 사랑, 친구의 사랑 등 세상 사랑의 기근이 듭니다. 또 십일조 내고 감사헌금 내고 교통비하고 하다 보니 지출이 많아지고 가정경제에 기근이 닥쳐오게 됩니다. 이쯤 되면 꿈은 꿈이고 현실은 현실이라고 하며 갈등에 쌓이기 시작합니다. 아브람도 믿음으로 살다가 현실의 어려움에 부딪히게 되자 죽을 것 같은 두려움에 싸여 갈등하였습니다. 그는 이 문제를 어떻게 해결하고자 했습니까?

아브람은 아직 현실을 뚫고 나갈 만한 믿음이 적었습니다. 그는 이 땅으로 인도하신 하나님께 약속의 땅에서 살 수 있도록 현실 문제도 해결해 주시리라는 믿음을 가지지 못하고 애굽행을 택했습니다. 애굽행을 택했다는 것은 무엇입니까? 사31:1절에 "도움을 구하러 애굽으로 내려 가는 자들은 화 있을 진저"라고 했습니다. 성경에서 대개 애굽은 세상으로 비유했습니다. 애굽과 짝하는 것은 세상과 연합하는 것으로 정죄했습니다.

오늘날 신앙을 출발한 새 신자들이 현실의 기근을 이기지 못하고 세상으로 나가는 경우가 있습니다. 또 믿음으로 살다가 어려움만 닥치면 애굽으로 내려가는 경륜 있는 성도들도 있습니다. 그러면 세상으로 향하는 아브람의 심정은 어떠했습니까?

아내 사래 때문에 걱정이 되었습니다. 사래는 65세가 되어도 아직 아이를 낳은 경험이 없어서인지 젊은 미모를 자랑하고 있었습니다. 애굽에 내려가면 사래를 탐내는 사람들이 아브람을 죽이고 사래를 보쌈해 갈 것 같았습니다. 그래서 아내 사래에게 오빠 동생 사이로 하자고 했습니다. 자기 목숨을 연명코자 사랑하는 아내를 누이라고 속였던 것입니다. 그가 믿음을 잃었을 때 그는 비겁해지고 거짓말쟁이가 되었습니다. 그를 믿고 따르는 아내에게 상처만 주었습니다. 인간의 술책은 세상에서 성공하는 듯합니다. 그러나 이로 인하여 더 큰 문제에 봉착하게 됩니다.

바로의 신하들이 이 방에서 들어온 사래를 보고는 그의 미모에 반해 버립니다. 그래서 여색을 즐기는 바로 왕에게 천거합니다. 바로 왕은 아브람에게 큰 재물을 주며 사래를 궁으로 들입니다. 아브람은 말 한마디 못 하고 사랑하는 아내를 빼앗기고 말았습니다. 궁으로 팔려가면서 사래는 얼마나 배신감을 느꼈겠습니까? 한편 덕분에 바로에게 재물은 많이 얻었으나 사랑하는 아내를 잃어버린 아브람의 마음은 또 얼마나 아팠겠습니까? 밥맛이 있겠으며 좋은 침대에서 잠을 잔들 잠이 오겠습니까? '애굽에서 부유하게 사느니 차라리 가나안에서 굶주리고 사는 것이 더 복되었을 것을' 하면서 아브람은 땅을 치고 탄식했을 것입니다. 고향 사람들이 이 소식을 들으면 무엇이라고 할 것인가? "이러려고 우상을 버리고 하나님을 섬긴다고 고향을 떠났느냐?" 하며 사람들이 그의 신앙을 조롱할 것입니다. 사람들 앞에 어찌 머리 들고 살 수 있겠으며, 더더욱 하나님께는 어떻게 낯을 들 수 있겠습니까? 인간적으로 해결한 결과 가정은 파괴되고 삶은 지옥이 되었습니다.

룻기 1장에 보면 베들레헴에 기근이 들었을 때 나오미는 그의 남편 엘리멜렉과 두 아들 말론과 기룐과 함께 잘 살아보기 위하여 이방신이 있는 모압 땅으로 이주했습니다. 그러나 그 땅에서 나오미는 남편과 두 아들을 잃는 비극의 주인공이 되어 빈손으로 돌아왔습니다. 자부 룻과 함께 베들레헴에 돌아 왔을 때 나오미는 베들레헴 사람들에게 말하기를 "내가 풍족하게 나갔더니 여호와께서 내게 비어 돌아오게 하셨느니라"(룻1:21) 고 고백했습니다. 이것이 기근 때문에 하나님을 떠난 자의 최후 고백입니다. 희극으로 출발했다가 비극으로 끝나는 것이 하나님을 떠난 자의 종착역입니다.

우리는 삶에서 부딪치는 여러 크고 작은 일들을 어떻게 해결하고 있습니까? 먼저 하나님 앞에 나아갑니까? 아니면 인간적인 방법을 먼저 씁니까?

아브람이 애굽으로 내려간 것은 정상적인 신앙 궤도를 벗어나 탈선한 것을 의미합니다. 탈선한 그의 생활에는 위험과 고통과 불행이 뒤따랐습니다. 현실 문제가 해결되는 것처럼 보였지만 실타래가 풀어져 실이 뒤엉키듯이 문제는 주체할 수 없는 지경에 이르도록 엉키고 꼬이는 것입니다. 거짓이 거짓을 낳고 큰 수렁으로 자꾸만 빠져가는 것입니다. 이는 한 번의 실수로 끝나는 것이 아니라 자손들에게 영향을 미치고 어렵게 합니다.

아브람의 이 같은 허물을 아들 이삭도 그대로 배워서 이삭도 기근을 만나자 애굽으로 내려가며 리브가를 아내라고 하기 두려워하였습니다(창26:7). 또 아브람은 25년 후에도 그랄 왕 아비멜렉에게 똑같은 거짓말을 했습니다(20:2,9). 악한 죄의 습성은 장성하여서도 자신도 모르게 튀어나오는 것입니다. 죄의 습성은 싹부터 잘라버려야 됩니다. 뿐만 아닙니다. 애굽에 내려갔다가 나올 때 거짓말한 대가로 받은 노비 중의 하나인 하갈 때문에 아브람은 많은 고통을 겪게 됩니다. 하갈이 첩이 되고 이로 말미암아 사라와 하갈이 싸우고 이삭과 이스마엘이 싸우고 그의 후손들은 지금도 싸우고 있습니다. 아브람이 4000년 전 불신앙으로 애굽에 내려갔던 범죄로 지금도 이스마엘 후손들인 중동의 모슬렘 국가들과 이삭의 후손들인 이스라엘 간에 늘 분쟁이 있는 것입니다.

우리는 어려운 일을 당했을 때 처음 방향을 어떻게 잡는가에 따라 그 자손과 이웃의 미래가 달라짐을 명심해야 합니다. 우리의 삶에 위기가 찾아올 때 인간적인 방법을 택함으로 고생했던 아브람을 생각하시기 바랍니다. 그리고 그 문제를 들고 하나님께 나아갑시다. 지혜가 부족하거든 하나님께 지혜를 주시도록 기도하십시오. 가나안은 하나님나라를 상징하며 애굽은 사단이 다스리는 세상을 의미합니다. 우리는 예수님을 믿음으로 천국 시민이 되었습이다. 이 땅에서 천국 시민으로 살고자 할 때 때로 많은 시련이 올 수 있습니다. 그렇지만 사단의 방석에서 영화를 누리는 것보다 하나님의 집에서 고생하는 편이 백번 나은 줄 믿습니다.

2. 하나님의 용서와 보호

하나님은 이런 아브람을 어떻게 하였습니까? "여호와께서 아브람

의 아내 사래의 일로 바로와 그 집에 큰 재앙을 내리신지라"(창12:17)
죄는 아브람이 지었는데 하나님은 바로의 집에 재앙을 내리셨습니
다. 또 바로에게 꿈으로 경고하시므로 사라에게 손을 대지 못하도
록 하셨습니다. 바로는 아브람을 불러 크게 책망하고 사래를 내주었
습니다. 아브람 부부는 하나님의 보호하심으로 기적적으로 살아났
습니다. 뿐만 아니라 애굽에서 나올 때 바로의 후대로 큰 재산까지
얻어서 나오게 하였습니다. 하나님은 실로 용서와 사랑의 하나님이
시오. 그 택한 자를 끝까지 보호하시고 책임지시는 하나님이심을 배
우게 됩니다. 그러면 왜 하나님은 아브람의 실수와 허물을 책망치
않으시고 사랑으로 섬세히 돌봐주시는 것입니까?

첫째, 하나님의 약속입니다.
하나님은 아브람을 부르실 때 그에게 약속하시며 말했습니다."너
를 저주하는 자에게는 내가 저주하리니" 하나님은 약속대로 아브람
의 편이 되어 주셨습니다. 우리가 하나님의 언약 백성이 되는 것이
이렇게 중요합니다. 우리가 하나님의 자녀가 될 때 이미 하나님은
우리의 부모가 되어 우리를 보호하시고 지켜주실 것을 약속하셨습
니다(사41:10. 사43:1). 우리 신자들은 이 약속을 받은 자녀들입니다.
이 약속을 믿음으로 사는 성도들이 될 수 있기를 축원합니다. 믿음
의 조상이요 복의 근원이 되는 것은 좀 고생스럽지만 따르는 축복
이 큽니다.

둘째, 어린 믿음의 싹을 꺾지 않고 키우시는 하나님의 사랑입니다.
하나님은 공의의 하나님이십니다. 하나님은 죄는 반드시 심판하시

고 책망하십니다. 그런데 이번 사건에서는 하나님은 아브람을 책망하는 대신 묵묵히 참고 사건 수습을 하여 주십니다. 이는 아직 믿음의 싹이 연약하기 때문입니다. 현재 아브람에게는 믿음의 싹이 막 자라난 상태입니다. 연약한 새순은 보호되어야 합니다. 어린아이가 똥을 싸면 어머니가 말없이 기저귀를 갈아주듯이 하나님은 영적으로 아직 어린아이 같은 아브람의 실수와 허물을 감당하여 주신 것입니다. 이 하나님은 자애로우신 어머니와 같은 분이십니다.

3. 벧엘로 돌아온 아브람

인간은 실수와 실패를 통해 성숙해 갑니다. 실수하거나 실패하는 것 자체가 문제는 아닙니다. 문제는 어떻게 그런 실수를 피하는가 하는 것이 아니라 그런 실수를 통해 어떻게 우리가 신앙적으로 성장해 가는가 하는 것입니다. 아브람은 이 사건을 통해 깨달은 바가 많았습니다. 그는 하나님의 사랑을 깊이 체험했습니다. 복의 근원이라는 자기 신분을 다시 한번 깨닫게 되었습니다. 그는 다시 벧엘로 돌아왔습니다. 벧엘과 아이 사이 곧 처음 단을 쌓은 곳에 이르렀을 때 그는 거기서 여호와의 이름을 불렀습니다. 그는 첫 번 은혜를 기억하고 회개와 감사의 단을 쌓은 것입니다. ♬나 주를 멀리 떠났다.

사랑하는 성도 여러분! 우리도 아브람처럼 실수할 수 있습니다. 그러나 깨닫고 돌이키는 것이 믿음입니다. 우리 가운데도 돌아오는 역사가 충만히 일어날 수 있길 축원합니다.

실패를 딛고 일어서는 아브람

"롯이 아브람을 떠난 후에 여호와께서 아브람에게 이르시되
너는 눈을 들어 너 있는 곳에서 북쪽과 남쪽
그리고 동쪽과 서쪽을 바라보라"

오늘 말씀은 실패를 통해 하나님을 깊이 체험한 아브람이 실제 현실 속에서 어떻게 성숙한 신앙인으로 살아가는가를 잘 보여 주고 있습니다. 말씀을 통해 아브람과 같은 영적인 가치관을 소유하여 성숙한 신앙인으로 성장할 수 있기를 축원합니다.

1. 네가 좌하면 나는 우하리라

돈이라고 하는 것은 참 묘한 것입니다. 없을 때도 문제지만 많을 때도 문제입니다. 전에 아브람은 돈이 없어서 문제가 생겼습니다. 돈 때문에 애굽으로 이민을 갔고 아내도 빼앗길 뻔했습니다. 돈 때문에 염려하였습니다. 그러나 이제는 돈이 너무 많아서 문제가 생겼습니다. 땅은 좁은 데 가축은 많았습니다. 아브람 가축의 목자와 조카인 롯 가축의 목자가 서로 좋은 목초지를 차지하려고 다투었습니다. 이로 인하여 목자들의 싸움이 집안싸움으로 번지게 되었습니다. 아브람과 롯의 싸움으로 번질 수 있었습니다. 전에는 염려가 문제라면 이제는 탐욕이 문제였습니다. 필요 이상으로 더 가지려는 데서 문제가 생겼습니다.

이때 아브람은 어떻게 이 문제를 해결했습니까? 8, 9절을 보십시오. 아브람은 물질로 인해 골육이 싸우는 것을 원치 않았습니다. 그는 물질보다 행복을 더 원했습니다. 이를 위해 그는 우선권을 포기하며 롯에게 양보하였습니다. 그는 물질에 연연하지 않았습니다. 아브람은 우선권을 주장할 수 있는 위치에 있고, 또 권리도 가지고 있습니다. 그런데도 그는 기꺼이 그 권리를 포기하고 조카에게 양보했습니다. 아브람의 내면은 놀랍도록 성장했습니다. 자기 목숨을 건지고자 아내까지 팔아먹던 그가 어떻게 이런 내면을 소유할 수가 있었습니까?

아브람은 물질로 인해 신앙을 잃어버리고 애굽에서 큰 수치를 당한 자신의 죄악을 깊이 회개했습니다. 반면 자신의 실수와 허물을 감당하시는 하나님의 사랑에 감동하였습니다. 그는 애굽에서의 실패를 통해 하나님을 배웠습니다. 돈을 주관하시고 생명을 주관하시는 하나님을 만났습니다. 그가 배운 하나님은 자신을 복의 근원 삼으신 하나님이십니다. 자신을 믿음의 조상으로 세우시고 연약함을 감당해 주시는 하나님이십니다. 자신을 부유하게도 하시고 가난하게도 하시는 물질의 주관자 하나님이십니다. 자신의 생명과 아내의 생명을 보호하시는 하나님이십니다. 이집트와 바로까지도 움직이시는 전능하신 하나님이십니다. 아브람은 애굽에 다녀온 사건을 통해서 하나님을 체험했고 하나님을 소유했고 하나님을 사랑했습니다. 하나님을 소유한 아브람은 하나님 나라가 그 속에 있었고 행복했습니다. 그는 한 번의 실수를 통하여 많은 것을 배우고 신앙이 순수해지고 성장하였습니다. 그는 물질에 자유하였습니다. 그는 어떤 손해를 보더라도 선민의 향기를 잃지 않으려고 애썼습니다. 그는 더 이상 물질로 인해 가정이 깨지는 것을 원치 않았습니다.

오늘날 신자라 하면서도 조그만 물질 문제로 물고 뜯고 싸우는 일이 얼마나 많습니까? 눈에 보이는 사소한 이익 때문에 보이지 않는 더 큰 것을 놓치는 어리석은 이들이 많습니다. 이는 탐욕으로 인해 그 눈이 가려져서 더 가치 있고 중요한 것을 보지 못하기 때문입니다. 그러나 아브람은 하나님의 축복을 믿었기 때문에 물욕에서 자유할 수 있었습니다.

반면 롯은 어떻게 하였습니까? 롯이 눈을 들어 살펴보니 물이 넉넉하고 관개 수로를 잘해 놓은, 좋은 땅이 보였습니다. 롯은 그 땅을 마치 얼마 전에 떠나온 애굽 땅과 같다고 생각했습니다. 롯은 모든 것이 풍족했던 애굽에 아직도 미련을 두고 있었던 것입니다. 롯은 "여호와의 동산 같고 애굽 땅과 같은"그 땅을 골랐습니다. 벧엘 언덕에서 가장 기름진 요단 땅 전부를 선택한 것입니다. 만약 롯이 예의 있는 사람 같으면 삼촌이 먼저 양보할 때 조카가 도리어 삼촌에게 양보했을 것입니다. 그러나 롯의 결정과 롯의 삶은 이기적이었습니다.

성공적인 삶을 사느냐 패배적인 삶을 사느냐 하는 것은 순간의 선택을 어떻게 하느냐에 따라 달라질 수 있습니다. 롯의 가치관은 현실적이고 물질적이었습니다. 선택은 그 사람의 가치관을 말해 줍니다. 그가 물질에 눈이 어둡게 되자 내면을 보는 영적인 눈을 잃어 버렸습니다. 그가 택한 소돔은 겉보기에는 여호와의 동산 같았지만 그 내면은 부패하여 하나님 앞에 큰 죄인이었습니다. 13절은 소돔사람들의 내면의 죄악을 이렇게 폭로하고 있습니다. "소돔 사람은 여호와 앞에 악하며 큰 죄인이었더라" 롯은 소돔 성의 풍부한 물질만 보고 그런 세상을 동경했던 것입니다. 롯의 선택은 그의 인생을 망치게 하였습니다. 욕심이 잉태한즉 죄를 낳고 죄가 장성한즉 사망을 낳게 됩니다(약1:15).

우리는 여기서 중요한 교훈을 배우게 됩니다. 그 사람이 평소에 무엇을 가슴에 품고 있느냐에 따라 그의 행동과 삶과 그리고 그의 인생 미래가 결정될 수 있습니다. 만약 롯이 신앙이 많이 없더라도 삼촌 아브람의 은혜만 알았더라도 이런 선택은 하지 않았을 것입니다. 롯은 기름지고 비옥한 땅을 차지하기 위해 연로했던 삼촌 아브라함의 품을 배신하고 미련 없이 떠나간 사람이었습니다. 아브람은 롯을 고향에서 데리고 나와 자식처럼 돌보아주고 후계자로 까지 생각하며 남부럽지 않게 살도록 도와주었습니다.

그런데 물질 앞에서 미련없이 떠나갔습니다. 칼로 찔린 상처는 시간 지나고 아물면 되지만 사람에게 당한 배신과 상처는 평생을 가도 쉽게 잊혀 지지 않는 섭섭함으로 남습니다. 물론 사람들이 살아가면서 상처를 주기도 하고 받기도 하며 산다지만 믿었던 사람에게 당한 배신은 두고두고 분노로 남기 마련입니다. 은혜를 베풀었던 가까운 사람에게서 어이없는 배신을 당했을 때는 평생을 아물지 않는 고통의 기억으로 살아야 합니다.

외갓집에서 머슴살이하던 야곱이 틈틈이 모아놓았던 품삯을 열

번이나 사기 치며 등쳐먹었던 사람이 다름 아닌 장인인 외삼촌 라반이었습니다. 나라가 바람 앞의 등불처럼 위태로울 때 지팡이 하나들고 싸움터에 나가 적장 골리앗의 목을 베어 옴으로 나라를 위기에서 구한 다윗을 죽이지 못해 안달하며 뒤쫓아 다녔던 사람이 장인어른 사울 왕이었습니다. 가롯 유다는 스승이었던 예수님을 돈몇 푼 받고 배신하며 팔아먹었습니다.

다윗 왕이 위대한 것은 나라를 부강하게 만들고 영토를 넓히고전쟁에 승승장구했기 때문만은 아닙니다. 다윗의 위대함은 그의 인격에서 드러납니다. 다윗은 왕이 된 후에 자기에게 늘 칼을 겨누던사울 왕의 손자요, 요나단의 아들인 므비보셋을 찾아내어 그에게 은혜를 베풀고 한 상에서 식사를 같이 하며 아들처럼 대우했습니다. 뿐만 아니라 사울 왕가의 재산을 모두 찾아내어 그에게 넘겨주기도했습니다. 다윗을 전적으로 믿어주었던 친구 요나단의 아들이었기때문이었습니다. 다윗은 요나단에게 받았던 은혜를 잊을 수 없어 비록 요나단은 죽었지만 그 아들에게 아낌없이 은혜를 베풀어 주었습니다. 은혜를 베푸는 사람이 큰 사람이며 은혜를 베풀며 사는 사람이 잘 사는 사람입니다. 사람의 마음은 화장실 갈 때와 다녀왔을 때의 마음이 다르다고들 합니다. 그러나 적어도 주님의 제자가 되기를원하는 성도라면 받은 은혜를 저버리는 일은 없어야 할 것입니다.

오늘은 맥추감사주일입니다. 우리 신앙인은 하나님의 은혜가 아니면 살 수 없는 존재라는 것을 시인하는 사람들입니다. 그렇다면 잘살든 못 살든, 물질이 풍부하든 가난하든 삶의 주관자 되시는 하나님 앞에 감사의 제단을 쌓은 것은 당연한 일입니다. 뿐만 아니라 오늘은 우리 교회 24주년이 되는 감사의 예배를 올려드리는 날이기도

합니다. 우리 속에 하나님 은혜에 대한 감사가 풍성하길 원합니다. 모든 것이 은혜입니다. 우리에게 당연한 것은 아무것도 없었습니다. 이 땅에 태어난 것, 숨을 쉬며 사는 삶, 내가 이렇게 교회에 나와서 하나님을 찬양하고 예배하는 삶, 모든 것이 하나님의 은혜입니다. 아침에 뜨는 태양, 저녁의 노을, 봄의 꽃향기와 가을의 열매, 변하는 모든 순간이, 내가 누려왔던 모든 것이 다 하나님의 은혜입니다. 은혜, 은혜, 은혜입니다. ♬ 은혜

2. 눈을 들어 동서 남북을 바라보라

롯이 떠나가자 아브람의 심정은 사랑하는 아들을 잃은 것같이 슬픔과 고독과 실망으로 착잡하게 되었습니다. 또 좋은 땅을 양보한 현실 문제 앞에 마음이 좁아졌습니다. 또 상처도 받았습니다. "롯이 떠난 후에"라고 하는 것은 이런 아브람의 심정을 단적으로 말해 주는 것입니다. 바로 이때 하나님이 아브람을 또 찾아오셨습니다. 우리는 여기서 하나님이 언제 우리를 찾아오시는가 알 수 있습니다. 하나님은 우리가 믿음으로 살다가 홀로 되었을 때 찾아오십니다. 믿음의 향기를 나타내느라, 신자의 영향력을 끼치고 사느라 양보하고, 현실 가운데서 손해 볼 때 하나님은 우리를 혼자 내버려 두지 않으십니다. 세상에서 나 혼자뿐이라고 생각할 때 그러나 하나님은 우리 곁에 계시는 것입니다.

또 하나는 인간적인 관계를 완전히 청산할 때 하나님은 찾아오십니다. 하나님은 아브람을 부르실 때 본토 친척 아비 집을 떠나라 했

습니다. 그런데 아브람은 친척을 떠나지 못하고 조카 롯을 인간적 마음에 이끌려 떠나지 못했습니다. 결국 달고 다니는 이 불순종의 혹 때문에 아브람은 큰 상처를 받고 있는 것입니다. 아브람은 어쨌든 이번 사건을 통하여 깨달은 바가 많습니다. 그는 이번 기회에 하나님의 말씀을 철저히 순종하고자 방향을 잡은 것입니다. "롯이 아브람을 떠난 후에" 결국 아브람이 롯을 떠나보내고 인본주의 죄악을 잘라내고 신본주의자로 설 때 하나님은 아브람에게 찾아오신 것입니다.

아브람에게 임하신 하나님은 그를 어떻게 도왔습니까? "너는 눈을 들어 너 있는 곳에서 북쪽과 남쪽 그리고 동쪽과 서쪽을 바라보라 보이는 땅을 내가 너와 네 자손에게 주리니 영원히 이르리라" 하나님은 땅과 자손에 대한 약속을 주셨습니다. 그리고 그가 실감할 수 있도록 일어나 그 땅을 종과 횡으로 행하여 보도록 하셨습니다(17). 하나님은 당장 현실 문제를 해결해 주시기보다 비전을 심어 주심으로 좁아진 아브람 마음의 문을 넓혀 주셨습니다. 이에 아브람은 장막을 옮겨 헤브론에 있는 마므레 상수리 수풀에 거하였습니다. 그리고 거기서 단을 쌓음으로 하나님께 대한 믿음과 감사를 나타내었습니다. 믿음으로 살 때 현실적인 손해와 아픔이 있지만, 하나님의 위로와 희망과 약속의 말씀이 있습니다. 현실에 손해를 보는 것 같지만 믿음으로 살 때 하나님은 그런 자와 함께 하시고 그에게 약속의 말씀을 주시는 것입니다. 이것이 승리하는 삶의 비결인 것입니다.

사랑하는 성도 여러분! 많은 사람이 물질 문제에서 넘어집니다.

아브람도 처음엔 넘어졌지만 두 번째부터는 승리하는 삶을 살고 있습니다. 물질 문제 앞에 두 가지 선택이 있을 수 있습니다. 하나는 롯의 선택이요 하나는 아브람의 선택이 그것입니다. 나는 지금 어떤 선택을 하며 살아갑니까? 아브람처럼 말씀을 붙들고 삶의 주관자 되시는 하나님을 붙들고 살아갈 수 있기를 주님의 이름으로 축원합니다.

승리를 주신 하나님

"너희 대적을 네 손에 붙이신 지극히 높으신 하나님을
찬송할지로다 하매 아브람이 그 얻은 것에서
십분의 일을 멜기세덱에게 주었더라"

우리는 지난 시간에 실패를 교훈 삼아 일어서서 실패를 극복하며 승리의 삶을 살아가는 아브람에 대해 배웠습니다. 오늘은 지난시간에 이어서 아브람이 승리의 삶을 살 수 있었던 또 하나의 모습을 배우고자 합니다. 그가 승리의 삶을 살 수 있었던 것은 한마디로 영혼을 사랑하는 목자의 심정이었습니다. 말씀을 통하여 아브람 목자의 심정을 배우므로 승리하는 삶을 살아가는 성도들이 될 수 있기를 축원합니다.

14장에 나오는 정치적 상황은 아브람이 살던 당시 국제 정세가 얼마나 복잡하고 불안했는가를 보여줍니다. 당시 가나안에는 중앙 정부가 없었고, 소돔과 같은 도시가 왕국이었습니다. 소왕국들은 서로 자국의 이익을 위해 동맹도 하고 배반도 했습니다. 엘람 왕 그돌라오멜이 패권을 잡고 맹주 노릇을 하고 있었고, 다른 나라들은 그에게 조공을 바쳤습니다. 그러다가 소돔 왕을 중심한 다섯 왕이 그돌라오멜을 배반하였습니다. 그러자 그돌라오멜은 동맹국들을 모아서 소돔을 비롯한 다섯 도시국가를 쳐서 재물과 양식까지 다 빼앗아 갔습니다. 이때 소돔에 거하던 롯도 사로잡히고 재물도 약탈당했습니다. 롯은 하루아침에 집 잃고 재산 잃고 비참한 노예 신세가 되었습니다. 세상 겉모습만 보고 아브람을 떠나 자신의 욕심을 챙기려다 큰 낭패를 보게 된 것입니다.

우리는 여기서 욕심으로 죄와 짝하여 살아가는 것은 결국 얼마 못 가서 패망한다는 교훈을 얻게 됩니다. 처음엔 계산적이었던 롯이 현명한 것처럼 보이고 믿음으로 사는 아브람은 손해 보는 것처럼 보입니다. 또 능력 없고 멍한 사람처럼 보입니다. 나이 많고 소망 없고 능력이 없기 때문에 마지못해 할 수 없이 예배당이나 나가서 시간만 때우는 무기력한 사람처럼 보입니다. 그러나 본문에서 우리는 아브람의 전혀 다른 모습을 봅니다. 그는 패배자나 능력이 없거나 연약하거나 자식들에게 얹혀사는 불쌍한 노인의 모습이 아니었습니다. 그는 당시 정치 세계에서도 열 왕들과 겨루어 이길 만큼 능력 있는 지도자였습니다. 인생은 당장 평가를 내릴 수 없습니다. 손해 보는 것 같으나 결국 복을 받고 패배하는 것 같으나 결국 승리하는 것이 믿음의 삶입니다.

그러면 결국 아브람이 이렇게 승리자가 될 수 있었던 비밀이 어디에 있습니까?

첫째, 아브람은 목자의 사랑이 충만했습니다.

아브람은 도망 나온 사람에 의해 조카 롯이 사로잡혔다는 소식을 들었습니다. 이 소식을 들은 아브람은 의리 없는 그런 놈은 고생 좀 해야 한다고 생각할 수 있습니다. 또 롯을 구하려다가 자신까지도 화를 입지 않을까 하는 두려움에 사로잡힐 수도 있습니다. 그러나 아브람은 계산하지 않았습니다. 그는 즉시 집에서 훈련한 318명의 용사를 이끌고 단까지 쫓아갔습니다. 그리고 가신을 나누어 야간 기습 작전을 펴서 막강한 그돌라오멜 동맹군을 격파하고 빼앗겼던 재물과 조카 롯과 모든 사람을 다 찾아 왔습니다.

늙은 아브람이 백발을 휘날리며 진두지휘하는 모습을 상상해 보십시오. 그의 모습은 늙은 할아버지의 모습이 아니라 백만 대군을 쳐부수는 백전노장의 모습입니다. 또한 그의 모습은 사자에게 물려 간 어린양을 구하기 위해 물불을 가리지 않고 덤벼들어 사자의 입을 찢고 어린양을 구해 내는 용감한 목자의 모습입니다. 다윗의 소년 시절 아버지의 양떼를 칠 때 모습을 연상하게 됩니다(삼상17:34, 35). 여기서 우리는 선한 목자 아브람을 보게 됩니다. 승리하는 삶의 모습을 배우게 됩니다. 그것은 단 하나 심정입니다.

롯은 세상 욕심이 많고 이기적이어서 소망을 두기 힘든 조카이며, 한 마리 길 잃은 양이었습니다. 그러나 아브람은 그를 무조건 사랑했습니다. 그가 위기에 처했을 때 아브람은 목숨을 내걸고 구출했습니다. 그를 위해 물질과 시간과 정열을 아낌없이 투자했습니다. 마음을 쓰고 지혜를 짜내었습니다. 아브람이 조금이라도 실리적인 생각을 했더라면 그렇게 할 수 없었을 것입니다. 그러나 아브람은 한 영혼을 사랑하는 목자의 심정, 사람을 구원코자 하는 전도자의 심정이 충만했습니다. 하나님은 그의 목자의 심정을 축복하사 적은 세력으로 막강한 세력을 능히 파할 수 있는 힘과 용기와 지혜를 주셨습니다. 하나님은 그 대적을 아브람의 손에 붙이사 승리케 하셨습니다. 그의 목자의 심정은 한계를 뛰어넘어 불가능한 일을 가능하게 하였습니다. 목자의 심정은 위대합니다.

연약한 여자라도 어머니가 되면 강합니다. 자녀들이 위기에 빠지면 어머니는 초인적인 힘을 발휘합니다. 그것이 목자의 심정입니다. 예수님의 죄인들에 대한 사랑은 죽음보다 강하였습니다. 세상 사람들을 구원코자 하시는 그 열망을 그 무엇도 막을 수 없었습니다. "나는 선한 목자라 선한 목자는 양들을 위하여 목숨을 버리거니와"(요10:11) 삶을 아름답게 하고 의미 있게 하는 것은 이 예수님의 마음을 가질 때입니다. 이 영혼 사랑을 가진 성도들이 가족 구원의 밀알이 되고, 자손만대 축복의 통로가 되고, 기독교 명문가문을 이루어 가는 것입니다.

이 땅에 하나님 나라를 건설해 가는 진정한 역사 창조의 주최자가 되는 것입니다. 우리에게 아브람과 같은 사랑과 열정을 주시길 축원합니다. ♬목자의 심정

둘째, 아브람은 승리의 날에 하나님께 영광을 돌렸습니다.

아브람은 이 전쟁으로 인해 가나안에서 정치적, 군사적으로 세력을 잡을 수 있는 절호의 기회를 얻게 되었습니다. 그가 적은 세력으로 막강한 그돌라오멜 동맹군을 파하였으므로, 그는 신화적인 존재가 되어 모든 왕 위에 군림할 수 있었습니다. 그는 승리 후에 자족하고 자만해져서 쓸모없는 자로 전락하기 쉬웠습니다. 신앙생활에 있어서 가장 무서운 적은 교만입니다. 교만하게 되면 사단의 종이 되어 하나님의 원수가 됩니다. 하나님은 이때에 멜기세덱을 아브람에게 보내 주셨습니다.

아브람이 승리의 개가를 부르고 돌아오자 멜기세덱과 소돔 왕이 그를 맞이했습니다. 멜기세덱은 살렘 왕이요. 지극히 높으신 하나님의 제사장이었습니다. 그는 떡과 포도주를 가지고 와서 아브람을 축복했습니다. "천지의 주재이시요 지극히 높으신 하나님이여, 아브람에게 복을 주옵소서. 너희 대적을 네 손에 붙이신 지극히 높으신 하나님을 찬송할지로다"(19, 20) 멜기세덱은 하나님께서 아브람에게 승리를 주셨음을 상기시킴으로써 아브람이 승리의 날에 하나님께 영광을 돌려야 함을 가르쳐 주었습니다. 이에 아브람은 어떻게 하였습니까?

아브람은 그가 얻은 것에서 십분의 일을 멜기세덱에게 주었습니다. 아브람은 승리가 하나님에게서 왔음을 인정하고 하나님께 영광을 돌린 것입니다. 멜기세덱은 의의 왕이요 평강의 왕이었습니다. 또 그는 하나님의 제사장이었습니다. 그가 아브람을 축복하고 아브람이 그에게 예물을 드린 것은 그가 아브람보다 더 높은 위치에 있음을 말해 줍니다. 그의 제사장직은 장차 올 그리스도의 제사장직과 같습니다. 히브리서 기자는 그는 아비도 없고 어미도 없고 시작한 날도 없고 생명의 끝도 없어 하나님의 아들과 방불하여 항상 제사장으로 있다고 하였습니다(히7:3). 그는 장차 올 메시아를 예표하는 분이었습니다.

우리는 여기서 승리의 날 하나님께 영광을 돌리는 구체적인 신앙의 자세를 배우게 됩니다. 믿음의 조상 아브람은 하나님의 도우심을 인정하고 감사하며 십일조를 드렸습니다. 십일조에 대하여 율법으로 제정되기 전에도 경건하게 살고자 하는 아브람은 십일조를 통하여 하나님을 경외하였던 것입니다. 십일조는 그의 신앙 고백이었던 것입니다. 우리도 십일조 삶을 통하여 범사에 하나님을 인정하고 그 분을 높이고 찬송하는 것을 배울 수 있기를 축원합니다(신14:23).

셋째, 복의 근원은 하나님이심을 알았습니다.

아브람이 승리를 하고 돌아오자 소돔 왕이 나아와 환영하며 그에게 호의를 베풀며 제안했습니다. "사람은 내게 보내고 물품은 네가 취하라"(21) 아브람은 전쟁에서 승리를 했으므로 당연히 전리품을 취할 권리가 있었고 이로서 전쟁으로 인해 소비된 물질을 보충할 수 있었습니다. 그러나 아브람은 아무것도 취하지 않겠다고 하였습니다. 그 이유는 아브람이 전리품을 취하여 부자가 되면 소돔 왕이 자기 때문에 아브람이 부자가 됐다는 소리를 할까 봐 그런다고 합니다.

우리는 여기서 아브람의 축복에 대한 자세를 배울 수 있습니다. 아브람은 축복의 근원은 하나님이며 하나님이 승리를 주고 축복을 주시는 분이심을 믿었기 때문에 소돔 왕의 제안을 단호히 거절했던 것입니다. 처음에 그가 물질 문제로 애굽에 내려갈 때만 해도 그는 이런 가치관을 가지고 있지 못했습니다. 그는 사람을 의지했습니다. 그리고 바로 왕이 재물을 줄 때도 덥석 받아 나왔습니다. 아마 아브람이 부자가 되었을 때 사람들로부터 사라를 누이라고 속이고 바로 왕이 도와줘서 부자가 되었다는 소리를 듣고 살았는지도 모릅니다. 그는 지난날의 잘못을 통해 하나님 중심적인 분명한 축복관을 가질 수 있게 된 것입니다.

우리의 축복관은 무엇입니까? 직장에서, 남편의 월급 봉투에서, 세금을 적게 내므로, 국가가, 땅에서, 부모로부터 축복이 오는 것입니까? 이 축복관에 따라 사람은 거기에 매이게 됩니다. 그것을 가장 소중하게 생각하고 그것을 중심으로 삶을 살아가게 됩니다. 축복이 어디에서 오는가에 대한 그 사람의 믿음에 따라 무엇을 결정할 때 가장 우선순위에 그것을 두게 됩니다.

축복은 천지의 주재이신 하나님에게서 오는 것입니다. 그래서 우리의 삶은 하나님 중심으로 살아야 하는 것입니다. 하나님 축복의 근원이시기에 하나님이 기뻐하시는 일을 먼저 하는 것입니다. 그렇게 사는 이들을 하나님은 기뻐하시고, 그 믿음을 하나님은 반드시 축복해 주십니다.

사랑하는 성도 여러분!

오늘날 예수님이 우리가 사는 세상을 보실 때 무엇 때문에 불쌍히 이기실까요? 코로나로 고통당하기에, 남북으로 분단되어 있기에, 경제적으로 어려운 형편이기에 불쌍히 여기실까요? 성경은 이렇게 말합니다. "그 목자 없는 양 같음을 인하여 불쌍히 여기시고"(막6:34) 주님은 오늘날 목자의 심정이 충만한 이들을 찾고 계십니다. 우리가 그런 주님의 마음을 닮을 수 있기를 축원합니다. 그리고 목사인 제게 예수님의 목자 심정을 주시도록 많이 기도해 주시기 바랍니다. 우리 모두 애타는 목자의 심정이 충만하여 이 시대 잃어버린 영혼들을 사단의 손아귀에서 건져내는 일을 합심하여 감당할 수 있기를 축원합니다.

뭇별을 셀 수 있나 보라

"그를 이끌고 밖으로 나가 이르시되 하늘을 우러러 뭇별을
셀 수 있나 보라 또 그에게 이르시되 네 자손이 이와 같으리라"

오르막과 내리막이 있는 길과 굴곡이 없는 평탄한 길이 있습니다. 똑같은 힘으로 구슬을 굴렸는데 평탄한 길보다는 굴곡이 있는 길에서 더 빨리 구슬이 속도를 내서 골인 점에 도달하였습니다. 우리 인생도 평탄한 길만 있는 것이 아니라 여러 굴곡을 겪게 됩니다. 그런데 그런 굴곡들을 통해 내가 성숙해지고 많은 것을 깨닫게 됐던 것을 기억하게 됩니다. 코로나를 겪으며 우리도 많은 것을 반성하고 깨닫고 있지 않습니까? 코로나로 생긴 여러 유머 중에 이런 기도문도 있습니다.

"하늘에 계신 하나님 아버지! 우리가 얼마나 거짓에 막말을 했으면 입을 마스크로 틀어 막고 살라 하시는지요? 우리가 얼마나 서로 다투고 시기하고 미워했으면 거리를 두고 살라 하십니까? 우리가 얼마나 손으로 나쁜 짓을 많이 했으면 어딜 가나 손 씻고 소독하라 하십니까? 얼마나 우리가 열 올리고 살았으면 가는 곳마다 체온을 체

크하고 살아야 합니까? 우리가 얼마나 비밀스럽게 살았기에 가는 곳마다 연락처를 적으라 하십니까? 하나님 이제 노여움을 거두시고 자비와 사랑이 넘치는 행복한 세상으로 인도하여 주옵소서.”

믿음의 조상 아브라함도 항상 평탄한 길만 간 것이 아닙니다. 오늘 본문은 아브람이 다시 한번 절망과 낙심 중에 빠져 있다가 하나님의 도우심과 섬기심으로 믿음의 비밀을 깨닫는 내용입니다. 오늘 말씀을 통하여 우리도 영적인 눈을 떠서 영광스러운 하나님의 세계를 보고 믿음의 비밀을 소유할 수 있기를 축원합니다.

1. 방패와 상급되신 하나님

14장에서 아브람의 모습은 승리에 찬 모습입니다. 그러나 15장에서 그의 모습은 연약하고 두려움과 피해의식에 사로잡혀 있는 패자의 모습입니다. 아브람은 전쟁을 치른 후 후유증에 시달리고 있습니다. 그는 롯 때문에 전쟁에 참가하였다가 본의 아니게 원수를 많이 만들었습니다. 그돌라오멜 동맹군이 언제 전의를 가다듬고 쳐들어올지 모릅니다. 또 사람이 축복받거나 일이 잘되면 언제나 시기하는 자들이 있습니다. 주위 왕들이 승리한 아브람을 시기하고 경계의 눈초리로 바라보았을 것입니다. 그가 세상을 바라볼 때 두려움에 빠질 수밖에 없었습니다.

또 자신의 처지를 바라볼 때, 아무것도 남는 것이 없었습니다. 전쟁을 치르느라 시간과 정열과 물질을 많이 희생했습니다. 전리품도 믿음으로 취하지 않았으니 후회가 됐을지도 모릅니다. 노년에 전쟁

하였으니 몸도 많이 아팠을 것입니다. 거기다가 상속자 문제만 생각하면 암담한 생각이 들었습니다. 아무리 사래의 배를 조석으로 확인해 봐도 입덧 한번 하지 않고 얼굴엔 주름살만 늘어 갑니다. 그는 이런 현실을 바라보니 점점 절망과 두려움과 회의와 피해 의식이 들었습니다. 그는 이때까지 최선을 다해 신앙생활을 했으나 아무것도 남는 것이 없게 되자 신앙생활의 한계를 느끼기 시작했습니다. 그의 의지와 성실이 바닥이 나기 시작한 것입니다. 그는 외롭고 슬픈 마음을 안고 시험이 들어 방에 누워 있었습니다.

이런 아브람을 하나님은 어떻게 도우십니까? 아브람이 두려움과 피해의식에 빠져 누워 있을 때 하나님은 이상 중에 그에게 임하였습니다. "아브람아 두려워 말라 나는 네 방패요 너의 지극히 큰 상급이니라"(1) 이 말씀은 아브람이 세상과 자기를 바라보지 말고 하나님을 바라보도록 하시는 말씀입니다. 그러면 아브람이 이때 바라봐야 할 하나님은 어떤 분이십니까?

첫째로, 방패 되신 하나님이십니다.

이는 하나님께서 아브람을 모든 위험으로부터 보호해 주시고 원수의 공격으로부터 지켜주시겠다는 것입니다. 방패 되신 하나님은 천지의 주재가 되시는 전능한 분이십니다. 이 하나님은 나의 견고한 요새가 되셔서 진정한 피난처가 되시는 분이십니다. 다윗은 이렇게 하나님을 찬양했습니다. "여호와는 나의 반석이요 나의 요새시요 나를 건지시는 이시요 나의 바위시요 나의 방패시요 나의 구원의 뿔이시요 나의 산성이시로다"(시18:1,2) 세상의 그 어떤 것도, 어느 누구도 우리의 진정한 방패가 될수 없습니다. 오직 하나님만이 진정한 방패가 되십니다. 이 하나님을 의지할 때 가장 안전합니다.

둘째로, 하나님은 지극히 큰 상급이 되십니다.

신앙생활을 하는 데 있어서 보상 문제는 심각합니다. 아무도 손해 보기를 원치 않습니다. 우리는 신앙생활 하면서 하나님께 바라는 것이 있습니다. 성경에도 우리에게 상급주시는 하나님을 믿으라고 하십니다. "믿음이 없이는 기쁘시게 하지 못하나니 하나님께 나아가는 자는 반드시 그가 계신 것과 또한 그가 자기를 찾는 자들에게 상 주시는 이심을 믿어야 할지니라"(히11:6) 모세도 그리스도를 위하여 받는 수모를 애굽의 모든 보화보다 더 큰 재물로 여긴 것은 바로 상 주심을 바라보았기 때문이었습니다.(히11:26) 바울도 평생을 복음을 위해 달려간 후 자신의 죽음을 예고하며 이제는 나를 위해 의의 면류관이 예비 되었노라 하며 하나님께서 주실 상급을 바라보았습니다.(딤후4:8) 우리 신앙에 있어 상급 신앙은 대단히 중요합니다. 우리의 방패가 되어 주시고 상급이 되어 주시는 하나님을 바라 볼수 있기를 축원합니다.

♬나의 힘이 되신 여호와여

2. 아브람의 믿음을 그의 의로 여기신 하나님(2-6)

하나님이 상급이 되어 주신다고 말씀하시자 아브람의 반응이 어떠했습니까? "주 여호와여, 도대체 무엇을 나에게 주시려나이까? 제가 무자하여 상속자가 없는 것을 잘 아시면서 왜 이때까지 상속자를 안 주시는 것입니까? 정 그러시다면 저도 계획이 있습니다. 나의 상속자는 이 다메섹 엘리에셀로 정해야 되겠습니다." 그는 참다못해 하나님께 불평을 늘어놓았습니다. 이를 보면 지금 아브라함이 시험 들어 있는 진짜 이유를 알 수 있습니다. 가장 심각한 것은 자식 문제였던 것입니다.

70이 넘도록 딸자식 하나 없는 아브라함이 여기까지 올 수 있었던 것은 자식을 많이 주어서 큰 민족을 이루게 하시겠다는 하나님의 약속 때문이었습니다. 고향도 떠나고, 객지에서 고생하고, 또 물질 문제로 아내 사래마저 잃을 수 있었고, 조카 롯을 구원하기 위해 목숨마저 던지며 여기까지 왔습니다. 이 모든 역경을 참아내며 양보하며 신앙인으로 헌신하며 살아 온 것은 하나님께 잘 보여서 자식 문제를 해결해 보려고 하는 하나의 열망 때문이었습니다. 그런데 신앙 생활한 지 10년이 지나도 자식 문제는 해결될 기미도 보이지 않았습니다. 그래서 하나님이 너의 상급이 되어 주시겠다고 하자, "하나님, 제게 무엇을 주시려고요, 이제 그만하세요, 더 이상 끌려다니고 싶지 않습니다. 나도 나름대로 다 생각이 있습니다." 하는 것입니다.

우리도 이런 아브라함과 비슷한 점이 있지 않습니까? 하나님을 만나고 너무나 좋습니다. 내가 왜 전에 하나님을 몰랐던가? 좀 더 일찍 하나님을 알았더라면 하는 생각을 합니다. 구원받은 감격과 천국에 대한 소망이 생기니 삶의 희망도 생깁니다. 또 신앙의 친구도 만나니 행복하고, 성경을 배우며 진리에 대한 깨달음이 깊어지면서 영혼의 기쁨을 체험합니다. 찬송하며 신령한 은혜를 맛보게 되고, 기도하면서 삶의 위로와 평안을 누리게 됩니다. 세상에서는 돈 받고 일하는데 교회에서는 헌금하며 봉사하고 헌신하는데도 오히려 감사가 넘치게 됩니다. 그리고 금방 부자 될 것 같고, 금방 내 문제가 해결될 것 같고, 하나님이 모든 것을 다 응답해 주시고 역사해 주실 것 같습니다. 문제는 하나님께 맡기고 나는 오직 하나님을 위해 일만 하리라 그러면 하나님이 내 문제는 다 해결해 주신다는 확신이 듭니다. 롯을 구하기 위해 백발을 휘날리며 전쟁에 참여했던 아브라함처럼 시간과 물질과 몸을 아끼지 않고 심방하고 전도하며 한 영혼이라도 더 전도하고자 땀 흘립니다.

그런데 어느 날 현실을 바라보니 아무것도 해결된 것은 없습니다. 주위를 돌아보니 원수들만 많이 생겼습니다. 물질도 바닥이 나고, 사업도 엉망이고, 자식이 좋아진 것도 아니고, 여전히 나는 어렵고 현실은 막막합니다. 자그마치 10년입니다. 정말 하나님께 미쳐서 여기까지 어떻게 온 줄 모르고 왔던 것입니다. 그런데 돌아보니 남는 것이 없습니다. 지금 아브라함이 그 심정입니다. 그래서 이제 하나님 믿고 기다리지 않고 내 방법대로 하겠다는 것입니다. 집에 있는 종 중에 엘리에셀이라는 괜찮은 아이 하나를 봐 뒀는데 이 아이를 양아들 삼아서 가문을 잇겠다는 것입니다.

하나님은 시험이 들어도 단단히 들어 있는 아브람을 어떻게 도우셨습니까? 하나님은 좁고 어두운 방 안에 있는 그를 이끌고 밖으로 나가셨습니다. 그가 깨닫지 못하자 시청각 교육을 시키십니다. 하늘을 우러러 뭇별을 셀수 있나 보라. 네 자손이 이와 같으리라" 하나님은 먼저 아브라함이 현실 속에 갇혀 있는 시야를 열어 위로 광대한 하늘을 바라보길 원하셨습니다. 끝없이 펼쳐지는 광활한 우주와 그 속에서 반짝이는 수많은 별을 지으신 하나님을 바라보라는 것입니다. 그 전능한 하나님이 네게 왜 자식을 주지 못하겠느냐는 것입니다. 이에 아브람은 어떻게 했습니까?

아브람은 문제 가운데서도 하나님의 말씀에 순종하여 하나둘 별을 세기 시작했습니다. "별 하나 나 하나, 별 둘 나 둘" 이렇게 별을 세는 중에 그의 좁아진 마음 문은 점점 넓어지고, 뭇별을 지으신 무한한 하나님의 세계로 들어가게 되었습니다. 마음 문이 열리자 그의 심령에 비쳐오는 한 줄기 빛을 보았습니다. 그 빛은 생명의 빛이요, 희망의 빛이었습니다. (고후4:6) 그는 이 빛을 통해 우주의 충만한 하나님의 무한하신 능력과 사랑을 깨닫게 되었습니다. 이때 그는 하나님을 절대적으로 믿고 신뢰하게 되었습니다. 그는 믿음의 비밀을 깨닫게 된 것입니다. 그에게 위로부터 지혜와 계시의 영이 임하사 하나님을 알게 된 것입니다.(엡1:17) 그가 하나님을 믿었을 때 모든 두려움과 피해 의식이 사라졌습니다. 그에게 현실적으로 아무것도 해결된 것은 없었지만, 그의 내면에는 놀라운 변화가 일어난 것입니다.

하나님은 이런 아브람을 어떤 자로 인정하셨습니까? "아브람이 여호와를 믿으니 여호와께서 이를 그의 의로 여기시고"(6) 하나님께서 아브람에게 원하시는 것은 바로 이 믿음이었습니다. 아브람은 많은 일을 하거나 업적을 남기지 못했습니다. 또 성인군자처럼 살지도 못했습니다. 그에게는 허물과 실수가 많았고, 우리와 똑같이 연약하고 두려움과 피해 의식에 시달렸습니다. 행위로 한다면 그는 하나님 앞에서 아무 자랑할 것이 없었습니다. 그러나 그는 믿음의 사람이었습니다. 그는 믿음으로 하나님과 바른 관계성을 맺고, 믿음으로 하나님과 연합하였으며, 믿음으로 하나님을 기쁘시게 하였습니다. 아브람은 절망의 때에 믿음의 비밀을 깨닫고 믿음의 뿌리를 내리게 되었습니다.

사랑하는 성도 여러분! 인간적으로 절망의 때는 오히려 믿음을 배울 수 있는 희망의 때입니다. 지금은 코로나가 끝이 보이지 않고, 우리의 현실의 삶도 많이 힘이 듭니다. 이때 눈을 들어 하늘을 바라볼 수 있길 바랍니다. 온 우주의 별들을 창조하신 하나님께서 우리에게 반드시 약속한 축복을 이뤄 주실 것을 바라볼 수 있기를 바랍니다. 믿음의 사람이 되어 하나님께 의롭다 인정받는 복된 성도들이 될 수 있길 축원합니다.

감찰하시는 하나님

말씀 창세기 16:1-16
요절 창세기 16:13

"하갈이 자기에게 이르신 여호와의 이름을 나를 살피시는
하나님이라 하였으니 이는 내가 어떻게 여기서 나를 살피시는
하나님을 뵈었는고 함이라"

우리는 지난 주일 절망 중에 있는 아브람이 다시 한번 영적인 눈을 뜨고 믿음의 비밀을 깨닫게 된 것을 배웠습니다. 그러나 그가 믿음으로 의로움을 얻었지만, 그는 아직도 실수와 허물이 많이 있었습니다. 15장에서는 아브람이 문제에 빠졌으나, 16장에서는 사래가 문제에 빠졌습니다. 가정에는 다시 한번 큰 풍파가 몰아칩니다. 믿음으로 산다는 것이 결코 쉽지만은 아닌 것임을 봅니다. 그러나 이번에도 하나님은 그의 가정 문제를 감찰하시고 해결하여 주십니다.

우리는 오늘 말씀을 통해 부부가 함께 신앙생활하고 신앙의 좋은 동역자가 되어야 하는 것이 얼마나 중요한가를 배울 수 있기를 축원합니다. 또 우리의 일거수일투족을 일일이 감찰하시는 하나님은 어떤 분이신가 배울 수 있기를 축원합니다.

1. 아내의 말을 들은 아브람

15장에서 아브람은 절망 중에 하나님의 소원을 깊이 영접하고 믿음으로 일어서게 되었습니다. 그는 조금씩 영적 세계에 눈을 뜨고 하나님께 믿음으로 의로움을 받았습니다. 그런데 이렇게 은혜가 임할 때 항상 사단의 시험을 주의해야 합니다. 아브람은 믿음의 비밀을 깨닫고 영적으로 성장을 하는데 반면 아내인 사래가 문제였습니다. 사래는 무슨 문제에 빠지게 됩니까?

믿음이 없으므로 사래는 두려웠습니다. 장래가 걱정되었습니다. 특히 자식 문제는 그의 가장 큰 치부요 약점이요 슬픔이었습니다. 늘 아내 된 도리를 못 하고 살기에 자식을 준다는 약속을 믿고 아브람이 고향을 떠날 때도 두말없이 남편을 따라 고향을 떠났습니다. 또 기근 때에는 남편이 누이라고 자기를 속여도 그녀는 자식도 못 낳는 여인이 할 말이 있느냐고 자신을 비하하며 수모를 달게 받았습니다. 오직 자신의 품에서 아들을 안아보는 열망 속에서 인내하며 살아왔습니다. 그런데 기별조차 없고 주름살만 늘어나는 지신을 볼 때 그녀의 가슴은 바싹바싹 타들어 왔습니다.

드디어 사래는 이 문제를 어떻게 해결하고자 했습니까? 당시에는 첩을 들어 아이를 얻는 풍속이 있었습니다. 사래는 세상 방법대로 아이를 얻고자 하였습니다. 그래서 애굽에 내려갔다가 함께 얻어 왔던 여종 하갈을 첩으로 들일 것을 아브람에게 건의하였습니다. 사래의 말을 들은 아브람은 기다리다 지쳤는지 쉽게 사래의 말을 들었습니다.

이들의 문제는 무엇입니까? 첫째, 하나님의 역사를 세상적인 방법으로 섬기려 했다는 것입니다. 둘째, 인내하지 못했다는 것입니다. 신앙생활에서 인내는 매우 중요합니다. 히10:36절은 말합니다. "너희에게 인내가 필요함은 너희가 하나님의 뜻을 행한 후에 약속을 받기 위함이라." 셋째, 아브람이 하나님의 말씀을 믿기보다 사래의 말을 들었다는 것입니다. 이는 중요한 문제입니다. 아담이 범죄한 것도 하나님의 말씀을 듣기보다 아내의 말을 들었기 때문입니다. 아브람이 아무리 믿음의 사람으로 성장하려고 해도 동역자인 아내가 믿음이 없으면 큰 어려움이 있습니다. 아브람이 믿음의 사람으로 성장하기 위해서는 동역자인 사래도 믿음의 사람이 되어야 했습니다. 우리는 여기서 한 가정이 하나님을 온전히 섬기기 위해서는 가정이 모두 한마음으로 하나님을 섬겨야 되는 것을 배우게 됩니다. 우리의 가정들이 부부가 함께 하나님을 경외하는 믿음의 가정들이 될 수 있기를 축원합니다.

2. 인간적인 문제해결의 결과

하갈은 잉태하여 마음이 교만해져서 여주인을 멸시하고 안방마님 행세를 하기 시작했습니다. 하갈은 밥이나 설거지도 하지 않고 맛있는 음식만 먹고, 배 속의 아이를 위한다고 요즘 유행하는 미스터 트롯의 음악만 들었습니다. 그리고 사래 앞에서 나오는 배를 더 내밀었습니다. 그의 배가 불러감에 따라 교만도 점점 커져 갔습니다. 이로 인해 가정의 질서가 파괴되고, 평온하던 가정에 풍파가 일어나기 시작했습니다. 사래는 그렇지 않아도 서러운데 여종에게조차 멸시를 받으니 분하여 견딜 수 없었습니다. 사래는 아브람이 하갈을 지나치게 사랑하여 교만하게 만들었기 때문에 그 책임을 아브람이 져야 한다고 했습니다(5). 이때 아브람이 만일 하갈 편을 들었다면 문제는 더 심각해졌을 것입니다. 그러나 아브람은 사래에게 "그대의 여종은 그대의 수중에 있으니 그대의 눈에 좋은 대로 그에게 행하라"고 하며 질서를 세워 주었습니다. 그러자 사래는 하갈을 학대하기 시작했고, 하갈은 견디다 못해 도망을 갔습니다. 아브람의 가정은 해결하기 힘든 복잡한 인간 문제에 말려들게 되었습니다. 아브람과 사래가 믿음으로 참지 못하고 인간적인 방법을 쓴 결과, 사랑과 은혜와 평화가 충만하던 가정이 멸시와 학대, 투기와 미움, 원망과 분쟁, 고통과 슬픔으로 가득 차게 되었습니다. 뿐만 아니라 역사적으로 이스라엘과 아랍 간에 원한과 대적과 분쟁의 불씨를 낳게 했습니다.

사랑하는 성도 여러분! 우리가 예수님을 만나기 전 세상 풍조를 따라서 문제의식 없이 살았습니다(엡2:2). 그러나 예수님을 믿고 난 후 새사람이 되어서는 하나님의 말씀에 근거한 삶을 살아야 합니다. 그렇기에 신앙생활 할 때 세상 풍습과 성경의 말씀과 부딪힐 때가 있습니다. 아브람에게 있어서 씨받이로 자손을 잇는 것은 세상 풍속이었으나 하나님의 방법은 그게 아니었듯이 말입니다. 우리는 아무리 세상 풍속이고 전통이라 하더라도 하나님이 원하지 않는 것에 대해서는 끊을 수 있어야 되고, 부부가 합심하여 하나님의 말씀에 순종할 수 있어야 합니다. 그래야 죄를 안 짓고, 신앙으로 세워지는 기독교 명문가문을 만들 수 있습니다. 그렇지 않으면 감당할 수 없는 문제를 만나게 될 수 있습니다. 부부가 합심하여 믿음의 가문을 세워 나가는 우리 성도님들이 되길 축원합니다.

3. 하나님의 사랑

하나님은 아브람을 책망하지 않으시고 뒤에서 그의 허물과 실수를 다 감당해 주셨습니다. 하나님은 먼저 사래에 의해 집에서 쫓겨난 하갈을 찾아갑니다. 하갈은 애굽에서 살다 어린 처녀의 몸으로 남의 집 종이 되어 가족들과 헤어져 먼 타국 가나안까지 왔습니다. 슬픔의 세월을 보내던 중 첩으로 들어가 주인의 아이를 배었을 때 그래도 행복한 순간을 맛보는가 싶었습니다. 그런데 안방마님의 핍박에 못 이겨 아이를 밴 채 집에서 쫓겨나온 불쌍한 신세가 되었습니다. 이역만리 타국땅에서 하갈은 집 잃고 남편 잃고 홀몸에 아기까지 배고 방황하는 신세가 되었으니 그 인생 편에서 볼 때 참으로 가련합니다. 하갈은 아무도 이 세상에서 자신의 사정을 헤아려 주거나 이해해 주거나 할 사람은 없다고 생각하며 광야를 방황해야 했습니다.

♬지치고 상한 내 영혼

이런 하갈에게 누가 찾아왔습니까? 하나님은 버려진 하갈을 찾아왔습니다. "사래의 여종 하갈아, 네가 어디서 와서 어디로 가느냐?" 하나님의 사자는 하갈에게 그의 존재 위치를 물었습니다. 그리고 그의 문제가 자기 분수를 잃어버리고 교만해져서 질서를 깬 것이므로 여주인에게 돌아가서 그 수하에 복종하라고 도와주셨습니다. 이렇게 하여 하나님께서는 아브람과 사래와 하갈 모두를 살려주었습니다. 사람을 도우시는 하나님의 지혜는 참으로 놀랍습니다. 하나님은 하갈이 낳을 아들로 크게 번성할 것과 그 이름을 이스마엘이라 하고, 또 장차 그가 어떤 생활을 할 것인가도 말씀해 주셨습니다. 이에 하갈은 자기에게 이르신 여호와의 이름을 감찰하시는 하나님이라 하였습니다. 이 감찰하시는 하나님은 어떤 분이십니까?

첫째, 항상 우리를 가까이서 지켜보시는 분이십니다.

우리는 어려운 일을 당하면 하나님이 주무시는 것같이 생각이 듭니다. 그러나 하나님은 졸거나 주무시지 아니하시고 항상 우리를 지켜보시는 분이십니다(시121:4). 역대하 16:9절에 보면 "여호와의 눈은 온 땅을 두루 감찰하사 전심으로 자기에게 향하는 자를 위하여 능력을 베푸시나니" 하였습니다. 또 다윗은 시편 139:1-4절에서 이렇게 노래했습니다. "여호와여 주께서 나를 살펴보셨으므로 나를 아시나이다 주께서 내가 앉고 일어섬을 아시고 멀리서도 나의 생각을 밝히 아시오며 나의 모든 길과 내가 눕는 것을 살펴보셨으므로 나의 모든 행위를 익히 아시오니 여호와여 내 혀의 말을 알지 못하시는 것이 하나도 없으시니이다" 이 하나님 앞에서 아무것도 숨길 것이 없습니다. 이 하나님 앞에서 살 때 함부로 생각할 수 없고, 함부로 행동할 수 없고, 함부로 생활할 수 없습니다.

둘째, 감찰하시는 하나님은 우리의 고통과 슬픔과 어려움을 외면치 않으시고 돌봐 주시는 분이십니다.

하나님께서는 이스라엘이 애굽에서 노예 생활을 하며 신음할 때 그들의 고난을 감찰하셨습니다(출3:16, 4:31). 하나님은 무거운 몸을 이끌고 버림받았다는 비통함으로 절망하는 하갈을 외면치 않으시고 돌아보셨습니다. 비천한 그를 찾아오시고 소망을 주셨습니다. 이 하나님은 은혜의 하나님이요, 사랑의 하나님이십니다. 하갈은 하나님께서 주신 방향에 순종하여 집으로 돌아와서 이스마엘을 낳았습니다. 그때 아브람의 나이는 86세였습니다.

아브람에게도 이 하나님은 감찰하시는 하나님, 사랑의 하나님이셨습니다. 또 한 번의 실수로 가정이 파괴되고 얼마나 마음고생이 심하였겠습니까? 아무것도 해결할 수 없어 손 놓고 좌절하고 있을 때 하나님은 이번에도 발 벗고 나서서서 문제를 해결해 주고 있습니다. 이 하나님은 아브람에게도 고통과 슬픔을 외면치 않으시고 돌봐 주시는 사랑의 하나님이셨습니다.

사랑하는 성도 여러분!

나 홀로 외로이 고통과 방황의 긴 세월을 보내지는 않았습니까? 그러나 하나님은 우리의 모든 것을 아시고 감찰하고 계십니다. 아브람도 실로 허물과 죄가 많은 소망 없는 사람이었습니다. 그러나 하나님의 섬세하신 돌봄과 감찰하시는 은총 속에 그는 사랑을 먹고 성장하였습니다. 그리고 비로소 믿음의 조상이 될 수 있었습니다. 이 하나님 앞에 빈 손 들고 나올 수 있기를 바랍니다. 하나님은 오늘도 방황하는 인생들을 기다리고 계십니다. 지치고 상한 내 영혼을 받아 주시도록 하나님께 나올 수 있길 축원합니다.

여러 민족의 아버지가 될지라

"보라 내 언약이 너와 함께 있으니
너는 여러 민족의 아버지가 될지라"

오늘 말씀은 하나님께서 아브람을 아브라함으로 개명하여 주시며 그를 여러 민족의 아버지로 세우시는 장면이 나오고 있습니다. 아브람은 믿음으로 의롭다 함을 받고서도 또다시 인간적인 생각으로 넘어졌습니다. 그는 아직도 자기중심적이고 소시민적이었습니다. 하나님은 이런 아브람의 이름을 개명해 주시며 아브람에게 두신 하나님의 소원이 얼마나 크고 원대한가를 가르쳐 주십니다. 우리도 오늘 말씀을 통하여 여러 민족의 아버지 어머니로 부르시는 하나님의 소원을 깊이 영접하고 변화 받는 복된 시간이 되시기를 축원합니다.

1. 13년간의 영적인 공백기

하나님은 언제 아브람에게 나타나셨습니까? 하갈의 몸에서 이스마엘을 낳은 지 13년 만이었습니다. 하나님은 아브람에게 나타나자마자 무엇이라고 말씀하십니까? "너는 내 앞에 행하여 완전하라" 하나님은 책망부터 하십니다. 하나님이 침묵하시던 13년 동안 아브람이 어떤 생활을 했길래 하나님에게 책망을 받는 것입니까? 17, 18절을 보십시오. 하나님께서 사라가 그에게 아들을 낳아 줄 것을 말씀하시자, 아브람은 엎드리어 웃으며 심중에 말했습니다. "백세된 사람이 어찌 자식을 낳을까, 사라는 구십 세니 어찌 생산하리요" 그리고 "이스마엘이나 하나님 앞에 살기를 원하나이다" 하며 소원을 아뢰었습니다. 여기엔 그의 두 가지 문제가 드러나 있습니다.

첫째. 백세된 사람이 어찌 자식을 낳을까 하는 불신입니다.

아브람이 75세로서 처음 신앙 출발할 때는 그래도 가능성이 있었습니다. 그런데 5년이 흐르고 10년이 흐르고 20년이 넘어서자 아브람의 마음에는 깊은 불신의 돌이 자리 잡게 되었습니다. 늙어버린 사래가 아이를 낳는다는 것은 도저히 불가능하였습니다.

우리는 여기서 대부분의 사람이 어떤 가능성이 있을 때 믿음도 가지는 것을 봅니다. 어떤 1%의 가능성이 있을 때 그것을 꼬투리로 믿음도 가집니다. 그런데 그 1%의 가능성마저 없어지게 되면 믿음도 포기하고 기도하기를 포기합니다. 마가복음 5장에는 회당장 야이로의 딸을 살리신 장면이 나옵니다. 회당장 야이로는 예수님께 딸이 병들어 죽게 되었으니 와서 고쳐달라고 하였습니다. 예수님이 말을 듣고 급히 가는 중에 열두 해를 혈루증으로 앓는 여인을 만나 그 여인의 병을 고쳐주고 대화하게 되었습니다. 그때 회당장의 집에서 사람들이 와서 말하기를 딸이 이미 죽었으니 더 이상 선생님을 괴롭게 말라고 하였습니다. 아무리 중병이라도 목숨이 살아있을 때는 그래도 믿음을 가지고 예수님께서 나왔지만 목숨이 끊어지자 믿음도 포기하는 것을 보게 됩니다. 우리의 믿음은 이처럼 상황에 따라 요동하고 있습니다. 아브람도 마찬가지였습니다. 하나님은 이런 아브람에게 완전한 믿음을 요구하셨습니다.

둘째, 이스마엘이나 하나님 앞에 살기를 원하는 소시민적인 삶입니다.

사람이 믿음이 떨어지면 현실과 타협하게 됩니다. 현실 속에서 자신의 신앙을 합리화하고 타협점을 찾아서 돌출구를 만듭니다. 아브람은 그동안 후사 문제로 많은 고생을 하였습니다. 후사 문제는 그에게 있어서 반드시 해결되어야 하는 인생 문제였습니다. 그는 이 문제 때문에 마음고생도 많이 하고 문제에 빠진 적도 많았습니다. 그러나 이 문제를 통해 믿음의 비밀을 깨닫고 끊임없이 기도하고 투쟁할 수 있었습니다. 하나님은 아들을 준다는 미끼를 던져놓고 지금까지 아브람을 신앙 훈련시키시고 믿음의 세계로 그를 인도하였습니다.

그런데 이스마엘이 태어난 이후부터 상황이 아주 달라졌습니다. 첩에게서 낳은 아들이지만 그래도 자기 피가 섞인 아들을 품에 앉게 된 것입니다. 심각한 후사 문제가 해결된 것입니다. 그는 더 이상 기도하고 힘써 투쟁하지 않아도 되었습니다. 그는 매일 이스마엘과 함께 공놀이도 하고 씨름도 하며 고상한 아버지가 되고자 애를 썼습니다. 이스마엘이 말을 하고 재롱을 부리자 이것이 자식 키우는 재미구나 느꼈습니다. 성경 보는 시간보다 아들 동화책 읽어 주는 시간이 많았고, 전도하러 가기보다 아들 데리고 공원을 갔습니다. 후사 문제로 기도할 필요가 없어지자 새벽 기도하는 시간엔 아들 깨어서 씻겨주고 밥 먹이고 가방 챙겨서 유치원 보내는 데 바빴습니다. 여기에는 전에 맛보지 못했던 잔재미가 있었습니다. 그는 점점 아기와 자기를 중심한 아기자기한 생활에 빠졌습니다. 그는 자기만족에 빠져 하나님께서 자기에게 두신 큰 뜻을 잊어버리고 소시민적으로 되어 가고 있었습니다. 인생 문제가 해결되자 마음에 영적 소원이 사라지고 믿음으로 사는 생활이 부담스럽고 무거운 짐으로 느껴졌습니다. 겉으로는 아무 문제가 없이 신앙생활 잘하는 것 같았지만 내면 깊은 곳에는 영적 소원이 사라지고 그의 영적 생명은 썩어 가고 있었습니다.

여기서 볼 때 우리에게 해결 안 된 인생의 문제와 기도 제목이 있다는 것은 오히려 영적 성장과 투쟁을 위한 기회요 은혜인 것을 배웁니다. 이처럼 아브람이 사명을 잃어버리고 소시민적인 삶을 살아온 13년간의 세월은 성경에 기록하고 있지 않습니다. 무익한 시간이요 하나님이 보시기에 아무런 의미가 없는 기간이었습니다. 비록 문제가 있지만 그 문제를 가지고 투쟁할 때 하나님은 그를 기뻐하시고 실수와 허물도 감당하여 주시며 상처는 싸매주었습니다. 기독교는 땅속 카타쿰에서 꽃을 피웠지만 로마의 호화로운 성전 속에서 부패하였습니다.

오늘날 우리 시대의 기독교는 빌딩 속에서 잠들어가고 있습니다. 습기 찬 카타쿰과 같은 시절엔 간절했고, 기도로 밤을 새웠으며, 전도의 열정이 충만했고, 영적 소원도 충만하여 말씀이 꿀송이같이 달았으며, 생활이 힘들고 어려워도 영적으로 깨어 있었습니다. 그러나 멋있게 세워진 성전과 안락한 생활 속에 우리의 영적 소원은 사라졌습니다. 배에 기름이 끼는 순간 우리의 영성에도 비만이 걸려 많은 영적 성인병을 앓고 있습니다. 그런데 지금 우리에게도 모든 문제가 해결되었습니까? 해결 되지 않은 인생 문제와 기도 제목들이 아직 있습니다. 잊은 것이지 없어진 것이 아닙니다. 코로나19의 계속되는 압박 속에서 우리를 깨우시는 하나님의 손길을 다시 한번 느낄 수 있기를 바랍니다.

♬달리다굼

2. 하나님의 책망

이런 아브람에게 하나님은 무엇이라 자신을 계시하여 주십니까? "나는 전능한 하나님이라" 왜 갑자기 하나님은 자신을 전능한 하나님이라고 소개하는 것입니까? 평소 친구같이 지내던 비서실장에게 무엇인가 지엄한 명령을 내릴 때 "나 대통령이야" 하는 것과 같습니다. 하나님은 아브람에게 무엇이라 명하십니까? "너는 내 앞에 행하여 완전하라" 이 말씀의 의미가 무엇입니까?

첫째, 불신을 회개하라는 것입니다.

전능한 하나님을 믿고 100%의 믿음을 가지라는 것입니다. 우리는 내가 불가능하니까 하나님도 불가능한 분으로 착각합니다. 하나님은 이런 식으로 평가받으시는 것을 가장 싫어하십니다. 예수님은 귀신 들린 아이를 놓고 반신반의하는 아이의 아버지에게 말씀하셨습

니다. "할 수 있거든이 무슨 말이냐 믿는 자에게는 능히 하지 못할 일이 없느니라"(막9:23)

둘째, 하나님의 약속을 굳게 붙들고 사명인의 삶을 살라는 것입니다.

아브람은 고상한 아버지로서 자식들로부터 사랑과 존경을 받으며, 주위 사람들로부터 인정받으며 아기자기하게 살기를 원했습니다. 그의 소원은 자기 중심적이고 현실적이고 소시민적이었습니다. '이스마엘이나 하나님 앞에서 살기를 원합니다.' 이것이 그의 마음입니다. 그의 꿈은 평범한 생활인의 삶이었습니다. 직장에 나가서 일하다가 돌아와서 아내가 차려주는 된장찌개에 밥을 먹고 이스마엘과 놀아주다가 잠이 오면 잠들었습니다. 그렇게 평일을 보내다 주일에는 교회 와서 잠시 있다가 돌아가므로 하나님께 대한 어떤 일련의 의무를 했다는 것으로 만족하며 하루하루를 살아가는 아주 평범한 삶이었습니다. 거기에 좀 더 좋은 집에, 좋은 차를 굴리며 아무 사고 없이 그렇게 살아가는 것, 이것이 그의 꿈이요 소망이었습니다.

그러나 하나님의 소원은 무엇입니까? '너는 여러 민족의 아버지가 될지라'(4) 창세기 12:2절 '복이 되라'는 말이 여러 민족의 아버지로 구체화 되었습니다. 하나님께서 그에게 두신 소원은 그가 여러 민족의 아버지가 되어 세계 만민을 품고 섬기며, 축복의 통로로 사명인의 삶을 사는 것이었습니다. 하나님은 아브람을 여러 민족의 아버지로 삼기 위해 구체적으로 그의 이름을 '아브람'에서 '아브라함'으로 바꾸어 주셨습니다.(5) 이름은 그 사람이 어떤 존재인가를 나타냅니다. '아브람'은 '고상한 아버지'란 뜻으로 여기에는 아기자기한 소시민적인 이미지가 떠오릅니다. 그러나 '아브라함'이란 '여러 민족의 아버지'라는 뜻으로, 여기에는 수많은 종류의 사람을 품고 섬기는 사명인적인 삶을 사는 이미지가 연상됩니다. 그러므로 이렇게 이름을 바꾸어 주신 것은 내면성의 변화를 통해 그의 이미지를 형성하고자 하신 것입니다. 부인 사래의 이름도 "사라'로 바꾸어 주셨습니다(15).

아브람이 개울과 같은 내면성의 소유자라면 아브라함은 태평양과 같은 내면성의 소유자라고 할 수 있습니다. 개울에는 작은 물고기들이 올망졸망 살 수밖에 없습니다. 태평양에는 새우부터 고래에 이르기까지 크고 작은 각종 물고기가 수없이 많이 살 수 있습니다. 이처럼 하나님은 아브라함이 여러 민족을 품고 믿음의 사람들을 키우는 위대한 사명인의 인생을 살기 원하셨습니다. 사명인의 인생에는 많은 아픔과 희생이 따릅니다. 그러나 여기에는 참된 인생의 의미와 생명의 열매가 있습니다.

하나님께서는 지금도 우리에게 소원을 두고 역사하십니다. 빌립보서 2:13절에 보면 "너희 안에서 행하시는 이는 하나님이시니 자기의 기쁘신 뜻을 위하여 너희에게 소원을 두고 행하게 하시나니" 베드로 사도는 이 하나님의 소원이 무엇인가를 구체적으로 말하고 있습니다. "너희는 택하신 족속이요 왕 같은 제사장들이요 거룩한 나라요 그의 소유 된 백성이니 이는 너희를 어두운 데서 불러내어 그의 기이한 빛에 들어가게 하신 이의 아름다운 덕을 선포하게 하려 하심이라"(벧전2:9) 하나님은 나를 통해 이 시대에 죄로 멸망해 가고 있는 수많은 영혼을 구원코자 하십니다. 직장을 다니고 돈을 벌고 밥하고 빨래하고 이런 일은 생활인으로서 당연히 해야 할 일입니다. 그러나 그 외에 진정 우리의 인생을 인생답고 위대하게 하는 것은 하나님께서 우리에게 두신 소망이라는 것입니다. 이는 하나님이 우리와 세우는 하나님의 언약입니다. 이것이 바로 사명입니다. 우리 하나님의 자녀들은 모두 사명자입니다. 지옥갈 수밖에 없는 한 생명에게 복음을 전하여 구원하는 일, 이들이 하나님을 예배하는 삶을 살도록 하는 일, 이를 위하여 주님의 몸 된 교회를 위하여 헌신하고 섬기는 일, 세계 선교를 위해 헌신하고 기도하는 일, 이것이 우리가 감당해야 하는 사명입니다.

사랑하는 성도 여러분! 바울 사도는 우리 성도들을 경기하는 선수요, 또 전쟁을 치르는 군인이라고 여러 번 비유하여 강조하였습니다. 이들은 모두 국가를 대표하여 나가 싸우는 분명한 사명을 가지고 살아갑니다. 우리는 하나님 나라의 영광을 위하여 살아야 하는 사명인입니다. 사명은 영광이며, 생명이며, 축복입니다. 아브람이 아니라 아브라함으로 살아가는 우리 성도들이 될 수 있기를 축원합니다.

너와 네 후손의 하나님이 되리라

말씀 창세기 17:9-27
요절 창세기 17:19

"하나님이 이르시되 아니라 네 아내 사라가 네게 아들을 낳으리니
너는 그 이름을 이삭이라 하라 내가 그와 내 언약을 세우리니
그의 후손에게 영원한 언약이 되리라"

지난 한 주간은 날씨가 참으로 무더웠습니다. 그런데 생각해 보니 참 감사했습니다. 날씨가 무더우니 에어컨 판매하는 사람들, 아이스크림을 판매하는 사람들, 그리고 더위를 피해 해수욕장을 찾는 사람들이 많다 보니 인근에서 장사하는 사람들이 좋아할 것입니다. 학생들은 방학해서 좋고, 직장인들도 휴가를 받아서 좋고, 날씨가 더우니 그늘에서 쉴 때 참 기분이 좋습니다. 일 년을 지내며 추운 겨울, 봄의 햇살, 여름의 더위, 가을의 풍성한 수확, 이렇게 사계절을 다 누리며 살 수 있다는 것이 얼마나 감사한지 모릅니다. 이 모든 것이 이 땅을 아름답고 풍성하게 지으시고 이 좋은 것을 우리에게 선물해 주신 하나님의 은혜입니다.

이 전능하시고 사랑이 많으신 하나님이 우리의 하나님이 되시고 아버지가 되시는 것입니다. 그리고 우리 대에서 끝나는 것이 아니고 우리 후대, 대대손손이 이 하나님을 섬기고 살기를 하나님은 원하십

니다. 오늘 말씀에서 이와 같은 하나님의 의지와 뜻을 분명하게 아
브라함에게 계시하여 주십니다. 그리고 하나님이 친히 아브라함과
언약을 체결하십니다. 오늘 말씀을 통하여 우리와 우리 가문을 통
해서 이루고자 하시는 하나님의 뜻과 소망을 깊이 영접하고 은혜받
는 복된 시간이 되기를 축원합니다.

1. 언약을 세우시는 하나님

7, 8절을 보십시오. "내가 내 언약을 나와 너 및 대대 후손 사이에
세워서 영원한 언약을 삼고 너와 네 후손의 하나님이 되리라. 내
가 너와 네 후손에게 네가 거류하는 이 땅 곧 가나안 온 땅을 주어
영원한 기업이 되게 하고 나는 그들의 하나님이 되리라" 이 말씀에
는 하나님께서 아브라함과 언약을 세우시는 목적이 잘 나타나 있
습니다.

첫째, 하나님께서 아브라함과 그 후손의 하나님이 되고자 하심입
니다.

"나는 그들의 하나님이 되리라" 이 말씀에는 아브라함을 통해 무너
진 창조의 질서를 바로잡고자 하시는 하나님의 소원이 잘 나타나 있
습니다. 하나님은 만물을 창조하신 창조주이십니다. 세상의 모든 피
조물은 마땅히 창조주 하나님을 경배하고 섬기고 복종하고, 그에게
찬송과 경배와 영광을 돌려야 합니다. 그러나 인생들은 하나님을
알되 하나님을 영화롭게도 아니하고 감사치도 아니하였습니다(롬
1:21). 그리고 오히려 헛된 우상을 숭배하였습니다. 세상이 어그러지

고 삐뚤어진 세대가 된 것은 하나님을 하나님으로 대접하지 않았기 때문입니다. 하나님은 이런 세상을 불쌍히 여기시고 아브라함을 통해 세상에 창조 질서를 바로 세우고, 만유를 회복하고자 하시는 것입니다. 아브라함의 후손들은 모두가 하나님을 섬기는 거룩한 백성이 되게 하십니다. 그리고 그들을 통하여 하나님께서 영광 받으십니다.

둘째, 사랑과 보호의 약속입니다.

하나님은 아브라함과 그 후손들 곧, 믿음으로 사는 자들에게 그들의 하나님이 되셔서 필요한 땅을 주시고 보호하시겠다고 약속하십니다. 멸망 받은 인생들이 전능한 하나님의 자녀가 되어 하나님의 사랑을 받고 보호와 관심의 대상이 된다는 것은 실로 놀라운 축복입니다. 이 축복과 은혜가 한 세대에 끝나지 않고 대대로 후손들에게 이어지게 하는 것입니다. 이것이 하나님의 소원입니다.

2. 언약의 계승은 하나님의 뜻입니다.

9절을 보십시오 "하나님이 또 아브라함에게 이르시되 그런즉 너는 내 언약을 지키고 네 후손도 대대로 지키라."(창17:9) 오늘 하나님은 아브라함을 만나 주시고 아브라함에게 축복하십니다. 그리고 이 약속을 대대 후손이 계승하라는 것입니다. 이것이 바로 신앙의 계승입니다. 우리 예수 믿는 성도들은 믿음으로 말미암는 아브라함의 자손입니다(갈3:7). 우리는 하나님의 거룩한 언약 백성입니다. 하나님과 맺은 이 구원의 언약은 우리 당대에 끝나는 것이 아니라 후대에 계승되고 이어져야 합니다. 하나님께서는 아브라함에게 요구하신 것처럼 우리와 우리 자손의 하나님이 되시기를 원하십니다. 그렇게 되기 위해서 후손들에게 하나님의 구원 언약을 가르치라는 것입니다.

유대인의 지혜서 탈무드에 '어리석은 부모는 자녀에게 재산을 남기고, 양식 있는 부모는 자녀에게 지식을 남기고, 지혜로운 부모는 자녀에게 신앙을 남긴다'고 말했습니다. 지혜로운 부모는 자녀에게 무엇보다도 신앙을 남겨준다는 신념과 믿음 덕분에 유대인들은 아브라함 이후 지금까지 약 4,000년 동안 어느 민족보다 뛰어나고 탁월한 영향력을 주고 있습니다. 오늘 우리가 다시 하나님의 말씀으로 돌아와서 주목해야 할 중요한 부분이 바로 이 부분입니다. 유대민족뿐만 아니라 믿음의 조상 아브라함 이후의 모든 하나님을 믿는 세대의 사람들에게 명령하신 말씀은 믿음의 계승, 신앙 유산의 계승, 하나님 말씀의 계승이라는 명령입니다. 이 명령에 순종하는 구원받은 언약 백성이 되길 축원합니다. 그래서 기독교 명문가문, 믿음의 가문, 복의 가문을 이룰 수 있기를 축원합니다.

3. 신앙 유산은 천대까지 복을 받는 길입니다.

우리가 꼭 기억해야 할 것이 있습니다. 하나님은 우리가 바라는 것을 이루어주시기 위하여 하나님을 믿게 하지 않습니다.

하나님을 믿으라는 것은 하나님이 누구인지 알고 그 하나님을 하나님으로 인정하고 믿으라는 것입니다. 이것이 다른 미신과 다른 것입니다. 이것이 모든 거짓 우상 종교와 다른 것입니다. 우상 종교는 사람들이 바라는 것을 이루기 위해 신을 만들고 섬깁니다. 그러나 우리 기독 신앙은 하나님을 알고 그 하나님을 경외하는 것이며, 그 하나님을 사랑하고, 하나님을 하나님으로 인정하고 공경하며 섬기는 것입니다. 하나님의 뜻에 순종하고 하나님이 원하는 삶을 사는 것입니다. 그것이 우리의 사명이며 본문이며 목적이 되는 것입니다. 그러므로 우리가 하나님이 어떤 하나님이신가를 모르면 믿음으로 세워진다는 것은 불가능합니다.

그래서 우리는 먼저 하나님을 바로 알아야 합니다. 그리고 자손들에게 하나님에 대하여 가르쳐야 됩니다. "이스라엘아 들으라 우리 하나님 여호와는 오직 유일한 여호와이시니 너는 마음을 다하고 뜻을 다하고 힘을 다하여 네 하나님 여호와를 사랑하라 오늘 내가 네게 명하는 이 말씀을 너는 마음에 새기고 네 자녀에게 부지런히 가르치며"(신6:4-7) 우리가 믿고 가르쳐야 할 하나님은 유일하신 참 하나님입니다. 전 우주를 창조하신 창조주 하나님, 생명의 근원이고(시100:3), 모든 것을 주관하고 다스리는 전능하신(사9:6) 하나님을 우리는 믿고 또 가르치는 것입니다.

♬마음을 다하고

그런데 이렇게 신앙 유산을 계승하라 하시는 숨은 이유는 사실은 우리에게 복 주기 위한 하나님의 사랑입니다. 건강의 복, 물질의 복, 지혜의 복, 자녀의 복, 생명의 복, 가문의 복 모두는 다 하나님에게 있습니다. 그래서 하나님의 언약 말씀이라고 부르는 십계명(출34:28 신4:13) 중에 이런 약속이 있습니다. "너를 위하여 새긴 우상을 만들지 말고 또 위로 하늘에 있는 것이나 아래로 땅에 있는 것이나 땅 아래 물속에 있는 것의 어떤 형상도 만들지 말며, 그것들에게 절하지 말며 그것들을 섬기지 말라 나 네 하나님 여호와는 질투하는 하나님인즉 나를 미워하는 자의 죄를 갚되 아버지로부터 아들에게로 삼사 대까지 이르게 하거니와 나를 사랑하고 내 계명을 지키는 자에게는 천 대까지 은혜를 베푸느니라."(출20:4-6) 하나님의 언약 말씀을 지키는 믿음을 가진 가문은 천대까지 은혜를 베푸시겠다는 것입니다. 아브라함에게 맹세로 주신 복인 "내가 반드시 너에게 복 주고 복 주며 너를 번성하게 하고 번성하게 하리라"(히6:14)는 이런 복이 가문의 천대까지 이루어지는 것입니다.

하나님의 은혜가 천대까지 베풀어지는 것은 오직 하나님을 섬기는 신앙이 후손들에게 대대로 이어지는 길밖에 없습니다. 역대상 16:15절은 이렇게 말합니다. "너희는 그의 언약 곧 천 대에 명령하신 말씀을 영원히 기억할지어다." 신명기 5:10절 "나를 사랑하고 내 계명을 지키는 자에게는 천 대까지 은혜를 베푸느니라." 다윗도 그의 아들 솔로몬에게 신앙 유산으로 주신 말씀이 이것입니다. "내 아들 솔로몬아 너는 네 아버지의 하나님을 알고 온전한 마음과 기쁜 뜻으로 섬길지어다. 여호와께서는 모든 마음을 감찰하사 모든 의도를 아시나니 네가 만일 그를 찾으면 만날 것이요 만일 네가 그를 버리면 그가 너를 영원히 버리시리라."(대상28:9) 다윗은 이스라엘을 통일시킨 절대적 권력을 가진 왕이었지만 아들 솔로몬에게 물려주고 싶었던 것은 하나님을 알고 온전한 마음과 기쁨으로 섬기는 신앙이었습니다. 하나님으로부터 버림받지 않는 아들이 되는 것이 아버지 다윗의 소망이고 믿음이었습니다.

4. 언약의 표징

9-14절까지는 하나님께서 아브라함에게 하신 언약을 견고케 하기 위해 할례를 받도록 하셨습니다. 할례는 언약의 표징으로서 하나님께서 그와 그 후손 사이에 세우는 영원한 언약이었습니다. 그런데 하나님께서 할례를 행하는데 아브라함과 그 후손의 집에 있는 자는 선민이나 이방인을 막론하고 다 할례를 받으라고 말씀하셨습니다. 여기에는 만민 구속의 원리가 나타나 있습니다. 하나님은 선민이 이방화가 되는 것은 금하셨지만, 이방이 선민화되는 것은 원하셨습니다. 이는 신자가 세속화되는 것은 금하시지만, 불신자가 신자가 되는 것은 기뻐하신다는 것입니다.

할례는 깨끗이 한다는 뜻과 세상 사람들과 구별되어 선민이 된다는 두 가지 뜻이 있습니다. 즉 순결과 성별의 뜻이 있습니다. 할례는 육신의 죄와 더러움을 제거하고 하나님이 백성으로서 성별된 자가 된다는 표입니다. 이 할례가 후에 형식적으로 되었을 때 선지자들은 마음의 할례를 강조 했습니다. 마음의 할례는 마음으로부터 죄를 회개하고 하나님의 뜻에 순종하며, 마음과 뜻과 힘을 다하여 하나님을 사랑하는 것입니다(신30:6). 이 할례는 신약에 와서는 세례가 되었습니다. 할례는 자기 뜻을 부인하고 하나님의 뜻대로 살겠다는 순종의 표시입니다. 또한 죄악 된 자아를 부인하고 하나님의 크신 소원을 영접하고, 그 소원을 좇아 살겠다는 결단의 표시입니다. 아브라함은 그날 즉시 할례를 행했습니다. 아브라함은 말만 하는 자가 아니요 실천하는 신앙인이었습니다.

사랑하는 성도 여러분! 우리는 자녀들과 후손에게 무엇을 남겨주기를 원합니까? 진정으로 어떤 가문이 세워지고 만들어지길 원하십니까? 세상에서 잘 되는 것도 목표가 될 수 있습니다. 성공하거나 유명해지고 명예롭게 되는 것도 자랑스러울 수 있습니다. 명문대에 가고 유학하고 멋진 결혼을 하는 것도 희망이 될 수 있습니다. 그러나 이런 것들은 잠시 피었다가 지는 꽃과 같은 것들입니다. 천대까지 은혜가 내려오도록 하는 것은 하나님만을 섬기는 신앙 이외에는 불가능합니다. 하나님의 축복을 천대까지 받는 은혜가 우리에게 있기를 축원합니다. 아브라함과 이삭과 야곱의 가문처럼 신앙 유산이 상속되는 믿음의 가문, 영광의 가문, 복의 가문을 세워갈 수 있기를 축원합니다.

성숙한 아브라함의 삶

“그가 이르시되 내년 이맘때 내가 반드시 네게로 돌아오리니
네 아내 사라에게 아들이 있으리라 하시니
사라가 그 뒤 장막 문에서 들었더라”

부모가 자녀를 낳아 키울 때 항상 철모르는 어린아이로 남아 있기를 바라지 않습니다. 배울 것 다 배우고 어른이 되면 이제 부모와 함께 집안 경조사도 같이 하고 사업도 같이 하고 모든 일은 서로 상의 하며 일을 해 나가게 됩니다. 동역자요 친구가 되는 것입니다. 나중에는 보호자가 됩니다. 부모는 이런 재미로 자식을 낳아 기릅니다. 오늘 본문은 하나님께서 아브라함을 친구 삼으셔서 하나님의 뜻을 함께 이루어 나가시는 사건이 나옵니다.

신앙은 성장이 있어야 됩니다. 성장하려면 성장 목표가 있어야 됩니다. 자기중심적인 것을 버리고 하나님의 뜻을 섬기는 동역자들이 될 수 있어야 합니다. 그러면 어떤 점에서 아브라함은 하나님의 동역자가 될 수 있었습니까? 아브라함은 하나님의 친구라고 불리웁니다(약2:23, 대하20:7, 사41:8). 18장에는 하나님의 친구된 아브라함의 성숙한 모습을 두 가지로 잘 설명하고 있습니다. 오늘은 첫째 손님 대접하는 아브라함을 통해 기름진 그의 내면의 풍성함을 배울 수 있기를 축원합니다.

1. 아브라함의 손님대접(1-15)

아브라함이 오정 즈음에 너무 더워서 장막 문에 앉아 쉬고 있을 때, 사람 셋이 맞은편에 선 것을 보게 되었습니다. 그는 그들을 보자마자 늙은 몸인데도 재빨리 달려나가 영접하였습니다. 그는 몸을 땅에 굽히며 자신의 집에서 섬길 수 있는 은혜를 달라고 간청했습니다(3~5). 그는 급히 장막에 들어가 신속히 고운 가루로 떡을 만들도록 지시했습니다. 그리고 짐승 떼에 달려가 기름지고 좋은 송아지를 취하여 하인에게 급히 요리하게 하였습니다. 얼마 후에 뻐터와 우유와 함께 김이 모락모락 나는 맛있는 떡과 불고기를 준비해 가지고 왔습니다. "급히 차리느라고 별 준비한 것은 없지만 맛있게 드시기를 바랍니다."그리고 손님들이 먹는 동안에 혹 모자라는 것이 없는가? 불편없이 잘 드시는가? 하며 그 자리에 그대로 서서 대기 하고 있었습니다. 그는 손님에게 할 수 있는 한 최선을 다했습니다. 백발이 성성한 노인이 손님들을 섬기기 위해 이리저리 왔다 갔다 하는 모습은 참으로 아름답습니다. 손님대접하는 아브라함으로부터 무엇을 배울 수 있습니까?

첫째, 생에 대한 열정을 배울 수 있습니다.

자기 생에 대한 열정이 없는 사람은 매사가 무기력합니다. 마을에 들어온 낯선 사람에게 급히 달려나가 최상으로 손님을 대접하는 그는 99세된 노인의 모습이 아니라 펄펄뛰는 젊은이의 모습입니다. 사람이 언제 생에 대한 열정이 불타는 것입니까? 꿈이 있어야 합니다. 아브라함은 열국의 아비가 되는 하나님의 원대한 꿈을 가지고 있었습니다. 이 꿈은 아브라함을 젊게 하였습니다. 생에 대한 열정으로 불타게 하였습니다. 그는 지금 나의 삶 가운데 무엇을 해야 되는가를 알았습니다. 열국의 아비는 만민을 품고 섬기는 사람입니다. 자기 마을에 온 낯선 사람은 누구입니까? 바로 그 사람은 내가 전도하고 섬겨야 할 이웃인 것입니다. 섬기는 축복을 다른 사람에게 빼앗기고 싶지 않았습니다.

어떤 사람이 하루 종일 일을 하고 너무 피곤하여 빨리 집에 가서 쉬기를 원했습니다. 그의 집은 강가에 있었는데 집 근처에 이르자 강가에 많은 사람이 몰려들었습니다. 가까이 가서 보니 한 어린아이가 강물에 빠졌는데 아무도 구할 사람이 없었습니다. 이 사람은 즉시 옷을 벗고 강물로 뛰어들었습니다. 그런데 힘들게 아이를 찾아 올라와 강둑에 눕혀 얼굴을 보니 바로 자기의 아들이었습니다. 이 사람은 그 아이가 자기 아이라는 생각 때문에 구한 것이 아니고, 물에 빠진 사람을 구할 생각은 하지 않고 구경만 하고 있는 사람이 되어서는 안 된다는 생각에 일단 물속에 뛰어들었던 것입니다. 그저 남의 생명을 위한 열정적인 마음을 가지고 물속으로 들어갔던 것인데 바로 자기의 아이였던 것입니다. 자신의 인생에 열정을 가지고 무슨 일이든지 적극적으로 하는 사람들에게 바로 이런 축복이 있습니다. 아브라함도 누구보다 먼저 낯선 사람에게 뛰어가서 집으로 맞아들이고 손님을 대접하고 보니 그분이 바로 하나님이었습니다(히13:2).

개척 초기 광명시 지하 성전에서 부흥회를 할 때입니다. 그때 초신자였던 박광현 장로님은 서울충무로에서 가장 유명하고 맛있는 음식점을 미리 예약하여 놓고 첫날 강사를 대접하겠다고 하였습니다. 얼마나 진심을 다하여 섬겼던지 전날 밤에는 잠도 오지 았았다고 합니다. 당시 대기업을 다니며 거래처 사람들을 많이 대접하였어도 이렇게 긴장되지 않았는데 예수 믿고 처음 주님의 종을 대접하는 것이니 긴장되었던 것입니다. 이는 변화입니다. "어떻게 이렇게 하였습니까?" 제가 신기하여 물어보았더니 "지난주 말씀을 듣고 열국의 아비로 살고자 하는 소원을 가지게 되었습니다." 하였습니다. 그리고 아내인 방순덕 전도사님이 주님의 종을 대접하는 것은 큰 영광이니 제일 먼저 하라고 푸시했다고 귀띔도 하였습니다. 평범한 샐러리맨의 인생으로 살 것이 아니라 뭔가 하나님 앞에서 교회와 주님 역사를 섬기고자 하는 소원을 가지게 된 것입니다. 부흥회 때 큰 은혜를 받고 믿음이 성장하여 안수집사가 되고 우리 교회 초대 장로님이 되셨습니다. 그리고 회사에서도 인정받아 지방 근무 발령을 받았다가도 다음날 기적 같은 일들을 통해 다시 본사 근무를 명받으며 회사 역사상 처음으로 본사 근무만을 하다가 정년퇴임하였습니다.

지방에 내려가면 이사를 가야 하고 교회를 섬기지 못하게 되니 본사에만 있게 해달라는 장로님의 기도를 하나님은 응답해 주셨던 것입니다.

둘째, 겸손하고 기름진 내면을 배울 수 있습니다.

사람은 주어진 일에 열정을 갖는 것도 중요하지만 사람에게 친절하고 겸손한 것도 중요합니다. 아브라함은 사람을 보자 달려 나가서 꾸벅 절을 합니다. 99세 된 노인이 자기 동네에 온 사람들에게 먼저 나가서 절을 하는 것입니다. 하인을 시켜 요리 한 것을 직접 가지고 옵니다. 상 아래에서 손님의 불편을 살피며 서서 대기하고 있습니다. 그는 겸손했습니다. 뿐만 아니라 그는 소를 잡았습니다. 떡을 하였습니다. 이는 급히 준비할 수 있는 것으로서는 최상의 대접이었습니다. 그는 한마디로 기름지고 살진 송아지와 같이 내면은 기름지고 윤택했습니다.

이런 그의 내면 겸손과 풍성함은 어디서 온 것입니까? 그는 자기를 감당하고 섬기신 하나님의 사랑과 겸손에 감동받은 것입니다. 지금까지 그가 남긴 것은 죄와 허물밖에 없습니다. 그런데도 하나님은 그를 끝까지 사랑하시고 그를 섬겨주셨습니다. 그리고 자격 없는 자를 복의 근원이요 열국의 아비로 택하시고 소원을 두시고 인도하셨습니다. 이 은혜를 생각하면 그는 늘 빚진 자의 심정이었습니다. 그는 하나님께 물어보았을 것입니다. "하나님 제가 어떻게 이 은혜를 갚아야 합니까?" 하나님은 말씀하십니다. "나의 뜻은 네가 이 시대 사람들을 섬겨서 하나님을 예배케 하는 축복의 통로가 되는 것이다." 사도 바울은 이렇게 고백합니다. "헬라인이나 야만인이나 지혜 있는 자나 어리석은 자에게 다 내가 빚진 자라" 아브라함은 빚진 자가 된 것입니다. 빚진 자는 겸손합니다. 할 수만 있으면 은혜를 갚으려고 합니다. 세계 만민에 대한 빚진 자의 심정은 사도 바울을 겸손하게 하고 위대하게 하였습니다. 예수님은 자신이 이 땅에 온 것은 섬김을 받으려 함이 아니라 오히려 섬기려 하고 자기 목숨을 많은 사람의 대속물로 주려 함이라고(막10:45) 하셨습니다. 이 예수님의 섬김으로 우리는 구원 받은 것입니다.

우리는 예수 그리스도를 본받아 섬기는 삶을 살아야 합니다. 아무리 큰 집을 가진 사람도 잠을 잘 때는 한 평의 공간도 차지하지 못합니다. 아무리 권력이 있어도 하루에 세끼이상은 먹지 않습니다. 사람은 한계가 있습니다. 이런 것을 위해 인생을 살려고 태어난 것은 아닙니다. 세상에는 많은 물질을 소유하고 있지만 마음이 인색한 자들이 많습니다. 반면에 부유하지 않아도 주님께는 풍성한 이들이 많습니다. 여기에 행복이 있고, 여기에 기쁨이 있고, 여기에 풍성함이 있습니다. 하나님은 또한 이런 이들의 헌신과 섬김을 결코 잊지 않으십니다. ♬당신의 그 섬김이

셋째. 사람을 반가워하고 즐겁게 맞이하는 품성을 배웁니다.

사람은 누구나 자신을 좋아하는 사람을 좋아합니다. 자신을 만나면 반가워하고 언제든지 웃는 낯으로 대하는 그런 사람을 만나고 싶어 합니다. 그와 반대로 싫은 사람은 사람을 보아도 본척만척하고 자기와 상관없다는 태도를 보이는 사람입니다.

그러므로 사람 관계는 내가 하기 나름입니다. 내가 사람을 좋아하면 사람들도 나를 좋아합니다. 여러 사람을 만나다 보면 그 사람의 말만 나와도 얼굴을 돌리고 싫어하는 사람이 있습니다. 그런 사람들의 공통점은 다른 사람들을 기분 나쁘게 만들거나 무시하거나 불편하게 만든다는 것입니다. 그와 반대로 이름만 들어도 사람들이 좋아하는 사람이 있습니다. 이들의 공통점은 늘 주변 사람을 좋게 말하고 사람들을 편하게 만듭니다. 그런 사람의 인생은 시간이 지날수록 점점 잘되고 풍성해집니다. 그런 사람은 사람을 아주 반갑게

맞아주고 진심으로 대하기 때문에 누구나 좋아하는 것입니다. 아브라함은 이스마엘에게만 친절한 사람이었는데 하나님의 크신 뜻을 영접하고 주변 모든 사람에게 친절하고 즐겁게 대하는 사람으로 변화된 것입니다. 하나님은 우리 크리스천들이 이런 사람이 되기를 원하십니다.

그러면 자기 몸을 아끼지 않으면서 손님을 대접하는 아브라함의 모습을 지켜본 세 손님은 어떤 생각을 했겠습니까? 알고 보니 이 세 사람은 하나님과 하나님을 호위하고 있던 천사였습니다(히13:2). 하나님은 마음이 흡족하여 아브라함을 축복하십니다.

2. 하나님의 축복

아브라함에게 풍성한 대접을 받으신 하나님은 마음이 흐뭇하셨습니다. 그래서 아브라함을 축복합니다. 아브라함이 받은 축복은 무엇입니까? 내년 이맘때에 반드시 사라에게 아들이 있으리라. 이는 참으로 기다리고 기다리던 기도의 응답입니다. 이 응답이 있기까지 이들이 얼마나 고생한 것입니까? 하나님은 이것을 꼬투리로 그를 훈련하셨습니다. 그런데 그 아들을 구체적으로 준다고 하니 이는 하나님께서 요구하시는 신앙의 분량이 찼다는 것을 의미합니다. 축복을 받을 만한 내면의 그릇이 되었다는 것입니다. 아브라함의 손님 대접에 하나님은 감동하시고 합격을 내린 것입니다. 우리도 아브라함처럼 기름진 내면이 되어 하나님의 축복을 받을 수 있기를 축원합니다.

사랑하는 성도 여러분!

풍성하고 기름진 내면은 아무나 가질 수 있는 성품은 아닙니다. 그러나 주님은 크리스천들에게 그런 내면 품성을 요구하십니다. 성숙한 그리스도인의 길로 나아가는 데 아주 중요한 요소입니다. 섬김과 봉사와 헌신의 넓은 내면의 소유자가 되어 하나님 역사에 동역자들로 쓰일 수 있기를 주님의 이름으로 축원합니다.

아브라함의 중보기도

말씀 창세기 18:16-33
요절 창세기 18:17

"여호와께서 이르시되 내가 하려는 것을 아브라함에게
숨기겠느냐"

지난주에는 여러 민족의 아버지가 되라는 하나님의 말씀을 붙들고 지나가는 나그네까지도 마치 가족처럼 대접하며 섬기는 아브라함의 풍성한 내면을 통해 은혜받았습니다. 그리고 그런 아브라함을 보시고 하나님은 비로소 그를 인정하고 사라의 태를 열어 이삭이라는 아들을 잉태할 것을 응답하셨습니다. 지난번 이스마엘을 낳고 신앙의 잠에 빠졌던 때와 같지 않고 이제 이삭을 주셔도 사명을 붙들고 살 것을 인정하신 것입니다.

그리고 오늘 말씀에서는 그를 하나님 사역의 동역자로 인정하시고, 그에게 하나님이 하시고자 하는 일을 이야기하게 됩니다. 이에 아브라함은 하나님의 의중을 파악하고 소돔 성을 놓고 간절히 하나님께 중보기도 합니다. 이시간 말씀을 통해 하나님이 우리들에게 거는 기대가 무엇이고, 이 시대를 향한 하나님의 의중은 무엇이고, 이런 시대에 우리가 어떤 삶을 살아야 할 것인가 배우는 복된 시간이 될 수 있기를 축원합니다.

1. 하나님이 우리들에게 거는 기대

하나님은 아브라함에게서 풍성한 대접을 받고 아브라함을 축복한 다음 흡족한 마음으로 일어나 집을 나섰습니다. 소돔 성 쪽으로 길을 잡으시고 갈 때 배웅하러 나온 아브라함에게 넌지시 하나님의 의중을 말씀하십니다. "여호와께서 이르시대 내가 하려는 것을 아브라함에게 숨기겠느냐"(17절) 이는 참으로 기가 막힌 말씀입니다. 아버지는 아들이 어릴 때는 그저 생각하는 바를 독자적으로 행합니다. 그런데 아들이 커서 어른이 되면 아버지는 아들에게 하려는 일을 이야기합니다. 사장은 말단 직원에게 일을 시킵니다. 그러나 회사의 중역들과는 이사회를 열고 사장이 하고자 하는 일에 대하여 이야기하고 의논하게 됩니다. 하나님은 이번 아브라함의 섬김을 통하여 그를 어른다운 신앙인으로 인정한 것입니다. 그래서 하나님의 속이 있는 이야기를 꺼내는 것입니다. 하나님께서 하고자 하시는 일에 그를 동역자로 인정하고 함께 일하고자 하는 것입니다. 하나님은 그에게 길한 것과 흉한 것을 이야기합니다.

첫째, 길한 것은 아브라함에 대한 계획과 축복입니다.
"아브라함은 강대한 나라가 되고 천하 만민은 그로 말미암아 복을 받게 될 것이다"(18) 사실 이 말씀은 아브라함을 부르실 때 하신 말씀입니다. 그런데 또 말씀합니다. 아브라함은 처음엔 그 말씀의 뜻을 잘 몰랐습니다. 그런데 지금 다시 하시는 말씀은 25년 전에 듣던 때와는 전혀 다른 의미로 아브라함에게 다가왔습니다. 〈하나님은 나와 내 후손을 통하여 천하 만민을 구원코자 하시는구나, 하나님은 백세 된 나에게 자식을 줄 것이며 그 후손들은 하늘의 별과 같이 많아질 것이며 나는 그 후손들에게 하나님의 말씀을 가르치고 신앙을 계승시킬 사명이 있다. 나와 내 후손들은 하나님의 거룩한 백성이 되어 천하 만민을 구원하는 역사에 쓰임받게 될 것이다. 나는 영적으로 여러 민족의 아버지이다. 나는 축복의 통로이다.〉 아브라함은 이 하나님의 비전이 손에 잡히듯 선명하게 다가왔고 눈에 보이듯이 믿게 된 것입니다.

둘째, 흉한 것입니다.

그것은 소돔과 고모라 성에 대한 하나님의 심판 계획입니다. "그 죄악이 심히 무거우니 내가 이제 내려가서 그 모든 행한 것이 과연 내게 들린 부르짖음과 같은지 그렇지 않은지 내가 보고 알려 하노라"(21절) 아브라함에게 하나님은 소돔 성의 죄악에 대한 심판을 우회적으로 말씀하셨습니다. 왜 하나님은 아브라함에게 하나님의 의중을 이야기하는 것일까요?

하나님은 세상에 대한 심판을 하실 때 늘 선지자들을 통하여 예고와 경고를 하셨습니다. "주 여호와께서는 자기의 비밀을 그 종 선지자들에게 보이지 아니하시고는 결코 행하심이 없으시리로다"(암 3:7) 이는 하나님의 심판에 대하여, 어느 누구도 핑계할 수 없게 하려는 뜻이 담겨 있습니다. 창세기 6장에 홍수로 세상을 심판하실 때, 먼저 의인 노아에게 심판을 예고하셨습니다. 눅19:41-44절에 보면, 예수님께서도 타락한 예루살렘의 심판을 미리 말씀하셨습니다. 남왕국 유다가 우상숭배에 빠졌을 때 선지자 이사야, 예레미야를 통하여 신흥제국 바벨론에게 망하게 될 것을 여러 번 경고하셨습니다. 그러나 듣지 않았을 때 결국 심판을 자초하였습니다.

오늘 하나님은 아브라함에게 두 가지 소식을 들려 줍니다. 하나님의 말씀에 순종하는 아브라함에게는 축복의 말씀을, 롯이 세상을 좇아 들어간 소돔 성에 대하여는 심판의 메시지를 들려주십니다. 우리가 믿는 기독교 복음은 이와 같이 양면성을 보여줍니다. 믿는 자에게는 구원과 축복을, 믿지 않는 자에게는 저주와 심판입니다. 우리는 어떤 인생을 살아야 할까요?

이런 두 가지 말씀을 들었을 때 아브라함의 반응은 어떠했습니까? 아멘 할렐루야! 당연히 이렇게 말해야 되는데 아브라함은 그렇지 않았습니다. 아브라함은 하나님의 숨은 의중이 무엇인가 파악하였습니다. 정말 하나님은 소돔과 고모라를 멸망시키길 원하시는 것인가? 나만 아니면 다행이고 나와 내 가족만 잘되면 좋은 것인가?

아브라함에 대한 하나님의 계획은 아브라함을 통해 천하 만민이 복을 받는 것입니다. 심판이 아닙니다. 아브라함은 이를 통해 하나님의 숨은 의중을 파악한 것입니다. 이것이 아브라함이 신앙의 어른이 되었다는 것입니다. 하나님은 니느웨의 심판을 요나에게 전하라 하였습니다. 요나도 여기에 숨은 하나님의 의도를 파악하였습니다. 그것은 하나님 심판의 경고를 듣고 니느웨가 회개하고 멸망당하지 않는 것이었습니다. 이를 안 요나는 개인적인 감정 때문에 심판 메시지를 전하러 가지 않고 도망쳤습니다. 니느웨가 자기가 전한 심판 메시지를 듣고 회개할까봐 도망한 것입니다. 그런 악인들은 망해야 된다는 것이 요나의 개인적인 감정이었습니다. 좀 성숙하지 못한 것이지요. 하나님은 이런 요나가 안타까웠습니다. 결국 요나는 도망하다가 하나님이 내린 풍랑으로 몹시 고생하고서야 회개합니다.

하나님의 숨은 의도, 하나님이 우리들에게 거는 기대가 무엇입니까? 하나님이 이 시대를 바라 보시며 우리 크리스챤들에게 거는 기대가 무엇이냐는 것입니다. 하나님의 마음을 헤아리는 우리 성도들이 될수 있기를 축원합니다. 오늘 아브라함이 어떻게 하나님의 의중을 파악하고 행동하느냐를 보고 배워 볼수 있기를 축원합니다.

♬아버지 당신의 마음이 있는 곳에

2. 우리는 어떤 삶을 살아야 할까요?

소돔과 고모라 성에 대한 심판의 말씀을 듣고, 아브라함은 하나님의 길 앞을 가로막았습니다. 그리고 하나님의 발걸음을 세우고 하나님께 간구하기 시작했습니다. 아브라함은 타락한 도성이 멸망당하는 것을 보고 당연시하고 기뻐하지 않았습니다. 그들에 대한 깊은 동정을 품고, 하나님께 집요하리만큼 끈질기고 인간애가 넘치는 간절하고 애타는 기도를 하기 시작합니다. 하나님도 기다렸다는 듯이 발걸음을 멈추고 아브라함과 대화하십니다. 아브라함은 하나님의 긍휼을 믿었습니다. 진노 중에도 회개하는 자를 찾으시고 그들에게 긍휼을 베풀어 주실 하나님을 믿었습니다. 또 의인은 결코 멸하지 않고 축복을 베풀어 주시는 하나님을 믿었습니다. 그리고 아브라함은 영혼을 사랑하는 마음을 가지고 있었습니다. 이는 아기자기 평범한 삶을 부인하고 하나님의 크신 사명에 눈을 뜨는 순간 그에게 임한 놀라운 영혼 사랑에 대한 불타는 심령이었습니다. 이렇게 하나님의 성품과 또 영혼에 대한 불타는 사랑이 있었을 때 아브라함이 한 일은 간절한 중보기도였습니다.

사랑하는 성도 여러분! 김현승 시인은 이렇게 가을을 읊었습니다. "가을에는 기도하게 하소서, 가을에는 사랑하게 하소서, 가을에는 홀로 있게 하소서" 우리는 이미 이 가을에 코로나로 인하여 지겹도록 홀로 있습니다. 이제 사랑하고 기도하는 가을이길 원합니다. 아브라함은 어떻게 기도하였습니까?

첫째, 심판 당할 도성과 죄인을 사랑하는 마음으로 기도하였습니다.

일반적으로 사람들은 죄인들을 향하여 정죄하며 손가락질합니다, 그리고 자신이 그러한 자리에 놓이지 아니한 것을 감사하며 기뻐하기도 합니다. 심지어 "하나님은 왜 저런 인간을 심판하지 않으시냐?"며 불평하기도 합니다. 독재자 북한의 김정은, 망언을 일삼는 일본의 수상에 대한 우리의 분노 등이 그렇지 않습니까? 극렬 이슬람 탈레반의 반군에 의해 아프칸을 떠나는 난민들의 행렬을 보면서 통탄하지 않을 수 없습니다. 시편의 기자들 역시 악인들이 더 번성하는 것을 보면 분노했습니다. 하나님께서 왜 그들을 심판하지 않는지, 부르짖고 절규하였습니다. 어떤 이는 악인이 잘되는 것을 보고 시험에 들기도 하였습니다. 그러나 아브라함의 대응은 좀 달랐습니다. 마치 자신의 일처럼, 하나님께 매달려 중보하며 기도했습니다. 아브라함의 모습은 일반적인 유대인들이나 선지자 요나와는 달랐습니다. 마치 흥정을 하듯 매달렸습니다. "의로우신 하나님께서 의인을 악인과 함께 멸하시려 하십니까? 만약 그 성에 의인 50인이 있을 지라도 그 성을 멸하시겠습니까?"

하나님은 기다리셨다는 듯이 "의인 50인을 찾으면 그들을 위하여 온 지역을 용서하리라"고 말씀하셨습니다. 이에 아브라함은 깎을 때 확실하게 깎자는 마음으로 붙들고 늘어집니다. 45명을 찾으면요, 아니 40명, 30명, 20명이 있으면요, 그리고 마지막 용기 내어 10명이 있으면 어찌하려 하십니까? 하고 승부수를 띄웠습니다. 이에 하나님은 그런 아브라함의 태도에 흡족한 듯 "내가 10명으로 말미암아 멸하지 아니하리라" 최종적으로 말씀하셨습니다. 아브라함은 아무리 타락하였어도, 그 성에 10명의 의인은 있으리라 생각했던 것입니다. 아브라함의 동족과 이웃을 향한 사랑을 엿볼 수 있습니다. 이것이 성숙한 신앙인의 열매이자 특징입니다. 예수님께서도 십자가에 못 박히시고 그 엄청난 고통의 순간에도 죄인들의 구원을 위하여 기도하셨습니다. "아버지여 저들을 사하여 주옵소서"(눅23:34)

둘째는 끈질길 근성과 인내입니다.

아브라함의 중보기도는, 한 마디로 피 말리는 끈질긴 기도였습니다. 어떻게 해서든 소돔 성과 백성들을 구원하기 위하여, 마치 자기가 멸망당하는 사람의 처지에서 간절히 그리고 끈질기게 기도하였습니다. 특별히 거기엔 조카 롯이 있었습니다. 50인-45인-30인-20인 그리고 10인까지, 그게 쉬운 일이 아닙니다. 명수를 낮추어 기도할 때마다, "주여 노하지 마소서" "감히 내가 주께 아뢰리이다" "내가 이번만 아뢰리이다" 마치 죽을죄 지은 사람이 간청하듯 애타게 간청합니다.

사랑하는 성도 여러분! 우리는 얼마나 이렇게 간청하며 기도합니까? 지금이야말로 기도할 때 아닙니까? 온 나라와 백성이, 그리고 교회와 가정이, 그리고 우리의 직장과 사업과 자녀들이 고통하고 있지 않습니까? 이때 우리가 아브라함처럼 끈질긴 근성으로 기도할 수 있기를 축원합니다. 하나님! 이 가을 기도하게 하소서, 이 가을 사랑하게 하소서!

소돔과 고모라의 멸망

"하나님이 그 지역의 성을 멸하실 때 곧 롯이 거주하는 성을
엎으실 때에 하나님이 아브라함을 생각하사 롯을
그 엎으시는 중에서 내보내셨더라"

아브라함이 믿음으로 살아가던 시대에도 그 죄악으로 말미암아 멸망을 당하는 성이 있었습니다. 바로 아브라함의 조카 롯이 살던 소돔과 고모라 성입니다. 예수님께서 세상 종말의 때를 예고하실 때 롯이 살던 때와 같다고 하였습니다(눅17:29). 롯이 살던 소돔과 고모라 시대와 오늘 우리가 살아가는 세상은 어떤가 비교해 보며, 우리는 오늘을 어떻게 살아야 하는지 깨닫는 복된 시간이 될 수 있길 축원합니다.

1. 롯의 시대

롯이 살고 있던 소돔과 고모라가 어떤 시대였기에 심판을 당한 것입니까?

첫째, 풍요 속에서 인색하게 살고 있었습니다.

에스겔16:49-50 "네 아우 소돔의 죄악은 이러하니 그와 그의 딸들에게 교만함과 음식물의 풍족함과 태평함이 있음이며 또 그가 가난하고 궁핍한 자를 도와주지 아니하며 거만하여 가증한 일을 내 앞에서 행하였음이라 그러므로 내가 보고 곧 그들을 없이 하였느니라" 창13:10절에 보면 본래 소돔과 고모라는 여호와의 동산 같고 아름답고 애굽 땅과 같이 비옥하고 기름진 땅이라고 하였습니다. 사람이 하나님의 은혜를 모르면 풍요 속에서도 감사할 줄 모르고 교만합니다. 더 움켜쥐려고 하고 더 채우려고만 합니다. 극도의 이기심과 탐욕 속에 만족할 줄 모르고 멸망당하여 가는 것입니다. 오늘날 우리가 사는 이 시대도 어찌 보면 롯이 거하던 소돔 성과 같습니다. 그 어느 때보다 풍요를 누리고 있지만 만족이 없고 스스로를 불행하다고 생각합니다. 교만하고 감사할 줄 모르고 이기적이고 물질주의적입니다.

둘째, 향락에 빠져 살았습니다.

사람이 등 따숩고 배가 부르면 무엇을 생각하고 행하는지요? 섬기는 삶을 살지 않으면 대부분 그 재물은 향락을 추구하는 데 쓰고 맙니다. 유다서1:7절에 이렇게 말하고 있습니다. "소돔과 고모라와 그 이웃 도시들도 그들과 같은 행동으로 음란하며 다른 육체를 따라가다가 영원한 불의 형벌을 받음으로 거울이 되었느니라" 또 눅17:28절에서는 "또 롯의 때와 같으리니 사람들이 먹고 마시고 사고 팔고 심고 집을 짓더니"라고 말씀하고 있습니다. 그들은 물질에 인색하고 인정이 메마르고, 오직 자기만을 위해 살고 음란하였습니다.

음란죄는 부유하고 사치하는 사람들이 많이 범하는 죄악입니다. 소돔 사람들은 롯의 집에 머물고 있는 손님에게 "네게 온 사람들을 이끌어 내라 우리가 그들과 상관하리라"고 합니다. 여기 '상관한다'는 말은 히브리어로 "야다"라고 하는데 이는 "성적으로 능욕하다, 남색하다"를 의미합니다. 남색을 영어로 Sodomy라 하는데, 사전에서 찾아 보면 소돔 성의 음란에서 유래된 동성 간의 항문 성교를 말한다고 해석하고 있습니다. 오늘날 국회는 인권, 차별금지라는 단어에 포장하여 포괄적 차별금지법을 발의하고 통과시키려고 하고 있습니다. 이를 보면 우리 사회가 소돔 성과 같이 향락에 빠져 말세를 향해 달려가고 있다는 것을 단적으로 말해 주고 있습니다.

셋째. 무엇보다 그 도시엔 의인 10명이 없었습니다.

비록 소돔과 고모라가 죄악 되더라도 하나님은 그 가운데 의인 10명만 있다면 멸망하지 않겠노라고 하셨습니다. 이것을 볼 때 소돔과 고모라 멸망의 결정적인 원인은 의인 10명이 없다는 것입니다. 소돔과 고모라에는 있는 것이 많았습니다. 지리적 조건이 좋았습니다. 땅은 기름지고 여호와의 물덴 동산 같았습니다. 경제적으로 풍성하니 정치적으로도 강대하고 문화도 발달했습니다. 내노라하는 정치가와 경제인도 있었습니다. 그러나 한 가지가 부족했습니다. 그것은 예수 믿는 의인이 없었습니다. 아브라함과 같은 축복의 통로가 없었습니다. 그래서 멸망 받았습니다.

이를 볼 때 의인이 얼마나 중요한가를 배웁니다. 이 나라의 행불행을 가름하는 주체는 의인입니다. 예레미야5:1절에 보면 "너희는 예루살렘 거리로 빨리 왕래하며 그 넓은 거리에서 찾아보고 알라 너희가 만일 공의를 행하며 진리를 구하는 자를 한 사람이라도 찾으면 내가 이 성을 사하리라"하였습니다. 하나님은 의인을 귀히 여기시고 의인을 중심으로 역사하십니다.

넷째. 하나님의 경고를 듣지 않았습니다.

소돔과 고모라 사람들의 죄악이 관영하였다 할지라도 회개만 하였더라면 니느웨 성과 같이 사함을 얻었을 것이지만 끝내 회개치 않았습니다. 롯은 분명히 천사를 통해 소돔 성의 멸망에 대해 들었을 때 주위 사람들에게 이야기했을 것입니다. 이보다 더 중차대한 문제가 없기 때문입니다. 그런데 저들은 듣지 않았습니다. 오늘날도 끊임없이 크리스천들을 통해 세상에 대한 하나님의 심판을 경고하고 있습니다. 그러나 이 심판의 경고를 듣고도 회개치 않는 자들은 롯 때와 같이 멸망당합니다. ♬손에 있는 부귀보다

2. 다 성 밖으로 이끌어 내라

하나님께서는 소돔과 고모라 성을 심판하고자 마음을 굳히셨습니다. 그러나 하나님은 롯과 그 가정에 대하여는 큰 은혜를 베풀어 주었습니다. "그 사람들이 롯에게 이르되 이 외에 네게 속한 자가 또 있느냐 네 사위나 자녀나 성 중에 네게 속한 자들을 다 성 밖으로 이끌어 내라"(12)

하나님은 소돔 성이 멸망하기 전 롯에게 그의 가족과 친족들을 이끌고 성 밖으로 빠져나가서 멸망에서 구원받으라고 미리 말씀해

주었습니다. 이 얼마나 크신 은혜입니까? 어떻게 이런 큰 은혜를 입은 것입니까? 29절은 이렇게 말합니다. "하나님이 그 지역의 성을 멸하실 때에 롯이 거주하는 성을 엎으실 때에 하나님이 아브라함을 생각하사 롯을 그 엎으시는 중에서 내보내셨더라" 바로 롯의 삼촌 아브라함 때문이었습니다. 하나님을 잘 대접하고 하나님 앞에 눈물로 간청하던 아브라함을 생각하신 것입니다. 아브라함은 가족들과 친족들에게 축복의 통로로 쓰임받고 있었습니다.

그럼 롯은 이 같은 큰 은혜를 입게 되었을 때 어떻게 행동하였습니까?

제일 먼저 사위들을 찾아 갔습니다. 아마도 사위들의 신앙이 제일 걱정 되었나 봅니다. 역시나 염려하던 대로 사위들은 롯의 말을 농담으로 알아듣고 심판에 대해 경각심을 갖지 않았습니다. 롯은 쉽게 소돔 성을 떠날 수 없었습니다. 롯이 지체하자 천사들은 롯과 부인과 두 딸의 손을 잡아 성 밖으로 이끌어 내었습니다. 그리고 뒤를 돌아보지 말고 산을 향하여 달려가라고 명하였습니다. 이런 와중에도 롯은 듣지 않고 산보다는 소알이라는 성으로 피하면 더 좋을 것이라고 천사에게 주장합니다. 이런 롯의 주장을 받아들여 소알 성으로 피하라 하였지만 성으로 피하여 가는 중에 롯의 부인이 뒤돌아본 고로 소금기둥이 되는 저주를 받게 됩니다. 소알 성으로 피하였던 롯은 그 성도 부패하여 하나님의 진노를 받을 것 같은 판단이 서자 그제야 다시 일어나 처음 하나님이 명령했던 산으로 도망을 가서 멸망을 면하게 됩니다.

결국 롯은 두 사위를 잃었고, 사랑하는 아내마저 잃었습니다. 여섯 식구 중 셋은 심판을 받았고 그중 절반인 세 명만 구원을 받았습니다. 롯은 아브라함처럼 온전한 축복의 통로로 쓰임받지 못했습니다. 하나님은 분명 그에게 가족을 구원할 수 있는 기회를 주었습니다. 그리고 그것은 그에게 사명과도 같은 것이었습니다. 그런데 그는 그 사명을 다 감당하지 못했습니다. 롯의 문제가 무엇입니까?

첫째, 간절한 목자의 심정이 부족했습니다.

아브라함은 다른 것은 부족해도 이 불타는 심정은 있었습니다. 롯이 전쟁 중에 포로로 사로잡혀 갔을 때도 아브라함은 백발을 휘날리며 가솔들을 이끌고 달려가서 그를 구해 왔습니다. 그리고 소돔 성의 멸망 소식을 듣고는 간절하게 하나님께 매달려 기도했습니다. 하나님은 이런 아브라함을 기쁘게 생각했고 롯의 가정에 대한 구원의 은혜를 베풀어 주었습니다.

그런데 롯에게는 이런 간절함이 없었습니다. 두 사위가 하나님의 말씀을 농담으로 알아듣는다고 그냥 되돌아왔습니다. 두 사위를 구원해야 되겠다는 마음이 불탔으면 강제적으로라도 개 목줄을 해서라도 끌어내야 했습니다. 성이 불타 버릴 것을 알면 일단 끌어내고 봐야 할 것이 아닙니까? 그런데 롯은 그렇게 적극성이 없었습니다. 설마 하다가 사람 잡게 되었습니다. 우리도 하나님 말씀을 설마 하는 식으로 믿다가 큰일을 당하게 되는 것입니다. 가족들을 좀 반강제적으로라도 교회 다니게 하고, 예수 믿도록 해야 할 필요가 있습니다.

둘째는, 지체하는 그의 신앙 문제입니다.

하나님의 심판은 지엄한 것입니다. 그리고 경각에 달린 문제입니다. 그런데 롯은 지체합니다. 이것은 하나님의 말씀을 절대적으로 믿지 못하고, 심각하게 듣지 않는 것이며, 앞에서 이야기하였듯이 설마 하는 안일한 생각으로 받아들이는 것입니다. 이런 사람은 하나님의 말씀을 즉각적으로 순종하지 못합니다. 매사에 지체합니다. 예수님이 금방 재림하는 것도 아닌데 좀 천천히 믿어야지 생각합니다. 그러나 사람의 생사는 언제 어떻게 될지 아무도 모릅니다. 오늘 지금이 바로 회개의 때입니다. 신앙 생활할 때도 마찬가지입니다. 하나님의 말씀이면 즉각 순종하는 태도가 필요합니다. 머뭇거리고 지체하면 안 됩니다.

셋째는, 인본주의적인 자기주장이 너무 강하였습니다.

하나님이 산으로 도망하여 멸망함을 면하라 하면, 산으로 가는 길이 가장 안전한 것입니다. 그런데 롯은 무엇이라 말합니까? "내 주여 그리 마옵소서, 내가 도망하여 산으로 갈 수 없나이다. 두렵건대 재앙을 만나 죽을까 하나이다" 산으로 가면 재앙을 만나 죽을 거라는 것입니다. 하나님이 제시하신 길이 살길이 아니라 죽을 길이라는 것입니다. 그래서 성으로 도망하는 것이 더 안전하다고 주장합니다. 그렇게 해달라고 합니다. 하나님이 제시하신 길이 틀렸고 자기가 주장하는 것이 옳다는 것입니다. 참 교만합니다. 우리도 때로 롯과 같을 때가 있습니다. 하나님 앞에서 내 생각을 주장합니다.

오늘날도 마찬가지입니다. 동성애는 하나님이 죄라고 합니다. 그런데 오늘날 사람들은 동성애는 괜찮다고 합니다. 그러니 성경을 고치라고 합니다. 그렇게 설교하지 말라고 합니다. 오늘날 하나님의 말씀대로 사는 것은 비현실적이라고 합니다. 그러니 현실에 맞게 고쳐야 한다고 합니다. 흔히 이런 것을 '내가 복음'이라고 합니다. 사사기 시대에도 사람들이 자기 소견대로 행하다가 망하였습니다. 롯이 성으로 방향을 트는 통에 무심코 뒤를 돌아보다가 아내가 소금기둥이 되는 비참한 심판을 당하였습니다.

사랑하는 성도 여러분! 롯과 같은 신앙 태도는 오늘날 우리들의 신앙 태도를 되돌아보게 합니다. 세상이라는 들에 머무르지 말라는 주님의 음성을 들어야 합니다. 주님이 다시 온다는 소리에 귀를 기울여야 합니다. 부디 쭉정이 신자가 되지 말고, 아브라함처럼 축복의 통로가 될 수 있기를 주님의 이름으로 축원합니다.

아브라함을 선지자로 세우신 하나님

말씀 창세기 20:1-18
요절 창세기 20:7

"이제 그 사람의 아내를 돌려보내라 그는 선지자라
그가 너를 위하여 기도하리니 네가 살려니와…"

사람은 약속하고 그 약속을 잊어버리고 살 때가 많습니다. 그러나 하나님은 약속을 반드시 지키시는 하나님이십니다. 기독교는 약속의 종교입니다. 구약과 신약은 모두 약속입니다. 하나님은 약속하시므로 스스로 그 약속에 구속(拘束)되시고, 그 약속을 기초로 역사하십니다. 신앙생활은 하나님 약속의 말씀을 믿고 사는 것입니다.

아브라함은 창세기 12:2절 말씀을 약속의 말씀으로 붙들고 새로운 인생을 출발했습니다. 그후 25년의 긴 세월이 흘렀습니다. 그동안 아브라함은 약속을 잊어버리고 넘어지기도 많이 하였습니다. 그러나 하나님은 그 약속을 기초로 아브라함을 인도하시고 그의 인생 가운데 신실하게 그 약속을 이루어 주셨습니다. 오늘 말씀을 통해 약속을 성취하시는 하나님의 은혜가 우리에게 넘치게 임하기를 축원합니다.

1. 아브라함의 반복된 실수

하나님은 아브라함에게 약속하시기를 "네 이름을 창대케 하리라" 하셨습니다. 이 말은 네 이름을 유명케 하리라는 의미가 있습니다. 이 말씀대로 아브라함의 이름이 아브람에서 아브라함으로 개명되고, 여러 민족의 아버지(창17:4), 하나님의 방백(창23:6), 하나님의 벗(약2:23), 여호와의 종(시105:5,6), 이스라엘의 조상, 믿는 자의 조상(롬4:16)이라고 불리며 그 이름은 존귀케 되고 유명케 되었습니다. 오늘 본문에서는 아브라함을 선지자라 부르십니다(20:7).

선지자란 하나님의 뜻을 나타내는 하나님의 대언자입니다. 하나님은 아브라함을 통해 세상에 당신의 뜻을 나타내십니다. 그러므로 아브라함은 아주 중요한 인물입니다. 그러나 아브라함은 이 사실을 잘 모르고 있었습니다. 자기가 얼마나 중요한 인물이고 하나님이 자기를 어떤 자로 세우시고 있고, 대우하고 있는지 자기의 신분을 잘 깨닫고 있지 못했습니다. 아브라함은 자신의 존재를 과소평가하고 있었습니다. 자기 분수를 모르고 교만한 것도 문제이지만 하나님의 자녀들이 자기 존재를 모르고 사는 것도 문제입니다.

그러면 아브라함이 지기 존재를 과소평가하며 살 때 어떤 실수를 하였습니까?

첫째, 구습을 완전히 버리지 못하였습니다.

오늘 본문 2절에 보면 아브라함은 남방으로 이사하여 그랄 땅에 우거하려 할 때 다시금 아내 사라를 누이라고 속였습니다. 아브라함은 과거 신앙 초기 먹을 것을 구하러 애굽으로 내려갈 때도 아내를 누이라고 속였습니다(12:13). 아브라함은 똑같은 실수를 두 번이나 반복하여 범하고 있습니다. 신앙 초기라면 이해할 수 있습니다. 그런데 지금은 초신자가 아닙니다. 이것은 아브라함이 자기의 존재가 어떤 존재인가를 잘 인식하고 있지 못하기 때문입니다.

신앙이 성장한다는 것은 썩어져 가는 구습을 좇는 옛사람을 벗어 버리고 의와 진리의 거룩함으로 지으심을 받은 새사람을 입어야 하는 것입니다(엡4:22-24). 지금 아브라함은 그를 바라보는 많은 신앙 후배가 있고 그는 지금 영적인 어른입니다. 지도자는 말 한마디 행동 하나 함부로 하면 안 됩니다. 그 영향력이 교회에 미치게 되고 가정과 사회에 미치게 됩니다. 7절을 보면 아브라함의 실수로 그 주변의 사람들이 모두 곤란을 당하는 것을 봅니다.

그러므로 신앙도 개인 신앙에서 역사 신앙으로 한 단계 올라서야 됩니다. 과거 신앙이 어릴 때는 자기 믿음 하나 지키는 것도 힘듭니다. 그래서 개인의 신앙투쟁에 안간힘을 씁니다. 그러나 신앙이 어른이 되었다는 것은 자기 한 생명만을 돌보는 것이 아니라 가족과 이웃의 생명을 돌볼 줄 알아야 되는 것입니다. 나 한 사람의 신앙이 어떤 영향을 미칠까를 생각하고 행동해야 되는 것입니다.

이제 아브라함은 열국의 아버지입니다. 이름도 바뀌었습니다. 중보자로서 하나님의 벗이라고까지 칭함을 받은 사람입니다. 교회로 말하면 장로입니다. 그런데 또 반복된 실수를 범하는 것은 역사 신앙이 없기 때문입니다. 역사 신앙이 없다는 것은 하나님 앞에서 자기 존재의 중요함을 깨닫지 못하고 있기 때문입니다. 어른이 되었으면 가릴 것은 가리고 절제할 것은 절제하고 하지 말아야 할 것은 하지 않으며 해야 할 것은 찾아서 하는 본을 보일 수 있어야 합니다.

예수님께서 제자들을 훈련시킬 때도 이 점을 강조하셨습니다. 예수님께서 풍랑이 이는 바다 위로 걸어서 제자들에게 오시는 것을 보고 제자들이 유령인가 하여 두려워하고 놀랐습니다. 그리고 예수님께서 풍랑을 잔잔케 하시자 놀라며 호들갑을 떨었습니다. 왜 제자들이 이렇게 두려워하고 놀라는가에 대해 성경은 이렇게 코멘트합니다. "이는 그들이 그 떡 떼시던 일을 깨닫지 못하고 도리어 마음이 둔해졌음이러라"(막6:52) 즉 한번 경험했으면 이를 기초로 예수님에 대해 깊이 깨닫고 신앙이 깊어져야 되는데 그렇지 못하다는 것입니다. 역사성이 없다는 것입니다. 역사성이 없으면 깨닫지 못하고 반복하여 실수를 범하고 어린아이처럼 행합니다.

어른들은 많은 경험을 바탕으로 실수를 줄이고 두려운 상황 속에서도 사람들을 안정시키며 도와야 됩니다. 주님은 우리가 이런 사람이 되길 바랍니다. 이번 코로나를 겪으며 우리의 신앙이 다시 연단되고 단단한 신앙이 될 수 있길 기도합니다.

둘째, 사람을 두려워하게 되었습니다.

아비멜렉에게 자기를 속였다고 책망을 받습니다. 그러자 아브라함의 변명이 무엇입니까? "이곳에는 하나님을 두려워함이 없으니 내 아내를 인하여 사람이 나를 죽일까 생각하였음이요" 그는 사람을 두려워하고 있습니다. 열국의 아비요 열 왕들의 아비가 사람을 두려워해서야 됩니까? 아브라함은 아직도 자기 신분에 대한 인식을 못하고 있습니다. 그러니까 아비멜렉한테도 책망을 받고 있는 것입니다.

우리는 하나님의 자녀입니다. 하나님은 빛이십니다. 그러므로 하나님의 자녀는 빛의 아들입니다. 세상 사람은 어둠의 자녀입니다.

어둠과 빛 중에 싸우면 누가 이깁니까? 어둠은 빛 앞에 꼼짝 못 합니다. 칠흑같은 어둠 속에서 동녘 하늘에 태양이 떠오르면 세상의 모든 어두움은 물러갑니다. 우리는 빛의 자녀답게 살아야 됩니다. 두려움을 물리치고 하나님의 자녀답게 당당하게 살아야 됩니다. 어두워진 세상 가운데서 빛이 되어 살아야 됩니다. 우리는 빛의 자녀입니다. ♬들어주소서 나의 주여

셋째, 하나님에 대한 인식이 제한적이었습니다.

자기 존재를 모른다는 것은 그를 존귀케 한 하나님의 존재에 대한 인식도 제한적이라는 것입니다. 13절에서 그는 말합니다."하나님이 나를 내 아버지의 집을 떠나 두루 다니게 하실 때에… 그대는 나를 그대의 오라비라 하라" 이 말 속에는 아브라함이 얼마나 하나님을 모르고 있는 가 드러납니다. 아버지 집에 있을 때는 하나님이 함께 하시지만 집을 떠나 세상에 가면 하나님 없이 내 삶은 내가 책임지고 살아야 한다는 생각입니다. 그는 하나님이 무소부재하며 온 세상 모든 나라와 왕 들을 주관하시는 분이심을 인식하지 못하고 있는 것입니다. 하나님은 우리가 어디를 가든지 함께하시고 있으며 온 세상을 다 주관하고 계십니다. 예배드릴 때만, 교회에만 있는 것이 아니라 하나님은 어디를 가든 어느 순간에든 우리와 함께하시는 하나님이십니다. 이 하나님에 대한 온전한 믿음 가운데 세상에 살아갈 때 두려움 없이 살기를 축원합니다.

2. 하나님은 이런 그를 어떻게 도와주십니까?

첫째, 아비멜렉의 집에 태를 닫으셨습니다.

하나님께서는 아비멜렉에게 나타나 그를 꾸짖으시고 사라를 돌려보내도록 하셨습니다. 그리고 사라의 연고로 아비멜렉의 집 모든 태를 닫아 버리셨습니다. 하나님은 반복되는 실수를 하는 아브라함에게 크게 실망을 느끼고 고생하도록 내버려둘 수도 있었습니다. 그러나 하나님은 그와 언약하신대로 그의 편이 되사 어떤 경우에도 그를 보호하시고 돌봐 주셨습니다. 이 하나님의 은혜가 아니라면 아브라함이 아브라함이 될 수 없고 우리가 살아남을 수 없는 줄 믿습니다. 참으로 하나님의 은혜는 크고 놀랍습니다. 그러므로 이 하나님을 믿고 의지하고 사는 자는 후회함이 없고 승리하며 살게 됩니다.

둘째, 아브라함을 선지자로 세워 주셨습니다.

"그는 선지자라 그가 너를 위하여 기도하리니 네가 살려니와 네가 돌려보내지 않으면 너와 네게 속한 자가 다 반드시 죽을 줄 알지니라"(7)."아브라함이 하나님께 기도하매 하나님이 아비멜렉과 그의 아내와 여종을 치료하사 출산케 하셨으니"(17) 이로써 아브라함은 자기의 신분이 얼마나 귀중한가를 깨닫게 되었습니다. 사람을 두려워했고 사라가 후궁으로 끌려가도 말 한마디 못 하던 그였으나 알고 보니 그의 신분은 아비멜렉보다 높았습니다. 그는 아비멜렉의 머리에 손을 얹고 기도해 주었습니다. 아비멜렉은 무릎을 꿇고 기도를 받았습니다. 이때 어떤 역사가 일어났습니까?

"아브라함이 하나님께 기도하매 하나님이 아비멜렉과 그의 아내와 여종을 치료하사 출산하게 하셨으니"(창20:17) 아브라함의 기도는 역사하는 힘이 있었고, 하나님이 그와 함께 하였습니다. 그가 기도하면 사람을 살릴 수도 있고 죽일 수도 있고 축복할 수도 있고 저주할 수도 있는 존귀한 자인 것을 그는 깊이 깨닫게 된 것입니다. 실로 하나님은 아브라함을 존귀케 하였습니다. 그의 실수로 세상사람 앞에서 추락한 그의 위신을 한방에 세워주셨습니다. 이는 하나님 약속의 성취였습니다. 그와 함께하겠다는 하나님의 약속, 너를 저주하는 자는 저주하고, 너를 축복하는 자는 축복하겠다는 하나님의 약속, 하나님은 그 약속에 신실하시고 그 약속대로 아브라함을 인도하시고 축복하시고 있는 것입니다. 참으로 하나님은 은혜의 하나님이시요 약속을 반드시 이루시는 하나님이십니다. 이 하나님은 바로 우리의 하나님이 되십니다.

사랑하는 성도 여러분! 때로 우리고 반복된 실수로 믿는 성도의 체면을 구기고, 세상 사람에게 조차 무시 당 할 때가 있습니다. 그러나 낙심하지 마십시오, 아브라함도 그리했습니다. 그러면서 하나님을 체험하고 회개하고 깨닫고 믿음의 조상으로 바로 세워져 갔습니다. 우리는 부족하지만 세상에 대하여 선지자입니다. 영적인 자존감을 잃지 말고 세상을 위해 기도하고 축복하며 당당하게 살아 갈 수 있기를 주님의 이름으로 축원합니다.

이스마엘을 내어 쫓으라

말씀 창세기 21:8~21
요절 창세기 21:12

"하나님이 아브라함에게 이르시되…
이삭에게서 나는 자라야 네 씨라 부를 것임이니라"

한 알의 밀알이 땅에 떨어지면 새싹이 돋아납니다. 그 연한 새순이 대지를 뚫고 나오는 모습을 보면 신기합니다. 어느 순간 그 새순에서 파란 잎이 자라나고 햇빛을 받으며 무럭무럭 성장하여 예쁜 꽃이 활짝 핍니다. 그리고 꽃이 지는가 싶으면 파란 열매가 맺혀 자라납니다. 그리고 탐스러운 열매가 주렁주렁 맺히게 됩니다. 이제 아브라함의 신앙이 탐스러운 열매를 맺히는 단계가 되었습니다. 드디어 아내 사라의 몸에서 탐스러운 신앙의 열매로 이삭이 태어나게 됩니다. 그런데 열매를 수확하기까지 마지막 고비와 시련이 남아 있었습니다. 열매가 잘 익으려면 열매 속기를 하는 것처럼 아브라함에게도 잘라 내어야 할 가지가 하나 남아 있었습니다. 오늘은 아브라함에게 명하였던'이스마엘을 내어 쫓으라'는 하나님의 말씀의 의미가 무엇인가를 깨닫고, 우리의 신앙이 탐스러운 열매로 맺어지는 복된 성도들이 될 수 있기를 축원합니다.

1. 이삭을 주신 하나님

17:21절에서 하나님은 명년 이 기한에 사라가 아들을 낳을 것이라 하셨습니다. 하나님이 말씀하신 시기가 되어 사라가 잉태하고 노년의 아브라함은 아들을 낳게 되었습니다. 하나님은 식언치 아니하시고 약속대로 역사하셨습니다. 이삭이 탄생될 때 아브라함의 나이 100세, 사라는 90세였습니다. 아브라함이 신앙 출발한 지 만 25년 만이었습니다.

그러면 하나님께서 왜 아브라함의 원대로 빨리 아들을 주시지 않고 그토록 오랫동안 애태우며 기다리게 했을까요? 이는 아브라함을 훈련하고 더 큰 축복을 주시기 위함이었습니다. 아브라함은 아들을 얻고 인생 문제를 해결하는 데 관심이 있었습니다. 그러나 하나님은 이를 꼬투리로 그에게 믿음을 심는 데 관심이 있었습니다. 아브라함은 현실적으로 자기 당대에 필요한 눈에 보이는 축복을 원했지만, 하나님은 눈에 보이지 않는 더 큰 축복을 주시기를 원하셨습니다. 하나님은 그가 영적인 눈을 떠서 하나님의 원대한 뜻을 깨닫고 그 뜻을 섬기는 하나님의 사람이 되기를 원하신 것입니다. 하나님은 이삭 탄생이 전적으로 하나님의 능력과 섭리로 말미암은 것임을 나타내셨습니다. 또한 이삭은 육신의 자녀가 아니라 약속의 자녀로서 장차 오실 메시아의 증표임을 보여 주셨습니다. 만일 아브라함이 원할 때 빨리 주셨다면 아브라함은 믿음의 비밀을 깨닫지 못하고 하나님의 능력과 사랑을 깊이 체험할 수 없었을 것입니다.

이와 같이 하나님은 때로 우리가 간절히 기도하고 소원하는 바를 빨리 들어주지 않을 때가 있습니다. 이는 아직 하나님의 때가 되지 않았기 때문입니다. 만일 빨리 들어주면 쉽게 자족하고 교만해져서 믿음의 성장이 막히고 쓸모없게 되어 버립니다. 그러나 우리의 믿음이 자라 축복을 감당할 내면의 그릇이 준비되고, 하나님의 때가 되면, 반드시 기도를 응답해 주셔서 가장 좋은 것을 주십니다. "God is best"(하나님이 최고야!) 이것이 믿는 자들의 신앙고백입니다. 우리가 하나님께 가장 좋은 것을 받으려면 믿음으로 하나님의 때를 기다려야 합니다.

이삭이 탄생했을 때 사라의 기쁨이 어떠했습니까? "사라가 가로되 하나님이 나로 웃게 하시니 듣는 자가 다 나와 함께 웃으리로다" 이삭은 웃음, 즉 기쁨이라는 뜻입니다. 하나님은 아브라함의 가정에 기쁨을 주셨습니다. 이 기쁨은 단순한 감정적인 기쁨이 아니라 믿음으로 영적인 열매를 맺은 데서 오는 참된 기쁨입니다.

여기서 우리는 잠시 아브라함이 맺은 열매와 롯이 맺은 열매를 비교해 볼 필요가 있습니다. 아브라함은 이때까지 믿음으로 사느라 많은 고생을 했습니다. 본토 아비 집을 떠나 장막 생활을 하며 나그네 생활을 했습니다. 좋은 것을 양보하고 손해 보는 아픔, 아기자기한 꿈을 버려야 하는 아픔, 오랫동안 아무것도 손에 잡히는 것 없이 비전만 붙들고 사는 아픔 등 아픔이 많았습니다. 그러나 그는 아무리 힘든 가운데서도 하나님의 은혜를 배반하고자 하는 마음을 한 번도 품지 않고 끝까지 믿음의 중심을 지켰습니다. 그 결과 그는 하나님의 기뻐하시는 영적 열매를 맺고 진정으로 웃는 자가 되었습니다.

반면 롯은 어떠합니까? 그는 하나님과 세상 사이에 양다리 걸치며 타협적인 신앙생활을 했습니다. 그는 세상을 지혜롭게 사는 현명한 자 같이 보였습니다. 그러나 결국 그는 소돔, 고모라의 불심판과 함께 모든 재산을 잃어버렸습니다. 또 아브라함의 중보기도로 불 심판 가운데서 겨우 구원을 받았으나 가족 중 절반을 잃어야 했습니다. 세상에 대한 미련을 못 버리고 두려움 가운데 살다가 모압과 암몬이라는 부끄러운 열매를 남겨야 했습니다.

인생은 중간평가보다 결국에 어떤 열매를 맺는가가 중요합니다. 열매는 그 사람이 어떤 인생을 살았는가를 가장 진실하게 말해 줍니다. 과정은 속일 수 있으나 열매는 속일 수 없습니다. 갈라디아서 6:7절은 말합니다. "스스로 속이지 말라. 하나님은 만홀히 여김을 받지 아니하시나니 사람이 무엇으로 심든지 그대로 거두리라. 자기의 육체를 위하여 심는 자는 육체로부터 썩은 것을 거두고, 성령을 위하여 심는 자는 성령으로부터 영생을 거두리라."

♬날마다 숨쉬는 순간마다

2. 이삭을 핍박하는 이스마엘

이삭이 자라 젖을 떼는 날에 아브라함이 큰 잔치를 베풀었습니다. 젖을 뗄 때는 대략 3세 정도인데 유아 사망률이 높던 고대 사회에서 이때까지 산다고 하는 것은 큰 복이라 돌잔치 같은 것을 하였던 것입니다. 그런데 이스마엘이 이삭을 놀리고 못살게 굴었습니다. 이삭과 이스마엘은 보통 15세 정도 차이납니다. 이스마엘은 이삭이 탄생하기까지 대접을 잘 받았습니다. 그런데 이삭을 낳을 때부터 운명은 바뀌게 되었습니다. 부모의 사랑은 온통 이삭에게 집중되게 되었고 자신은 찬밥 신세가 되었습니다. 더구나 안전하리라던 상속권까지 상실하고 이삭에게 넘어가게 되자 그의 마음은 편하지 못했던 것입니다. 이삭에게 대한 시기심과 미움이 일어났습니다. 그는 자신의 비참한 운명에 불만을 품고 이삭을 조롱하고 핍박하게 되었습니다. 이삭은 이스마엘로 인하여 제대로 자랄 수 없게 되었습니다. 이를 본 사라는 아브라함에게 가서 이스마엘을 내쫓아야 된다고 항변하였습니다. 아브라함의 가정엔 또다시 풍파가 몰아닥치고 그는 근심하지 않을 수 없었습니다.

이때 하나님은 근심하는 아브라함에게 무슨 명령을 내렸습니까? 12절을 보십시오. "사라가 네게 이른 말을 다 들으라 이삭에게서 나는 자라야 네 씨라 부를 것이니라" 아니 애들이 그럴 수도 있지, 집에서 내쫓으라니 사라의 속이 너무 좁은 것 같고 또 그에 장단을 맞추는 하나님 태도도 너무한 것 같습니다. 그러면 왜 하나님은 이스마엘을 내쫓으라고 하신 것입니까? 여기에 대하여 사도 바울은 갈라디아서 4:21-31절에서 이스마엘은 계집종에게서 육체를 따라 났고, 이삭은 자유하는 여자에게서 약속으로 말미암았다고 설명하고 있습니다.

이삭은 아브라함의 신앙의 열매요 하나님의 약속의 자녀입니다. 아브라함은 아들을 주신다는 하나님의 약속을 붙들고 지금까지 그 숱한 어려움 가운데서도 신앙의 길을 달려왔습니다. 하나님은 때가 되자 그의 아내 사라의 몸에서 이삭을 허락하여 주었습니다. 반면 이스마엘은 첩의 아들입니다. 아브라함이 하나님의 약속을 믿음이 없어 놓아버리고 불신 가운데 인간적인 방법으로 첩을 들여 얻은 육신의 자녀입니다. 사도 바울의 문제는 이스마엘이 이삭과 함께 기업을 얻을 수 없다는 것입니다. 하나님은 이삭을 통해 구속 역사를 계승합니다. 이삭의 씨를 통해 **메시아**(Messiah) 예수님이 오십니다. 그런데 이스마엘의 핍박으로 이삭이 자라지 못한다면 구속 역사가 어려워질 수 있습니다. 이삭은 신앙에서 하나님 중심을 가리키고, 이스마엘은 인간 중심을 가리킵니다. 이 두 세력은 공존할 수 없습니다.

이스마엘이 이삭을 조롱하듯이 오늘날도 인본주의는 복음주의를 핍박합니다. 사도 바울은 이렇게 말합니다. "그때에 육체를 따라 난 자가 성령을 따라 난 자를 박해한 것 같이 이제도 그러하도다"(갈 4:29) 육신의 생각이 믿음을 핍박하고 조롱합니다. 이삭은 연약하고 이스마엘은 강합니다. 이삭은 강한 이스마엘 때문에 성장할 수 없습니다. 우리 마음에는 육신의 생각과 영의 생각이 공존하고 있습니다. 이것은 우리를 늘 갈등하게 하고 근심하게 합니다. 그런데 이스마엘이 강하듯이 육신의 생각은 더욱 왕성한 기세로 영의 생각을 조롱하고 핍박하고 우리를 육신의 노예로 만들어 버립니다. "육체의 소욕은 성령을 거스르고 성령은 육체를 거스르나니 이 둘이 서로 대적함으로 너희가 원하는 것을 하지 못하게 하려 함이니라"(갈5:17) 육신의 생각은 하나님과 원수가 됩니다(롬8:7). 하나님을 기쁘시게 할 수도 없습니다. 그러므로 육신의 생각, 육체의 소욕은 내쫓아야 됩니다.

대표적인 육신의 생각은 무엇입니까? 베드로는 예수님께서 십자가의 죽음과 고난을 가르치자 예수님에게 그럴 수 없다고 항변하였습니다. 그러자 예수님은 "사단아 물러가라 네가 하나님의 일을 생각지 않고 사람의 일을 생각한다"고 책망하였습니다. 그러므로 육신의 생각이란 십자가 없는 영광을 구하는 인본주의입니다. 우리 주의에는 인본주의 신자들이 많습니다. 예수님은 자기를 따르는 자들에게 자기를 부인하고 십자가를 지고 쫓으라 하였습니다. 그런데 인본주의 신자들은 복음이 주는 은혜만 누리려고 하지 자기를 부인하거나 십자가를 지려고 하지 않습니다. 그리고 십자가를 지고 복음에 충성하는 사람들을 보면 바보스럽다고 조롱하고 핍박합니다. 상황윤리에 맞추어 신앙생활하고 헌신하려고 하지 않고 자기 유익만 다 챙깁니다. 하나님은 단호히 말씀하십니다. 이스마엘을 내쫓으라!

3. 아브라함의 결단

아브라함은 또 한 번 위대한 결단을 합니다. 그는 하나님의 뜻이 무엇인가를 확인하자 다음 날 아침 일찍 일어나 하갈과 이스마엘을 내쫓았습니다. 그는 결단의 사람이었습니다. 결단을 통해 아브라함의 신앙은 진일보하였습니다. 그리고 하나님은 그런 그를 형통하게 축복해 주었습니다. 22절에 보면 아비멜렉이 찾아와 말합니다. "네가 무슨 일을 하든지 하나님이 너와 함께 계시도다"그리고는 아브라함과 화친조약을 맺기를 소망합니다. 하나님은 아브라함과 함께하셨고 그때 아브라함은 이방인들에게 믿음의 영향력을 끼치게 되었습니다.

사랑하는 성도 여러분! 사람들이 왜 신앙에 갈등합니까? 그것은 이삭과 이스마엘을 함께 키우려고 하기 때문입니다. 자기 생각과 꿈, 믿음과 하나님의 소원, 육신적인 생각과 영의 생각, 안일과 십자가, 희생과 욕심이 늘 내안에 공존할 때 우리는 갈등하게 됩니다. 우리의 신앙이 성장하기 위해서도 반드시 이스마엘은 내쫓아야 됩니다.
나의 신앙이 성장하기 위해 쫓아내야 할 이스마엘은 무엇인가 고백
하며 결단하여 위대한 신앙의 열매를 맺어 나가는 성도들이 될 수
있기를 축원합니다.

신앙의 에셀 나무를 심어라

말씀 창세기 21:22~34
요절 창세기 21:33

“아브라함은 브엘세바에 에셀 나무를 심고
거기서 영원하신 여호와의 이름을 불렀으며”

아브라함은 75세에 하나님의 부르심을 받고 갈데아 우르를 떠나 하란을 거처 가나안땅으로 옵니다. 가나안 땅에서 아브라함은 기근, 전쟁, 소돔과 고모라의 심판 등 많은 사건을 겪었습니다. 이런 와중에 위대한 믿음의 결단과 승리의 삶도 있었지만 사라를 누이라 속였다가 가정이 파탄날 위기를 맞기도 했고, 이방인에게 수모까지 당하였습니다. 하나님의 말씀을 믿지 못하고 인간적인 방법으로 첩을 얻어 이스마엘을 낳았고, 이스마엘을 기르는 재미에 빠져 사명을 잊고 살다가 하나님께 책망도 받았습니다. 인본주의의 열매 이스마엘을 내쫓아야 하는 아픔도 겪었습니다. 그러면서 아브라함의 신앙은 성장했고, 그렇게 기다리던 아들 이삭을 100세에 낳게 되었습니다.

오늘은 아브라함이 그랄 땅 브엘세바에 거하면서 에셀나무를 심고 영원하신 하나님의 이름을 불렀다는 말씀의 내용입니다. 그리고 이 사건 이후에 22장에서 "네 아들 네 사랑하는 독자 이삭을 데리고 모리아 땅으로 가서 내가 네게 일러 준 한산 거기서 그를 번제로 드리라"(창22:2) 하시는 하나님의 마지막 시험을 받게 됩니다. 저자 모세는 하나님이 아브라함에게 이삭을 번제로 드리라는 이 시험이 오늘 본문 사건 이후라고 강조합니다. "그 일 후에"(창22:1) 그렇다면 오늘 본문은 아브라함이 브엘세바에서 아비멜렉과 언약을 맺고 에셀 나무를 심은 것은 어떤 영적인 의미가 있다는 것을 시사해 줍니다. 오늘은 그 의미를 생각해 보며 은혜받는 복된 시간이 될 수 있기를 축원합다.

1. 은혜의 제단을 쌓자

에셀 나무는 위성류과의 상록 교목으로 키가 크게는 약 10m까지 자라며 그 가지와 잎이 넓게 퍼져 풍성한 그늘을 제공하는 나무입니다. 이 나무의 특징 중 하나는 물이 부족한 환경에서도 잘 살아남는다는 것입니다. 이유는 뿌리에 있습니다. 약 30m에서 어떤 것은 100m까지 뿌리가 깊고 길어서 물이 적은 사막에서도 수분을 잘 흡수합니다. 이 나무의 또 하나의 특징은 잎이 짜다는 것입니다. 나뭇잎 속에 특수한 성분이 있어 염분을 분비합니다. 이 짠 성분이 새벽에 공기와 만나면 나뭇잎에 이슬을 맺히게 됩니다. 아침에 태양이 뜨면 염분에 섞인 이슬이 마치 보석처럼 아름답게 빛납니다. 한낮이 되면 에셀 나무에 머금고 있던 이슬이 수증기가 되어 증발하게 되는데 이때 에셀 나무 그늘 온도는 다른 곳보다 10도 낮게 됩니다.

한여름에 놀이공원 같은 데를 가보면 차가운 수증기를 분무기처럼 내뿜게 하는 장치가 있는데 그 밑을 지나면 시원한 것과 마찬가지입니다. 하나님이 만들어 주시는 천연 에어컨 시스템인 것이지요. 그래서 에셀 나무는 광야를 여행하는 여행객들에게 힘들고 지칠 때 그늘을 제공하여 안식과 쉼을 주는 나무로 유명합니다.

그리고 이 에셀 나무는 질기고 장수하는 나무로 유명합니다. 광야 사막에는 이 에셀 나무와 함께 싯딤나무가 자라는데, 이 싯딤 나무는 성막의 재료로 쓰인 나무로 유명합니다. 매우 단단하고 질겨서 성막의 재료로 하나님이 택했던 나무입니다. 마찬가지로 에셀 나무도 사막에서 온갖 모래바람을 맞으며 살아남은 나무여서 매우 질기고, 그리고 뿌리가 깊어 장수하는 나무입니다.

그러면 왜 아브라함은 브엘세바에서 아비멜렉과 언약을 세우고 이 에셀 나무를 심었을까요? 그것은 하나님의 은혜에 감사하여 제단을 쌓았다는 것입니다. 아브라함은 기근으로 애굽 땅에 들어갔을 때와 그랄 땅에 갔을 때에 동일한 실수를 합니다. 사람들이 자신을 죽이고 아내를 빼앗을 것이 두려워 아내를 누이라고 말하자고 합의한 것입니다. 그러자 그랄 왕 아비멜렉은 사라의 미모를 보고 궁으로 데리고 갑니다(창 20:1-2). 그러나 하나님의 특별한 개입으로 인해 사라는 무사히 아브라함에게 돌아옵니다.

아브라함은 이토록 연약하고 부족한 사람이었습니다. 그런데 하나님은 이런 아브라함을 선지자라고 세워주며 바로와 아비멜렉 앞에서 높여 주셨습니다. 세월이 흘러 아비멜렉 왕이 자기의 군대 장관 비골 장군을 데리고 아브라함을 찾아와서 언약을 맺자고 합니다. 그 언약의 내용은 우리 대뿐만 아니라 우리 후손 대대로 서로 싸우지 말고 평화롭게 살아가자는 것입니다(창 21:23). 아비멜렉은 당시 강대국인 블레셋의 왕이었습니다. 그런데 강대국의 왕이 이런 노인에게 평화 언약을 맺으러 왔다는 것이 놀랄 일입니다. 아비멜렉이 가만히 보니까 아브라함이 위대한 사람으로 보이는 것입니다. 그 이유가 무엇이라고 합니까? "네가 무슨 일을 하든지 하나님이 너와 함께 계시도다"(창21:22)

결국 하나님의 은혜입니다. 하나님은 75세 된 아브라함을 부르신 그날부터 지금까지 한 번도 아브라함을 떠난 적이 없습니다. 아브라함이 실수로 하나님을 잊은 적은 있지만 하나님은 한 번도 아브라함을 잊은 적이 없고 아브라함과 함께했습니다. 아브라함은 블레셋왕 아비멜렉의 입술을 통해 다시 한번 이 사실을 깊이 깨닫게 된 것입니다. 특별히 이곳에 살면서 아브람이 어떤 기적적인 일을 행한 것이 아닙니다. 그저 하나님의 말씀에 순종하며 살고 있었을 뿐입니다. 그런데 아비멜렉이 아브라함을 가만히 지켜보니 거짓말이나 하고, 별로 나보다 잘 난 것도 없는 사람 같은데 무엇을 하든 잘 되는 것입니다. 그렇다면 이유가 무엇일까? 이것은 하나님이 함께하기 때문이라고 느꼈던 것입니다. 아브라함이 고백하지 않더라도 세상 사람이 볼 때도 정말 이 사람이 잘되는 것은 하나님이 함께하는 하나님의 은혜이구나 하였던 것입니다.

아브라함은 이 하나님의 은혜를 생각하니 너무나 가슴이 벅찬 것입니다. 그는 감격의 마음을 가지고 에셀 나무를 심고 거기서 영원한 하나님의 이름을 불렀습니다. 이는 제단을 쌓았다는 말입니다. 아브라함은 처음 세겜 땅에 왔을 때도, 벧엘에 왔을 때도 맨 먼저 제단을 쌓았습니다. 그는 하나님 앞에 틈만 나면 감사의 제단을 쌓았습니다. 에셀 나무는 메마른 광야에서 유일하게 풍성하게 자라나는 나무입니다. 이는 광야 같은 세상에서 우리를 풍성하게 축복해 주시는 하나님의 은혜와 관계있습니다. 아브라함은 광야 한복판에 이 하나님의 풍성한 은혜를 생각하며 에셀 나무로 기념식수를 하고 하나님 앞에 감사의 제단을 쌓은 것입니다. 하나님은 이런 아브라함을 참 좋아하신 것입니다. 제단 쌓는 사람이란 오늘날로 말하면 예배하는 사람입니다. 다시 말해 오늘날도 하나님은 아브라함처럼 은혜를 기억하며 감사의 예배를 드리는 사람을 무척 좋아하십니다. 이런 사람을 높여 주시고 동행하시고 축복하십니다. 우리도 아브라함처럼 때마다 감사의 제단을 쌓는 축복 된 성도들이 될 수 있길 축원합니다.

2. 축복의 통로로 살아가자

영국에서 'Good Morning'은 매우 뜻깊은 의미가 있습니다. 영국은 늘 비가 오는 나라로 유명합니다. 그래서 영국 신사 하면 정장에 우산을 가지고 다니는 이미지입니다. 항상 비가 오는 나라이니 비가 지겹고 구름과 그늘이 짜증납니다. 그런데 1년 내내 우중충하였는데 어느 날 구름 없고 햇볕이 쨍쨍 내리쬐는 아침을 맞이했다고 생각해 봅시다. 정말 그날은 'good morning'입니다. 'sunny day'입니다. 그런데 광야 사막에서는 어떨까요? sunny day는 너무 짜증납니다. 구름이 끼고 비가 오는 날이 축복의 날입니다. 그래서 하나님의 축복을 이야기할 때 이른 비와 늦은 비로 묘사합니다. 시편에서는 "여호와는 너를 지키시는 이시라 여호와께서 네 오른쪽에서 네 그늘이 되시나니"(시121:5)라고 하나님의 축복을 그늘로 표시하였습니다.

뜨거운 광야에서 10m 높이의 푸른 에셀 나무는 여행객들에게 최고의 선물입니다. 다른 그늘보다 10℃ 나 시원하니 그 에셀 나무 그늘 아래는 이루 말할 수 없는 휴식 공간이요 쉼과 안식을 제공합니다. 이스라엘 초대왕 사울의 집무실이 바로 에셀 나무 그늘이었습니다. "그때에 사울이 기브아 높은 곳에서 손에 단창을 들고 에셀 나무 아래에 앉았고 모든 신하들은 그의 곁에 섰더니"(삼상22:6) 그래서 유대 랍비의 전통에 의하면 아브라함이 에셀나무를 심은 이유 중에 하나가 바로 지나가는 나그네를 대접하고 그들에게 하나님을 선포하며 하나님의 은혜와 축복을 자랑하기 위해서 심었다고 해석합니다.

아브라함이 에셀 나무 숲을 만들어 놓고 지나가는 나그네가 있으면 꼭 거기서 쉬어가게 했다는 것입니다. 거기서 우유나 버터나 치즈를 대접하면서 하나님에 대해서 이야기했다는 것입니다. 자기가 받은 은혜, 자기가 받은 축복을 이야기한 것입니다. 아브라함은 그런 것을 위해서 에셀 나무를 심었습니다. 아브라함은 자기만 큰 은혜를 받은 것이 아니라 다른 사람과도 은혜를 나누는 축복의 통로자요, 축복의 전달자로 살았습니다. 우리도 이와 같이 축복의 통로자, 축복의 전달자로 살아야 할 것입니다.

'그늘을 찾아가는 사람이냐? 그늘을 만들어 주는 사람이냐?'는 삶의 중요한 형태입니다. 어떤 사람은 늘 받으며 삽니다. 그러나 어떤 사람은 늘 베풀고 주는 삶을 삽니다. 메마른 사막에서 삽으로 구덩이를 파고 에셀 나무를 심는 개척자는 누가 보아도 고생스럽습니다. 그러나 그 개척자의 마음속에는 꿈이 있습니다. 오늘 심은 에셀 나무가 자라나 울창한 숲을 이루는 것입니다. 그리고 우리의 이웃들과 나그네들이, 그리고 우리의 후손들이 그곳에서 쉼을 누리고 안식을 얻으며 살아가는 꿈이 있습니다. 이 꿈을 가지고 나무를 심는 사람이 필요합니다. 우리는 자녀들에게 신앙의 에셀 나무를 심어야 합니다. 이 에셀 나무가 자라나 우리의 자녀들을 보호하고 메마른 사막 같은 세상에서 평화와 안식과 축복을 누리며 살게 될 것입니다. 아브라함처럼 에셀 나무를 심는 성도들이 될 수 있기를 축원합니다.

3. 믿음의 신앙 고백을 하자

이 나무의 특징이 뿌리가 깊어 메마른 땅에서도 잘 자라나고, 재목은 질기고 단단하고 수명은 장수하는 나무라고 하였습니다. 아브라함이 이 에셀 나무를 심는 이유가 여기 있습니다. "하나님, 저는 부족한 것밖에 없고 실수한 것밖에 없는데 왜 이렇게 저와 함께하시고 저를 높여주시는 것입니까? 그러니 이제는 제가 하나님을 더 잘 섬기겠습니다. 이제는 제 인생 앞에 그 어떤 모진 풍파와 역경이 닥친다고 해도 저는 이 에셀 나무처럼 질기고 질기도록 하나님께만 영광 돌리며 기쁘게 하는 삶을 살겠습니다. 내 앞길에 아무리 모질고 힘한 일이 있어도 오직 주님만을 따라가겠습니다." 아브라함은 이런 고백으로 에셀 나무를 심은 것입니다. ♬이제 네가 살아도 에셀 나무는 가을에 잎사귀가 떨어지고 겨울에 앙상한 가지로 있다가 봄에 새싹을 피우는 그런 나무가 아닙니다. 사철에 푸르른 잎사귀를 자랑하는 나무였습니다. 그래서 아브라함이 에셀 나무를 선택한 것은 앞으로 이 나무가 푸르른 것처럼 저도 푸르른 믿음으로 하나님을 섬기겠다는 신앙의 고백이었습니다. 사시사철 언제나 상록수의 믿음으로 주님을 섬기며 언제나 시들지 않고 메마르지 않고 떨어지지 않는 믿음으로 주님만을 사랑하겠다는 고백이었습니다. 그래서 아브라함은 이런 시들지 않는 믿음으로 바로 이 일 이후에 독자 이삭까지 드렸던 것입니다.

사랑하는 성도 여러분! 우리는 하나님께 어떤 신앙의 고백을 드리며 살아가고 있습니까? 오늘 우리도 아브라함처럼 은혜의 에셀 나무, 사랑의 에셀 나무, 믿음의 에셀 나무를 심을 수 있기를 바랍니다. 오직 일편단심 하나님만을 사랑하고 하나님을 기쁘시게 하며 이웃과 자손들에게 축복의 통로가 되는 삶을 살겠노라는 신앙의 에셀 나무를 심을 수 있기를 축원합니다.

이삭을 번제로 드리라

말씀 창세기 22:1~19
요절 창세기 22:12

"사자가 이르시되 그 아이에게 네 손을 대지 말라…
네가 네 독자까지도 내게 아끼지 아니하였으니
내가 이제야 네가 하나님을 경외하는 줄을 아노라"

1년 동안 열심히 공부하고 나면 기말고사를 치르게 됩니다. 이 시험을 통해 그동안 내가 배우고 닦은 바를 검사 받게 되는 것입니다. 아브라함도 그동안 열심히 신앙 경주를 하였습니다. 이제 하나님 앞에서 그의 신앙을 테스트받게 됩니다. 그런데 마지막 시험은 참으로 통과하기 힘든 시험이었습니다. 금쪽같은 아들 이삭을 번제로 드리는 시험이었습니다. 해도 너무한 것 같습니다. 오늘은 이 시험을 통해 하나님이 우리에게 요구하는 신앙이 무엇인가를 배우므로 함께 은혜받는 복된 시간이 될 수 있길 축원합니다.

1. 시험의 의도

12절을 보십시오."그 아이에게 네 손을 대지 말라 그에게 아무 일도 하지 말라 네가 네 아들 네 독자까지도 내게 아끼지 아니하였으니 내가 이제야 네가 하나님을 경외하는 줄을 아노라" 여기서 볼 때 하나님께서 아브라함에게 가장 원하시는 것은 하나님을 경외하는 신앙이었던 것을 알 수 있습니다. 하나님을 경외한다는 것은 무엇입니까? 이는 하나님을 가장 사랑하고 하나님을 가장 두려워한다는 것입니다. 하나님과 나 사이에 그 어떤 것도 개입되지 않은 순순한 믿음이요 하나님과 연합한 온전한 믿음입니다.

성경에 보면 하나님을 경외하라는 말씀이 많이 나옵니다. "높은 사람이나 낮은 사람을 막론하고 여호와를 경외하는 자들에게 복을 주시리로다"(시115:13) "그는 자기를 경외하는 자들의 자들의 소원을 이루시며 또 그들의 부르짖음을 들으사 구원하시리로다"(시145:19) "여호와를 경외하는 것은 사람으로 생명에 이르게 하는 것이라 경외하는 자는 족하게 지내고 재앙을 당하지 아니하느니라"(잠19:23) 그래서 가나안땅에 들어가는 이스라엘 백성들에게 모세는 하나님의 이름을 두시려고 택하신 곳에서 소득의 십일조를 드리며 여호와 하나님 경외하기를 배우라고 강조하였습니다(신14:22~23). 그리고 왕위에 오르는 이들에게 제왕의 도리를 가르치는 말씀에서는 성경을 자기 옆에 두고 날마다 읽으며 하나님 경외하기를 배우라고 하였습니다.(신17:19) 그러므로 하나님을 경외하는 신앙은 매우 중요하며, 축복을 받는 길이며, 성도에게 가장 기본이 되는 신앙입니다.

하나님은 아브라함에게 이삭이냐? 이스마엘이냐? 둘 중에서 하나를 선택하도록 하셨습니다. 그리고 더 나아가 하나님이냐? 이삭이냐? 선택하도록 하셨습니다. 이삭은 약속의 자녀이지만 하나님께서 주신 축복에 불과 합니다. 이 축복으로 말미암아 심령이 막히고 영적 눈이 감긴다면 계속해서 축복받을 수 없고 비참하게 됩니다. 세상에는 축복을 받았을 때, 축복으로 인해 심령이 막혀 믿음을 잃고 축복을 받기 전보다 더 비참하게 된 자들이 많습니다. 웃시아 왕은 나이 16세에 유다의 왕이 되었습니다. 하나님 종 스가랴의 가르침을 받아 하나님의 말씀을 늘 경청하여 형통의 축복을 받아 나라가 부강해지고 왕위는 견고해졌습니다. 그러나 그가 강성하여지매 그의 마음이 교만하여 악을 행하게 되었고, 결국 하나님의 저주를 받고 나병환자가 되어 별궁에 살다가 죽었습니다. 하나님은 아브라함이 시련의 때나 축복의 때나 오직 하나님 한 분만을 바라보고 살기를 원하셨습니다. 아브라함이 축복에 매이기보다 축복의 원천 되신 하나님을 붙들기를 원하신 것입니다. 우리도 축복보다 축복을 주시는 하나님을 사랑하고 그 하나님을 붙들고 살 수 있기를 축원합니다. ♬손에 있는 부귀보다

　매일 퇴근길에 사랑하는 아들을 위해서 과자를 사 가지고 오는 아버지가 있었습니다. 아이는 아버지가 오기만을 늘 기다렸습니다. 그러던 어느 날 아버지가 과자를 사 가지고 오지 못했습니다. 그러자 아이는 "아버지 미워" 하면서 방문을 콱 닫아 버리고 제방으로 들어가 우는 것이었습니다. 그래서 얼른 밖으로 나가 다시 과자를 사 들고 들어온 아버지는 아들에게 과자를 주면서 이렇게 말합니다. "아빠 하나만 줘" 아버지는 막 입으로 과자를 먹으려 하던 아들 앞에 입을 쩍 벌립니다. 그러자 아들은 "싫어, 내 거야" 하면서 얼른 자기 입으로 과자를 집어넣습니다. 그러자 아버지는 뒤에 숨기고 더 많은 과자 상자를 아들에게 보여 주면서 "이것도 너 주려고 사 온 것인데 아버지가 먹어야 되겠다" 쓸쓸하게 말하고 방으로 사라졌습

니다. 과자냐 아버지냐, 이삭이냐 하나님이냐. 우리는 무엇을 더 사랑합니까?

2. 순종하는 아브라함

아브라함은 깊은 고뇌와 번민의 밤을 보내야 했습니다. 그 누구도 그의 심경을 헤아리지 못했습니다. 사랑하는 아내마저 도움이 되지 못했습니다. 아브라함은 하나님 앞에서 단독자로 서서 스스로 이 시험을 치르고 결단해야만 했습니다. 고향을 떠나라고 할 때도 그는 떠났습니다. 친척과 이별하라 해서 이별했고, 굶주림과 외로움을 견디며 살았습니다. 생명의 위협 가운데서 그는 객지에서 홀로 싸우며 아픔도 감당했습니다. 재산과 목숨과 부모 친척도 버리고 순종할 수 있었는데, 이번만큼은 그에게 있어서 너무나 가혹한 시험이 아닐 수 없었습니다. 어찌 100세가 되어 얻은 아들을 그것도 두 눈 뜨고 살아 있는 아들을 번제로 드릴 수가 있는 것입니까? 이것은 자신의 목숨을 바치는 것보다 더 큰 희생과 아픔과 헌신이었습니다. 이것은 한마디로 아브라함의 전부였습니다.

아브라함에게 있어서 깊은 고뇌의 밤은 그리 길지 않았습니다. 그는 새벽 일찍 일어나 나귀에 안장을 지우고 두 사환과 아들 이삭과 번제에 쓸 나무를 쪼개어 가지고 모리아 산으로 출발했습니다. 그곳은 3일 길이 되는 먼 길이었습니다. 아브라함이 먼 길을 묵묵히 순종하여 모리아 산으로 가는 그 길은 독자 이삭을 번제로 드리는 고난의 길이요, 아들을 바치는 제사의 길이었습니다. 모리아는 순종의 산이었습니다. 이 산은 앞으로 후손들이 하나님을 경외하며 살도록 본을 보이기 위한 믿음의 조상으로서 걸어가야 하는 사명의 길이었습니다. 이 길은 눈물 없이는 못 가는 길이었습니다. 여호와 이레를 믿는 믿음이 없이는 못가는 헌신의 길이었습니다. ♬ 너의 가는 길에

노중에 분위기가 이상한 것을 알아차린 이삭이 묻습니다. "불과 나무는 있지만 번제할 어린 양은 어디 있나이까?" 이때 아브라함의 마음 고통은 형언할 수 없었을 것입니다. 그러나 아브라함은 도중에 발걸음을 멈추거나 돌이키지 않았습니다. 이삭을 끌어안고 울지도 않았습니다. 그는 말했습니다. "아들아 번제할 어린양은 하나님이 자기를 위하여 친히 준비하시리라"

우리는 여기서 그가 순종할 수 있었던 비결이 무엇이었나를 배웁니다. 그에게는 여호와 이레의 하나님을 믿는 믿음이 있었습니다. 이것은 지금까지 그의 지난 과거 삶을 통하여 피부로 체험한 신앙고백입니다. 하나님은 항상 그의 인생과 삶에 대해 준비해 놓으셨습니다. 그리고 아브라함에게 순종을 원하셨고, 아브라함이 순종할 때마다 그는 하나님의 살아게심과 인도하심을 체험한 것입니다. 또한 그에겐 부활의 믿음이 있었습니다. 사라의 죽은 몸에서 이삭을 주신 하나님은 이삭이 번제로 드려지더라도 또다시 그를 살리실 것을 믿었습니다(히11:19).

그리고 아브라함은 하나님의 약속을 견고히 붙들고 있었습니다. 그것은 이삭은 약속의 자녀라는 사실입니다. 하나님은 아브라함에게 이삭을 낳을 것이라고 말씀하실 때 이렇게 말하였습니다."내 언약은 내가 명년 이 기한에 사라가 네게 낳을 이삭과 세우리라"(창

17:21) 하나님은 분명히 아브라함의 자손을 하늘의 뭇별 같게 하신다고 말씀하셨고 이삭과도 이 언약을 세우신 것입니다. 하나님은 약속을 반드시 지키는 분이십니다. 비록 이삭이 번제로 드려지더라도 죽은 자를 살리는 하나님은, 돌들로도 아브라함의 자손을 만드시는 하나님은 이삭을 부활시키시고 하나님의 언약을 이루어 나가십니다. 아브라함은 견고한 믿음의 반석 위에 굳게 서 있었습니다. 그는 이 하나님을 향한 믿음이 있었기에 그의 전부를 바칠 수 있었습니다. 그의 믿음처럼 하나님은 예수님을 어린양으로 준비하여 주셨고 예수님은 십자가에서 영원한 번제물이 되셨습니다.

하나님은 오늘 우리에게 무엇을 원하십니까? 당신이 바쳐야 될 이삭은 무엇입니까? 하나님은 우리의 전부를 원하십니다. 믿음 생활은 언제나 받기만 하는 생활이 아니요, 하나님께 바치는 생활이기도 합니다. 언제까지 하나님과 줄다리기 할 수 없습니다. 아브라함 갈등의 밤은 길지 않았고 그는 모리아 산을 올랐습니다. 오늘 우리도 아브라함의 본을 받아 주저함이 없이 순종의 모리아 산을 오를 수 있기를 축원합니다.

3. 하나님의 축복

마침내 두 사람은 하나님이 지시하신 곳에 이르렀습니다. 이에 아브라함은 그곳에 단을 쌓고 나무를 벌여놓고 아들 이삭을 결박하여 단 나무 위에 놓았습니다. 이때 이삭은 반항하지 않고 순순히 순종했습니다. 이는 하나님의 뜻에 묵묵히 순종하여 십자가를 지신 예수님의 모습을 상징합니다. 아브라함은 칼을 들어 이삭을 잡고자 했습니다. 그는 흉내만 낸 것이 아니라 실제로 잡고자 했습니다. 하나님은 이런 그의 믿음에 크게 감동을 받고 "아브라함아!아브라함아!" 하시며 급히 막으셨습니다. 그리고 그에게 합격 통지서를 주셨습니다. "네가 네 아들 네 독자라도 내게 아끼지 아니하였으니 내가 이제야 네가 하나님을 경외하는 줄을 아노라" 하나님은 이 사건으로 아브라함이 세상에 그 어떤 것보다 하나님을 가장 사랑하는 줄 알게 되었습니다. 아브라함은 한 숫양의 뿔이 수풀에 걸린 것을 보고 이삭을 대신하여 번제로 드렸습니다. 그리고 그 땅 이름을 '여호와 이레'라 하였습니다.

믿음을 확인한 하나님은 그에게 최종적으로 축복하고 여호와의 약속을 확증합니다(16~18). "네 씨가 그 대적의 성문을 차지하리라 또 네 씨로 말미암아 천하 만민이 복을 얻으리니 이는 네가 나의 말을 준행하였음이니라"(18) '네씨'는 단수로서 장차 아브라함의 후손 가운데서 태어나실 메시야를 가리킵니다. 하나님은 이 약속을 기초로 예수그리스도를 허락해 주셨습니다. 예수님은 십자가와 부활로 죄와 죽음을 이기시고 사단의 머리를 박살내셨습니다. 그리고 믿는 자들이 복음으로 세상을 정복케 하셨습니다. 세상은 예수님을 믿음으로 저주에서 구원을 받고 영생의 복을 누릴 수 있게 하셨습니다. 아담 한 사람의 불순종으로 말미암아 죄와 저주와 죽음과 불행이 왔습니다. 그러나 아브라함 한 사람의 순종으로 구원의 역사는 시작되고, 나아가 예수 그리스도의 순종하심으로 구원의 역사는 완성되었습니다. 하나님은 아브라함의 하나님이 되시기를 기뻐하시고 "나는 아브라함의 하나님이라" 하셨습니다.

사랑하는 성도 여러분! 하나님은 때때로 우리의 중심이 어디를 향해 있는가를 알아보시기 위해 시험하십니다. 우리에게 가장 아끼고 사랑하는 이삭을 바치라고 하십니다. 하나님을 경외하는 신앙인이 됩시다. 본토 친척 아비 집을 떠나고, 인간적인 불신의 열매인 이스마엘은 내쫓고, 사랑하는 축복의 열매 이삭은 드리는 이 세 가지를 잘하면 신앙은 성장합니다. 우리 모두 하나님의 원하는 기준에 합격할 수 있기를 축원합니다.

범사에 복을 받은 아브라함

"아브라함이 나이가 많아 늙었고 여호와께서
그에게 범사에 복을 주셨더라"

아브라함의 신앙은 22장에서 절정을 이루고 오늘 본문은 그 후 아브라함의 노년 삶에 대해 말해주고 있습니다. 우리가 어떻게 사는 것도 중요하지만 어떻게 최후를 맞이하는가도 중요합니다. 용두사미 같은 인생을 살아서는 안 됩니다. 우리 인생은 점점 좋아지는 인생을 살아야 됩니다. 아브라함의 노년은 한마디로 범사에 축복을 받은 삶이었습니다. 오늘 말씀을 통하여 아브라함의 노년 신앙을 배움으로 우리도 범사에 축복받는 삶을 살 수 있길 축원합니다. 아브라함은 어떻게 노년에 범사 축복받는 인생이 되었습니까?

1. 하나님을 경외하는 신앙을 가졌습니다.

22장에서 하나님은 비로소 아브라함의 신앙을 인정하고 그를 복의 근원으로 세우셨습니다. 그리고 더 이상 하나님은 아브라함을 훈련하지 않으시고 그의 노년에 복을 주셨습니다. 그러면 언제 하나님이 그의 신앙을 인정하신 것입니까? 그것은 사랑하는 독자 이삭을 아끼지 않고 하나님께 드렸을 때입니다. "네가 네 아들 네 독자라도 내게 아끼지 아니하였으니 내가 이제야 네가 하나님을 경외하는 줄을 아노라"

하나님으로부터 축복을 받으려면 하나님의 인정을 받아야 합니다. 말씀을 통하여 볼 때 하나님이 인정해 주는 신앙은 하나님을 경외하는 신앙입니다. 이는 세상 그 어떤 것보다 하나님을 사랑하고 섬기는 것을 말합니다. 우리의 가장 소중하고 귀한 이삭까지라도 하나님께 헌신할 수 있을 때 하나님은 비로소 우리의 신앙을 인정하여 주는 것입니다. 범사에 여호와의 축복을 받기를 원하십니까? 그러면 하나님께 이삭을 드리십시오. 하나님의 인정을 받으십시오. 신앙 생활하며 아직 십일조를 결단하지 못한 분은 그 십일조 신앙이 이삭일수 있습니다. 주일을 결단하지 못한 분들은 주일 예배를 결단하십시오.

2. 열국의 어미 사라의 동역을 받게 되었습니다

훌륭한 사람 뒤에는 이름도 빛도 없이 동역하고 섬긴 내조자가 있습니다. 아브라함에게는 사라가 있었습니다. 아브라함에 비해 사라는 성경에 그다지 주목되지 않고 있습니다. 반면 인간적인 방법으로라도 자식을 낳아보려고 몸종 하갈을 아브라함의 첩으로 준 것이 화근이 되어 이스마엘을 낳게 되었다는 실책만이 부각되고 있습니다. 그러나 사라를 다시 생각해 볼 때 아브라함에게 없어서는 안 될 귀중한 동역자였습니다. 어떤 점에서 그렇습니까?

첫째, 믿음의 여인이었습니다.

사라는 아브람과 결혼 한지 몇 십 년이 되었어도 자식을 낳지 못했습니다. 사라가 남몰래 얼마나 고통스럽고 외로웠겠습니까? 그가 얼마나 많은 밤을 눈물로 지새웠겠습니까? 어딘가 한쪽은 빈 것 같은 삶을 살았을 것입니다. 이런 점에서 그녀가 어떻게 해서든지 인간적인 방법으로 라도 자녀를 얻고자 했던 점을 충분히 이해할 수 있습니다. 사랑하는 남편에게 자신의 몸종을 첩으로 들이라고 간청하는 사라의 모습은 애처롭기까지 합니다. 그러나 인간적인 동정으로 신앙적인 죄를 묵과할 수는 없는 것입니다. 이 사건 후 가정은 시끄러웠고 하갈에게 무시당할 때 사라는 자신의 죄를 깊이 회개하게 된 것입니다. 그리고 사라는 철저히 아브라함을 믿음으로 동역해야 된다는 사실을 깨닫게 되었습니다. 이점을 히브리서는 이렇게 말하고 있습니다. "믿음으로 사라 자신도 나이 늙어 단산하였으나 잉태하는 힘을 얻었으니 이는 약속하신 이를 미쁘신 줄 앎이라"(히 11:11) 사라는 이제 인간적인 방법을 동원하지 않고 하나님의 신실하신 약속을 붙들었습니다. 그녀는 믿음으로 인간적인 한계를 극복하고 이삭을 낳을 수 있었습니다. 믿음 생활은 혼자 하기가 힘듭니다. 아브라함이 믿음의 조상이라고 한다면 사라는 믿음의 조상이 있게 한 믿음의 동역자였습니다.

둘째, 순종의 여인이었습니다.

우르에서 하란으로 다시 가나안으로, 애굽으로, 세겜으로, 벧엘로, 헤브론으로, 네겜으로, 그 많은 도시를 거치면서도 아브라함 한 사람에게 소망을 두었기에 일생을 아무 말 없이 따르고 순종했던 여인이 사라였습니다. 베드로는 이런 사라를 가리켜 후세의 여인들에게 말합니다. "전에 하나님께 소망을 두었던 거룩한 부녀들도 이와 같이 자기 남편에게 순종함으로 자기를 단장하였나니 사라가 아브라함을 주라 칭하여 순종한 것 같이 너희는 선을 행하고 아무 두려운 일에도 놀라지 아니하면 그의 딸이 된 것이니라"(벧전3:5) 아브라함이 자기만 살려고 사라를 누이라고 속이고 애굽으로 내려갈 때 사라의 마음이 얼마나 찢어지고 아팠겠습니까? 평소는 사랑한다고 하면서 이방 왕에게 후궁으로 끌려가도록 내버려 두는 아브라함을 지켜보는 사라는 심한 사랑의 배반감에 울었을 것입니다. 그런데도 사라는 불평 한마디 없이 남편을 순종하고 따랐습니다.

그런데 사라가 아브라함을 원망할 때가 있었습니다. 그것은 하갈이 이스마엘을 낳자 교만해져서 주인인 사라를 깔보고 멸시했을 때입니다.

아브라함은 이스마엘을 귀여워하고 하갈에게 푹 빠져있었습니다. 사라의 눈에서는 피눈물이 났습니다. 사라는 여자로서의 위치와 아내로서의 위치를 안전하게 지키기 위해 결사적인 싸움을 하였습니다. 사라는 아브람에게 하갈과 이스마엘을 내쫓을 것을 제안했습니다. 한 여자의 행복이 어쩌면 남자에게 달려있으므로 그것은 피할 수 없는 투쟁이었습니다. 남자는 이 사실을 알아야 됩니다. 하나님께서 주신 한 여인을 가슴 아프게 하고 갈등하게 하고 가치를 떨구게 하는 일이 얼마나 당하는 사람에게 고통스럽고 피눈물 나는가 하는 것입니다. 사라는 하나님의 약속과 가정을 지키기 위해 많이 기도하였을 것입니다. 이는 단순한 한 가정을 지키는 것을 떠나 하나님의 나라를 이루고 하나님의 언약을 이루는 결단이기도 했습니다. 하나님도 사라의 제안이 옳음을 인정하셨고 아브라함이 결단하도록 했습니다.

저는 전국으로 집회를 다니며 남편을 위해서 눈물을 흘리며 간절히 기도하는 아내들을 많이 보았습니다. 그런데 그와 반대로 아내를 위해 눈물을 흘리며 기도하는 남편들은 별로 보지 못했습니다. 남편들도 아내를 위해서 기도해야 합니다. 같은 하나님을 섬기고 한 가정을 이끌어 나가면서 서로를 위해 기도하지 않는다는 것은 어느 한쪽이 자신의 의무를 다하지 못하고 있는 것입니다. 기도하는 남편이 우리 교회에 많기를 바랍니다.

일생 사명자 남편 한 사람을 바라보고 수없이 이사하며 거친 들에서 이삭과 야곱과 더불어 3대에 걸쳐 장막 생활하며 불평 한마디 없이 순종하며 살았던 여인이 사라입니다. 아브라함이 힘들 때도 사라로 인하여 위로를 받았습니다. 이방에서 객이 되었을 때도 뒤돌아보지 않고 당당히 가정을 지킬 수 있었던 것도 사라 때문이었습니다. 아브라함은 이런 믿음의 여인 사라로 인하여 사명을 감당할 수 있었던 것입니다.

셋째, 섬김의 여인이었습니다.

아브라함이 길에서 손님 셋을 데리고 왔습니다. 그리고 급히 음식을 차려오도록 했습니다. 그때 사라는 아무 말 없이 급히 가서 풍성한 요리를 하여 손님을 대접하였습니다. 보통 여인 같으면 누구 고생시키려고 지나가는 사람을 집으로 들이냐며 바가지 긁을 것입니다. 그러나 사라는 열국의 어미다운 내면을 가진 섬김의 여인이었습니다. 이렇듯 아브라함에게는 믿음 있고 순종하고 기도하고 섬기는 동역자 사라가 있었기에 믿음의 조상이요 열국의 아비로 바로 쓰임 받을 수가 있었고 범사에 축복받는 삶을 살 수 있었습니다. ♬ 당신의 그 섬김이

2. 막벨라 굴을 사는 역사 신앙이 있었습니다.

사라가 127세로 헤브론에서 죽었습니다. 기쁨과 슬픔을 함께 나누던 믿음의 동역자를 잃은 아브라함의 슬픔은 컸습니다. 그는 사라를 위하여 슬퍼하며 애통하였습니다. 그러나 시체를 매장할 장지가 없었음으로 무한정 슬퍼할 수만 없었습니다. 이때 헷 족속에게 인정받고 있던 아브라함은 매장지를 거저 주겠다는 제의를 받습니다. 그러나 아브라함은 이를 거절하고 공정한 대가를 주고 매장지를 매입코자 했습니다. 결국 당시 통용되는 은 400세겔을 주고 막밸라 굴을 사서 거기에 사라를 장사하였습니다. 왜 굳이 아브라함이 헷 족속의 호의에도 불구하고 값을 주고 매장지를 사고자 했을까요?

첫째, 하나님을 믿는 자로서 정당한 삶의 자세입니다. 그는 세상에 공짜가 없다는 사실을 잘 알았습니다. 이들의 호의가 지금은 진실하다 하더라도 후대에 가서는 어떻게 변할는지 알 수 없었습니다.

아브라함은 공짜를 좋아하지 않고 무엇이든지 정당한 대가를 치르고자 하였습니다. 예수님도 우리를 구원하여 천국에 가게 하기 위해 피의 대가를 지불하셨던 것입니다.

둘째, 후손들을 위해 땅의 권리를 확보하는 역사 신앙이 있었습니다. 하나님께서는 가나안 땅을 아브라함과 그 후손에게 주신다고 약속하셨습니다. 아브라함은 이 하나님의 약속을 믿기 때문에 사라를 이곳에 매장하고자 하는 것입니다. 또 이 땅을 주셨다는 구체적인 증거로 후손들을 위해 그 땅의 권리를 확보하고자 하는 것입니다. 그는 약속의 땅에 말뚝을 박았습니다. 아브라함은 하나님의 약속과 함께 막벨라굴을 후손들에게 유산으로 물려주었습니다. 이것이 기초가 되어 400여 년 동안 애굽에 내려가 살았던 후손들이 다시 약속의 땅으로 올 수 있었고 약속의 땅에 뼈라도 묻히기를 원했습니다. 이곳에 아브라함, 사라, 이삭, 리브가, 야곱, 레아와 같은 선조들이 장사되었습니다. 이것은 가나안 땅을 정복하는 역사의 기초가 되었습니다. 그에게는 후대를 내다보는 안목과 투철한 역사의식이 있었습니다.

이 같은 조상의 신앙은 자녀들에게도 축복의 물줄기를 제공합니다. "아브라함이 죽은 후에 하나님이 그 아들 이삭에게 복을 주셨고…"(창25:11)라고 성경은 말하고 있습니다. 죽은 후에도 자녀들이 잘 살아 가는 것은 죽음을 앞둔 부모들의 큰 소망이 아닐 수 없습니다. 아브라함은 후손들에게 바른 신앙의 유산을 물려줌으로 말년의 복을 받은 것입니다.

사랑하는 성도 여러분!

아브라함은 노년에 더욱 믿음이 깊어졌으며 이로써 하나님으로부터 범사에 축복을 받는 은혜로운 노년을 보내게 되었습니다. 나이가 들어 갈수록 하나님을 깊이 사랑할 수 있기를 바랍니다. 그리고 부부가 함께 신앙의 좋은 동역자가 되어 하나님을 섬기는 복된 가정 이룰 수 있기를 축원합니다. 그리고 먼 미래 후손들을 위해 축복의 물줄기를 흘려보낼 수 있는 역사 신앙을 가지기를 축원합니다.

충성스러운 아브라함의 종

말씀 창세기 24:2~49
요절 창세기 24:33

"그 앞에 음식을 베푸니 그 사람이 이르되
내가 내 일을 진술하기 전에는 먹지 아니하겠나이다…"

성경에는 청지기에 대하여 여러 곳에서 말하고 있습니다. 창39:4 절에 요셉이 보디발 집의 가정 청지기로 있었다는 기록이 있고, 누가복음 15:8절에 지혜로운 청지기에 관해서 기록되어 있습니다. 청지기를 오이코노모스 "Steward"라고 합니다. 주인의 재산을 맡아서 관리하는 자를 오이코노모스라 합니다. 그리고 청지기는 재산뿐만 아니라 수하에 있는 종들을 맡아 주관하기도 합니다. 주인의 많은 종을 임의로 주관할 수 있는 권위가 청지기에게 부여되어 있습니다.

오늘 본문에는 2대 믿음의 조상 이삭의 결혼 역사를 섬기는 아브라함의 충성된 종의 모습이 나오고 있습니다. 우리는 이 종의 모습을 통하여 하나님 앞에서 충성된 선한 청지기의 모습을 배울 수 있습니다. 말씀을 통하여 하나님 앞에 인정받는 충성된 청지기의 모습을 배우고 교회와 하나님의 복음 사역에 우리 모두 충성된 청지기가 될 수 있기를 축원합니다.

1. 아브라함의 종은 귀 뚫린 종이었습니다

24:2절에 "아브라함의 집 모든 소유를 맡은 늙은 종"이라고 나옵니다. 아브라함의 종은 평생을 집에서 충성되게 섬겼으며 아브라함으로부터 인정을 받아서 가정 총무가 된 것을 볼 수 있습니다. 그는 종신 종이었고 가정 총무였습니다. 그가 종신 종이라는 것은 무엇을 말합니까?

종은 두 가지가 있습니다. 하나는 임시 종이요, 다른 하나는 종신 종입니다. 출애굽기 21:2-6절에 보면 종에 대한 규례가 나옵니다. 히브리 종을 사면 6년 동안 섬기다가 7년째는 자유인이 되었습니다. 이것을 임시 종이라고 합니다. 임시 종은 6년만 살면 자유인이 되기 때문에 군대 생활하듯이 시간만 때우고 눈가림식으로 일하기가 쉽습니다. 책임감이라든지 주인 의식이 없습니다. 이런 종은 주인의 물건을 빼돌려 자유인이 되었을 때 한 살림 차리려고 하는 경향이 많았고, 또 도망가기도 하였습니다. 때로 인신매매단에 걸려 팔려가기도 하였습니다. 그래서 임시 종에게는 주인이 창고 열쇠를 맡기지 않았습니다.

반면에 종신 종이 있습니다. 임시 종으로 왔다가 주인의 은혜를 많이 받았습니다. 또 주인이 배려하여 아내를 줌으로 결혼도 하고 자녀도 많이 낳았습니다. 7년째 나가려고 하니, 나가봐야 고생도 하고, 먹고 살기도 힘들고, 또 다른 집에서 머슴을 살아야 하는 것은 마찬가지입니다. 그래서 주인의 은혜가 감사하고 처자식도 사랑하는지라 나가지 않고 종신 종이 되고자 자원할 수가 있었습니다. 종신 종이 되려면 치러야 하는 의식이 있는데 그것은 재판장 앞에 가서 성전 문에다 대고 송곳으로 귀를 뚫어야 했습니다. 그러면 그것이 증표가 되어 종신 종이 될 수 있었습니다.

종신 종은 평생 죽을 때까지 그 집에서 살아야 됩니다. 그러므로 주인이 잘되는 것이 내가 잘되는 것이 됩니다. 그래서 내 집이나 진배없이 주인 의식을 가지고 섬기게 됩니다. 책임감도 있습니다. 또 종신 종은 신변 보장도 받게 됩니다. 귀가 뚫린 것을 보면 아무개 집에 종신 종이라는 것이 증명되기 때문에 인신매매도 당하지 않았습니다. 먹고 입는 것이 문제가 되지 않습니다. 주인을 속이고 딴 주머니 찰 염려가 없습니다. 이런 종에게 주인은 창고 열쇠를 맡겨 주는 것입니다.

아브라함의 종은 귀 뚫린 종신 종이었습니다. 우리는 하나님 앞에 종신 종이 되어야 합니다. 언젠가 떠날 것이라고 생각하고 하나님을 섬기면 안 됩니다. 이런 사람에게는 하나님께서 하나님 나라의 창고 열쇠를 맡겨주지 않는 것입니다. 하나님은 우리를 창조하셨으므로 하나님의 것입니다. 또한 예수님의 피 값으로 우리를 사셨으니 우리는 두 번 하나님의 것이 되었습니다. 하나님 앞에 인정받는 사람이 되려면 종신 종이 되어야 합니다. 이런 사람은 우는 사자처럼 삼킬 자를 찾아다니는 사단으로부터 보호되고 천국 창고 열쇠까지 받는 것입니다. 이를 위해서는 귀가 뚫려야 됩니다. 어디에 뚫려야 됩니까? 바로 문에다 뚫려야 됩니다. 문은 바로 예수님을 가리킵니다. 예수님은 우리가 천국에 들어가는 유일한 구원의 문이 됩니다. 예수님이 우리 죄를 속하기 위해 지신 십자가에 예수의 사람들은 육체와 함께 그 정과 욕심을 못 박아야 합니다(갈5:24). 그래서 우리도 완전히 송곳으로 귀가 뚫려야 되는 것입니다.

우리가 예수님의 십자가에 뚫리고 영원토록 하나님을 섬기는 종신 종이 되기만 하면 하나님은 우리에게 모든 값진 것들을 맡기십니다. 왜 하나님이 나를 인정해 주지 않는 것입니까? 늘 한구석에 보따리 싸놓고 여차하면 그만두고 도망갈 생각만 하니 하나님이 인정해 주지 않는 것입니다. 우리도 아브라함의 종처럼 예수 피로 거듭난 사람이 됩시다. 그리고 종신토록 하나님을 섬깁시다. 그래서 하나님의 모든 소유를 맡아 관장하는 충성스러운 청지기가 될 수 있기를 축원합니다. ♬ 죄악된 세상을

2. 아브라함의 종은 청렴한 마음이 있었습니다

10절을 보십시오. 주인 아들 이삭의 중매를 맡은 종은 낙타 10필을 취하고 주인의 은금 패물과 의복과 진귀한 보물을 가지고 아브라함의 명을 받들어 아브라함의 고향으로 떠났습니다. 많은 사람이 이 대목에서 넘어집니다. 인류 역사의 비극은 소유욕에서 비롯되었습니다. 아브라함의 종도 얼마든지 자기 유익을 위하여 행동할 수 있었습니다.

낙타에 실은 금은보화를 숨겨둔 후 주인에게 잃어 버렸다고 할 수 있습니다. 금은보화를 실은 낙타를 끌고 멀리 타국으로 도망쳐 버려도 주인 아브라함은 너무 늙어 그를 찾지 못할 것입니다. 아무리 찾아도 적당한 신붓감이 없었으며 그리고 금은보화는 그동안 여비에 다 써버렸다고 해도 증인이 없는 이상 감히 문책할 수 없는 일이었습니다. 그러나 아브라함의 종은 마음이 청렴하였습니다. 그는 말

겨준 금은보화를 사명을 위해 온전히 사용하였습니다. 주인의 것을 인정하고 주인의 영광과 그의 명령을 수행하는 데 온전히 사용하였습니다.

만물의 주인이신 하나님이 우리에게 사명을 주시고 그 사명을 잘 감당할 수 있도록 맡겨 주신 것이 많습니다. 그런데 우리는 얼마나 그것을 내 것인 양, 함부로 낭비하고 쓸데가 많습니다. 건강도, 재산도, 시간도, 이 땅의 많은 자연 환경도 하나님이 맡겨주신 것들입니다. 우리는 이것을 잘 관리하고 사명을 위해 써야 됩니다. 허비하고 방탕하면 안 됩니다. 자기의 유익만을 위해 써도 안 됩니다. 하나님 나라를 확장하고 하나님의 선한 사업을 위해 써야 됩니다. 청렴한 청지기가 될 수 있길 축원합니다.

3. 아브라함의 종은 기도하는 종이었습니다.

헤브론에서 하란까지는 약 720㎞로 당시 교통수단으로 20일 정도 걸리는 긴 여정이었습니다. 그러므로 그는 몹시 지치고 피곤했을 것입니다. 숙소를 잡고 쉰 다음에 아브라함의 친척을 찾아본다거나 동사무소에 가서 호적을 열람한다거나, 신문에 신부를 구한다는 광고를 낼 수 있고, 결혼상담소를 찾아갈 수도 있습니다. 그러나 그는 도착하자마자 먼저 기도하였습니다. 그는 인간적인 방법을 강구하지 않고 기도로 하나님의 도우심을 구했습니다(12).

사람들은 일을 성공적으로 이루려면 먼저 치밀한 계획을 세우고 열심히 뛰어 다녀야 한 단고 생각합니다. 그리고 기도하는 것은 시간 낭비요 어리석은 일이라고 생각합니다. 그러나 기도란 일을 성공적으로 이룰 수 있는 가장 지혜로운 방법입니다. 기도하는 자에게 일을 맡기면 가장 확실합니다.

13, 14절을 보면 그의 기도는 매우 구체적이었습니다. 그리고 기도한 바가 어떻게 이루어지는가 지켜보았습니다. 대개 사람들은 기도한 후에 이를 잊어버리고 자기 나름대로 일을 합니다. 이는 하나님을 믿지 못하기 때문입니다. 그러나 아브라함의 종은 기도한 것은 받은 줄로 믿고 묵묵히 하나님의 역사하심을 살폈습니다. 그리고 기도가 구체적으로 응답되었을 때는 머리를 숙여 여호와께 경배하고 감사기도를 올렸습니다(26, 27). 아브라함의 종은 기도로 시작하고, 기도로 일을 진행하고, 기도로 일을 끝내는 기도의 사람이었습니다.

4. 아브라함의 종은 사명에 충성된 종이었습니다.

아브라함의 종은 마침내 브두엘의 집에 이르게 되었습니다. 리브가의 오라비인 라반이 "여호와께 복을 받은 자여 들어 오소서" 하며 그들을 따뜻이 영접하였습니다. 아브라함의 종은 안도의 한숨을 돌리며 음식을 먹고 쉬며 상황을 보아 천천히 일을 진행시킬 수 있었습니다. 그러나 그는 어떻게 하였습니까? "내가 내일을 진술하기 전에는 먹지 아니하겠나이다"

사람들은 사명도 좋지만 '건강이 제일이다'라는 생각 때문에 먹고 쉬어 가면서 적당히 하고자 합니다. 그러나 아브라함의 종은 달랐습니다. 그는 사명감에 충만하여 먹고 쉬는 일보다 사명을 이루는 데 온 마음을 쏟습니다. 그는 일을 이루기 전에는 음식이 넘어가지 않았습니다. 그는 밥상을 앞에 놓고 그동안 있었던 일을 진술하기 시작했습니다. 그는 하나님께서 어느 정도 아브라함에게 복을 주셨으며, 또 아들 이삭에게 축복이 계승된 것과, 그리고 자기가 무슨 사명을 띠고 이곳에 왔으며, 또 하나님께서 어떻게 자기를 인도하셨는가를 자세히 진술하였습니다. 이 진술을 들은 라반과 브두엘은 이 일이 하나님께로 말미암았음을 깨닫고 허락지 않을 수 없었습니다. 아브라함의 종은 사명을 완수하고 하나님께 감사 기도한 후에야 음식을 먹었습니다. 음식은 다 식어 버렸지만 그 맛은 꿀맛과 같았을 것입니다.

뿐만 아니라 그는 다음 날 아침에 주인에게로 돌아가고자 했습니다. 식구들이 적어도 열흘은 쉬어 가라고 했으나 그는 막무가내였습니다. 일을 성공적으로 마쳤으니 여독도 풀고 관광도 할 수 있습니다. 그러나 그는 끝까지 사명을 완성하고자 하였습니다. 그에겐 자신의 피곤보다도 기다리는 아브라함이 더 중요했습니다. 대개 사람들은 처음에는 잘하다가 뒤에 가서 얼버무리기를 잘합니다. 그러나 그는 사명에 살고 사명에 죽는 진정한 사명인이었습니다.

오늘날은 머리를 잘 돌리고 처세술에 능해야 세상에서 성공할 수 있다고 생각합니다. 아브라함의 종과 같이 우직하게 충성하는 자는 시대에 뒤떨어진 전근대적인 사람이라고 생각합니다. 그러나 하나님께서 쓰시는 사람은 머리를 잘 돌리는 자가 아니요 아브라함의 종과 같이 우직하게 충성된 자입니다.

사랑하는 성도 여러분!

아브람 종의 이름은 성경에 나오고 있지 않습니다. 그는 이름도 빛도 없이 충성했습니다. 하나님께서는 그의 충성심을 받으시고 믿음의 조상 이삭의 가정을 세우는 데 귀히 쓰셨습니다. 오늘날도 하나님의 집에는 충성된 청지기들이 필요합니다. 이제 위드 코로나 시대로 접어 들고 있습니다. 코로나를 핑계대지 않고 최선을 다해 예배하고 하나님의 몸된 교회를 섬기는 복된 성도들이 될 수 있기를 축원합니다.

믿음의 2대 가정을 세워라

말씀 창세기 25:19~26
요절 창세기25:21

"이삭이 그의 아내가 임신하지 못하므로 그를 위하여
여호와께 간구하매 여호와께서 그의 간구를 들으셨으므로
그의 아내 리브가가 임신하였더니"

아브라함이 믿음의 가문을 일으키기 위해 축복의 씨앗이 되었다면 이삭은 아버지의 믿음의 유산을 잘 이어받아 아들 야곱에게 물려준 믿음의 계승자였다고 할 수 있습니다. 그리고 야곱 대에 이르러는 믿음의 열매를 주렁주렁 맺게 됩니다. 나무로 비유하면 아브라함은 뿌리요, 이삭은 줄기요, 야곱은 열매라고 할 수 있습니다. 오늘부터는 믿음의 2대 조상 이삭에 대하여 말씀을 드리고자 합니다. 아브라함은 노년에 무엇보다 믿음의 2대 가문을 세우기 위해 심혈을 기울었습니다. 그 기초가 바로 아들 이삭의 결혼이었습니다. 오늘은 믿음의 2대 가정을 이루었던 이삭과 리브가의 신앙을 통해 우리가 어떤 가정들을 세워 나갈 것인가 배우는 복된 시간이 될 수 있기를 축원합니다.

1. 천만인의 어미 리브가

우리 사회는 전통적으로 부계 혈통을 중요하게 생각해 왔습니다. 그러나 시대가 변하고 있습니다. 어머니 역할이 중요하다는 것을 많은 세월을 통해 우리 사회가 깨달아 가고 있습니다. 오늘 성경에서도 이 점이 잘 드러나 있습니다. 아브라함은 아들 이삭의 배우자로 어떤 여인을 얻을 것인가 분명한 선이 있었습니다. 그리고 충성스러운 늙은 종도 이런 아브라함의 의도를 간파하고 이삭의 배우자를 찾는 데 기도하며 하나님의 구체적인 인도를 받고자 했습니다. 그러면 하나님이 허락한 이삭의 아내 리브라는 어떤 여인이었습니까?

그녀는 한마디로 천만인의 어미였습니다. 리브가의 가족들은 그녀를 떠나보내며 이렇게 축복합니다. "리브가에게 축복하며 가로되 우리 누이여, 너는 천만인의 어미가 될찌어다 네 씨로 그 원수의 성문을 얻게 할지어다"(창24:60) 가족들은 리브가를 떠나보내며 슬퍼하거나, 울거나, 또 시부모를 잘 공경하고 남편 잘 섬기고 아들딸 많이 낳고 잘 먹고 잘 살라고 하지 않았습니다. 딱 한 마디 '천만인의 어미라 되라'고 축복해 주었습니다. 천만인의 어미가 되어 아브라함 가문을 통해 이루고자 하는 하나님의 구원역사에 쓰임 받으라는 것입니다. 우리는 여기서 하나님이 이삭의 배우자로 선택한 리브가가 어떤 여인이었던가를 배우게 됩니다.

첫째, 생각이 깊고 남을 배려하고 섬기는 여인이었습니다.

아브라함이 늙은 종에게 자기 고향으로 가서 며느리를 데리고 오라고 가축과 많은 예물을 주었습니다. 고향의 우물가에 도착한 종은 자기가 물을 달라고 할 때 낙타들에게도 물을 주는 처녀가 있다면 그녀가 이삭의 아내감인 줄로 알겠다고 하나님께 기도하였습니다. 나그네에게 물을 대접하는 것은 보통 사람이라도 다 그렇게 할 수 있습니다. 그러나 부탁하지도 않은 열 마리의 낙타에게도 물을 마시게 할 수 있는 여자는 흔하지 않습니다. 그런 사람이어야 하나님이 택하는 천만인의 어미가 될 수 있는 여자가 된다는 것입니다.

그때 한 소녀가 왔습니다. 종이 마실 물을 청하니 그녀는 흔쾌히 여기며 먼 여행에 지친 낙타들에게도 관심을 가지고 물을 마시게 했습니다. 당시 우물은 폭이 약 1.8M에 깊이는 45M 정도 되었다고 합니다. 물 한 바가지 끌어 올리는 것도 힘듭니다. 문제는 낙타가 마시는 물의 양입니다. 한 마리의 낙타가 한번 마시는 물의 양이 보통 20리터라고 합니다. 콜라 한 병이 0.5리터라고 한다면 콜라 40병 정도 됩니다. 종이 데리고 온 낙타가 열 마리니까 물의 양은 콜라 400병 정도 됩니다. 리브가의 물 항아리 크기가 얼마나 되는지는 정확히 알 수 없으나 수십 번은 물을 길어야 할 것입니다.

먼 여행에 사람도 지치지만 물건을 등에 지고 사막을 가로질러 온 낙타도 얼마나 목이 마를까를 생각하지 않는 여인이라면 이렇게 할 수 없습니다. 아니 생각을 했어도 굳이 이렇게 낙타에게 물을 떠주는 일은 참으로 쉽지 않은 일입니다. 여기에 희생이 따르고 노동이 따르고 시간이 따릅니다. 리브가는 깊은 생각과, 배려와 희생과 섬김이 몸에 배어 있었던 것입니다.

여행하다 보면 우리를 놀라게 하는 건축물들을 접하게 됩니다. 이집트의 스핑크스, 피라미드, 중국의 만리장성, 캄보디아의 앙코르와트, 인도의 타지마할, 프랑스 파리의 에펠탑, 이태리의 콜로세움 등 모두가 감탄할 만한 건축물들입니다. 그런데 이 모든 건축물과 문명은 사람들의 손에 의해 만들어지고 조각되었다는 사실입니다. 사람의 손은 작으나 참 위대합니다. 그런데 예수님께서 어느 날 안식일에 회당에 들어가셨을 때 거기 한편 손 마른 사람이 있었습니다. 유대의 역사가 요세프스에 의하면 그는 돌을 조각하는 석수였다고 합니다. 망치를 든 손이 말랐으니 일도 못 하고 얼마나 좌절되었겠습니까? 예수님은 안식일에 목숨이 위협당하는 상황 속에서도 그의 마른 손을 고쳐 주었습니다. 예수님은 일하는 손이 말라 있기를 원치 않습니다. 오그라진 손을 펴서 섬기고 일하기를 바라십니다.

세계 교회의 통계에 의하면 교회마다 활동적인 교인은 대개 20% 미만이고 그중에서도 10% 정도의 핵심 멤버에 의해 유지된다고 합니다. 그렇다면 나머지 80%의 교인은 일하지 않는 손 마른 교인이란 통계가 나옵니다. 수십 년 신앙생활을 했는데도 여전히 손 마른 사람처럼 아무런 노력도, 활동도 없이 그저 교회의 언저리를 맴도는 교인들이 있습니다. 주님은 이런 우리의 마른 손을 내밀라고 하십니다. 그리고 고침받기를 원하십니다.

리브가처럼 나그네를 위해 물을 길어 올리고, 나아가 낙타를 위해 물을 길어 올리는 섬김의 손이 되기를 원하십니다. 그런 사람이 천만인의 어미요, 하나님은 그런 사람을 통해 믿음의 역사가 계승되기를 원하십니다.

♬ 죄악에 썩은(주님의 빚진자)

둘째, 좋은 믿음의 가정에서 보고 배우고 자라난 여인입니다.

앞서 말했듯이 리브가의 가족들은 리브가를 보내며 얼마나 신앙적이고 영적인 축복의 말을 했습니까? 이것만 봐도 이 가정이 얼마나 신앙의 가정이었는가 알 수 있습니다. 또 창24:31절을 보십시오. "라반이 이르되 여호와께 복을 받은 자여 들어오소서 어찌 밖에 서 있나이까 내가 방과 낙타의 처소를 준비하였나이다" 늙은 종을 극진히 영접합니다. 그리고 라반이 직접 약대의 짐을 부립니다. 약대에게 짚과 사료를 주어 먹게 하고, 또 늙은 종과 함께 온 다른 종들에게도 발 씻을 물을 주고, 풍성한 식탁도 준비합니다. 종이라고 함부로 하지 않고 극진히 섬깁니다. 또 식사를 미루고 늙은 종이 대화를 할 때도 국이 식으니 밥부터 먹자고 하며 중간에 말을 끊지도 않고 그 긴 이야기를 다 들어 줍니다. 사실 사람들은 연세 많으신 분들의 긴 이야기를 잘 들으려고 하지 않습니다. 그런데 브두엘과 라반은 그의 이야기를 경청하였습니다. 이런 아버지와 오라버니의 섬기는 모습을 리브가가 그대로 보고 배웠던 것입니다. 부모님이 하는 것을 보고 배웠던 리브가였기에 리브가도 섬김이 몸에 배었던 것입니다. 그리고 믿음의 가정에 시집을 가고, 천만인의 어미가 되는 축복을 누리게 된 것입니다.

가정에서 함부로 교회를 흉보고, 목사를 흉보는 자녀들에게 훌륭한 신앙인이 되기를 바라는 것은 잘못입니다. 부모님이 늘 겸손한 마음으로 교회를 섬기고 주의 종을 섬기는 모습을 보고 자녀들도 섬김과 헌신을 배우고 자라는 것입니다. 리브가가 천만인의 어미가 될 수 있었던 것은 바로 아버지와 오라버니가 나그네를 영접하고 남을 대접하는 모습을 보고 배웠기 때문입니다. 이런 가정교육을 통해서 천만인의 어미가 나올 수 있음을 알고 좋은 영적인 가정을 만들 수 있기를 축원합니다.

셋째, 순종하는 믿음의 여인이었습니다.

리브가의 아버지 브두엘과 오라버니 라반은 아브라함의 늙은 종의 말을 듣고 이 일이 여호와께로 말미암았으니 하나님의 명령대로 리브가로 하여금 당신 주인의 아들의 아내가 되게 하라고 합니다. 다만 당사자에게 선택권이 있으니 리브가에게 물으라고 합니다. 그러자 리브가의 대답이 무엇입니까? "리브가를 불러 그에게 이르되 네가 이 사람과 함께 가겠느냐 그가 대답하되 가겠나이다"(창24:58) 나이가 몇인데요, 사진이라도 있나요, 어떻게 생겼는데요, 키는 큰가요 등 아무것도 묻지 않았습니다. 아주 단순 명료합니다. "가겠나이다" 그녀는 늙은 종의 말을 하나님의 말씀으로 받아들였습니다. 하나님께 순종하는 사람은 주의 종 말에도 순종합니다. 그럴 때 놀라운 역사가 일어납니다. 하나님은 순종하는 사람을 기뻐하십니다. 하나님을 그런 사람을 통하여 역사하시고 일하십니다.

2. 기도하는 이삭

이삭이 40이 된 늦은 나이에 리브가를 아내로 맞이하여 가정을 이루었습니다. 그런데 이삭의 가정에는 큰 문제가 있었습니다. 아브라함을 닮아서인지 자식을 낳지 못하는 것이었습니다. 1, 10년, 15년을 기다려도 소식이 없었습니다. 이삭은 독자이고 하나님의 역사는 반드시 계승되어야 했기 때문에 자식을 낳지 못하는 것은 여간 심각한 문제가 아니었습니다. 첩의 자식인 이스마엘은 열두 아들을 낳았는데 이삭은 오랫동안 자식 하나 없으니 여간 수치가 아니었습니다. 이삭은 이때 하나님의 약속 말씀을 불신하고, 또 하나님의 사랑을 의심할 수 있었습니다. 또한 리브가가 아이 낳지 못하는 것을 운명적으로 생각하고 당시 풍습을 좇아 첩을 얻을 수도 있었습니다.

그러나 이삭은 어떻게 했습니까? 21절을 보십시오. "이삭이 그 아내가 임신하지 못하므로 그를 위하여 여호와께 간구하매 여호와께서 그 간구를 들으셨으므로 그 아내 리브가가 임신하였더니" 이삭은 인간적인 방법을 모색하지 않고 그 아내를 위해 하나님께 간절히 기도했습니다. 그것도 그가 60세 때 자식을 낳은 것을 보면 근 20년 동안이나 줄기차게 기도했다는 것입니다. 이삭은 하나님께서 약속대로 때가 되면 반드시 자식을 주실 것을 믿었습니다. 그는 어떤 경우에나 하나님의 사랑을 확신하고 감사함으로 하나님께 아뢰었습니다. 그리고 아내 리브가도 변함없이 사랑하고 귀히 여기고 위로하였습니다. 애도 못 낳는 여자가 무슨 천만인의 어미냐고 큰소리치고, 물건을 집어 던지고 때리는 졸장부가 아니었습니다. 그는 마음이 넓고 온유하고 아내를 지극히 사랑하고 귀히 여기는 대장부였습니다.

어떻게 이런 믿음의 대장부가 될 수 있었을까요? 그것은 기도에 있었던 것입니다. 그는 문제 앞에서 먼저 기도하였습니다. 수많은 회의와 불신이 몰려올 때 그는 하나님 앞에 엎드렸던 것입니다. 그가 이런 기도의 노동을 감당키 위해 남모르게 얼마나 지신과 싸우고 사단의 고소와 많이 싸웠을까 생각됩니다. 기도할 때 그는 마음을 다스릴 수 있었고, 하나님의 약속 말씀을 믿고 기다릴 수 있었던 것입니다. 마침내 그는 기도로 승리를 얻었습니다. 하나님께서는 낙망치 않고 끈질기게 간구하는 그의 믿음의 기도를 들으시고 리브가를 임신케 하셨습니다. 그것도 한꺼번에 두 아들을 허락하였습니다. 남자는 기도만 잘해도 반은 먹고 갑니다.

사랑하는 성도 여러분! 이삭과 리브가의 만남과 그들의 가정을 세우시는 하나님을 통해 우리는 어떤 가정을 세워 나가야 하는가를 배웁니다. 그리고 우리가 어떤 신앙의 사람들이 되어야 하는 가를 배웁니다. 리브가처럼 천만인의 어미가 되고, 이삭처럼 기도하는 가정을 이룰 수 있기를 축원합니다.

장자의 명분을 소중히 여긴 야곱

"야곱이 이르되 형의 장자의 명분을 오늘 내게 팔라"

미국의 어느 목사님은 이미 두 아이가 있었음에도 불구하고 한국 아이를 입양했습니다. 어릴 때 입양을 했고, 입양했다는 사실을 아이에게도 말해주었다고 합니다. "난 네 아빠고, 이 집에 있는 모든 것은 네 거야!" 하지만 그 아이는 집에 온 지 3년이 될 때까지 냉장고 문을 마음대로 열지 못하고 늘 목사님이나 사모님께 물어보고 열었다고 합니다. 너무 마음이 아픈 나머지 그러지 않아도 된다고 설명해주었는데도 아이는 그렇게 하지 못했습니다. 3년이 지난 어느 날 이 아이가 처음으로 묻지 않고 냉장고 문을 열었을 때, 두 분은 아이를 안고 울었습니다. 그날 밤에 하나님 앞에 너무나 감사해서 또 울었습니다. 이 아이는 왜 냉장고 문을 열지 못했을까요? 아버지와 아들의 관계가 중요합니다. 신뢰와 은혜와 사랑의 관계 그것이 나와 하나님의 관계입니다. 우리는 하나님 아버지 집의 냉장고 문을 마음대로 열고 있는 삶을 살고 있는지요? 오늘은 장자의 명분에 대한 말씀을 드리고자 합니다. 믿음의 3대 조상 야곱의 이야기는 팥죽 한 그릇으로 장자의 명분을 사는 데서부터 시작합니다. 장자의 명분이 무엇이기에 그토록 야곱은 이것을 얻고자 했을까요? 오늘 말씀을 통해 우리도 야곱 같은 영적인 믿음의 사람들이 될 수 있기를 축원합니다.

1. 팥죽이냐 명분이냐

이삭의 아내 리브가는 오랫동안 잉태하지 못하다가 하나님의 은혜로 쌍둥이를 낳았습니다. 먼저 나온 자는 붉고 온 몸이 마치 털로 된 가죽옷을 입은 것처럼 털투성이였으므로 에서라 하였고 후에 나온 자는 에서의 발꿈치를 잡았으므로 그 이름을 야곱이라 하였습니다. 야곱은 배 속에서부터 먼저 나오려고 투쟁했는데 힘에서 밀려 간발의 차로 에서에게 장자 자리를 내어주게 되었습니다. 야곱은 너무 억울하여 발꿈치를 잡고 나온 것 같습니다. 둘은 성장하며 성격과 생활하는 것이 너무나 달랐습니다. 에서는 힘이 세고 사냥도 잘하였으나 야곱은 그렇지 못하여 늘 장막에서 어머니 리브가를 도와 음식을 만들곤 했습니다.

하루는 야곱이 부엌에서 팥죽을 쑤고 있는데 에서가 들에서 사냥을 하고 돌아왔습니다. 마침 배고프던 차에 먹음직스러운 팥죽을 보니 식욕이 동하여 견딜 수 없었습니다. 에서는 야곱에게 내가 심히 곤비하니 팥죽을 좀 달라고 하였습니다. 보통 사람 같으면 "형 배고프지?" 하며 팥죽을 주었을 것입니다. 그런데 야곱은 이때를 기다렸다는 듯이 "형의 장자 명분을 오늘날 내게 팔라"하며 팥죽 한 그릇으로 흥정했습니다. 팥죽 한 그릇을 투자하여 장자의 명분을 사고자 시도한 것입니다. 왜 그토록 야곱은 장자의 명문을 얻고자 하는 것입니까?

장자의 명분에는 첫째, 경제적인 축복이 있습니다(신 21:17). 유산 상속 시 두배로 받도록 되어 있었습니다. 둘째, 정치적인 축복이 있습니다. 모든 형제와 부족을 거느리는 권세, 즉 왕족 지배권을 소유할 수 있었습니다(창 27:29). 셋째, 무엇보다 영적인 복입니다. 하나님의 구속 역사에 있어서 아브라함으로부터 시작된 언약의 축복을 계승할 수 있었습니다. 그래서 야곱이 장자의 축복을 쟁취하고 나서 "아브라함의 하나님, 이삭의 하나님, 야곱의 하나님"으로 불리는 것입니다.

이와 같이 운명이 바뀌는 것이 바로 장자의 명분입니다. 무엇보다 장자의 명분이 있느냐 없느냐 하는 것은 하나님의 구속 역사에 쓰임 받느냐 못 받느냐 하는 중요한 영적인 문제였습니다.

그러므로 야곱은 바로 이 영적인 비밀을 알고 그 축복을 쟁취하고자 한 것입니다. 야곱은 자기 인생에 있어서 이 장자의 명분이 얼마나 귀중하고 소중한 것인가를 알았습니다. 그는 현재 애써 끓인 팥죽 한 그릇을 잃더라도 이 축복을 놓치고 싶지 않았습니다. 그는 눈앞에 있는 물질보다 미래를 바라보았습니다. 인간의 가장 근본적인 배고픔의 욕구보다 영적인 것을 찾았고, 순간적인 것보다 영원한 것을 추구하였습니다. 손에 있는 부귀보다 하늘의 것을 추구하였습니다. 잠시 머물 이 세상의 헛된 것보다 할아버지 아브라함처럼 아버지 이삭처럼 영원한 하나님의 구속 역사에 쓰임 받기를 원했습니다.

그러나 에서는 배고픔을 이기지 못하고 팥죽 한 그릇에 장자의 명분을 팔았습니다. 그는 식사 한두 끼 굶고는 배고파 죽게 되었으니 이 장자의 명분이 내게 무엇이 유익하느냐고 말했습니다. 육신적인 고통만 알았지만 신성한 특권은 몰랐습니다. 그는 현재 당장 필요 없다고 해서 영적인 것을 소홀히 여기고 무가치하게 여겼습니다. 그는 현재의 유익과 만족만을 추구하고 영원한 축복은 생각하지 않는 지극히 현실적이고 실리적인 자였습니다. 그에게는 진리에 기초한 분명한 인생관과 가치관이 없었습니다. 모든 것을 상대적으로 생각하고 그때그때 상황을 좇아 행동하는 기회주의자였습니다. 성경은 그를 이렇게 말합니다. "에서가 장자의 명문을 가볍게 여김이었더라" (34) 후에 히브리서에서는 신약의 성도들을 교훈하기 위해 이 에서에 대하여 이렇게 말합니다. "음행하는 자와 혹 한 그릇 음식을 위하여 장자의 명분을 판 에서와 같이 망령된 자가 없도록 살피라"(히 12:16) 에서와 같은 이를 망령되다 하는 것입니다. 에서의 길을 걷고 있느냐, 야곱의 길을 걷고 있느냐 우리는 깊이 살펴봐야 합니다.

2. 성도의 명분

야곱에게 장자의 명분이 있다고 한다면 성도에게는 무슨 명분이 있습니까? 갈 4:5-6절에서 이렇게 말합니다. "때가 차매 하나님이 그 아들을 보내사 여자에게 나게 하시고 율법 아래 있는 자들을 속량하시고 우리로 아들의 명분을 얻게 하려 하심이라" 바로 하나님의 자녀가 되었다는 명분입니다. 우리는 과거 죄와 마귀에게 종노릇하며 하나님과 원수가 되고 하나님의 진노 아래 있었습니다.(엡2:1-3) 이런 우리가 어떻게 하나님의 자녀라는 신분을 얻을 수 있었습니까? 그것은 긍휼이 풍성하신 하나님이 우리를 사랑하신 그 큰 사랑을 인하여 허물로 죽은 우리를 그리스도와 함께 살리셨기 때문입니다(엡2:4). 성경은 말합니다. "영접하는 자 곧 그 이름(예수)을 믿는 자들에게는 하나님의 자녀가 되는 권세를 주셨으니"(요1:12)

이 얼마나 놀랍고 엄청난 은혜입니까? 하나님은 우리를 향하여 이렇게 말하십니다. "너는 내 아들이라 오늘날 내가 너를 낳았도다 너는 내 아들이라 나의 사랑하는 내 아들이라."

♬너는 내 아들이라

이것이 우리의 축복입니다. 영원히 죽어야 될 우리가 하나님의 자녀가 되었다는 것보다 더 크고 놀라운 은혜와 축복이 어디 있습니까? 우리가 하나님을 아빠라 부르게 되었다는 것이 너무나 감동적이지 않습니까? 하나님이 우리를 아들아, 딸들아 부르는 것도 감동적인데 우리가 하나님을 아빠 아버지라 부르게 된 것입니다. 그냥 평상시는 하나님을 아버지라 부르는 것이 별 감동이 없는데 특별히 힘들고 어려울 때 우리가 하나님을 아빠라고 부를 수 있다는 것이 얼마나 큰 힘이 되고 눈물이 나도록 감사한지를 깨닫게 됩니다. 여러분은 하나님을 얼마나 아버지라고 불러 보셨습니까? '아빠, 아버지' 아무도 도와 줄 수 없는 그 순간 우리의 영혼 저 깊은 곳에서 불러 보는 그 이름 "하나님 아버지" 우리에겐 부를 이름이 있습니다. 하나님 아버지!

♬ "아버지 불러만 봐도 그 사랑에 눈물 나요 나 같은 죄인을 사랑하신 아버지"

이런 우리들에게 주시는 또 하나의 축복이 무엇입니까? 하나님은 우리 자녀들에게 하나님 나라를 상속해 주십니다. 우리는 이 땅에서 하나님 나라를 누리고 살다가 영원한 천국에 들어가게 됩니다.

우리가 하나님의 자녀가 된 것, 이 귀한 축복을 우리는 거저 얻었지만 하나님은 우리에게 이 명분을 주시기 위해 엄청난 대가를 지불하셨습니다. 하나님의 아들 예수님께서 우리에게 하나님의 자녀가 되는 명분을 주기 위해 십자가에 피 흘려 죽기까지 했습니다. 우리가 이 은혜를 안다면 최소한 우리는 하나님의 자녀가 된 이 명분을 소중히 여겨야 합니다. 하나님의 자녀로서 자긍심과 자존심을 지키고 살아야 하고, 하나님의 자녀답게 명예를 지키고 살아야 합니다.

어떻게 해야 명예를 소중히 여기는 자라 할 수 있을까요? 제가 사관학교에서 방위를 받을 때 제 친구가 사관학교 3학년이었는데 가끔 만나 대화할 수 있었습니다. 사관학교에 합격하면 시골에서는 플래카드를 해서 마을입구에 달아 축하할 정도로 마을의 영광이었습니다. 그 친구가 하는 말이 사관생도들은 명예를 소중히 여긴다고 하였습니다. 제복도 멋지고, 칼 주름을 잡고, 걸음도 각지게 걸으며, 사관생도가 된 것에 큰 자부심과 자긍심을 가진다는 것입니다. 그리고 그러한 명예를 소중히 여기도록 3가지 구체적인 행동 수칙을 가지고 입학하면서부터 가르친다는 것입니다. 첫째로, 시내버스를 탔을 때는 자리가 있으나 없으나 항상 서서 가고 둘째, 영화를 볼 때는 뒷골목 삼류 영화관을 가면 안 되고 항상 개봉관에서만 봐야 하고. 셋째, 공중화장실에서 소변을 볼 때는 사병들과 함께 서서 보지 않는다는 것입니다. 장교로서 자신의 안일보다는 국민의 안전을 먼저 생각하고, 자신에 대하여 자존감을 가지고. 리더로서 부하에게 함부로 수치를 드러내지 않아야 리더로서 권위가 선다는 것입니다.

한 나라의 장교도 그냥 되는 것이 아니라면 우리는 예수그리스도의 십자가 군사로서(딤후2:3) 영적 장교들이 되어야 하는데 우리도 명예심을 훈련하는 것이 필요합니다. 우리는 택하신 족속이요 왕 같은 제사장들입니다. 그런 우리들이 가져야 가장 기본적인 명예심을 지키는 것이 무엇일까요? 에서는 장자의 명분을 팥죽 한 그릇만도 못 하게 여겼는데, 우리가 하나님의 자녀로서 영적인 장자로서 최소한 이것만큼은 지키고 살아야 할 것이 무엇이겠습니까?

세 가지를 이야기한다면 그 첫째가 시간을 구별하여 주님의 날을 지킬 줄 아는 주일성수요, 둘째가 물질을 구별하여 하나님 것을 하나님의 것으로 드릴 수 있는 십일조요. 셋째가 우리가 살아가는 이유가 되는 사명입니다. 주일성수의 명분, 십일조의 명분, 사명의 명분, 이것은 우리들이 하나님의 자녀인 것을 보여주는 최소한의 신념이며 자존심입니다. 목숨을 걸고라도 지켜야 할 것들인데, 에서처럼 팥죽 한 그릇에 넘겨버려서는 안 되는 것입니다.

사랑하는 성도 여러분!

여러분은 하나님의 자녀로서 어떤 자존심, 어떤 자존감, 어떤 자부심으로 살아가십니까? 최소한 이것만은 내가 하나님의 자녀로서 지키고 살아야지 하는 명예가 무엇입니까? 믿음의 3대 조상 야곱은 이 자존심을 소중히 여기는 데서 출발합니다. 우리도 하나님 자녀로서의 자존심을 지키고 명예를 세워 나가는 복된 성도들이 될 수 있기를 축원합니다.

백배의 복을 받은 이삭

말씀 창세기 26:1~15
요절 창세기 26:12

"이삭이 그 땅에서 농사하여 그 해에 백 배나 얻었고
여호와께서 복을 주시므로"

성경에 하나님이 복을 주실 때 30배. 60배, 100배의 축복을 주신다는 말씀이 나옵니다(막4:20). 또 신명기 1:11절에는 "너희 열조의 하나님 여호와께서 너희를 현재보다 천배나 많게 하시며 너희에게 허락하신 것과 같이 너희에게 복 주시기를 원하노라" 하시며 천배의 복을 말씀하기도 하셨습니다. 오늘 말씀에는 이삭이 100배의 복을 받는 장면이 나옵니다. 우리도 하나님의 약속하신 말씀대로 백배, 천배의 축복을 받는 은총이 있기를 축원합니다. 그러면 이삭은 어떻게 백배의 복을 받을 수 있었을까요? 오늘은 믿음의 2대 조상 이삭을 통하여 100배 축복의 비결을 배우는 복된 시간이 되기를 축원합니다.

1. 순종입니다.

아브라함 때에 흉년이 들었는데 그 땅에 또 흉년이 들었습니다. 가나안 땅은 지중해성 기후와 아열대성 기후 및 사막기후가 교차되는 곳으로 1년 강우량이 200㎜ 안팎입니다. 당시는 관개시설이 발달되지 않아 가뭄이 들어 비나 이슬이 내리지 않으면 치명적인 피해를 입고 생존의 위협을 받게 됩니다. 이삭은 현실적으로 큰 시련을 당하게 되었습니다. 그는 그랄로 갔다가 흉년을 피하여 나일강이 흐르는 비옥한 애굽으로 내려가고자 했습니다. 성경에서 애굽은 세상이요 가나안은 약속의 땅입니다. 그는 현실의 어려움 때문에 약속의 땅을 등지고자 한 것입니다.

이때 하나님께서 이삭에게 나타나 말씀하셨습니다.“애굽으로 내려가지 말고 내가 네게 지시하는 땅에 거하라”하나님은 아브라함에게는“본토 친척 아버지의 집을 떠나 내가 네게 지시할 땅으로 가라”고 명하셨지만, 이삭에게는 “내가 네게 지시하는 땅에 거하라”고 명령하셨습니다. 그러나 두 사람에게 다 절대적인 순종을 요구하셨습니다. 아브라함이 본토 친척 아버지의 집을 떠나 하나님이 지시하는 약속의 땅 가나안에 나아가기가 쉽지 않았던 것과 같이 이삭도 흉년의 때에 약속의 땅에 거하기란 쉽지 않았습니다. 하나님의 말씀에 순종하는 데는 현실적인 아픔이 따랐습니다.

약속의 땅 가나안은 우리가 약속으로 받아놓은 하나님 나라 천국입니다. 이 천국은 믿음을 가진 자들이 가는 곳입니다. 또한 천국은 이 땅에서 교회를 통하여 구현됩니다. 교회는 천국의 모형입니다. 그러므로 가나안을 떠나지 말라는 것은 신앙의 순결을 지키고 교회를 떠나지 말라는 것입니다. 믿음으로 살려고 하다 보면 때로 세상에서 손해 보는 일도 있습니다. 우리의 신앙을 비웃고 조롱하기도 합니다.

특별히 코로나19의 팬데믹 상황 속에서 공무원이나 병원 근무자 등 대중이 많이 모이는 곳에 봉사하는 이들, 그리고 일반 직장에 다니는 분들에 이르기까지 주일에 교회를 가는 사원들은 직장 내에서 따돌림 당하고, 불이익을 당하고, 퇴사를 종용 받기도 하였습니다. 제 딸 예은이도 졸업 후 명동의 유명 백화점에 취업했는데 그곳에서 주일에 교회를 가지 말라고 했습니다. 그래도 교회를 간다고 하니 꼭 주일에는 일하도록 근무 일정을 배정해 주었다고 합니다. 그래서 어렵게 들어간 회사이지만 신앙을 지키기 위해 회사를 그만두어야 했습니다. 우리가 세상에 신앙인으로 산다고 할 때 피할 수 없는 여러 상황을 맞닥뜨리게 됩니다. 이럴 때 우리는 어떻게 해야 할까요?

하나님은 이삭에게 순종만 요구하신 것이 아니라 순종에 따르는 축복을 약속하셨습니다.

첫째, 하나님이 함께하시겠고 하십니다.

이 땅에 유하면 내가 너와 함께 있어 네게 복을 주고…"하나님이 함께하는 것처럼 큰 복이 없습니다. 하나님이 함께할 때 우리는 이것을 영권이라고합니다. 나는 연약하고 부족하지만 전능한 하나님이 함께하실 때 나는 능력이 있고 권세가 있고 강하게 됩니다. 기적이 일어납니다. 포도주 틀에서 밀 타작하던 기드온도 하나님이 함께하실 때 큰 용사가 되었습니다(사사기6:12). 제자들에게 세계선교 명령을 주신 예수님은 영원히 함께할 것을 약속하여 주셨습니다(마

28:20). 그럴 때 제자들은 땅끝까지 이르러 복음의 증인이 될 수 있었습니다. 하나님이 함께하면 불가능이 없습니다.

둘째, 축복의 통로가 되게 하겠다는 것입니다.

이것을 우리는 다른 말로 인복의 복이라고 합니다. 인복은 사람을 잘 만나서 내가 이득을 보는 것입니다. 남편 잘 만나서 복을 받는 것을 보면 저 사람 인복 있다고 합니다. 그래서 아이들이 학교에 갈 때 친구 잘 만나고, 선생님 잘 만나게 해달라고 부모님들이 기도하는 것입니다. 그런데 친구 잘 만나서 내가 덕 보고 사는 것도 중요하지만 사실은 나 때문에 친구가 잘되는 것이 더 좋지 않겠습니까? 누구 덕만 보고 사는 존재가 아니라 덕을 베풀고 복을 나누어 주는 사람이 되어야 하지 않겠냐는 것입니다. 이것을 인권이라고 하는 것입니다. 만남의 복인 인복도 좋지만 반대로 나 때문에 남이 잘되는 인권의 복이 더 필요하다는 것입니다. 우리 크리스천은 복을 나누어 주는 축복의 통로 즉, 인권의 복을 받아야 됩니다.

하나님은 이삭에게 말씀하십니다. "네 자손을 하늘의 별과 같이 번성케 하며 … 네 자손을 인하여 천하 만민이 복을 받으리라" 이는 놀라운 인권의 복입니다. 오늘날 만 명대 교회만 이루어도 대단한 교회라고 말합니다. 우리 교회도 그렇게 되기를 소망합니다.

그런데 하나님은 이삭으로 말미암아 하늘에 별과 같은 자손을 주시겠다는 것입니다. 그리고 이 사람들은 보통 사람들이 아닙니다. 모두 복의 근원입니다. 다시 말해 복덩이들입니다. 이들을 인하여 천하 만민이 복을 받습니다.

셋째, 물권의 복을 주시겠다는 것입니다.

"이 모든 땅을 네 자손에게 주리라" 요즘 땅값이 얼마나 비쌉니까? 그런데 하늘에 별과 같은 자손들이 살만한 땅을 주신다는 것입니다. 우리가 영권의 복을 받고 인권의 복을 받기만 하면 물권의 복도 열리는 것입니다. 하나님이 함께하는 성도가 되고, 또 영향력 있는 믿음의 사람이 되면 물질적으로도 축복해 주시는 것입니다. 하나님의 자녀들은 세상에서도 잘 살아야 됩니다. 하나님의 말씀에 순종하여 살기만 하면 하나님은 반드시 축복하십니다. ♬ 반드시 내가 너를 축복하리라

2. 아버지 아브라함 때문입니다

그런데 하나님께서 이삭을 이처럼 축복해 주시고자 하는 근본 이유가 무엇입니까? "이는 아브라함이 내 말을 순종하고 내 명령과 내 계명과 내 율례와 내 법도를 지켰음이니라"(5) 하나님께서 이삭을 축복하시고자 하는 동기는 아브라함이 하나님의 말씀에 온전히 순종하였기 때문입니다. 우리는 여기서 중요한 사실을 배웁니다. 우리가 아브라함과 같이 믿음으로 살 때 하나님은 우리 후손의 하나님이 되사 친히 돌봐 주시고 축복하심을 알 수 있습니다. 우리가 믿음으로 사는 것은 당대뿐만 아니라 후손도 축복받는 길입니다. 이와 반대로 조상들이 믿음으로 살지 못하면 그 후손들이 고생합니다.

열왕기상 11장에 보면 다윗의 아들 솔로몬 왕이 말년에 우상 숭배의 죄를 범하게 됩니다. 진도하신 하나님께서 솔로몬에게 나타나서

진노하십니다. "네가 내 언약과 내가 네게 명령한 법도를 지키지 아니하였으니 내가 반드시 이 나라를 네게서 빼앗아 네 신하에게 주리라"(왕상11:11) 그런데 하나님은 그 순간 솔로몬의 아버지 다윗을 기억하시고 이렇게 말씀하십니다. "그러나 네 아버지 다윗을 위하여 네 세대에는 이 일을 행하지 아니하고 네 아들의 손에서 빼앗으려니와 오직 내가 이 나라를 다 빼앗지 아니하고 내 종 다윗과 내가 택한 예루살렘을 위하여 한 지파를 네 아들에게 주리라" (왕상11:12,13) 솔로몬은 아버지 때문에 나라를 빼앗기지 아니했고, 솔로몬의 아들은 솔로몬 때문에 나라의 반을 잃었습니다. 우리는 어떤 부모가 되어야 할까요?

3. 하나님의 은총입니다.

하나님의 말씀에 순종하여 애굽으로 내려가지 않은 이삭에게 어떤 일이 일어났습니까? 믿음으로 순종하였지만 믿음으로 살아가는 게 그렇게 순탄하지 않았습니다. 그랄 사람들이 이삭에게 다가와 부인 리브가에 대하여 자꾸 묻는 것이었습니다. 그러자 이삭은 아내 리브가를 누이라 속였습니다. 이삭도 아버지 아브라함을 닮았습니다. 좋은 것도 닮지만 나쁜 것도 닮습니다. 그러던 어느날 그 땅의 왕이었던 블레셋 왕 아비멜렉이 이삭이 리브가를 껴안은 것을 창으로 내다봄으로써 들통나고 말았습니다. 아비멜렉은 그런 이삭을 불러서 자칫 잘못하다가 이곳 백성 중 하나가 리브가를 데려다가 아내 삼았으면 어떻게 하였을 것이냐고 호통을 쳤습니다. 이삭은 불신자인 아비멜렉에게 책망을 받았지만 이 사건을 통해 하나님께서는 아비멜렉으로 하여금 특별보호령을 내리게 하심으로 이삭과 리브가를 그 땅의 강포로부터 보호하셨습니다. 하나님은 우리가 믿음으로 살 때 모든 위험과 재난으로부터 지켜 주시고 생명 싸게 안에 보호해주십니다.

그리고 약속의 말씀대로 하나님은 이삭에게 100배의 복을 내려 주십니다. "이삭이 그 땅에서 농사하여 그해에 백 배나 얻었고 여호와께서 복을 주시므로 그 사람이 창대하고 왕성하여 마침내 거부가 되어" 세상 사람 앞에서 창피만 당하던 이삭에게 하나님은 멋있게 축복해주시고 그를 세워 주셨습니다. 나중에 아비멜렉왕은 친구와 군대장관 비골을 데리고 와서 이삭과 화친 조약을 맺자고 합니다. "여호와께서 너와 함께 계심을 우리가 분명히 보았으므로 우리의 사이 곧 우리와 너 사이에 맹세하여 너와 계약을 맺으리라"(창26:28)

마침내라는 말은 참 의미가 깊습니다. 우리도 이삭처럼 부자가 되기를 소망합니다. 100배의 복을 받기를 바라고 또 바랍니다. 자녀가 잘되기도 바라고, 질병이 치료되고 건강해지기도 바랍니다. 그런데 마침내 이루어졌다는 것입니다. 이삭도 하나님의 명하신 대로 약속의 땅에 머물며 흉년을 버티고 또 버텼습니다. 그런데 하나님께서 100배의 축복을 주셔서 마침내 거부가 되었다는 것입니다. 우리도 하나님께서 때가 되면 마침내 기도 제목을 이루어 주시고 축복해 주실 줄로 믿습니다. 마침내 응답을 받는 축복된 성도들이 될 수 있길 축원합니다.

사랑하는 성도 여러분!

오늘날은 그 어느 때보다 전도의 문이 막히고 교회 성장이 멈추고 둔화되어 가고 있습니다. 영적인 불황기를 맞이하고 있습니다. 뿐만 아니라 우리들의 가정과 사업장도 큰 어려움의 터널을 지나고 있습니다. 이때 하나님은 말씀하십니다. "약속을 굳게 잡고 약속의 땅을 떠나지 말아라"하나님은 남는 자에게 복을 주십니다. 더욱 구별되고 거룩한 삶을 살므로 세속에 물들지 않고 믿음의 도리를 굳게 지키고 살아갈 때 하나님은 100배로 축복해 주실 줄 믿습니다. 아무리 현실이 어렵고 힘들어도 이삭처럼 절대적으로 하나님을 신뢰하고 믿음으로 순종하여 백배의 축복을 받는 성도들 되시기를 축원합니다.

우물을 다시 파라

말씀 창세기 26:12~33
요절 창세기 26:18

> "그 아버지 아브라함 때에 팠던 우물들을 다시 팠으니…
> 이삭이 그 우물들의 이름을 그의 아버지가 부르던 이름으로
> 불렀더라"

차갑고 굳은 것에는 생명이 없습니다. 따뜻하고 부드러운 것에 생명력이 넘칩니다. 생명 없는 광물질은 차고 딱딱하지만 살아있는 모든 것은 따뜻하고 부드럽습니다. 너무도 껍질이 두꺼워지고 딱딱해지면 죽어가는 고목이 됩니다. 부드럽고 연한 가지에서 푸른 잎이 움트며, 아름다운 꽃과 열매가 맺힙니다. 이삭은 그 이름의 느낌처럼 온유하고 부드러운 사람입니다. 오늘은 믿음의 2대 조상 이삭의 내면성을 배우면서 우리가 어떤 신앙인의 품성을 가져야 되는지 배우는 복된 시간이 될 수 있길 축원합니다.

1. 우물 파는 이삭

이삭이 거부가 되자 블레셋 사람들이 시기하였습니다. 믿음의 사

"

람들이 잘 되면 배 아파하고 시기하는 이들이 많습니다. 블레셋 사람들은 이삭이 소유한 우물들을 다 막아버렸습니다. 이 우물들은 아버지 아브라함이 판 우물로써 블레셋 왕 아비멜렉에게 일곱 암양 새끼를 주고 아브라함의 소유임을 증거로 삼은 우물들이었습니다 (창21:30). 그런데 그 우물을 다 막아 버렸습니다.

유목하는 건조한 이스라엘 지방에서 우물은 생명줄이나 다름없습니다. 산업사회에서 기업을 창업하는 것과 같습니다. 우물을 중심으로 마을이 형성되고 가축을 먹이며 생활하였습니다. 그런데 이런 우물을 막아 버렸으니 이는 사업을 쪽박 낸 것입니다. 그리고 아비멜렉은 비겁하게 이삭보고 그 땅을 떠나라고 추방 명령을 내렸습니다. 이는 중국에서 크리스천 기업들이 잘되니까 복음을 전했다는 이유로 공장 문을 닫게 시키고 추방하는 것과 같은 것입니다. 몇 년 전에는 한국이 잘되니까 일본이 반도체 핵심 원료인 고순도 불화수소 수출을 금지하여 큰 곤욕을 치른 적도 있습니다. 요즘은 중국에서 90%를 수입해 오는 요소수 수출 금지로 인해 경유를 쓰는 모든 차가 멈춰 서게 되어 생업은 물론 모든 일상이 멈춰 설 지경이 되었습니다. 대국 틈바구니에 끼어서 화가 날 때가 많습니다.

이때 이삭은 어떻게 하였습니까? 이삭은 그곳을 떠나 골짜기로 들어갔습니다. 그리고 그곳에서 아버지 아브라함 때에 팠던 우물들을 다시 파기 시작하였습니다. 그리고 이삭은 그 우물들을 아버지가 부르던 이름으로 그대로 불렀습니다. 하나님의 은혜로 그곳에서 물이 콸콸 쏟아졌습니다. 그러자 그 땅 주민들이 달려들어 우물을 빼앗았습니다.

이삭은 얼마나 낙심하였겠습니까? '에이 드런 놈들' 하면서 한바탕

할 만도 한데, 이삭은 또다시 다른 곳으로 옮겨가서 다시 우물을 팠습니다. 우물은 그렇게 쉽게 팔 수 있는 것이 아닙니다. 브엘세바의 우물들은 깊이가 보통 50M 정도 됩니다. 이를 파기 위해서는 많은 노력과 시간이 들고 파는 곳마다 우물이 나오는 것도 아닙니다. 그런데 놀랍게도 또 물이 콸콸 쏟아져 나왔습니다.

그런데 기쁨도 잠시 또 다시 그랄 사람들이 떼거지로 몰려와서 우물을 자기들의 것이라고 우겼습니다. "야 이놈들아, 너희들은 양심이 없느냐? 이 도둑놈들아!" 저 같았으면 우물 파던 곡괭이를 들고 같이 싸웠을 것입니다. 그런데 이삭은 이번에도 싸우지 않고 거기서 다른 곳으로 옮겼습니다. 그리고 묵묵히 또 우물을 파기 시작했습니다. 놀라운 일이 또 일어났습니다. 무슨 우물이 파면 나오는 감자도 아니고, 우물 하나 얻기가 모래사장에서 바늘 찾기와 같은데 이번에도 또 물이 나오는 것입니다. 이번에는 그랄 사람들도 양심이 있었던지 더 이상 달려들지 않았습니다. 이삭은 그 우물 이름을 '르호봇'이라 불렀습니다. 그 뜻은 "이제는 여호와께서 우리를 위하여 넓게 하셨으니 이 땅에서 우리가 번성하리로다"라는 뜻이었습니다. 이렇게 우물 파는 이삭을 통해 우리는 믿음의 사람이란 세상 속에서 어떻게 살아야 하는가 배우게 됩니다.

첫째, 온유한 내면성입니다.

아무리 생각해도 이삭은 정상적인 사람과는 좀 다릅니다. 어떻게 저렇게 참을 수 있을까? 어떻게 보면 너무 연약하고, 바보스럽게 보이기도 합니다. 온유함은 세상에서 거의 유약함이나 비겁함의 동의어로 쓰이고 있습니다. 세상은 온유한 자를 경멸합니다. 그래서 온

유한 자는 세상에서는 무시되는 인생을 살아갈 때가 많습니다. 온유한 자는 속절없이 세상의 강한 자들의 밥이 되고 짓밟힘을 당합니다. 그래서 온유한 자는 손해 보고 빼앗기는 패배자로 보입니다. 오늘 본문의 이삭도 그렇게 보이지 않습니까? 성경을 보는 우리들까지 "이삭 할아버지, 한번 싸우지 그렇게 속절없이 당하고만 삽니까?" 이렇게 말하고 싶습니다.

그런데 예수님은 이렇게 말씀하십니다. "나는 마음이 온유하고 겸손하니 나의 멍에를 메고 내게 배우라 그러면 너희 마음이 쉼을 얻으리니"(마11:29) 무엇보다 예수님이 그렇게 사셨습니다. 예수님은 억울하게 잡히셔서 불법 재판을 받으셨습니다. 포악한 로마 병사들에게 조롱받고 채찍까지 맞았습니다. 십자가를 지고 못 박히는 사명의 길은 한마디로 고난의 길이었습니다. 그러나 예수님은 침묵으로 이 모든 상황을 수용하셨고 저항을 포기하셨습니다. 그러나 오늘 허다한 인류가 그 앞에 머리 숙여 그를 왕과 하나님으로 경배합니다. 온유가 승리한 것입니다. 성경은 이렇게 말합니다. "그러므로 너희는 하나님의 택하신 거룩하고 사랑하신 자처럼 긍휼과 자비와 겸손과 온유와 오래 참음을 옷 입고"(골3:12) 예수님은 온유한 자가 받을 상급에 대하여 또 이렇게 말씀하셨습니다. "온유한 자는 복이 있나니 저희가 땅을 기업으로 받을 것임이요"(마5:5)

온유한 자가 승리합니다. 이삭은 태어나서 성장할 때도 이스마엘에게 조롱당했습니다. 아버지가 그를 모리아 산에서 번제로 드리려고 포승줄로 묶을 때도 얼마나 두렵고 무서웠겠습니까? "왜 아버지 신앙 때문에 내가 이렇게 죽어야 됩니까? 억울합니다. 아버지는 나를 배신하는 것입니다. 나는 아버지에게 버림받은 불쌍한 아들인 것입니다." 이렇게 울부짖고 상처받을 수 있었습니다. 어느 날 얼굴도 한번 안 본 여인을 늙은 종이 데리고 와서 "도련님 신부 감입니다." 했을 때는 얼마나 당황했겠습니까? 어떻게 보면 이삭의 전 생애는 당황스러운 일만 생겼습니다. 자기 의지로 뭐 제대로 된 것이 하나 없습니다. 어떻게 보면 다 억울한 일들뿐입니다. 그러나 이삭은 성경에 보면 그 어떤 억울함을 호소하지 않습니다. 이번에도 내가 판 우물이지만 남이 자기 것이라고 우기면 그냥 줍니다. 빼앗으며 그냥 빼앗깁니다. 멍청한 것 같고, 바보 같은 사람 같습니다. 그런데 결국은 그런 이삭이 승리했습니다. 온유한 자가 재물을 얻는다고 한 것처럼 이삭은 우물 부자가 되었습니다. 온유한 자가 승리합니다.

둘째, 아버지의 하나님을 붙잡았습니다.

성경은 이렇게 코멘트합니다. "그 아버지 아브라함 때에 팠던 우물들을 다시 팠으니" 이삭이 팠던 우물들은 아버지 아브라함의 우물이었습니다. 아버지 아브라함이 믿음으로 살면서 팠던 우물이었습니다. 이 우물은 아브라함이 약속의 땅에서 정착하여 살려고 할 때 반드시 필요한 우물이었습니다. 아브라함은 약속의 땅에 순종하여 살 때 하나님께서 반드시 우물도 주시어서 이 땅에 살도록 모든 것을 허락하여 주실 것을 믿었습니다. 하나님은 그 믿음대로 그가 우물을 팔 때마다 물을 주셨습니다. 이를 보고 아비멜렉이 다가와서 화친 조약을 맺었습니다. 그러므로 이 우물은 믿음의 우물이요, 순종의 우물이며, 축복의 우물이었습니다.

이삭이 아비멜렉이 시기하여 우물을 메우고 그를 쫓아낼 때 골짜기로 가서 아버지 아브라함 때 팠던 우물을 다시 팠다는 것은 무엇을 의미하는 것입니까? 이삭은 아버지 아브라함과 함께하셨던 하나님을 기억하고 붙잡은 것입니다. 아마 이삭은 아버지의 신앙과 그 인생을 추억하면서 그 우물을 팠을 것입니다. 이삭은 이렇게 아버지의 우물을 다시 팜으로써 아버지 아브라함의 신앙을 물려받고 있는 것입니다. "하나님 이곳 우물은 아버지 때에 팠던 우물인데 다시 파오니 물이 나오게 하옵소서, 아버지 아브라함과 함께했던 하나님, 저에게도 긍휼을 베풀어 주옵소서. 우물을 없으면 가축 떼는 물론이요 사람까지 다 죽습니다. 하나님 역사하여 주옵소서" 이렇게 간절히 기도하며 우물을 팠습니다. 하나님은 그런 이삭의 믿음을 축복하여 주셨습니다. 하나님은 이삭을 실망시키지 않았습니다.

오늘날 우리도 아브라함이 팠던 우물을 다시 파는 신앙이 필요합니다. 우리의 믿음의 선배들이 팠던 우물이 있습니다. 변함없는 금 같은 믿음의 우물이 있습니다. 금은 변하지 않습니다. 참 믿음의 사람은 어떤 환경 속에서도 변함이 없습니다. 코로나 전이나 코로나 후나 어떤 상황이 와도 변함이 없습니다. 그런데 시간이 지남에 따라, 상황에 따라 변한다면 그것은 참 믿음이 아닙니다. 우리 신앙의 선배들은 변함없는 믿음의 길을 걸었습니다. 사막 같은 시절에도 믿음의 우물을 팠습니다.

그리고 기도의 우물을 팠습니다. 초대 교회 성도들이나 우리 한국 초대교회 성도들의 신앙 특징은 기도의 우물을 깊이 팠다는 것입니다. 산을 오르면 소나무를 붙들고 기도했고, 바위를 만나면 바위에 올라 앉아 기도했습니다. 하루 종일 농사짓고 허리 아프게 고된 일을 하고도 저녁이면 성전에 가서 기도하였고, 새벽이면 일터에 나가기 전 하나님께 먼저 나와 기도했습니다. 한국 기독교는 기도로 일군 부흥이요, 기도로 일군 경제부흥이었습니다. 우리는 선배들이 팠던 이 같은 기도의 우물을 다시 팔 수 있기를 소망합니다.

그리고 헌신과 충성의 우물입니다. 하나님 제일주의로 충성했습니다. 교회 제일주의로 헌신했습니다. 이런 헌신의 우물을 팠기에 오늘 우리도 있는 것입니다. 이 같은 우물이 지금 다 메워지고 있습니다. 코로나 2년 동안에 지치고 깨어지고 상하여서 기도의 우물, 헌신의 우물, 믿음의 우물이 다 메워지고 메말랐습니다. 다시금 바람처럼 불처럼 일어나야 되겠습니다. 다이 이삭처럼 일어나서 믿음의 선배들이 팠던 우물을 팔 수 있기를 축원합니다. ♬ 성령 하나님 나를 만지소서

2. 브엘세바의 밤

이삭은 계속하여 에섹, 싯나, 르호봇의 우물을 파고 브엘세바에까지 올라 왔습니다. 그리고 그 밤 하나님이 이삭을 찾아왔습니다. 하나님은 브엘세바에서 이삭을 기다리고 계셨던 것입니다. 브엘세바는 아브라함이 우물을 파고 에셀 나무를 심고 거기서 영원하신 여호와의 이름을 부르며 재단 쌓던 곳입니다(창21:33). 그리고 그곳에 정착하여 살던 곳입니다. 이삭은 이곳에서 살다가 흉년이 들자 애굽으로 내려 가려고 그랄까지 갔던 것입니다. 그런데 불레셋 왕과, 그랄 주민들에게 쫓겨서 이곳까지 우물을 파며 왔던 것입니다. 브엘세바에 당도하니 그랄 사람들이 쫓아 와서 더 이상 핍박하지 않았습니다. 결국 하나님은 이삭을 이곳 브엘세바로 다시 돌아오도록 하

신 것입니다. 그리고 그곳에서 기다리고 계셨던 것입니다. 그리고 그 밤 이삭에게 나타나서서 만나 주신 것입니다(창26:24). 이삭에게 이 밤은 회개의 밤이요, 감동의 밤이요, 다짐의 밤이었을 것입니다. 그래서 이삭은 그곳에서 하나님께 다시금 제단을 쌓고 여호와의 이름을 부르며 장막을 치고 우물을 팠습니다.

사랑하는 성도 여러분! 우리도 다시금 이 감동의 제단을 다시 쌓을 수 있기를 축원합니다. 이삭과 같이 우물을 팜으로 하나님을 만나는 브엘세바의 밤을 맞이할 수 있기를 축원합니다.

복을 빼앗았도다

말씀 창세기 27:22~41
요절 창세기 27:33

**"이삭이 크게 떨며 이르되… 내가 먹고 그를 위하여
축복하였은즉 그가 반드시 복을 받을 것이니라"**

요즘 러시아의 아프칸 침공 위험성으로 인하여 세계가 긴장하고 있습니다. 세상은 늘 갈등하고 싸우고 빼앗는 전쟁이 있어 왔고 지금도 진행 중입니다. 그런데 땅과 재산 같은 물리적인 것만 뺏고 뺏기는 싸움이 있는 것이 아니라 영적인 것도 있다는 것을 우리는 알아야 합니다. 오늘 본문에서 에서는 동생 야곱에게 영적인 축복을 빼앗기고 아버지 이삭에게 통한의 눈물을 흘리며 이렇게 하소연합니다. "그가 나를 속임이 이것이 두 번째니이다 전에는 나의 장자의 명분을 빼앗았고 이제는 내 복을 빼앗았나이다." 축복도 빼앗고 뺏기는 것을 볼 수 있습니다. 성경은 천국은 침노하는 자의 것이라 말하였습니다(마11:12). 믿음의 사람들은 영적인 것에 관심을 가져야 합니다. 야곱을 통하여 어떻게 우리가 영적인 것을 쟁취하고 축복된 인생을 살 수 있는가? 배우는 복된 시간이 될 수 있기를 축원합니다.

1. 들사람이냐 장막 사람이냐?

창세기 25장에서 에서와 야곱이 태어나 성장하는 과정을 이렇게 한마디로 표현합니다. "그 아이들이 장성하매 에서는 익숙한 사냥꾼이었으므로 들사람이 되고 야곱은 조용한 사람이었으므로 장막에 거주하니"(창25:27) 당시 사냥을 잘한다는 것은 먹고사는 데 아주 중요한 능력이었습니다. 남자가 사냥 정도는 잘해야 가족들 굶기지 않고 잘 살 수 있으니 아마 동네 아가씨들에게도 인기가 좋았을 것입니다. 거기다가 신체적으로도 털도 많고 남자답게 생겼고 야성미가 넘쳤습니다. 그래서 아버지 이삭은 이렇게 능력 있고, 사내대장부 같은, 거기에 장남이기까지 한 에서를 더 좋아했습니다. 에서는 들에 나가기만 하면 마음껏 자신의 능력을 발휘할 수 있었고, 세상에서 인기도 독차지 하니, 그는 집에 있는 것보다 세상이 너무 좋았습니다.

반면에 야곱은 잘하는 게 없었습니다. 몸도 여자아이같이 털 하나 없이 매끈해서 피부만 고왔습니다. 취미도 요리 만드는 것이어서 팥죽도 잘 쑤었습니다. 이런 야곱은 밖에 나가면 별 인기가 없으니 늘 장막에 있었습니다. 뭔가 부족한 것 같은 이런 야곱을 그러나 어머니 리브가는 더 관심을 가지고 사랑했습니다. 단지 부족해서 불쌍해서 사랑한 것도 있지만 사실은 리브가는 에서와 야곱을 잉태했을 때 둘째에게 하나님의 특별한 뜻이 있다는 것을 응답받은 적이 있습니다(창25:22, 23). 그래서 야곱을 더 사랑했는지 모릅니다.

어쨌든 에서와 야곱의 생활 속에서 우리는 중요한 한 가지를 살펴볼 수 있습니다. 당시 장막에는 누가 있었느냐 하는 것입니다. 바로 할아버지 아브라함입니다. 에서와 야곱이 태어날 때 아브라함은 나이가 160이 됩니다. 그리고 아브라함은 175세에 세상을 떠납니다. 그렇다면 아브라함이 손주들과 함께 살아갈수 있었던 것은 15년이 됩니다. 아브라함은 노년에 얻은 손주들이 얼마나 귀엽고 사랑스러웠겠습니까? 그런데 에서는 늘 밖에 나가 놀고, 장막에는 야곱만 남아 있는 것입니다. 늙어 거동하기 불편하여 장막에 있어야 하는 아브라함의 무릎에는 그래서 늘 이삭이 앉아 있었을 것입니다. 이를 뒷받침하는 것이 히브리서에서 아브라함이 이삭과 야곱으로 더불어 장막에 거하였다고 나옵니다(히11:9). 오늘날도 대부분 할아버지 할머니가 손주들을 돌봅니다.

아브라함은 야곱을 무릎에 앉히고 무엇을 가르쳤겠습니까? 최고의 신앙단계에 있던 믿음의 조상 아브라함은 틀림없이 자기가 만난 하나님에 대하여 가르쳤을 것입니다. 하나님의 부르심을 받고 갈대아 우르에서 나오게 된 이야기, 약속의 땅 가나안에서 살면서 겪은 이야기, 흉년들어 사래를 누이라 속이고 애굽에 내려갔다가 혼이 난 이야기, 조카 롯을 구하기 위해 다섯 나라 연합군인 그돌라오멜 동맹군과 싸우던 전쟁 이야기, 시험에 빠져 이불 뒤집어쓰고 장막에 누워 있던 이야기, 믿음이 없어 첩을 얻어 이스마엘을 낳았다가 가정이 풍비박산 나고 다시 결단한 이야기, 천사를 만난 이야기, 소돔과 고모라고 심판을 받은 이야기, 노년에 이삭을 얻은 이야기, 그리고 그 이삭을 번제로 드렸던 짜릿했던 이야기 등을 손주에게 다 들려주었을 것입니다. 한없이 부족하고 우상 숭배하고 늙어 소망 없던 아브라함을 하나님이 택하시고 인도하시고 훈련하여 믿음의 가문을 세운 이야기들을 이렇게 밤이 새는 줄 모르고 가르쳤습니다. 그리고 하나님이 어떻게 우리 가정을 쓰시고자 하는지를 다 말해 주었습니다.

아브라함의 무릎에서 신앙을 전수받은 야곱, 이것이 장막사람 야곱이 얻을 수 있었던 최고의 축복이었던 것입니다. 그는 할아버지를 통해 하나님 경외하는 것을 배웠고, 할아버지 아브라함의 하나님, 아버지 이삭의 하나님을 만났습니다. 그 하나님의 약속과 기업이 자기를 통해 이어져야 하는 것을 깨닫게 된 것입니다. 이것이 최고의 축복임을 알게 된 것입니다. 그래서 그토록 장자의 명분에 애착을 가지게 되었고, 팥죽 한 그릇으로 장자의 명분을 쟁취한 것입니다. 그만큼 영적인 축복이 중요함을 알았던 것입니다. 반면 에서는 들에서, 세상에서 살다 보니 세상 가치관을 가질 수밖에 없었고, 영적으로 무엇이 귀한지를 알지 못하고, 장자의 명분도 팥죽 한 그릇에 팔아 버렸던 것입니다.

장막은 오늘날 교회입니다. 신령한 의미로 교회는 어머니의 품과 같습니다. 성자 크리소스톰은 말하기를 "하나님을 아버지라 부르는 자에게 교회는 어머니가 되며, 하나님을 태양이라 한다면 교회는 달빛과 같은 것이다"라고 했습니다. 성도는 교회를 통해서 탄생하고 거듭나고 교회 품에서 성장합니다.

교회를 가까이하는 사람치고 은혜를 못 받고 축복받지 못한 사람은 없습니다. 교회는 이렇게 귀중한 것입니다. 장막 사람 야곱처럼 교회를 가까이할 수 있기를 바랍니다. 오늘 교회학교를 졸업하는 학생들이 그래서 복이 있는 것입니다. 세상 학교 졸업식도 중요하지만 무엇보다 교회를 가까이하고 교회에서 양육을 받고 교회학교를 졸업하는 학생들에게 야곱과 같은 축복이 있기를 축원합니다.

2. 왜 이삭은 별미를 먹고 아들을 축복하고자 하는가?

이삭이 나이가 많아 죽음이 가까이 오고 있는 줄 알고 장자를 축복하고자 합니다. 그래서 장남인 에서를 불러 말했습니다. "들에 나가 사냥을 하여 내가 즐기는 별미를 만들어 내게로 가져와서 먹게 하여 내가 죽기 전에 내 마음껏 네게 축복하게 하라"(4) 이삭은 별미를 요구하였습니다. 별미는 특별한 음식입니다. 이삭이 아들을 축복하는 데 왜 별미를 요구하는 것일까요? 아버지가 아들을 축복하는 데 그냥 해주면 되지 꼭 별미를 만들어 오라고 하는가? 잘 이해할 수 없습니다. 그러나 신앙심 좋은 이삭이 단순히 별미를 탐하는 이유에서가 아니라 뭔가 특별한 뜻이 있을 것이라는 것이 분명합니다.

그는 이렇게 말합니다. "내가 즐기는 별미를 만들라", "나를 위하여 사냥을 하라" 평소에 섬기던 단순한 아버지가 아니라 이번에는 나를 축복해 주고자 하는 아버지를 위해 사냥을 하라는 것입니다. 그리고 아버지가 가장 좋아하는 특별식을 준비하라는 것입니다. 사람들이 좋아하는 것이 아닌, 내가 좋아하는 것이 아닌, 아버지 입맛에 맞는, 아버지가 즐기는 것입니다. 그 음식을 마음껏 먹어야, 마음껏 축복해 주겠다는 것입니다. 다시 말해 아버지를 섬기는 진심과 사랑을 보고자 했던 것입니다. 또 아버지의 축복기도가 얼마나 귀한 것인가를 테스트하고자 했던 것입니다. 축복권자에 대한 인정과, 사랑과 존경, 그리고 하나님의 축복에 대한 영적인 가치를 아는 자에게 그 축복을 하고자 했던 것입니다.

우리는 여기서 중요한 사실을 배웁니다. 이삭은 육적으로는 아버지였으나 영적으로는 축복권이 있는 주의 종이었습니다. 야곱이 장자의 명분을 팥죽 한 그릇에 샀지만 구체적으로 축복권을 가진 이삭의 축복을 받아야 된다는 것입니다. 그래서 주의 종 축복은 중요합니다. 하나님은 세우신 종을 통하여 역사하시고, 양들은 목자를 통하여 꼴을 얻어먹게 하십니다. 하나님은 제사장 아론에게 명하여 이스라엘 백성들을 축복하라고 하십니다. 제사장이 축복하면 그 축복에 따라 하나님이 이스라엘에게 복을 내리시겠다는 것입니다(민 6:22~27). 이스라엘이 광야 르비딤에서 아말렉과 싸울 때도 아론과 훌의 두 장로가 동행하였으나 반드시 모세의 손이 올라가야만 승리하는 축복이 왔습니다. 아브라함도 멜기세덱 제사장에게 축복 기도를 받고 성공했고, 노아 삼형제도 노아가 기도한 대로 역사상에 이루어진 것을 보게 됩니다. 창세기 49장에 야곱이 그의 열두 아들에게 축복하게 되는데 그 축복의 분량대로 저들의 생애와 후손이 달라졌습니다. 이처럼 주의 종의 축복 기도를 믿음으로 받는 일은 중요합니다.

야곱은 이 영적인 비밀을 알았던 것입니다. 그리고 어머니 리브가도 이 비밀을 알았고 어떻게 하든 야곱이 축복을 받도록 돕는 것입니다. 그런데 안타까운 것은 오늘날 주의 종 축복 기도를 우습게 여기며 경홀히 여기는 이가 많습니다. 믿음이 없던 에서도 이 사실만큼은 알고 야곱이 축복을 빼앗아 가자 방성대곡하며 울었던 것입니다. 야곱이 축복기도를 가로챘으니 그것을 취소하고 나에게 축복해 달라고 요구하자 이삭은 이렇게 말합니다. "네가 오기 전에 내가 다 먹고 그를 위하여 축복하였은즉 그가 반드시 복을 받을 것이니라" 축복해 주면 그 축복대로 복을 받을 것이라는 것을 이삭도 분명히 알고 있었습니다. 이것이 축복의 비밀이요 능력인 것입니다. 야곱은 이렇게 차자라는 운명을 극복하고 장자의 축복권을 쟁취하였습니다. 야곱처럼 우리도 하나님이 주시는 은혜와 복에는 양보함이 없이 쟁취하고자 하는 열망과 영적인 열심이 있기를 주님의 이름으로 축원합니다. ♬세상부귀 안일함과

3. 나를 돕는 영적인 동역자가 있는가?

야곱에게 있어서 어머니 리브가의 존재는 참으로 중요하고도 중요하였습니다. 이삭이 에서를 불러 별미를 만들어 오면 내가 먹고 너를 마음껏 축복하겠다고 하는 말을 리브라가 듣습니다. 리브가는 에서가 사냥을 나간 사이에 야곱을 불러서 에서처럼 변장을 시킨 후 남편 이삭이 제일 좋아하는 음식을 만들어 야곱의 손에 들려준 후 장자의 축복을 받으라고 기회를 만들어 주었습니다. 음식도 리브가가 만들고, 에서의 의복도 가져다가 야곡에게 입히고, 염소새끼 가죽으로 분장도 해주었습니다. 모든 것을 리브가가 도왔습니다. 어머니 리브가의 도움이 아니었으면 야곱은 알고도 발만 동동 굴러야 했을 것입니다. 그래서 동역자가 중요한 것입니다. 정말 나를 영적으로 도와줄 수 있는 이가 내 옆에 있느냐 입니다. 이것이 내 인생을 좌우할 수 있습니다.

사랑하는 성도 여러분, 그리고 오늘 졸업하는 학생 여러분, 여러분 곁에 믿음의 어머니가 있다는 것은 큰 축복입니다. 나를 위해 일하고, 섬겨주고, 뒷바라지하고, 그리고 무엇보다 나를 위해 기도하

고, 나에게 신앙을 전수해 주는 어머니가 있는 여러분은 행복한 사람입니다. 그리고 여러분들을 위해 성경을 가르쳐 주고, 옳은 길로 인도해 주는 교사 선생님들이 있다는 것은 참으로 고맙고 감사한 일입니다. 특별히 주의 종의 축복 기도가 있는 교회학교 졸업식은 학교 졸업식보다 더 중요한 의미가 있는 것입니다. 야곱처럼 그런 중요성을 아는 성도들이 될 수 있기를 바랍니다. 야곱이 장막생활을 잘 하였듯이 교회 생활을 잘 할 수 있기를 바랍니다. 여러분 모두 영적인 장자가 되어 하나님 나라를 기업으로 받고, 하나님의 복을 받아 누리는 행복한 성도들이 될 수 있기를 축원합니다.

축복을 감당하라

말씀 창세기 28:1~14
요절 창세기 28:4

"아브라함에게 허락하신 복을 네게 주시되…
네가 거류하는 땅 곧 하나님이 아브라함에게 주신 땅을
네가 차지하게 하시기를 원하노라"

'북풍이 바이킹을 만들었다.'는 스칸디나비아의 격언이 있습니다. 스칸디나비아반도에서 시작한 바이킹은 9~11세기에 독일, 영국, 프랑스, 스페인 연안을 휩쓸고 북미와 그린란드까지 진출했습니다. 바이킹들은 세계 최고의 배를 건조했고, 바다를 정복해 나갔습니다. 그 이후 바이킹이란 말은 전진과 모험의 상징이 되었습니다. '북풍이 바이킹을 만들었다'는 격언은 악조건이 모험과 도전을 탄생시켰다는 뜻입니다. 그들은 추운 기후와 거친 땅과 인구 과잉이라는 악조건에 굴하지 않았습니다. 조상을 한탄하거나, 현재의 환경에 굴복하지 않고 배를 만들어 전 세계를 향하여 전진했던 것입니다.

오늘 본문에서 야곱은 받은 축복으로 인하여 큰 시련을 겪게 됩니다. 그 인생에 찾아온 위기요 악조건이었습니다. 야곱에게 찾아온 시련은 무엇이며 이 시련 속에 두신 하나님의 뜻은 무엇인가 찾아보면서 은혜받는 복된 시간이 되길 축원합니다.

1. 축복에 따르는 고난

야곱은 하늘의 복에 가치를 두었습니다. 이를 얻고자 그는 부단히 노력했습니다. 팥죽 한 그릇으로 에서에게서 장자의 명분을 샀습니다. 그리고 결정적으로 이삭의 축복을 얻어 내었습니다. 이런 야곱에게 위기가 찾아왔습니다. 27장 41절에 이렇게 기록하고 있습니다. "그의 아버지가 야곱에게 축복한 그 축복으로 말미암아 에서가 야곱을 미워하여 심중에 이르기를 아버지가 곡할 때가 가까웠은즉 내가 내 아우 야곱을 죽이리라 하였더니" 에서가 축복을 빼앗기고 뒤늦게 후회하고 야곱을 죽이려 한 것입니다. 축복으로 인하여 야곱은 죽을 위기에 놓인 것입니다. 어머니 리브가가 이 사실을 알고 동족 상잔의 비극을 막기 위하여 야곱을 외가로 도피시키고자 합니다. 리브가가 믿음이 없는 가나안 이방인 여인과 야곱을 결혼시킬 수 없다고 남편 이삭에게 코멘트하자 이삭은 야곱을 축복하고 외가로 보냅니다. 야곱은 받은 축복으로 인하여 칼의 위협을 당하고 결국 형을 피하여 부모의 슬하를 떠나 외가에서 자립적으로 성장해야 했습니다. 형의 핍박과 야곱의 환난을 통해 주는 교훈이 무엇입니까?

첫째, 하늘의 복에 가치를 두고 사는 신자들에게 따르는 고난입니다.

성경은 이렇게 말합니다. "무릇 그리스도 예수 안에서 경건하게 살고자 하는 자는 핍박을 받으리라"(딤후3:12) 야곱은 축복으로 인한 핍박을 겸하여 받았습니다. 야곱이 받은 축복은 개인의 축복을 넘어 하나님의 구속 역사에 쓰임 받는 은혜와 축복입니다. 그러나 그 축복이 큰 만큼 따르는 아픔도 큽니다. 불신자들은 에서처럼 신자를 핍박합니다. 이상하게 주는 것 없이 미워합니다. 어둠은 빛을 미워하게 마련입니다. 추구하는 가치관이 틀리면 미움을 받습니다. 예수님을 믿음으로 하나님의 자녀 되는 명분을 얻은 성도들은 세상에서 오는 핍박을 각오해야 합니다. 예수님께서도 이렇게 말씀하셨습니다. "예수께서 이르시되 내가 진실로 너희에게 이르노니 나와 복음을 위하여 집이나 형제나 자매나 어머니나 아버지나 자식이나 전토를 버린 자는 현세에 있어 집과 형제와 자매와 어머니와 자식과 전토를 백 배나 받되 박해를 겸하여 받고 내세에 영생을 받지 못할 자가 없느니라"(막10:29,30) 주님을 위해 집이나 형제나 전토나 부모를 버린 자는 100배의 축복을 받지만 핍박도 겸하여 받는다는 것입니다.

둘째, 하나님의 훈련입니다.

구세군의 창시자 윌리암 부스는 "20세기의 종교적 위기는 성령이 없는 종교, 그리스도가 없는 기독교, 회개가 없는 사죄, 영생이 없는 천국, 고난이 없는 영광이다"라고 지적했습니다. 한가지 한가지가 의미심장한 말이지만 오늘날 많은 사람이 '고난이 없는 영광'을 구합니다. '고통이 없는 축복, 시련이 없는 성공, 곤고가 없는 형통'을 추구합니다. 아마 누구든지 다 이와 같은 소망 사항을 가지고 있습니다.

그런데 이것은 우리의 소망사항이지 실제로 그렇게 이루어지는 경우가 흔하지 않습니다. 설령 그런 식으로 해서 소원하는 것이 성취되었다 할지라도 그 가치가 제대로 누려지지 않습니다. 참다운 축복, 참다운 성공, 참다운 형통은 온상에서 자라는 것이 아니라 용광로에서 만들어집니다. 야곱은 축복권을 받은 것이지 그것이 현재 축복으로 손에 쥐어진 것은 아닙니다. 다만 미래의 축복을 약속으로 받은 것입니다. 그렇기에 이 축복을 감당할 내면의 그릇이 되어야 합니다. 믿음의 3대 조상으로 쓰임받기에는 아직 부족합니다.

야곱은 사기꾼 같은 기질이 많았습니다. 에서를 통한 핍박과 쫓김을 하나님은 선한 것으로 바꾸사 인간성이 강한 야곱을 믿음의 사람으로 하나님의 축복을 감당할 그릇으로 훈련하고자 하시는 것입니다. 그래서 성경은 모든 것이 합력하여 선을 이룬다고 하였으며(롬 8:28), 현재의 고난은 장차 나타날 영광과 족히 비교할 수 없다고 하였습니다(롬8:18). 쇳덩어리를 가지고 무엇인가를 만들 때는 불에 쇠를 달구어서 유연하게 만든 후 망치로 두들겨서 도구로 만듭니다. 딱딱한 쇳덩어리로는 아무것도 만들 수 없기 때문입니다. 그래서 부드럽게 만들어 놓아야 합니다. 토기장이가 굳어버린 진흙으로는 무엇도 만들 수 없습니다. 굳어버린 흙을 물로 다시 부드럽게 반죽해야 토기장이의 예술성과 기술이 나타나는 것입니다.

우리가 연단을 통해 훈련을 통해 겸손한 마음을 가지고 부드러운 내면을 가질 때 하나님의 능력이 나타나고 하나님이 하고 싶어 하시는 것들이 그런 사람을 통하여 이루어지는 것입니다. 무쇠 같고 굳은 흙덩이 같은 우리들이 부드럽게 만들어져서 하나님께 귀하게 쓰임받는 은혜가 있기를 축원합니다.

2. 야곱을 만나 주신 하나님

야곱은 모든 축복을 쟁취한 뒤 그 축복으로 인해 정든 고향을 떠나야 하는 어려움을 당하게 되었습니다. 그는 처량한 나그네 신세가 되었습니다. 그가 한 곳에 이르자 해가 저물게 되었습니다. 그곳은 루스로서 브엘세바에서 이곳까지는 90㎞입니다. 보통 하루에 걸을 수 있는 거리는 100리, 즉 40㎞이므로 거의 뛰다시피 도망 나왔다는 것입니다.

괴나리봇짐을 놓으면서 벧엘 들판에 털썩 주저앉은 야곱의 발은 부풀대로 부풀어 올라 있었고 몸은 지칠 대로 지쳐 있었습니다. 고요한 들녘에 우두커니 앉아 있는 야곱, 그는 환난당한 가련한 청년이었습니다.(창35:3) 총총히 떠 있는 별을 멀거니 처다보며 차디찬 돌로 베개를 하고 누워있는 야곱의 가슴은 외롭고 시리고 아팠습니다. 그 밤은 야곱에게 비애의 밤이었고 고뇌의 밤이었고 절망의 밤이었고 고독의 밤이었습니다. 사랑하는 부모 특히 어머니의 품을 떠난 슬픔과 외로움, 형에게 대한 불안으로 혹시나 밤중에라도 좇아오지나 않을까 하는 두려움으로 인해 야곱은 편히 잠을 이룰 수가 없었습니다. 그런데 그 밤 누가 찾아왔습니까?

야곱은 뒤척이다가 잠이 들었는데, 그 고달픈 잠 속에서 그는 전무후무한 꿈을 꾸었습니다. 하늘과 땅에 닿는 사닥다리를 본 것입니다. 무엇보다도 하나님이 그 위에 임하셨습니다. " 또 본즉 여호와께서 그 위에 서서 이르시되 나는 여호와니 너의 조부 아브라함의 하나님이요 이삭의 하나님이라"(13) 그로부터 20년이 지난 후 야곱이 다시 고향으로 돌아올 때 하나님은 오늘 이 사건을 이렇게 말합니다. "하나님이 야곱에게 이르시되 일어나 벧엘로 올라가서 거기 거주하며 네게 네 형 에서의 낯을 피하여 도망하던 때에 네게 나타났던 하나님께 거기서 제단을 쌓으라 하신지라"(창35:1) 야곱이 형 에서의 핍박을 피하여 도망하던 때에 하나님은 야곱을 만나 주셨다고 했습니다.

하나님은 신이신데 야곱은 인간입니다. 하나님은 거룩하신데 야곱은 죄인입니다. 하나님은 전지전능하신 분이신데 야곱은 무지무능합니다. 하나님은 영존하신 분이신데 야곱은 티끌 속의 인생이었습니다. 도저히 만날 수 없는 처지인데 하나님은 야곱을 만나주신 것입니다. 이것이 하나님의 사랑입니다. 하나님은 야곱을 내버려 두지 않으신 것입니다.

오늘도 하나님은 택한 백성과 동행하십니다. 사랑하는 자녀를 광야 한가운데에 내버려 두지 않습니다. 평안히 길을 갈 때는 보이지 않아도 지치고 상하여 넘어질 때면 다가와 손을 내미시는 분이 바로 하나님입니다. 비록 연단 속에서 고난의 길을 가지만 하나님은 그 가운데서도 동행하십니다. 나를 만나 주시고 나를 도우시는 하나님을 바라보며 힘낼 수 있기를 주님의 이름으로 축원합니다.

♬ 나의 등 뒤에서

3. 야곱에게 꿈을 주신 하나님.

야곱은 앞으로 홀로 힘한 나그네 인생길을 가야 했습니다. 그에게 현재 가장 필요한 것은 위로와 비전이었습니다. 하나님은 이런 야곱에게 나타나셔서 위로와 비전을 주셨습니다. 꿈에 본 즉 사닥다리가 땅 위에 섰는데 그 꼭대기가 하늘에 닿았고 하나님의 사자가 그 위에서 오르락내리락하는 것이었습니다. 하나님은 그에게 꿈을 주셨습니다.

사람에게 꿈이 있을 때 어떤 어려운 현실도 헤쳐 나갈 수 있습니다. 하나님께서 야곱에게 보여주신 비전은 하나님이 통치하는 하늘나라의 세계였습니다. 또 사닥다리가 지상에서 천상까지 들어가서 하나님과 교제를 나눌 수 있음을 계시해 주신 것입니다. 하나님은 야곱을 찾아오셔서 그가 험한 나그네 인생길을 가는 동안 꿈을 간직하고 믿음으로 살도록 불안하고 두려운 그의 마음에 꿈을 심어 주신 것입니다.

인생은 꿈대로 됩니다. 인간은 모두 꿈을 가지고 있습니다. 잠언 29:18절에 보면 "묵시가 없으면 백성이 방자히 행한다"고 했는데 그 묵시란 영어로 Vision이며 이것은 이상, 꿈, 환상 등으로 해석됩니다. 심리학자 프로이드는 꿈은 우리의 과거 생활이 잠자는 동안에 나타나는 것이라고 했고, 융이란 심리학자는 우리의 미래를 현재에 보여주는 것이라고 했습니다. 여하튼 꿈은 우리의 현실과 동떨어진 허무맹랑한 것이 아니고 나의 나다움을 나타내는 것이라고 보아야 합니다. 인간은 그가 꿈꾸는 대로 된다고 보아도 좋습니다. 그러므로 우리는 아름다운 꿈을 꾸어야 됩니다. 콜롬버스는 그의 일기장에 "우리는 저쪽으로 간다"를 페이지마다 기록했습니다. 그리고 나서 그 꿈대로 신대륙을 발견하였던 것입니다. 야곱은 오늘 하나님께서 보여주신 이 이상을 평생 간직하고 그 꿈을 향해 험악한 인생길을 달려갔습니다. 우리도 하나님이 주시는 나의 인생에 대한 원대한 꿈과 소망을 간직하고 살아갈 수 있기를 축원합니다.

사랑하는 성도 여러분! 때로 우리는 힘들고 어려운 환경에 절망할 때가 있습니다. 그러나 하나님은 우리와 함께하십니다. 고아처럼 버려두지 않고 우리를 도와줍니다. 이 하나님을 바라보며 승리하는 우리 광명교회 성도들 될 수 있기를 주님의 이름으로 축원합니다.

야곱의 돌베개

말씀 창세기 28:10~22
요절 창세기 28:22

"내가 기둥으로 세운 이 돌이 하나님의 집이 될 것이요
하나님께서 내게 주신 모든 것에서 십분의 일을 내가 반드시
하나님께 드리겠나이다 하였더라"

봄비가 내리고 겨울의 한기가 사그라들고 있습니다. 겨울의 세찬 북풍과 눈보라도, 차가운 얼음도 봄의 따스한 햇볕과 부드러운 봄기운 앞에 무력화됩니다. 결국 겨울은 무너지고 꽃피는 봄이 옵니다. 세상은 절망을 진열해 두었습니다. 근심, 걱정, 염려, 손해, 상처, 좌절, 낙심, 사망…등. 그런데 예수님은 십자가와 부활로 세상을 정복하셨습니다. 그리고 생명, 소망, 사랑, 꿈, 능력, 의지, 인내를 우리 앞길에 진열해 놓으셨습니다. 겨울을 내리고 봄을 올리시는 분이 바로 부활의 주 예수그리스도이시기 때문입니다. 새봄을 맞이하는 모두에게 주님의 따스한 은총이 충만하길 축원합니다. 오늘은 지난주에 이어 야곱 이야기를 계속하겠습니다. 야곱은 들에서 돌베개를 하고 자다가 꿈에서 하나님을 만나고 잠인 깬 후 베개 삼았던 돌을 기둥으로 하여 제단을 쌓고 여기가 하나님의 집이요, 하늘의 문이라 하였습니다. 야곱의 돌베개를 통해 주시는 영적 의미를 깨닫고 은혜받

는 복된 시간이 되기를 축원합니다.

1. 야곱의 돌베개가 주는 교훈은 무엇입니까?

야곱은 이곳은 하나님의 전이요 하늘의 문이라고 하였습니다. 여기서 하나님의 전, 하늘의 문은 예수님을 의미한다 할 수 있습니다. 예수님은 하늘의 문이 되십니다. 예수님이 곧 성전입니다(요2:21). "내가 문이니 누구든지 나로 말미암아 들어가면 구원을 받고 또는 들어가며 나오며 꼴을 얻으리라"(요10:9) 또 돌은 반석 되신 예수님을 가리킵니다. "사람에게는 버린 바가 되었으나 하나님께서는 택하심을 입은 보배로운 산 돌이신 예수께 나아가"(벧전2:4) 그러므로 빈 들에서 야곱이 베고 누운 돌베개는 마치 우리 성도들이 오늘날 예수님을 의지하고 예수님을 붙들고 사는 것과 마찬가지로 설명할 수 있습니다. 야곱은 고난의 때에 베고 자던 돌베개를 기둥으로 세우고 기름을 부어 제단을 쌓으며 이렇게 기도했을 것입니다. "하나님 이제 이 돌을 의지하여 잠을 잤던 것처럼, 이제 잔머리 굴리지 않고 오직 하나님만 의지하며 살겠습니다. 돌베개 잠을 자다 꿈을 꾸고 하나님을 뵈온 것처럼, 어떤 어려움이 와도 오직 하나님만 의지하며 하나님이 주시는 꿈을 붙들고 살겠습니다." 우리도 환난의 때에 만난 구주 예수님을 기억하고 일평생 주님 앞에 충성하고, 주님 앞에 예배하는 삶을 살겠노라 결단할 수 있기를 축원합니다.

2. 야곱의 돌베개가 가져다준 복이 무엇입니까?

첫째, 돌베개는 야곱의 생각을 세상과 구별되게 했습니다.

온 몸을 땅에 접촉하여 눕고 잠들었지만 머리만은 땅에서 베개로 경계선을 삼았습니다. 돌베개가 야곱의 머리를 땅에서 구별시켰습니다. 그날 밤 야곱은 좌절과 절망과 두려움에서 벗어나 영의 생각을 하게 되고 꿈에 하나님을 뵙게 됩니다. 우리 성도들도 땅에 붙은 생각, 세상적인 생각, 육신적인 생각을 버리고 하늘에 속한 영적인 생각을 하고 영적인 꿈을 꾸어야 합니다. 인간은 약해서 세상과 접촉하여 살다 보면 세속에 젖어서 경건의 능력이 상실되고 맙니다. 육의 생각은 사망이요 영의 생각은 생명과 평강입니다. 예수님을 의지하는 자는 영의 생각을 하고 생명과 평강을 얻습니다. 성도는 구별된 선이 무너지면 큰일입니다. 성도는 하나님의 날을 구별할 줄 알아야 합니다. 주일은 세상 세상 속에서 성도를 구별시키는 거룩한 돌베개가 됩니다. 주일이 있기에 우리는 우리 삶의 주관자가 되시는 하나님을 기억하고 그 하나님 앞에 예배하게 되고, 구원받은 하나님의 자녀들이 한자리에 모여 애찬을 나누고 교제하며 주님의 몸된 지체들로 코이노니아(koinonia)를 이루는 것입니다.

둘째, 돌베개는 평안한 잠을 주었습니다.

야곱은 빈 들에서 풀에 요를 깔고 낙엽을 이불 삼아서 누웠지만 전에 없었던 평안한 잠을 잔 것입니다. 베개는 잠을 평안하게 하는 숙면 도구입니다. 푹신한 침대는 없어도 베개는 있어야 삼을 이룹니다. 어떤 이는 마땅히 베개하고 누워야 할 자리를 떠나서 베개 삼아서는 안 될 것을 베개 삼아 인생을 파탄케 하는 슬픈 사연들이 있습니다. 삼손은 베개해서는 안 될 드릴라의 무릎에 누웠다가 나실인의 영광스러운 표적인 머리를 깎이고, 두 눈이 빠지는 비참한 사람이 되었습니다. 아브라함은 하나님의 약속을 기다리지 못하여 하갈을 품에 안고 인본주의를 베개 삼아 누운 것이 천추의 한을 남기고 말았습니다.

시편 127편에는 "여호와께서 그 사랑하는 자에게 잠을 주시는도다"라고 하였습니다. 하나님을 사랑하는 자는 교회를 베개 삼고, 또한 예수님을 베개 삼고 눕는 자들입니다. 침대는 돈으로 살 수가 있으나 잠은 돈으로 살 수가 없습니다. 부요는 돈으로 살 수 있으나 행복은 돈으로는 살 수가 없습니다. 천국도 마찬가지입니다. 그러므로 우리가 의지하고 누울 자리는 예수님 한 분밖에 없습니다.

♬ 나는 행복해요

셋째, 돌베개는 축복의 꿈을 꾸게 했습니다.

예수님은 십자가에서 죽으시고 부활하심으로 이 땅에 저주를 축복으로 바꾸어 주셨습니다. 예수님만이 진정한 소망입니다. 예수님을 의지하는 자는 진정한 삶의 소망과 꿈을 가집니다.

넷째, 돌베개는 하늘 문을 여는 것입니다.

"꿈에 본 즉 사닥다리가 땅 위에 섰는데 그 꼭대기가 하늘에 닿았다"고 했습니다. 구원의 사닥다리는 십자가입니다. 십자가의 길로 가지 아니하고는 구원의 길이 없습니다. 혹자는 교회에 나오지 아니하고 구원을 받으려고 하지만 교회에 나오지 않고서는 구원을 얻을 자가 없습니다. 교회는 나를 위해 십자가에 죽으신 주님의 몸입니다.(엡1:23) 야곱은 돌베개 위에 기름을 부어 하나님의 전이 되면 좋겠다고 생각합니다. 하나님이 이를 좋게 여기시고 그의 서원을 받으십니다. 교회는 성령으로 역사하는 곳입니다. 교회는 성령의 기름으로 부어진 신령한 곳입니다. 마가 다락방에 모인 성도들에게 성령이 기름 부어짐으로 교회가 탄생한 것처럼 끊임없는 성령의 기름 부음이 있을 때만이 진정한 교회가 되는 것입니다. 우리 광명교회가 성령의 기름부음이 임하는 신령한 교회가 될 수 있기를 축원합니다.

3. 돌배개를 세우고 서원한 야곱

야곱은 하나님께서 자기를 만나 주신 곳을 기념하기 위해 그 표식으로 베개하였던 돌을 가저 기둥으로 세우고, 또 그곳을 성별하는 뜻으로 그 위에 기름을 붓고 하나님께 단을 쌓았습니다. 그리고 그곳을 벧엘 곧 하나님의 집이라 이름 하였습니다. 그리고 나서 그는 하나님께 서원기도를 하였습니다. 그의 서원기도는 "하나님께서 만일 자기와 함께하셔서 여행길에서 자기를 지키시고 또 먹을 양식과 입을 옷을 주시고 평안히 아비 집으로 돌아오게 하시오면"이라는 조건이 붙어있습니다. 이 조건은 지극히 자기중심적이고 현실적인 것 같지만 현재 야곱에게 있어서는 가장 절박한 인생 문제였습니다. 그는 여행길에서 산적이나 맹수를 언제 만날지 알 수 없었고, 앞으로 의식주 문제를 어떻게 해결해야 할지, 과연 아비 집으로 돌아올 수 있을 것인지, 그의 장래는 불투명하여 불안하기 그지없었습니다. 그는 절박한 인생 문제를 안고 주님께서 그 문제를 해결해 주시고 그 인생을 인도해 주시도록 기도한 것입니다. 만일 하나님께서 자기의 인생 문제를 해결해 주신다면 다음 세 가지를 하겠다고 약속하였습니다.

첫째는, 여호와께서 나의 하나님이 되신다는 것입니다.

이것은 하나님을 인격적으로 영접하겠다는 그 이상의 숨은 뜻이 있습니다. 이는 우상 숭배가 범람하는 시대적 분위기 가운데서 어떤 상황 가운데서도 하나님을 유일한 참 하나님으로 모시고 경배하고 섬기겠다는 것입니다.

둘째는, 그가 기둥으로 세운 이 돌들을 하나님의 전으로 삼겠다는 것입니다.

이것은 우상 숭배가 성행하는 이방 문화 가운데서 하나님의 이름을 부르고 예배하는 하나님의 전을 짓겠다는 것입니다.

셋째는, 소득의 십분의 일을 드리겠다는 것입니다.

출애굽기에서 십일조에 대한 율법이 제정되기도 전에 믿음이 사람들은 십일조 서약을 통하여 하나님의 사람으로 살아갔던 것을 보게 됩니다. 야곱의 할아버지 아브라함도 그렇게 하였습니다.

이를 볼 때에 그의 서원 기도는 하나님 앞에서 어떤 인생을 살겠다는 결단이요 약속이었습니다. 하나님께서는 야곱에게 나타나 은혜와 축복을 약속하셨고 야곱은 이 하나님께 경배하고 충성을 약속한 것입니다. 이를 통해 하나님과 야곱 사이에 관계성이 맺어진 것입니다. 이 서원은 야곱 편에서는 하나님 앞에서 인생을 출발했다는 중요한 의미를 갖고 있습니다. 하나님 편에서는 그와 동행하시고 그의 인생에 구체적으로 역사하실 수 있는 꼬투리가 되었습니다. 하나님은 보잘 것 없는 서원이지만 그의 서원을 받으시고 이를 기초로 그를 섬세하게 인도하셨습니다. 야곱은 이 서원을 한 후 이를 잊어버렸지만 하나님은 결코 잊지 않으시고 시시때때로 이 서원을 기억나게 하시며 지키도록 하셨습니다. 하나님은 벧엘에서 그를 만나 주시고 친히 벧엘의 하나님이 되어 주셨습니다. (31:13, 35:1, 14,15)

여기서 우리는 서원 기도의 중요성을 배우게 됩니다. 서원은 내가 하나님 앞에서 어떤 인생을 살겠다고 뜻을 정하는 것입니다. 그런데 사람들은 하나님께로부터 은혜와 축복을 받기를 좋아하지만 서원하는 것은 원하지 않습니다. 이는 서원은 얽매이는 것으로 생각하고 절대로 잡히지 않고 자기가 원하는 대로 자유롭게 살고자 하기 때문입니다. 그러나 잡히지 않는 것이 좋은 것은 아닙니다. 하나님께 잡히지 않으면 사단에게 잡히게 됩니다. 하나님의 손에 잡힐 때 하나님께서 그 인생을 책임져 주십니다. 어떤 사람은 서원을 하면 반드시 지켜야 되기 때문에 지키지 못할 바에야 하지 않는 것이 좋겠다고 생각합니다. 그러나 서원을 하면 하나님께서 이를 지킬 힘도 주십니다. 우리가 말씀을 기초로 하나님 앞에서 두렵고 떨림으로 진실되게 서원 기도를 할 때 하나님께서 이를 받으시고 내 인생을 책임져 주시고 인도하십니다.

사랑하는 성도 여러분! 우리는 오늘 벧엘의 하나님을 배웠습니다.

우리에게도 나를 만나주시고 약속을 주신 하나님과의 만남의 벧엘이 있어야 합니다. 벧엘의 하나님이 나의 하나님이 되고 벧엘의 열린 문 축복이 우리와 함께하시기를 축원합니다.

사랑을 위하여

말씀 창세기 29:1~20
요절 창세기 29:20

"야곱이 라헬을 위하여 칠 년 동안 라반을 섬겼으나
그를 사랑하는 까닭에 칠 년을 며칠 같이 여겼더라"

형 에서의 칼을 피하여 고향을 떠난 야곱은 벧엘에서 하나님을 만납니다. 야곱은 환난의 때에 찾아오신 하나님 앞에 제단을 쌓고, 소망 가운데 길을 재촉하여 밧단아람에 살고 있는 외삼촌 라반의 집에 이르게 됩니다. 이곳에서 야곱은 20년의 세월을 보내게 됩니다. 밧단 아람에서의 야곱의 인생을 한마디로 이야기한다면 "사랑을 위하여"라고 할 수 있습니다. 그는 사랑하는 사람 라헬을 얻기 위해 14년간의 젊은 청춘을 바쳐 라반에게 봉사합니다. 오늘은 야곱과 라헬의 사랑을 통해 우리 주님과 신부된 성도들의 사랑이 어떠한가를 생각해 보고자 합니다, 그리고 우리가 어떻게 주님을 사랑하고 섬길 것인가를 배우고 은혜받는 복된 시간이 되기를 축원합니다.

1. 주님은 우리를 찾아오셨습니다.

야곱은 벧엘에서 하나님을 만난 후 힘을 내어 발걸음을 동방으로 옮겨 마침내 밧단아람에 도착하였습니다. 마침 라헬이 양떼에게 물을 먹이러 우물가에 왔다가 야곱을 만났습니다. 야곱은 우물가에서 라헬을 만나고는 라헬에게 입맞추었습니다. 이처럼 주님도 우리 인간들을 구원하셔서 신부로 삼기 위해 먼저 찾아오셨습니다. 그곳이 어디입니까? 우물가입니다. 구원의 성취에 있어서 우물가의 사건은 깊은 의미가 있습니다. 이삭의 혼인 이야기가 우물가에서 시작되었고(창24:11), 사마리아 여인이 예수님을 만난 곳도 우물가였습니다(요 4:6). 믿음의 조상 아브라함도 브엘세바에서 우물을 파며 하나님께 제단을 쌓았고(창21:31~33), 그 아들 이삭은 아버지가 판 우물을 다시 파다가 하나님의 축복을 체험했습니다(창26:17-25). 본문에서의 야곱도 장차 아내 될 라헬을 우물에서 만나게 됩니다. 이처럼 믿음의 족장들과 여러 신앙인의 역사가 우물가의 사건과 연관되어 있습니다.

바울 사도는 이스라엘 백성들이 출애굽하여 광야에 살 때 반석에서 샘물을 먹은 사건을 통해 반석이신 예수님을 소개하였습니다(고전10:4). 예수님께서도 사마리아 우물가에서 물 뜨러 온 여인에게 영원히 목마르지 않은 영생수를 이야기해주었습니다. 이는 이 세상 모든 사람은 모두 목마른 자라는 것을 보여주며 생수 되신 예수님을 만나야 산다는 것을 가르쳐 주고 있습니다.

사람들은 태어나자마자 어머니의 젖을 찾습니다. 어머니의 젖은 어린 생명의 갈증을 채워줍니다. 그러나 조금 성장하면 어머니의 젖만으로는 갈증이 해결되지 않습니다. 또 다른 갈증이 옵니다. 그래서 친구들과 어울려 놀이하는 갈증을 느끼고, 밤이 오는 줄도 모르고 뛰어놉니다. 그러나 그것으로 갈증은 해결되지 않고 배움의 갈증이 옵니다. 그래서 초등학교와 중학교를 거쳐 고등 우물도 마셔보고, 대학의 큰 우물을 마시고자 얼마나 갈증을 느끼고 시름합니까? 어떤 이들은 이 우물을 얻지 못하여 일평생 열등감과 좌절감 속에서 살아갑니다. 그러나 대학까지 가서 큰 지식의 우물을 마셔보지만 그래도 갈증은 채워지지 않고 재물의 갈증을 또 느끼게 됩니다. 그래서 지금까지 배운 것을 총동원하여 돈을 벌고자 발버둥 칩니다. 이렇게 하여 흰머리가 날 때까지 재물을 모으면 만족이 올 것 같은데 이제는 명예와 권력의 갈증이 또 다시 찾아옵니다. 그래서 모은 재물을 다 투자하여 명예를 사고 권력을 얻습니다.

그런데 최고의 권력과 명예를 가져도 갈증은 채워지지 않습니다. 그래서 마지막으로 찾아가는 우물이 종교의 우물입니다. 사람들이 만들어 놓은 종교의 우물에 가서 죽음을 준비합니다. 그러나 인간이 만들어 놓은 삶의 도피처 같은 종교는 결국 사단이 쳐놓은 죽음에 이르는 올가미일 뿐 구원에 이르는 참 만족과 영생은 주지 못합니다. 많은 사람이 이 같은 세상의 우물가에서 갈증을 채우고자 발버둥 치며 살아가고 있습니다. 그러나 세상 어디에도 우리의 갈증을 해소해 줄 참된 생명수는 없습니다. 오직 예수님만이 우리에게 영생수가 되십니다. "내가 주는 물을 마시는 자는 영원히 목마르지 아니하리니 내가 주는 물은 그 속에서 영생하도록 솟아나는 샘물이 되리라"(요4:14) 예수님 안에서는 영생이 있고 구원이 있습니다. 예수님은 길이요 진리요 생명이 되십니다. 이 예수님의 구원 우물을 마신

자들은 더 이상 갈증을 느끼지 않고 생명력 있는 삶을 살아갑니다.

♬우물가의 여인처럼

2. 사랑은 입맞춤과 고백이 있어야 됩니다.

사랑은 위대한 고백입니다. 사랑하는 사이에 진실한 고백이 없다면 그 사랑은 위선적인 것이 되기 쉽습니다. 야곱이 라헬과 입 맞추고 소리 내어 울며 자기의 신분을 라헬에게 고하였습니다. 그랬더니 라헬이 달려가서 그 아비에게 그 사실을 또 고하였습니다. 라반은 라헬의 고백을 듣고 달려와서 야곱을 영접하여 안고 입 맞추고 자기 집으로 인도하여 들였습니다. 우리는 라헬이 야곱과 입 맞추고 달려가서 그의 아비에게 사실을 다 고한 것과 같이 우리도 진실하게 주님을 사랑한다고 하는 고백의 단계가 있어야 합니다. 이 고백의 단계가 있는 자만이 주님과 더불어 사는 축복을 누리게 되는 것입니다.

3년 동안 제자들과 함께 자신을 나타내신 예수님은 십자가에 죽으실 날이 가까이 제자들에게 묻습니다. 너희는 나를 누구라 하느냐? 그러자 베드로는 대답합니다 "주는 그리스도시요. 살아계신 하나님의 아들이시니이다"(마16:16) 그러나 이 신앙고백을 하고도 베드로와 제자들은 십자가 앞에서 주님을 부인하고 도망쳤습니다. 부활하신 예수님은 자신을 부인하고 고기 잡으러 간 베드로에게 다시 나타나 말씀하십니다. "네가 나를 사랑하느냐?"

예수님은 베드로에게서 사랑 고백을 듣기를 원하셨던 것입니다.

그리고 이 사랑 고백을 통하여 베드로는 다시 회복되고 사랑하는 주님을 위해 일평생 헌신하고 십자가에 거꾸로 못 박히는 순교의 제물이 되었습니다. 오늘도 주님은 우리에게 묻습니다."네가 나를 사랑하느냐?"

3. 야곱과 라헬은 뜨겁게 사랑했습니다.

사랑은 서로의 만남이요, 만남은 고백의 단계를 지나서 서로 사랑하게 되는 것입니다. 야곱은 고향을 떠나 낯선 땅에서 외롭고 지루하고 고통스러웠을 것입니다. 그러나 사랑하는 라헬을 만나 연애하므로 그의 인생에 있어서 큰 위로와 기쁨이 되었고 살맛나게 했습니다. 야곱의 눈에는 라헬밖에 보이지 않았고 나그네의 객지 생활이 꿈같은 세월이었습니다. 이처럼 우리도 주님만을 사랑하는 성도들이 되어야 하겠습니다. 주님과 연애하면 즐겁습니다. 주님밖에 보이지 않고 인생 나그네 삶이 외롭지 않고 고달프지 않고 꿈같은 세월을 보내게 됩니다. 신앙 생활하면서 외롭고 곤고한 것은 주님과 뜨거운 연애를 하지 않기 때문입니다. 이번 코로나 펜데믹 상황 속에서도 주님을 뜨겁게 사랑하는 이들은 교회를 자주 찾고 있습니다. 코로나가 문제가 아니고 주님과의 사랑이 문제입니다.

4. 진정한 사랑은 기쁨의 봉사를 합니다.

야곱은 라헬을 위해서 7년을 봉사 하겠다고 하였습니다. 야곱은 이른 아침부터 황혼 때까지 양떼에게 물을 주고 풀을 뜯기고 돌보는 고된 생활을 하루 이틀이 아닌 7년을 하였습니다. "사람이 연애하면 하루에 나이를 먹는다"라는 말이 있습니다. 7년의 세월도 수일 같이 여기고 라반을 섬긴 것입니다. 사랑을 위해 하는 봉사이기에 힘든 모든 것을 참고 이겨낼 수 있었던 것입니다. 그리고 오히려 모든 것이 즐거웠습니다. 그런데 라반의 속임수 때문에 다시 7년을 더 봉사하여야 했습니다. 그런데도 야곱은 기꺼이 7년을 더 봉사하였습니다. 그는 넘치는 봉사를 한 것입니다. 사랑하는 사람을 위해서는 두 배의 수고도 마다하지 않고 넘치게 더 봉사하고자 했습니다. 그의 봉사는 넘치는 봉사였습니다.

뿐만 아니라 그의 봉사는 시간만 때우는 봉사가 아니고 진실되고 충성된 봉사였습니다. 창세기 31:38-42을 보면 그가 어떻게 일하였는가를 말하고 있습니다. 그는 눈치 보며 적당히 하지 않고 책임성 있게 하였습니다. 그는 낮에는 더위를 무릅쓰고 밤에는 추위를 당하며 눈 붙일 겨를도 없이 성실히 일하였습니다. 혹시라도 양들이 이리에게 물려 가면 변상하면서까지 절대적인 책임을 지면서 감당했습니다. 이러한 그의 수고와 충성된 봉사가 어디에서 기초한 것입니까? 사랑 때문입니다.

우리가 정말 주님을 사랑하면 사랑의 수고를 감당합니다. 그 수고는 억지로 하는 수고가 아니요, 감사함과 즐거움으로 감당합니다. 충성스럽고 정직하며 책임성 있게 감당합니다. 주님을 위해 교회를 위해 복음을 위해 하나님께서 맡기신 사명을 위해 이렇게 봉사하는 것입니다. 우리는 기쁨으로 사랑의 수고를 감당하고 있습니까?

5. 사랑을 위해서는 뛰어넘어야 될 고통이 있습니다.

하나님이 인류를 구원하기 위하여 사랑의 십자가를 져야 하는 고통이 수반되어야 하듯이 위대한 사랑에는 고통이 수반되는 것이 진리입니다. 위대한 사랑은 고통 속에서 아름다운 꽃으로 피어나는 것입니다. 야곱과 라헬의 사랑 속에서도 말할 수 없는 숨은 고통이 있었습니다. 이 고통 때문에 오히려 그들의 사랑은 위대하였습니다. 라반에게 속아 7년을 더 봉사해야 했고, 이로써 레아와 라헬 사이에는 삼각관계로 얽혀지는 고통이 있었습니다. 뿐만 아니라 네 명의 아내 틈 속에서 이리저리 부대끼며 당하는 숨은 고통이 있었습니다. 레아의 고통은 남편의 사랑을 받지 못하는 고통이요, 라헬의 고통은 해산하지 못하는 고통이요, 야곱의 고통은 하나님을 대신할 수 없는 고통이었습니다.

우리가 주님을 사랑하고 신부로서 살아갈 때 남모르는 숨은 고통이 참으로 많습니다. 이 고통들을 뛰어넘어 더욱 주님과의 사랑이 깊어지고 맺어질 수 있기를 축원합니다.

6. 사랑은 영원합니다.

창세기 35:20 이하에 "야곱이 라헬의 묘에 비를 세웠으니 라헬의 묘비"라고 하였습니다. 야곱은 밧단 아람에서 가지가지의 추억과 잊을 수 없는 많은 사연을 남기고 20년의 세월이 지난 후 그리운 고향 땅으로 돌아오게 되었습니다. 돌아오는 도중 그의 생애에 가장 큰 비극을 만났는데 그것이 바로 사랑하는 아내 라헬이 베냐민을 낳다가 그곳에서 죽은 것입니다. 이 땅에는 많은 죽음이 있지만 사랑하는 아내가 아들을 낳고 출혈이 심해서 사별하게 되는 일처럼 슬픈 일이 없습니다. 라헬을 잃은 것은 야곱에게는 전 생애를 잃은 것과 같은 것이었습니다. 야곱은 이를 위해 라헬의 묘에 사랑의 기념비를 세웠습니다.

야곱이 라헬을 위해 베들레헴 길가에 그의 묘비를 세운 것과 같이 이 땅의 모든 교회는 주님의 사랑을 기념하기 위하여 세운 영원한 진리의 탑이요, 예수의 피 묻은 사랑탑인 것입니다. 우리는 주님이 피 값으로 세우신 교회를 볼 때마다 주님의 사랑을 기억하고 깨닫게 됩니다. 우리 예수님은 오늘도 신부된 성도들이 생명의 열매를 맺기 위해 피를 흘려 순교할 때 그 사랑의 기념비를 천국 생명책에 세우고 영원히 기념할 것입니다.

사랑하는 성도 여러분! 우리의 심령 깊은 곳에서 주님에 대한 뜨거운 사랑이 다시 피어오를 수 있기를 축원합니다. 얼어붙은 대지를 뚫고 봄에 새싹이 피어오르는 것처럼 주님을 향한 우리의 사랑이 이렇게 피어오르는 신앙의 봄이 찾아올 수 있기를 축원합니다.

빼앗아 주시는 하나님

말씀 창세기 31:1~16
요절 창세기 31:9

"하나님이 이같이 너희 아버지의 가축을 빼앗아 내게 주셨느니라"

우리 하나님은 빼앗아 주시는 하나님입니다. 사울은 초대 이스라엘의 왕이었습니다. 그런데 하나님은 사울에게 있었던 왕관을 빼앗아 다윗에게 주었습니다. 엘리는 사사시대 말기에 대제사장이었습니다. 그런데 그 대제사장의 축복권을 빼앗아 어린 사무엘에게 주었습니다. 마태복음 25장에는 달란트 비유가 나옵니다. 하나님은 한 달란트 받은 자의 것을 빼앗아 다섯 달란트로 열 달란트를 남긴 자에게 주었습니다. 우리는 빼앗기는 자가 되어야 할까요? 아니면 하나님께서 빼앗아 안겨주는 축복을 받는 인생이 되어야 할까요? 오늘은 야곱을 통하여 빼앗아 안겨 주시는 축복에 대하여 배우고 우리도 그 축복의 주인공들이 될 수 있기를 주님의 이름으로 축원합니다.

1. 야곱을 훈련하신 하나님

우리가 지난 시간에 배워 알고 있듯이 외삼촌 라반은 야곱에게 품삯을 하나도 주지 않고 14년 동안을 부려 먹었습니다. 왜냐면 야곱이 라헬을 사랑했기 때문입니다. 야곱은 라헬을 아내로 주시면 7년 동안 머슴살이를 하겠다고 했습니다. 라반은 야곱의 이러한 마음을 이용해서 7년을 더해 14년 동안을 일 원 한 푼 안 주고 부려 먹었습니다. 7년을 봉사하고 라헬과 결혼하였습니다. 그런데 첫날밤을 치르고 난 다음 날 아침에 보니 라헬이 아니라 레아였습니다. 야곱은 라반에게 사기를 당한 것입니다. 라반은 라헬도 아내로 줄 것이니 7년만 더 머슴살이를 하라고 요구했습니다. 그래서 야곱은 사랑을 위하여 또 7년을 일하게 된 것입니다.

창세기 29:31-30:24에는 레아와 라헬이 남편의 사랑을 받고자 아들 낳기 경쟁을 하는 모습이 나옵니다. 야곱의 가정은 평안하지 못했습니다. 두 여인의 시기심과 불꽃 튀는 경쟁으로 인해 가정은 잠시도 평안할 날이 없는 전쟁터와 같았습니다. 레아는 아들을 잘 낳았으나 남편의 사랑을 받지 못하는 콤플렉스에 시달렸고, 라헬은 남편의 총애는 받았으나 아들을 낳지 못하는 콤플렉스에 시달렸습니다. 그들이 야곱을 가운데 두고 서로 자신의 콤플렉스를 해결하고자 몸부림치는 가운데 12아들이 태어나게 된 것입니다. 이런 가운데서 하나님은 두 가지 큰일을 하셨습니다.

첫째는, 인간성이 강한 야곱을 연단시킨 것입니다.
속담에 보면 겉보리 서 말만 있어도 처가살이하지 않는다고 했는데 야곱은 처가살이하면서 많은 고생을 해야 했습니다. 그는 아내 네 명의 등쌀에 시달리며 정신없이 훈련을 받았습니다. 자식을 낳아도 자기가 이름을 짓지 못한 것을 보면 그의 강한 자존심이 깨어지는 훈련을 받았습니다. 하나님은 사람 막대기와 인생 채찍으로 그를 연단하사 그의 강한 인간성을 깨시고 열국의 아비로서의 내면성을 갖도록 하셨습니다(삼하7:14).

둘째, 이스라엘 12지파의 기초를 놓으셨습니다.

하나님은 두 여인의 시기심과 경쟁심을 사용하셔서 야곱이 알지 못하는 사이에 그 뜻을 이루시고 계셨던 것입니다.

우리는 여기서 하나님의 인도하심에 대하여 깊이 생각해 보게 됩니다. 야곱은 장자권을 획득하는 것을 볼 때 영적 가치관이 분명하고 또 라반을 섬기는 것을 볼 때 성실하고 책임감이 강한 큰 그릇이었습니다. 장차 12민족의 아버지가 될 만한 거목이었습니다. 반면에 야곱은 인간성이 강하여 변화되기 힘든 자였습니다. 하나님은 이런 그를 키우시는 데 결코 조급하지 않으셨습니다. 하나님은 야곱이 하나님께서 쓰실 만한 사람이 되기까지 인내심을 가지고 그를 품고 키우시며 함께하여 주었습니다. 이 하나님은 실로 은혜의 하나님이십니다. 하나님은 우리도 이같이 인내하시며 인도하여 주시고 계십니다. 야곱이 믿음의 3대 조상이 될수 있었던 것은 전적인 하나님의 은혜입니다.

♬내 인생 여정 끝내어

2. 축복을 빼앗아 안겨 주시는 하나님

사랑을 얻기 위하여 14년을 살아온 야곱은 이제 재물에 관심을 갖기 시작하였습니다. 야곱은 재물을 모으기 위해 라반과 계약을 맺었습니다. 그것은 라반의 양 중에서 아롱지고 점 있는 것과 검은 것만 자기의 소유로 삼고, 염소 중에서는 점 있는 것과 아롱진 것만 자기 소유로 삼겠다고 하였습니다. 라반은 가만히 생각해 보니 그런 양이나, 염소는 백 마리 중에 2~3마리 정도 될까 말까 하는 것이었습니다. 계산이 빠른 라반은 당장 야곱의 제안을 받아들였습니다. 그리고 짐승의 우리에 가서는 점 있는 것, 아롱진 것은 따로 구별하여 자기 아들들에게 맡기고, 정상적인 것들만 모아서 야곱에게 맡기고 3일길 떨어진 곳에서 양과 염소를 치도록 하였습니다. 거리가 가까우면 점박이 양이나 염소가 서로 왕래하며 아롱진 새끼가 나올 수 있으니, 사전에 완벽하게 차단하고자 한 것입니다. 라반은 야곱보다 사기꾼 기질이 강한 자였으며, 계산이 빨랐습니다. 사실 이번뿐만이 아니라 라반은 이전과 이후에도 품삯을 열 번이나 변경하였다고 하였습니다(창31:7). 말이 열 번이지 오늘날로 말하면 일하고 급료를 받지 못한 것이 열 번이라는 것입니다. 아니면 거래처 일을 해 주었는데 열 번이나 부도 맞았다는 것입니다. 6년 동안에 10번이면 1년에 평균 한두 번은 당했다는 것입니다. 야곱은 자기도 강하지만 걸려도 너무나 강한 상대에게 걸린 것입니다.

그러나 야곱은 조금도 실망하거나 염려하지 않습니다. 외삼촌이 너무하는 것 아니냐고 따지지도 않습니다. 왜냐하면 야곱이 믿는 구석이 있었기 때문입니다. 야곱은 벧엘에서 사닥다리 환상을 보았듯이, 이번에도 꿈속에서 하나님이 이미 보여주신 것이 있었습니다. "꿈에 하나님의 사자가 야곱아 하기로 내가 대답하기를 여기 있나이다 하매 이르시되 네 눈을 들어 보라 양 떼를 탄 숫양은 다 얼룩무늬 있는 것, 점 있는 것과 아롱진 것이니라 라반이 네게 행한 모든 것을 내가 보았노라"(창31:10-12)

하나님은 라반이 야곱에게 열 번이나 사기치고 속인 것을 다 보고 계셨습니다. 그래서 이번에는 하나님이 개입하셔서 역사하시겠다는 것입니다. 그 계획은 우성과 열성 유전자를 바꾸는 초 멘델의 유전법칙이었습니다. 유전학의 아버지라 말하는 멘델의 유전법칙에 의하면 흰 양들은 전부 우성인자가 발동되어서 흰 양으로 태어납니다. 그런데 겉으로 흰 양이지만 그 속에는 점박이의 유전인자도 있는데 그것이 열성으로 숨어 있다는 것입니다. 그런데 능치 못하심이 없으신 하나님은 그 열성 인자를 우성인자로 바뀌게 해서 점박이가 태어나도록 하겠다는 것입니다. 한마디로 하나님께서 복을 주겠다는 것입니다. 야곱은 전능하신 하나님께서 함께하심을 믿고 다시 한 번 불가능에 도전하게 됩니다.

버드나무와 살구나무와 신풍나무의 푸른 가지를 가져다가 껍질을 벗겨서 흰무늬 푸른 무늬가 어우러지게 했습니다. 그리고 튼튼한 양과 염소가 물을 마시러 개울에 오면 그것을 그 앞에서 두었습니다. 비실비실한 양과 염소가 오면 나뭇가지를 치우고 보지 못하게 하였습니다. 양과 염소가 물 한 모금 마시고 아롱진 나뭇가지를 보고, 또 물 한 모금 마시고 아롱진 나뭇가지를 보는데 마침 그 앞에서 짝짓기하면 영락없이 아롱지고 점 있는 것이 나왔습니다. 아롱진 나뭇가지를 보면 아롱진 새끼를 낳는다는 과학적 근거는 없어

도, 야곱은 상식과 과학을 뛰어넘어 믿음으로 도전한 것입니다. 그
래서 멘델의 유전법칙을 초월하는 역사가 일어 난 것입니다.

야곱의 믿음대로 건강한 양의 새끼는 무조건 점박이로 태어나고,
비실비실한 양 새끼는 정상적으로 태어났습니다. 이렇게 몇 년이 흐
르는 사이 야곱의 재산은 라반의 재산보다 더 많아졌습니다. "이에
그 사람이 매우 번창하여 양떼와 노비와 낙타와 나귀가 많았더라"
(창30:43) 야곱은 6년 동안 10번의 부도를 맞고도 마침내 거부가 되
었습니다. 양 떼는 오늘날로 말하면 현찰을 말하고, 노비는 직원을,
약대는 승용차를, 나귀는 화물차를 말합니다. 이렇게 야곱이 거부
가 되니 라반과 라반의 자식들 안색이 달라지고 시기 질투하였습니
다. 오늘날도 우리가 하나님의 은혜로 갑자기 큰 복을 받으면 이웃
집 사람들이 안색이 달라집니다. "야! 하나님 믿으니까 복을 받는구
나" 그러면 부러워서 교회에 나와야 되는데 안색이 달라집니다. 하
여튼 이웃들이 안색이 달라져도 복을 받는 게 좋습니다. 분명히 나
중에는 부러워서 교회 나오게 될 날이 있습니다.

야곱은 자신이 받은 축복을 이렇게 간증합니다. "그가 이르기를
점 있는 것이 네 삯이 되리라 하면 온 양 떼가 낳은 것이 점 있는 것
이요, 또 얼룩무늬 있는 것이 네 삯이 되리라 하면 온 양 떼가 낳은
것이 얼룩무늬 있는 것이니 하나님이 이같이 그대들의 아버지의 가
축을 빼앗아 내게 주셨느니라"(창31:8-9) 하나님이 빼앗아서 야곱에
게 주었다는 것입니다. 하나님은 축복을 주실 자에게 빼앗아 주시
는 하나님이십니다. 여러분은 있는 것을 빼앗기는 자입니까? 아니면
하나님이 빼앗아 내게 안겨주는 축복을 받는 자입니까?

우리는 여기서 중요한 한 가지를 깊이 생각해 봐야 합니다. 왜 이

토록 하나님은 야곱을 사랑하는 것인가? 빼앗아 주시는 축복은 무엇을 통하여 오는 것인가? 그것은 바로 벧엘의 하나님에게서 오는 축복입니다. 야곱은 벧엘이라고 하는 곳에서 사닥다리 환상을 보고 그곳에서 하나님을 만나고 제단 쌓고 축복을 받았습니다. 우리는 여기서 사닥다리가 무엇인가 다시 한번 살펴볼 필요가 있습니다. 보통 땅에서부터 하늘에 닿은 사닥다리는 구원사적이고 기독론적인 의미로 예수 그리스도를 예표 합니다. 그리고 또 다른 의미로 제단의 의미가 담겨 있습니다.

사닥다리는 히브리어로 '술람'이라고 하는데 이는 사닥다리란 뜻과 돌계단이라는 말로 번역됩니다. 다시 말해 돌을 쌓아 올린 층계라는 것입니다. 야곱이 살던 고대 근동 문화적 배경 속에서 이 돌계단은 하늘과 땅, 그리고 신과 인간 사이를 소통하게 하는 하나의 수단으로 통용되었습니다. 그래서 사닥다리는 돌로 쌓아 올린 제단이라는 것입니다. 야곱은 꿈에 하늘까지 닿은 이 돌계단과 그 위에서 천사들이 오르락내리락하는 것을 보았습니다. 그리고 이어 하나님의 임재를 체험했을 때 한 가지 깊이 깨달은 것이 있었습니다. 사닥다리 곧 제단이 하나님과 연결되어 있는 통로라는 것입니다. 제단을 통해 하늘 문이 열린다는 것입니다. 하나님의 축복은 바로 이 제단을 통해서 온다는 사실을 야곱은 깨달은 것입니다. 그래서 꿈에서 깨어나자마자 제단을 쌓고 서원했던 것입니다.

오늘날 이 제단은 무엇입니까? 하나님 앞에 예물을 드리는 제단이고 예배입니다. 하나님이 가장 관심을 가지시고 기뻐하는 것입니다. 하나님은 이처럼 예배하는 자들을 찾으십니다. 야곱은 이 사실을 깨달았고, 믿었습니다. 하나님께서는 약속하신 대로 야곱과 함께하시고 그의 믿음대로 야곱을 넘치도록 축복하셨습니다.

　사랑하는 성도 여러분! 빼앗아 주시는 축복은 하늘까지 닿은 돌계단을 통하여 옵니다. 이 돌계단은 하나님의 언약 말씀과 예배가 중심인 곳입니다. 이것을 깨닫고 실천하는 자는 반드시 하나님의 축복이 있을 것입니다. 예배자로 승리하고 축복을 받는 복된 성도들이 될 수 있기를 축원합니다.

브니엘의 하나님

"그가 브누엘을 지날 때에 해가 돋았고
그의 허벅다리로 말미암아 절었더라"

야곱은 이때까지 사람들과의 경쟁을 통해 세상에서 얻을 수 있는 모든 축복을 다 얻었습니다. 그는 형 에서와의 싸움에서 속임수로 장자의 명분과 하나님의 축복을 쟁취하였습니다. 또한 밧단 아람에서는 권모술수가 능한 삼촌 라반과의 싸움에서도 승리했습니다. 사랑을 얻기 위해서 14년, 물질을 얻기 위해서 6년 투쟁하여 승리하였습니다. 그는 사람들과의 경쟁에서 승리하기 위해 눈물겨운 투쟁을 했습니다. 그리하여 그가 세상에서 원하는 바는 다 얻었습니다. 이제 그에게는 부족함이 없어 보입니다. 그러나 그에게는 이때까지 축복과는 전혀 다른 새로운 축복이 필요했습니다. 오늘은 하나님께서 야곱에게 주고자 하시는 참 축복이 무엇이었는가를 배움으로 은혜 받는 복된 시간이 될 수 있길 축원합니다.

1. 두려움에 시달리는 야곱.

야곱은 고향을 떠날 때는 빈손으로 갔으나 고향으로 돌아올 때는 거부가 되어 있었습니다. 그는 20년 만에 금의환향하게 되었습니다. 이때도 하나님은 벧엘에서의 언약대로 그를 수많은 하나님의 군대를 동원하여 보호하고 계셨습니다.(창32:2) 그러나 고향 땅에 가까워오자 야곱은 두려움에 시달렸습니다. 에서가 400인을 거느리고 야곱을 만나려고 온다는 소식을 듣게 된 것입니다. 혹시 20년 전 사건 때문에 아직도 나를 미워하고 있는 것인가? 생각하니 등골이 오싹했습니다. 그는 지난 20년 동안 죽도록 고생하며 쌓아 놓은 모든 것이 한꺼번에 와르르 무너지는 듯한 절망감과 심한 두려움에 사로잡혔습니다. 그는 본능적으로 움직여 한때를 치면 한때는 피하리라 생각하고 재산을 둘로 나누었습니다. 그러나 그는 신앙인이었습니다. 그는 또 무의식적으로 하나님께 매달려 필사적으로 기도하기 시작했습니다. 그의 기도는 믿음의 기도가 아니라 위기의 때에 S.O.S를 요청하는 긴급구조 요청 기도였습니다. 그는 육의 본능과 영적 본능이 교차하면서 위기 앞에 대처하고 있습니다.

그는 기도한 후에도 안심이 되지 않아 머리를 돌리기 시작했습니다. 그는 형이 감정적인 사람이라 정에 약하다는 것을 알고 예물 작전을 쓰기로 했습니다. 즉시 짐승 중에서 엄청난 예물을 마련하여 그것을 첫째, 둘째, 셋째와 각 떼로 나누어 상거가 뜨게 한 후에 에서를 만나도록 하였습니다. 이렇게 하여 형의 감정을 푼 후에 대면하면 형이 혹시라도 받을 것이라는 생각 때문이었습니다. 그러나 이런 비상한 노력에도 불구하고 마음의 불안과 두려움은 조금도 해결되지 않았습니다. 그는 잠을 이룰 수가 없었습니다. 그는 결국 밤에 일어나 모든 소유를 보내고, 생명처럼 사랑하는 라헬을 비롯한 아내들과 자식들마저 얍복 강 건너편으로 보냈습니다. 야곱은 다시 빈손이 되었습니다. "야곱이 홀로 남았더니"이 말씀은 야곱의 현 실존을 한마디로 표현해 주는 말씀입니다. 이 말씀은 야곱이 자신의 힘으로 어찌할 수 없는 인간의 한계 상황에 처하게 되었음을 말해 줍니다. 또한 그가 이때까지 얻은 소유와는 아무 관계없이 벌거벗은 몸으로 단독자로서 하나님 앞에 서게 되었음을 말해 줍니다. 이것은 절호의 기회였습니다.

우리도 세상에서 관계하고 있는 사람들, 소유하고 있는 명예나 권세나 물질과는 아무 관계없이 단독자로서 하나님 앞에 서서 나의 존재에 대해 깊이 생각해 봐야 됩니다. 홀로 남아 있는 야곱의 내면은 심히 두렵고 답답했습니다. 무엇보다 미치도록 고독했습니다. 그의 내면 괴로움은 아무도 이해할 수 없었고, 어느 누구도 해결해 줄 수 없었습니다. 그가 왜 이토록 두려워하고 불안해하는 것입니까?

2. 두려움의 원인

그의 문제는 겉으로는 형 에서의 문제인 것처럼 보입니다. 그러나 실상은 20년 전에 형 에서를 속이고 아버지를 속인 데서 오는 죄 문제였습니다. 이 죄 문제는 형 에서와의 문제 이전에 하나님 앞에서의 문제였습니다. 다시 말하면 야곱이 에서에게 범죄했지만 실상은 하나님께 범죄한 것입니다. 그러므로 그가 에서와 화해한다고 해서 죄 문제가 해결되지 않고, 근본적으로 하나님과 화해해야 해결되는 것입니다. 죄 문제는 하나님을 만나 죄 사함받기 전에는 그 어떤 것으로도 해결되지 않습니다.

20년의 긴 세월도 야곱의 내면의 죄 문제를 해결해 줄 수 없었습니다. 그가 에서를 만나려고 하자 그의 내면 깊이 잠재해 있던 해결되지 않은 죄 문제가 살아나서 그를 괴롭히고 그의 영혼을 파멸의 구렁텅이로 몰아넣고 있는 것입니다. 그의 내면의 죄 문제는 세상의 어떤 위대한 인간도, 어떤 심오한 사상도, 그 많은 물질도 해결해 줄 수 없었습니다. 그의 의지와 성실은 바닥이 나고 한계 상황에 부딪히게 된 것입니다.

우리는 여기서 인간을 파멸시키는 것은 죄임을 봅니다. 죄는 마약과 같아서 인생과 삶의 세포를 하나하나 병들게 하고 말살시킵니다. 그가 쌓은 모든 것을 하루아침에 무너뜨립니다. 인격은 땅에 떨어지고 수치심으로 얼굴을 들지 못하게 하고 비참함에 처하게 합니다. 이 세상의 모든 불행 문제는 아담이 하나님을 불순종하고 떠나 무화과나무 뒤에 숨을 때부터 시작되었습니다. 평화와 기쁨과 행복의 동산을 잃어버리고 저주에 찬 삶이 시작되었습니다. 땀이 흘러야 소산을 먹게 된 인간들은 더 많이 소유하고 더 많이 누리려고 싸우게 됩니다. 러시아가 우크라이나를 공격하는 것을 보세요. 김정은은 아직도 미사일을 쏘아대고 있습니다. 미얀마는 공산당 군부 구테타로 교회가 파괴되고 지난주는 우리 선교사님이 세운 신학교 2학년 학생이 끌려가 고문받다가 총살당했습니다.

끊임없는 전쟁과 살육이 다 하나님을 떠난 데서 오는 저주입니다. 아담의 아들 가인을 볼 때, 하나님을 거역한 벌은 자녀들의 거역함으로 죗값을 받고 있으며 그 어떠한 훌륭한 교육으로도 세상의 죄는 사라지지 않고 더욱 충만해 가고 있습니다. 이런 세상에서 야곱처럼 홀로 어둡고 두렵고 곤고한 밤을 보내고 있는 것이 우리의 실존이요, 나의 모습입니다. 우리는 모두 다시 한번 하나님 앞에 단독자로 서서 하나님을 다시 만나야 됩니다.

♬ 캄캄한 인생길

3. 하나님과 씨름하는 야곱

내면으로 끊임없이 파고드는 불안과 죄의식과 고독 가운데 앉아 있는 야곱에게 하나님은 찾아오셨습니다. 이 하나님은 성 육신하신 성자 하나님이십니다. 하나님은 현재 상황에 부딪처 절망하고 있는 야곱을 찾아오셔서 그의 고뇌에 동참하시고 함께 괴로워하고 함께 고통하신 것입니다. 이는 야곱에게 임한 놀라운 성 육신의 은혜였습니다. 야곱은 어둠 속에 만난 사람이 에서가 보낸 첩자인 줄 알고는 모태로부터 쌓아 온 실력으로 있는 힘을 다하여 씨름하였습니다. 그는 결코 지지 않고자 필사적으로 싸웠습니다. 이것이 그의 본성입니다. 그는 이때까지 사람들과의 싸움에서도 이겼습니다. 라반은 단수가 높은 사람이었습니다. 그러나 야곱은 라반과의 경쟁에서도 이기었습니다. 그는 상대편이 누구인지 잘 모르지만 본성적으로 그에게 지지 않고자 혼신의 힘을 다해 싸운 것입니다. 이에 그 사람은 자기가 야곱을 이기지 못함을 보고 야곱의 허벅지 관절, 환도뼈를 쳤습니다. 얼마나 세게 쳤는지 그의 환도뼈가 위골되어 버렸습니다. 그러자 야곱은 항복하지 않을 수 없었습니다.

야곱은 환도뼈가 부러지고서야 비로소 자기와 씨름한 분이 사람이 아니라 초자연적인 힘을 가진 하나님이심을 깨닫게 되었습니다. 그래서 그 사람이 날이 샘으로 가고자 할 때 "당신이 내게 축복하지 않으면 가게 하지 아니하겠나이다"하며 필사적으로 붙들었습니다. 호세아서 12장 4절에서는 울며 간구하였다고 하였습니다. 그는 누구보다도 많은 축복을 받았는데 무슨 축복을 또 간구하고 있는 것입니까?

이를 볼 때 그는 이때까지의 축복에 만족하지 못하고 있음을 알 수 있습니다. 그가 이때까지 추구해온 것은 명예와 사랑과 물질이었습니다. 그는 이 모든 것을 다 얻었으므로 마땅히 행복해야 했습니다. 그러나 이런 축복은 하나님의 축복이기는 하지만 소유에 관한 것으로서 하나님이 주시고자 하시는 진정한 축복은 아니었습니다. 소유는 인간 내면의 죄와 죽음 문제, 불안과 두려움과 허무와 같은 인간 실존문제를 해결해 주지는 못한 것입니다. 그의 관심은 이제 소유에서 존재로, 외적인 것에서 내면적인 것으로, 인간적인 것에서 영적인 것으로 바뀌게 되었습니다. 그는 진정한 축복을 갈구하게 된 것입니다. 환도뼈가 부러지기까지 하나님의 축복을 갈구하는 야곱을 통하여 우리는 무엇을 배웁니까?

첫째, 진정한 축복은 소유에 있지 않고 존재에 있으며, 세상 것이 아니라 영적인 것입니다.

야곱이 얻은 명예와 물질과 사랑이 야곱에게 닥친 오늘의 문제를 해결해 주지 못하였습니다. 야곱은 밧단아람에서 하나님이 그를 보호하고 함께하셨지만 한 번도 얻은 재물을 하나님 앞에 드리고 하나님을 위하여 제단을 쌓은 적이 없습니다. 소유를 주시면 하나님 앞에 십일조를 드리며 제단을 쌓겠다고 약속하고는 실천하지 못하고, 자신의 목숨을 건지려고 에서에게 다 갖다 바쳤습니다. 그는 벧엘에서 만난 하나님을 잊고 살았습니다. 그는 하나님께서 보낸 천군 천사들을 보면서도 무감각하였고, 하나님이 성육신하여 나타났어도 잘 알아보지 못하였습니다. 세상 사랑과 물질을 얻고자 경쟁 사회 속에서 그의 영혼은 피폐해져 있었습니다. 이제 비로소 야곱은 진정한 축복이 무엇인가에 눈뜬 것입니다. 우리도 야곱처럼 진정한 축복에 눈을 뜹시다. 카타쿰의 순교자들은 진정한 축복이 무엇인지 알았기에 자신의 하나밖에 없는 목숨과도 바꾸는 것을 아까워하지 않았습니다.

둘째, 진정한 축복을 얻기 위하여는 나의 허벅지 관절이 부러져야 합니다.

허벅지 관절, 즉 환도뼈는 사람의 몸을 받쳐주는 물리적인 힘의 생성 부분으로서 생명과 힘의 근원을 상징하고 있습니다. 그러므로 뼈가 위골되었다는 것은 그가 의지하고 지탱하고 있던 모든 것이 무너졌다는 것입니다. 즉 그의 재능과 소유, 그의 의지와 성실, 그의 투쟁심과 같은 강한 인간성이 무너진 것입니다. 다시 말하면 그의 아담 안에서의 인간적인 본성이 깨어지고 하나님 안에서 새로운 자아가 탄생하는 것을 의미하는 것입니다. 야곱은 비로소 영적인 눈을 뜨게 되었고 하나님의 진정한 축복을 얻게 되었습니다."그가 브니엘을 지날 때에 해가 돋았고, 그의 허벅다리로 말미암아 절었더라"(31) 이 말씀은 변화된 그의 내면 모습을 문학적으로 잘 표현해 주는 말씀입니다. 육신은 비록 환도뼈가 위골되어 절고 있었지만 그 내면은 고뇌에 찬 절망의 밤이 지나고 기쁨과 희망이 넘치는 찬란한 태양이 떠오르게 되었다는 것입니다. 우리도 환도뼈가 부러져야 됩니다. 우리의 환도뼈가 부러질 때 새사람으로 변화되고 영적인 세계에 눈을 뜨고 그 앞날에 해가 돋게 됩니다.

사랑하는 성도 여러분!

축복을 간구하는 야곱에게 하나님께서는 이름을 이스라엘이라 개명하여 주었습니다. 이름은 그 사람의 존재를 나타냅니다. 야곱은 속이는 자, 싸우는 자, 빼앗는 자란 뜻입니다. 그러나 이스라엘은 "하나님과 씨름하여 이긴 자"란 뜻입니다. 세상과 싸워 욕심을 채우는 자가 아니라 하나님 앞에서 영적인 투쟁을 하여 하나님의 축복을 받는 자가 되라는 것입니다. 내가 깨져야 나를 치시는 하나님의 손이 멈추고 나를 축복하는 손이 됩니다. 하나님 앞에 돌아와 참 존재를 회복하고 진정한 축복을 누리며 살 수 있는 우리 광명의 식구들이 될 수 있기를 축원합니다.

세겜 성에 안주하지 말자

말씀 창세기 33:18~34:4
요절 창세기 33:18

"야곱이 밧단아람에서부터 평안히 가나안 땅 세겜 성읍에
이르러 그 성읍 앞에 장막을 치고"

구원받은 하나님의 자녀에게도 시련은 있습니다. 보통 많은 시련과 문제가 계기가 되어 예수님을 믿습니다. 그런데 예수 믿은 후에도 여전히 시련이 있고, 근심과 걱정이 있습니다. 그래서 예수 믿고 사는데 왜 이런 시련이 오는가 이상히 생각하고 하나님을 원망하며 불신 가운데 신앙을 잃어버리는 경우가 있습니다.

오늘 본문에는 이십 년 동안 원수 되어 있었던 형과 감격적인 화해를 하고 모든 것이 다 해결되어 더 이상 걱정할 것이 없게 되었다고 생각한 야곱에게 뜻밖에 생각하지도 못한 문제가 발생이 된 사건이 나옵니다. 야곱의 외동딸 디나가 어느 날 동네에 나갔다가 성폭행을 당하는 사건이 일어나고, 이 사건은 또다시 세겜 성 사람 중 남자 전부가 살해되는 엄청난 결과를 초래하고 야곱은 이로써 큰 곤란을 당하게 됩니다. 모든 사건은 원인이 있습니다. 브니엘을 지날 때에 해가 떠오르듯이 밝은 미래가 다가올 것 같은 야곱이 어째

서 오늘 이처럼 큰일을 당하게 되었습니까? 다음의 말씀을 통하여
은혜를 받고 세겜 성의 유혹을 물리치고 승리할 수 있기를 주님의
이름으로 축원합니다.

1. 시련의 원인

야곱은 어떻게 이런 시련을 맞이하게 된 것입니까?

첫째, 에서와의 약속을 지키지 않았습니다.

야곱은 형의 복수를 피하기 위해서 천사와 씨름하고 하나님의 은
혜를 입어서 형 에서와 화해하게 되었습니다. 그래서 야곱은 형의
얼굴을 볼 때 하나님의 얼굴을 보는 것 같다고 할 정도였습니다. 에
서는 야곱을 끌어안고 울면서 반가워했습니다. 하나님께서 에서의
마음을 녹여 준 것입니다. 에서는 야곱을 반기면서 자기와 함께 가
자고 하였습니다. 이에 야곱은 여러 이유로 거절하고 나중에 뒤따라
가겠다고 했으면서 자기의 뜻대로 다른 곳에 장막을 치고 쉬고 있었
습니다. 하나님을 일대일로 만난 야곱이지만 아직도 완벽하게 변화
를 받지 못하고 자신의 이기적인 생각을 따라 살고 있는 것입니다.

야곱은 세겜에서 자기의 짐을 풀고 장막 근처의 땅을 샀습니다.
잠깐 머물 생각을 한 것이 아니라 거기서 정착할 생각을 한 것입니
다. 형과 약속하고는 지키지 않은 것입니다. 아마 형이 지금은 풀어
졌지만 같이 살다 보면 자기를 해할지 모른다는 것을 미리 염려하고
잔꾀를 부린 것입니다. 야곱은 아직도 자기의 습관적 잔꾀에 의존해

서 살고 있는 것입니다.

우리도 예수를 믿고 나서도 옛날 예수를 믿기 전의 생활 습관과 가치관을 가지고 하나님 앞에 성실하지 못한 삶을 살 때가 있는데 순간은 어떨지 모르지만 이는 언젠가는 또다시 큰 문제를 일으키게 됩니다. 예수를 믿고 살아도 사사로운 문제에 휘말리고 시련을 자주 당하는 것은 변화되지 않은 옛날의 거짓된 습관 때문입니다. 우리는 과감히 거짓된 습관을 내어 버리고 하나님 앞에 성실한 삶을 살 수 있기를 바랍니다.

둘째, 야곱은 하나님과의 약속을 어겼습니다.

야곱은 벧엘에서의 서원을 기억하여 지키지 않았습니다. 야곱이 벧엘에서 하나님의 천사들을 보았을 때, 야곱은 하나님께 말하기를 "자신을 잘 돌보아 주셔서 보호하시고 평안히 집으로 돌아갈 수 있도록 해 주시면 이곳으로 돌아와 하나님께서 자신에게 주신 모든 것에서 반드시 십 분의 일을 하나님께 구별하여 드리며 제단을 쌓고, 언약으로 삼은 돌멩이를 하나님의 전으로 삼겠습니다."라고 약속을 했었습니다(창 28:20-22). 하나님께서는 모든 약속을 다 지키셨습니다. 빈털털이로 삼촌 집을 찾아갔던 야곱을 축복하사 아내들과 자식들과 재물까지 얻을 수 있도록 하셨습니다. 그런데 야곱은 하나님과의 약속을 지키지 않고 자기 멋대로 세겜 성에 정착한 것입니다. 이것이 하나님께 약속한 것을 다 잊어 버렸다는 것을 말하는 증거입니다. 그러면 왜 세겜 성에 정착한 것입니까?

장래 불안감입니다.

에서와 살다가 갑자기 에서가 다시 옛날 일을 기억하고 자신에게 해코지할 수 있다고 생각한 것입니다. 장래 걱정이 든 것입니다. 장래를 알 수 없는 불안감이 파고 들자 야곱은 또다시 머리를 굴리기 시작한 것입니다. 머리 굴리다가 환도뼈까지 부러지며 인간성이 변했나 싶었는데 또다시 머리 굴리며 장래 불안감에 사로잡힌 것입니다.

세겜 성은 기름진 땅이었습니다.

하나님을 만났던 벧엘은 광야입니다. 그런데 세겜 성은 기름기가 흐르는 고장이었습니다. 야곱은 이제 고생하며 살고 싶지 않은 것입니다. 재산이 많으니 그만한 기름진 땅이 필요하다고 생각한 것입니다. 약속의 말씀을 지키고 살기보다 세상에서 적당히 누리며 살고 싶었던 것입니다.

이는 무엇보다 불신앙 때문입니다

아무리 장래가 걱정되고 불안해도, 에서를 믿지 못해도 하나님을 믿으면 됩니다. 지금까지 약속을 지키시며 함께하신 하나님께서 왜 도와주지 않겠습니까? 믿음이 떨어지면 걱정하게 되는 것입니다.

하나님과의 약속을 지키려다가 따르는 고난과 어려움은 감당하기 싫은 것입니다. 믿음이 떨어지면 결코 헌신하려 하지 않고 손해 보려 하지 않습니다.

"천부여 의지 없어서 손들고 옵니다." 하고 세상에서 물질로, 사람으로, 질병으로, 실컷 얻어맞고 십자가 앞에 나오는 사람들을 보면 과거에 하나님과 약속한 것을 잊어버리고 제멋대로 살았던 사람들이 많습니다. 세상유혹을 뿌리치고 다시금 하나님의 품에 안길 수 있기를 바랍니다.

♬ 멀고 험한 이 세상길

오늘 우리가 당한 어려움이 있다면 하나님 앞에서 잊어버린 것이 없는가 살펴볼 수 있기를 바랍니다. 힘들고 어려울 때 '하나님, 이 문제를 해결하여 주시면 이렇게 이렇게 살겠습니다'라며 하나님께 약속한 것을 잊어버리지는 않았습니까? 아니면 알면서도 고의적으로 세겜 성에 머물고 있는 것은 아닙니까? 하나님과 내 형제들 앞에서 성실함이 없는 사람은 성실한 열매를 얻을 수 없는 것입니다.

미국 필라델피아 출생 존 워너메이커(1838~1922)는 서점 점원으로 시작해서 자수성가한 신앙인입니다. 미국의 체신부 장관도 지냈으며, 교육사업, 위생사업, 사회사업에도 투자했고, 주일학교를 설립했으며, YMCA를 창설했습니다. 그는 "선한 일을 하고자 하는 욕망은 그리스도의 마음을 알았기 때문이며, 헌금과 구제 봉사를 하는 것은 크리스천의 절대 의무"라고 했습니다.

그가 중국에 시찰 갔을 때, 어느 시골길을 걷다가 밭을 가는 농부를 보았습니다. 그런데 쟁기를 보니까 왼편에는 소가, 오른편에는 청년이 끄는 것이었습니다. 이 이상한 광경을 본 워너메이커는 농부에게 물었습니다. "여보시오, 왜 사람이 소와 함께 밭을 갈게 합니까? 그 청년이 어디 견디겠소?" 그러자 농부가 대답했습니다. "저 청년은 내 아들입니다. 내 아들은 예수를 잘 믿는 주일학교 교사인데 작년에 저기 보이는 예배당을 건축할 때 소 한 마리를 팔아 예배당에 건축헌금을 하고 자신이 소를 대신해 밭을 갈기로 약속을 했습니다." 마치 십자가를 지고 골고다를 향해 걸어가시던 주님처럼 그는 소와 함께 멍에를 메고 약속을 지키고 있었던 것입니다. 이 말을 들은 워너메이커는 크게 감동을 받고 그 청년을 미국으로 데리고 가 신학공부를 시켰는데, 그가 바로 중국 복음화의 기수 성문삼 목사입니다.

셋째, 야곱은 자기의 딸을 자유분방하게 키웠습니다.

디나는 외동딸이므로 그 부모가 아주 귀하게 키웠을 것입니다. 아들만 열한 명 있는 집에 하나밖에 없는 딸이니 얼마나 귀하고 사랑스러웠겠습니까? 남자만 있는 집안에서 공주처럼 대우받으며 성장했을 것입니다. 오빠들도 무척이나 그를 사랑했습니다. 평소에 그저 예쁘고 귀하다는 이야기만 듣고 살았으니 무서울 것이 없었을 것입니다. 그래서 부모에게 말 한마디 없이, 오빠들의 도움도 없이, 하녀 한 사람도 거느리지 않고 혼자서 거리를 함부로 돌아다니다가 성폭행당한 것입니다.

십 대 처녀들이 혼자 돌아다니는 것은 옛날이나 지금이나 위험한 일입니다. 지금으로 보면 고등학교에 다닐 나이가 가장 아름다운 때입니다. 한참 발랄하게 피어나는 아이의 아름다움이 그 아이의 잘못은 아닙니다. 그것은 하나님께서 주신 축복입니다. 그러나 그런 아름다움을 잘 지키는 것은 자신의 책임입니다. 아직 철모르는 아이들은 모릅니다. 그러므로 부모는 딸들에게 정확하게 가르쳐 주어야 합니다. 이는 자식을 낳아 기르는 부모의 의무요 사명입니다. 순진한 아이들에게도 현실은 현실대로 가르쳐 주어야 합니다.

특히 현대에 와서 성폭행의 문제는 심각한 문제가 되어 있습니다. 그런데 그중의 75%가 십 대 남자아이들이 저지르는 사고이고, 그중의 20%는 순간적인 충동 때문이며, 51%는 계획적으로 이런 일을 저지른다는 것입니다. 십 대들의 성범죄에 대해서는 부도덕한 어른들이 함께 책임을 져야 합니다. 어른들의 퇴폐적인 사고방식과 문화가 아이들을 망치고 잘못된 길로 인도하고 있는 것입니다.

오늘날은 내 자녀만 관심 갖고 잘 키워서도 안 됩니다. 이웃의 아이가 바로 내 아이라는 의식을 해야 합니다. 최소한 내 아이에게는 담배를 팔지 않을 것이기 때문입니다. 부도덕한 사회는 하나님의 백성들에게는 큰 도전입니다. 하나님의 자녀들도 세상에 발을 딛고 살아갑니다. 그렇기에 하나님을 믿는 신앙인들이 우리가 살고 있는 사회와 문화적 환경을 거룩하게 변화시켜 나가야 합니다. 그렇지 않으면 우리의 자녀들도 야곱의 외동딸 디나와 같이 그 악에 물들고 휩쓸릴 수 있는 위험이 있습니다. 하나님의 자녀인 우리가 사회를 정화하려는 노력으로 빛과 소금의 역할을 해야 합니다.

잠언 20장 30절에 보면 "상하게 때리는 것이 악을 없이 하나니 매는 사람의 속에 깊이 들어가느니라"하였습니다. 옛날에는 집안에 늘 회초리가 있었습니다. 잘못을 하면 으레 그 회초리를 가지고 와서 종아리를 걷고 매를 세면서 교육받았고, 그 교육은 석박사의 학위를 가진 교육자의 그 어떤 교육보다 더 훌륭하고 마음과 마음이 통하는 교육이 되었습니다. 사랑의 매를 적절히 사용하여 바르게 자녀를 양육할 수 있기를 축원합니다.

사랑하는 성도 여러분!

우리는 오늘 말씀을 통하여 세겜에 머문 야곱에게 찾아온 시련에 대해 배우게 되었습니다. 세겜은 믿음으로 살며, 거룩한 순례의 길을 가고 있는 성도들에게 끊임없이 유혹의 손길로 다가옵니다.

이 땅에서 잘 먹고 잘 살고, 자기를 위해 땅을 사고 집을 짓고 살라고 유혹합니다. 고생스럽게 순례의 길을 가지 말라고 합니다. 그러나 우리는 세겜 성의 유혹을 물리쳐야 합니다. 하나님 나라에 소망을 두고 거룩한 순례 길을 달려 가는 성도들이 될 수 있기를 축원합니다.

벧엘로 올라가라

"하나님이 야곱에게 이르시되 일어나 벧엘로 올라가서
거기 거주하며… 거기서 제단을 쌓으라 하신지라"

오늘 말씀은 신앙 혁명장이라고도 하고 신앙 부흥장이라고도 합니다. 야곱이 뼈아픈 아픔을 치른 후에 깨닫고 하나님의 책망을 듣고 신앙을 일신하는 계기가 된 장이기 때문입니다. 하나님은 세겜 성에 머물고 있는 야곱에게 "벧엘로 올라가라" 명령했습니다. 곁길로 들어서서 이스마엘을 끌어안고 유유자적하던 아브라함에게는 "너는 내 앞에 행하여 완전하라" 책망하고 새롭게 신앙의 정도를 가도록 명령하신 하나님은 야곱에게는 "벧엘로 올라가라" 명하셨습니다. 오늘 우리는 말씀을 통해 야곱과 동일하게 하나님의 음성을 듣고 벧엘로 올라가는 역사가 일어나야 되겠습니다. 그리하여 신앙이 일신될 수 있기를 축원합니다.

1. 세겜 성의 아픔

야곱은 밧단아람에 있는 삼촌 집을 떠나 가나안에 있는 아비 이삭에게로 돌아오다가 세겜 성에 머물러 정착하고자 하였습니다. 자기 형 에서에 대한 불신앙과 공포감에서 세겜 성에 머물게 되었고, 세겜은 물질이 풍부하고 생활하기에 편안하고 안전하였기 때문에 온 가족이 거주하기에 적당하다고 보았던 까닭에 야곱은 자기 나름대로의 상황판단으로 세겜에 정착하게 되었습니다. 그는 이것이 가장 안전하고 현명한 판단인 줄 알았습니다. 그러나 너무나 잘못된 판단이었습니다.

이로써 그는 어떤 공경에 처하게 되었는지요? 야곱의 딸 디나는 하몰의 아들 세겜에게 강간을 당했습니다. 다음은 야곱의 아들인 시므온과 레위는 세겜을 비롯하여 세겜 성 남자를 모두 살해하는 살인죄를 범했습니다. 다음은 야곱의 아들들이 세겜 성에서 물질을 강탈해 오는 죄를 범했습니다. 이는 하나님이 금하신 6계명, 7계명, 8계명을 모두 범하는 것으로 야곱 가정의 신앙은 말이 아니었습니다. 성별되어야 하는 선민이 죄를 범하면 반드시 환란이 오는 법입니다. 이때 야곱의 상황이 어떠했습니까?

창세기 43장 30절에 보면 야곱이 시므온과 레위에게 이르되 "너희가 내게 화를 끼쳐 나로 이 땅 사람 가나안 족속과 브리스 족속에게 냄새를 내게 하였고, 나는 수가 적은즉 그들이 모여 나를 치고 나를 죽이리니 그러하면 나와 내 집이 멸망하리라" 여기 고백한대로 야곱의 가족은 "세겜 성"에서 환란을 당하여 온 가정이 멸망 직전에 이르렀습니다. 이때 하나님은 야곱을 어떻게 도와 주십니까?

2. 벧엘로 올라가라

"하나님이 야곱에게 이르시되 일어나 벧엘로 올라가서 거기 거하며 네가 네 형 에서의 낯을 피하여 도망하던 때에 네게 나타났던 하나님께 거기서 단을 쌓으라 하신지라"(1) 하나님은 야곱에게 벧엘로 올라가라고 방향을 줍니다. 그러면 벧엘로 올라가라는 말씀의 의미가 무엇입니까?

첫째, 고난받던 때를 기억하라는 것입니다.

"네가 네 형 에서에의 낯을 피하여 도망하던 때"라고 말합니다. 야곱도 그때를 "나의 환난 날에 "(3)라고 말합니다. 하나님께서는 야곱이 옛날 고생하던 때 하나님이 그와 함께 하시며 은혜를 베푸시던 때를 기억하기를 원하셨습니다. 지금 야곱은 많은 처자식과 큰 재산을 벌어서 부자가 된 때였음으로 옛날 지팡이 하나만 가지고 형을 피하여 도망하다가 돌베개를 베고 잠자던 때를 다 잊어버릴 뿐 아니라 신앙도 많이 해이해졌습니다. 그래서 하나님은 고난받던 때를 기억하라고 했던 것입니다. 지상낙원이라 불리는 덴마크도 청년들이 파티에 들어갈 때는 반드시 선조들이 고생할 때 먹던 까만 호밀 빵 한 조각씩 먼저 먹는다고 합니다. 옛날의 고생과 불행을 잊지 않고 기억하라고 하는 것입니다. 하나님은 옛날 고생하던 성도들의 생활을 기억하라고 우리에게 경고하십니다. 이는 우리로 하여금 바른 신앙생활을 하게 하려는 것입니다.

둘째, 하나님을 만나던 때를 기억하라는 말씀입니다.

"도망하던 때에 네게 나타났던 하나님…"이라고 말씀하십니다. 야곱은 "환난 날에 내게 응답하시고 나의 가는 길에 함께했다"고 고백합니다. 야곱은 벧엘에서 하나님을 만났습니다. 하늘 문이 열리고 땅과 하늘을 잇는 사닥다리에 천사들이 오르락내리락하고 그 위에서 하나님이 임재하여 약속의 말씀을 주셨습니다. 외롭고 지친 야곱에게 이 환상과 하나님과의 만남은 일생일대의 귀한 일이 아닐 수 없었습니다. 야곱은 여기에서 그의 삶을 보장받고 아브라함 이삭에게 내린 축복을 동일하게 받는 순간이었습니다. 더럽고 추한 인간이 하나님을 만나 그의 인생이 바뀌는 놀라운 은혜와 축복의 순간이었던 것입니다. 그런데 야곱은 이 감격적인 신앙을 세월이 흐름에 따라 망각해 버렸던 것입니다. 이런 야곱에게 하나님은 나타나서서 그때의 감격을 되찾기 위해 벧엘로 올라가라고 한 것입니다.

우리에게도 우리 나름대로의 벧엘이 있습니다. 그곳은 기도원일 수도 있고, 교회일 수도 있고, 교도소일 수도 있고, 우리 삶의 현장일 수 있습니다. 가장 힘든 삶의 순간이기도 합니다. 우리의 벧엘은 처음 하나님과 예수 그리스도를 만난 감격 속에서 자신의 죄를 용서받은 장소입니다. 물론 반드시 그것이 장소로 한정되지는 않습니다. 어떤 상황일 수도 있습니다. 벧엘은 하나님을 처음 만난 그때 그 상황입니다. 우리는 늘 처음 만난 그 감격을 되살려야 합니다. 이것이 바로 첫사랑의 회복입니다.

처음 은혜를 받았을 때 지녔던 뜨거운 사랑, 열심, 감격, 순박한 그 믿음으로 다시 돌아가라는 것입니다. 즉 신앙의 고향을 찾아가라는 것입니다. 우리는 그 벧엘에서 주님의 사랑을 느끼며 감격해야 할 것입니다. 내 영혼을 사랑하시어 내가 죄인 되었을 때 나를 깨닫게 하시고 죄 속에서 헤멜 때 나를 만나주시고 은혜를 보여주신 하나님을 기억해야 하는 것입니다. 전설에 의하면 삭개오가 가끔 말없이 집을 나가곤 하는데 그의 아내가 이상히 여겨 뒤를 밟아 보니 삭개오가 전에 뽕나무 위에서 예수님을 만나던 것을 생각하고 그 나무에 물을 주고 그 나무를 어루만지며 눈물을 글썽이곤 했다고 합니다. 이를 통해 볼 때 삭개오는 처음 받은 그 사랑을 잊지 않고자 무던히 노력하였던 것을 알 수 있습니다.

우리에게도 야곱처럼, 삭개오처럼 처음 은혜를 받던 때가 있습니다. 그때의 첫 열심, 첫사랑의 감격을 잊을수 없습니다. 그런데 때때로 우리는 삶에 지쳐 세겜에 머물면서 그 감격을 잊어버리고 있을 때가 있습니다. 가슴이 차가워지고 교회에 오는 것도 한낱 습관이 되어 버립니다. 또는 그동안 벧엘을 떠나 세상 가운데서 방황하는 사람들도 있습니다. '옛날에는 나에게도 눈물이 있었고, 뜨거운 가슴이 있었는데 지금은 이렇게 차가운 사람이 되었구나' 이런 생각이 드는 사람은 하루빨리 벧엘로 올라가야 합니다. 하나님께서 다시 나를 만나주시고 새롭게 하여 주시기를 간구해야 합니다. 그러면 하나님께서는 언제든지 우리를 다시 만나주실 것입니다.

♬ 내가 처음 주를 만났을 때

셋째, 축복받던 때를 기억하라는 것입니다.

야곱이 지금 이만큼 번창하고 잘살게 된 것은 하나님의 은혜와 축복임을 상기시켜 주기 위해서 벧엘로 올라가라고 한 것입니다. 사람이 하나님의 은혜와 축복을 잊어버리면 우쭐대고 교만해집니다. 그러므로 하나님의 축복권 내에서 늘 살기 원한다면 매일 살아가는 것이 하나님의 축복임을 기억해야 합니다. 다윗은 대왕이 되고 명성이 높아졌을 때도 자신은 이새의 말째 아들이요, 양치는 목동이오, 비천하고 가난하고 보잘것없는 존재였음을 기억하고 살았습니다. 가로되 "주 여호와여 나는 누구 오며 내 집은 무엇이 관대 나로 이에 이르게 하셨나이까?"(삼하7:18)

넷째, 헌신의 제단을 다시 쌓으라는 것입니다.

벧엘은 하나님께 자신을 헌신한 장소였습니다. 벧엘에서 하나님을 만나고 나서 주님께 자신을 의탁하고 주님이 허락하신 것들을 다시 하나님께 바치겠다고 약속한 장소입니다. 우리들에게도 고난의 골짜기에서 하나님을 만났을 때 이번에 나를 보호하시고 도우시면 주님의 뜻대로 살겠다고 하나님께 서원하고 헌신한 시간이 있었을 것입니다. 그러나 어느새 우리는 세상과 나의 욕심을 따라서 사느라고 하나님을 멀리하고 살게 되었습니다. 그러나 이제 우리가 헌신한다고 서원한 그 주님을 다시 만나야 합니다. 그리고 그분 앞에 다시 헌신의 제단을 쌓아야 합니다.

3. 야곱의 결단

하나님의 책망과 방향을 받고 난 야곱은 크게 깨닫고 돌이킵니다. 그는 어떻게 하나님의 말씀에 순종했습니까? 우리는 여기서 어떻게 신앙의 부흥을 가져오는가를 배울 수 있습니다.

첫째, 야곱은 가정의 개혁을 일으켰습니다.

"야곱이 이에 자기 집사람과 자기와 함께 한 모든 자에게 이르되 너희 중의 이방 신상을 버리고 자신을 정결케 하고 의복을 바꾸라" 우상을 버리라는 것은 내적인 성결이요, 의복을 바꾸라는 것은 외적인 성결입니다. 이 말씀을 볼 때 야곱의 집안에는 아직까지 수많은 우상이 있었음을 알 수 있습니다. 야곱은 자기 가족 중에 우상을 가진 자들이 있음을 알고도 그것을 버리도록 가르치지 않았습니다. 하나님만 섬기겠다는 그의 서원은 한낱 말뿐이었습니다. 그는 하나님과 맘몬, 하나님과 세상, 하나님과 죄를 함께 섬기려고 했던 것입니다.

그러나 야곱은 오늘 크게 깨닫고 진심으로 회개하였습니다. 그리고 믿음으로 신앙 대개혁을 일으킨 것입니다. 야곱이 분연히 하나님 앞에 회개하고 일어나자 자녀과 집안 모든 식구도 회개합니다. 결국 야곱 한 사람 삶의 모습이 얼마나 중요한가를 배웁니다. 야곱이 세상과 짝하여 살 때는 디나가 강간당하여 씻을 수 없는 상처를 받고 두 아들은 살인자가 되고 아버지를 거역하고 속이고 대들었습니다. 그러나 아버지가 회개하고 하나님 앞에 바른 신앙인이 되자 가족이 회개하고 하나님 앞에 바로 서고 자녀들도 순종하는 것을 배웁니다. 이에 가족 모두는 우상과 귀고리 장식들을 가져다가 땅속에 묻고 야곱을 따랐습니다. 우상과 세상의 사치와 세상 가치와 죄악된 풍습을 모두 땅속에 사장시켰다는 것입니다. 우리도 하나님보다 더 크게 우리의 가슴을 차지하고 있는 모든 것을 다 버릴 수 있기를 축원합니다.

둘째, 벧엘에 올라 제단을 쌓았습니다.

야곱은 즉시 세겜 성을 떠나 벧엘에 올라가서 제단을 쌓았습니다. 돌을 세우고 그 위에 전 제물을 붓고, 또 그 위에 기름을 부었습니다. 그리고 그곳 이름을 엘벧엘이라 불렀습니다. 우리에게도 엘벧엘의 역사가 일어나야 합니다. 다시 돌아와 제단을 쌓는 역사가 일어나고 신앙이 회복되고 성장하는 역사가 충만히 일어나야 합니다.

사랑하는 성도 여러분! 결론적으로 하나님은 벧엘에 돌아와 제단 쌓는 야곱을 다시 만나주시고 그에게 다시 약속의 말씀을 구체적으로 갱신하여 주십니다. 이 하나님은 신실하신 하나님이요, 긍휼이 많으신 하나님이십니다. 야곱의 인생을 이처럼 세심하게 인도하여 주시는 사랑 많으신 하나님께서 우리의 생에도 이처럼 간섭하시고 신앙 갱신의 길로 인도해 주시길 축원합니다.

꿈꾸는 요셉

말씀 창세기 37:1~11
요절 창세기 37:9
"요셉이 다시 꿈을 꾸고 그의 형들에게 말하여 이르되
내가 또 꿈을 꾼즉 해와 달과 열한 별이 내게 절하더이다 하니라"

하나님은 인류 구속 역사를 위해 아브라함을 택하시고 그로 큰 민족을 이루겠다고 약속하였습니다. 또한 그의 자손이 이방에서 객이 되어 400년 동안 연단받게 될 것이라고 말씀하셨습니다(창 15:13-16 참조). 하나님은 이 역사를 위해 요셉을 택하셨습니다. 요셉은 예수 그리스도의 그림자라고 할 만큼 하나님께서 원하시는 전혀 부족함이 없는 사람이었습니다. 그는 하나님께서 아브라함과 이삭과 야곱 3대 믿음의 조상들을 통해 씨를 뿌려 맺은 열매라고 볼 수 있습니다. 요셉은 자기에게 두신 하나님의 선하신 주권과 섭리를 믿고 온전히 믿음으로 살았습니다. 그는 시련의 때에나 영광의 때에나 조금도 요동하지 않고 하나님을 경외하며 하나님과 동행했습니다. 하나님은 이런 그와 함께하셔서 승리의 인생을 살도록 하시고, 그를 생명구원 역사에 귀히 쓰셨습니다.

오늘 말씀은 요셉의 어린 시절에 대한 기사입니다. 요셉의 이야기는 17세 소년 시절부터 시작됩니다. 될성부른 나무는 떡잎부터 알아본다는 말이 있듯이 그의 소년 시절은 남다른 면이 있었습니다. 푸른 5월에 피어나는 믿음의 새 싹 같은 요셉의 모습을 통해 함께 은혜받는 복된 시간될 수 있기를 축원합니다.

1. 빗나가기 쉬운 환경

창세기 37장 1,3절을 보면 "야곱이 가나안 땅 곧 그 아비의 우거하던 땅에 거하였으니 야곱의 약전이 이러하니라"라고 하였습니다. 창세기 36장에서 에서가 세일 산에 거한 것과는 대조적으로 야곱은 약속의 땅 가나안에 거하였습니다. "야곱의 약전이 이러하니라"고 한 후 야곱대신 요셉의 이야기가 나오는 것은 야곱의 후반부의 생애가 요셉의 생애와 불가분의 관계가 있기 때문입니다. 그러면 요셉이 자라난 환경은 어떠하였습니까?

요셉은 도표를 그려야 이해할 수 있는 복잡한 환경 가운데서 태어났습니다. 요셉은 라헬의 소생으로 12아들 중 11번째 아들이었습니다. 어머니만 해도 4명이고 배다른 형제만 해도 12명이었습니다. 거기다가 야곱은 일찍이 자기를 낳아준 생모를 여의었습니다. 야곱은 처음부터 요셉의 어머니 라헬을 사랑했으므로 야곱에게 있어서의 본 부인은 라헬이 되는 셈이라고 한다면 다른 사람은 계모일 수밖에 없었고, 라헬에 대해서 늘 자격지심을 갖고 있던 다른 세 명의 부인과 그 아들들은 요셉에게 좋지 않은 감정을 가질 수 있었습니다.

그러던 차에 라헬이 일찍 죽자 요셉은 보금자리를 잃은 새같이 되었습니다. 이런 환경에서 요셉은 얼마든지 삐뚤어지고 비행청소년으로 자라날 수 있었습니다. 요즘 대부분의 비행청소년은 이런 환경에 있는 아이들이 많다고 하는 통계를 보면 요셉도 정상적인 가정을 가질 수 없었으므로 예외는 될 수 없었습니다. 다른 배다른 형제 중 시므온과 레위는 디나 사건에서처럼 도적질과 살인을 일삼는 아이들이었고, 아비에게 근심이 되는 아이들이었으며, 디나는 자유분방한 위험한 아이였으며, 요셉의 다른 형제들은 요셉을 죽이고자 공모하며 그를 이방인에게 팔아 버리는 악한 아이들이었습니다. 이를 보더라도 복잡한 가정환경에서 자라나는 아이들은 성격이 거칠고 모가 나며, 이기적이고 시기심이 많고 거짓이 많습니다. 그러나 요셉은 어떠했습니까?

2. 요셉은 죄를 미워하고 의롭고 진실되게 살고자 하였습니다.

요셉은 그 형제와 함께 양을 칠 때에 빌하와 실바의 아들들의 과실을 아비에게 고하였습니다.(2) 양을 칠 때라고 한 것을 보면 아마도 빌하와 실바의 아들들이 양을 치다가 잠을 자든지 아니면 양들을 내팽개치고 놀러 가든지 아니면 양들을 팔아 군것질하든지, 하여튼 뭔가 불성실하였던 것을 봅니다. 요셉은 불성실한 형들의 과오를 아버지께 고하였습니다. 이 사실은 단순한 고자질이 아니라 정의감에 불타는 요셉의 성품이 비록 형님들이라도 묵과할 수 없고 용납할 수 없었던 것입니다. 형들은 요셉에게도 불의를 가르치고 권장했을 것이고, 자기들과 행동을 같이 할 것을 강요했을 것입니다. 요셉은 이 같은 죄를 미워하고 의롭고 진실되게 살고자 애썼던 것입니다. 대개 동생들은 형들의 영향력을 받고 자라납니다. 특히 좋지 못한 영향력은 쉽게 잘 받습니다. 그러나 그는 형들의 죄를 미워하고 죄와 싸우는 생활을 했습니다. 그러면 이 같은 환경 속에서도 요셉이 어떻게 삐뚤어지지 않고 자라날 수 있었을까요?

첫째, 환경을 정복하는 신앙이라고 볼 수 있습니다.

공산주의는 인간의 정신은 전적으로 환경에 지배받는다. 라고 하였습니다. 그래서 불합리한 사회구조를 바꾸면 지상낙원을 이룰 수 있다고 하였습니다. 그러나 인간의 힘은 환경을 변화시킬 수 있는 것입니다. 하나님은 우리에게 환경을 지배할 것을 명령하셨습니다. 우리가 불행한 환경을 원망하고 불평하지 못할 이유가 여기에 있는 것입니다. 요셉은 불행한 환경을 극복해 나가는 믿음의 사람이었습니다. 항아리에 금을 담으면 금항아리가 되고, 꿀을 담으면 꿀단지가 됩니다. 그런데 쓰레기를 담으면 쓰레기통이 되고, 똥을 담으면 똥통이 됩니다. 똑같은 환경에서도 우리 마음에 무엇을 담느냐가 중요합니다. 남의 문제가 아니라 내 문제입니다. 나 하기 나름입니다. 불평, 원망, 교만, 시기, 악독 같은 것을 담으면 욕심쟁이. 심술꾸러기, 트러블메이커가 될 수 있고, 겸손, 사랑, 감사 등을 담으면 피스메이커가 되고, 축복의 통로가 되고, 존경받는 사람이 될 수 있습니다.

요셉은 똑같은 환경에서도 형들이 시기, 질투, 미움 등을 마음에 담을 때 그는 진실, 감사 등을 담으며 신앙인으로 살고자 투쟁했던 것입니다.

둘째, 변화된 야곱 즉 이스라엘의 특별한 사랑을 받았기 때문입니다(3).

'특별한 사랑'이는 요셉에게 필요한 것이었습니다. 단순히 노년에 얻은 아들이기 때문이 아니라 보다 일찍이 어머니를 여윈 요셉에게 필요한 사랑이었습니다. 어머니가 없는 빈 공간을 아버지인 야곱이 메꾸어 주어야 했던 것입니다. 야곱이 아닌 변화된 이스라엘로써의 성숙한 신앙의 영향력 아래 특별한 사랑을 받았으니 요셉은 신앙적으로나 도덕적으로 인격적으로 양육을 잘 받을 수 있었습니다. 그러나 아버지의 편애로 인해 형들은 요셉을 미워하여 그에게 언사가 늘 불편했습니다.

우리는 여기서 아버지의 마음에 대해 깊이 생각해야 합니다. 누가복음 15장에서 예수님은 아버지의 마음을 집 나간 탕자를 용서하고 지극히 사랑하여 영접하고 살진 송아지를 잡아주는 것으로 표현합니다. 그런데 집에 있던 맏아들은 그런 아버지의 마음을 이해하지 못하고 불평하고 동생을 시기합니다. 요셉의 형들도 아버지 야곱이 요셉에 대한 '특별한 사랑'을 이해하지 못한 것입니다. 교회에서도 특별한 사랑이 필요한 분이 있습니다. 목사님이 특별한 사랑을 베푸는 성도들에 대해서 시기하기보다 교회의 만형 되는 분들은 이를 이해하고 함께 동역하여 줄 때 교회는 부흥하고 성장하는 것입니다. 이것이 바로 성숙한 교회의 모습이요, 사랑의 공동체인 것입니다.

3. 요셉은 꿈을 가진 소년이었습니다.

하루는 요셉이 꿈을 꾸고 아무런 거리낌이 없이 형들에게 이야기했습니다. "형님들, 내 꿈 이야기를 들어보시오. 우리가 밭에서 곡식을 묶고 있는데 내 단이 일어서고 당신들의 단은 내 단을 둘러서서 절하더이다." 이는 요셉에게는 신나는 일이었지만 형들에게는 자존심이 상하고 화나는 일이었습니다. 이를 인하여 형들은 더욱 그를 미워하게 되었습니다. 그런데 이것이 한번이 아니라 요셉은 다시 꿈을 꾸고 형들에게 자랑했습니다. "내가 또 꿈을 꾼즉 해와 달과 열한 별이 절하더이다" 이번에는 형들뿐만 아니라 부친과 모친까지도 그에게 절하는 내용이었습니다. 형들은 미움이 지나쳐 그를 시기하였으나 야곱은 그 말을 마음에 두었습니다. 이처럼 하나님은 소년 요셉에게 지도자가 되는 꿈을 주셨습니다. 그것도 어떤 상황 가운데서도 그 꿈을 잊어버리지 않도록 두 번이나 반복해서 꾸게 하셨습니다. 일반적으로 꿈은 무의식 세계에 잠재해 있는 갈망의 표현이라고 합니다. 대개 소년 시절은 개꿈을 많이 꾸고 공상을 많이 합니다. 그러나 요셉이 꾼 꿈은 이와는 본질적으로 다른 하나님의 계시였습니다. 하나님은 장차 그를 생명의 구원역사에 지도자로 쓰시고자 꿈으로 계시하신 것입니다.

이 꿈은 인간적인 야심과는 다릅니다. 인간적인 야심은 자기에게서 출발하기 때문에 실현 가능성이 희박하지만 꿈을 통한 하나님의 계시는 하나님께서 주신 것이기 때문에 반드시 실현됩니다. 하나님께서는 때론 꿈으로 앞으로 될 자기의 일들을 보여주는 경우가 있습니다. 그러나 꿈이 반드시 다 하나님의 뜻을 보여주는 것은 아님니다. 그러므로 모든 일들을 꿈으로 해석하려고 해서는 안 됩니다. 루터는 "나는 종교개혁을 시작할 때부터 꿈이나 환상이나 천사 보기를 원치 않고, 다만 성경을 바로 깨닫게 하여 주시기를 기도하였다"고 하였습니다. 요셉은 어릴 때부터 순수하고 진실하고 충성된 마음으로 인해 하나님께서 쓰실 만한 기초가 있었습니다. 하나님은 이런 그의 마음에 장차 지도자가 되는 꿈을 심어 주셨습니다. 일찍부터 하나님의 섭리가 요셉에게 있었습니다. 요셉은 이 하나님의 꿈을 깊이 간직하였습니다. 그는 어린 시절부터 하나님께서 주신 꿈을 간직하고 살았습니다. 꿈은 우리 인생에 있어서 아주 중요합니다. 성경에서 아브라함, 이삭, 야곱은 모두 꿈의 사람들이었습니다.

성경이 없던 시절엔 하나님이 직접 꿈을 통하여 자신의 뜻을 계시하여 주셨습니다. 오늘날 우리에겐 하나님의 말씀인 성경이 있습니다. 우리는 성경 속에 계시하신 수많은 하나님의 꿈과 뜻과 소망의 말씀이 있습니다. 이 모든 것은 우리에게 말씀하시는 하나님의 계시입니다. 어떤 환경에서도 굴하지 않고 하나님이 주신 말씀을 붙들고 꿈을 꾸는 사람이 되어야 하는 이유가 여기에 있습니다. 아브라함은 75세의 나이에도 아들을 얻고 그 아들로 인하여 큰 민족을 이룰 꿈이 있었으며, 천하 만민이 그 씨로 인하여 복을 얻을 것을 꿈꾸었습니다. 이삭도 야곱도 이 꿈을 가지고 살았습니다. 성경은 우리에게 꿈을 줍니다. 교회는 우리에게 꿈을 파는 곳이며, 목사의 설교는 성도들에게 꿈을 심어주는 것입니다.

우리는 부활을 믿습니다. 이것도 약속 있는 꿈입니다. 우리는 천국을 믿습니다. 이것 또한 약속 있는 꿈입니다. 꿈은 배의 돛과 같습니다. 돛을 단 배가 바람을 타고 바다 위로 미끄러져 내려가듯이 꿈은 사람을 도와 전진케 해줍니다. 바다는 세상과 같습니다. 배는 우리 인생이라 할 수 있습니다. 돛은 꿈입니다. 비바람이 불고 돛이 바람을 안지 않으면 배가 가지 못하듯이 인생이 험악한 세상에서 전진하려면 꿈이 있어야 활기를 얻고 앞으로 전진 할 수 있습니다. 꿈과 희망이 없는 사람은 육신은 살아 있으나 정신적으로 죽은 것과 마찬가지입니다. 아프리카의 성자 슈바이처는 그의 저서『나의 어린 시절』에서는 이렇게 말하고 있습니다. "성공의 비결은 전 생애를 통하여 희망을 잃지 않는 데 있다."

사랑하는 성도 여러분! 가을에 풍성한 결실을 기대하며 힘 있게 용기 내어 가지에 새싹을 피어오르게 하는 나무들처럼, 살아 있는 신앙인이 되기를 축원합니다. 죽은 나무는 봄이 왔어도 새싹을 피워 내지 못합니다. 살아 있으나 꿈이 없으면 죽은 자와 방불합니다. 성령이 충만한 단비를 머금고 부활의 꿈을 피워내는 성도 되기를 축원합니다.

꿈을 위하여

말씀 창세기 37:18~36
요절 창세기 37:19, 20

"서로 이르되 꿈 꾸는 자가 오는도다.
자, 그를 죽여 한 구덩이에 던지고…
그의 꿈이 어떻게 되는지를 우리가 볼 것이니라 하는지라"

요셉은 꿈을 가진 사람이었습니다. 그의 가슴속에는 하나님이 주신 꿈과 믿음으로 가득 차 있었습니다. 인간은 밥만 먹고 살지는 않습니다. 인간은 희망을 먹고 삽니다. 꿈이 있는 사람은 눈에 정기가 있고, 행동에 활기가 있고, 생활에 탄력이 있습니다. 우리는 희망의 꽃으로 마음의 정원을 장식해야 합니다. 꿈은 현대인들에게 활기를 주고 세일즈맨에게 자신감을 주고, 사업 경영주에게는 의지력을 주고, 사회 초년생에게는 전환점을 줍니다. 그런데 꿈이 그대로 이루어지는 것은 아닙니다. 꿈이 미래에 결실 맺기 위해서는 반드시 통과해야 하는 것이 있습니다. 요셉은 꿈으로 인하여 고난을 받았습니다. 오늘 본문은 꿈으로 인하여 고난받는 요셉의 삶이 나옵니다. 말씀을 통하여 요셉에게 꿈을 주시고 그 꿈을 이루시기 위해 요셉을 고난 중에 연단하시며 그와 함께 하시는 하나님의 섭리와 사랑을 배울 수 있기를 바랍니다. 또한 고난 가운데서도 하나님 앞에서 살아가는 요셉의 신앙을 배우므로 꿈을 가진 자가 살아가는 신앙의 본을 배울 수 있기를 축원합니다.

1. 노예로 팔려간 요셉

요셉은 아버지 야곱으로부터 들에서 양을 치는 형들과 양떼들의 안부를 알아보라는 심부름을 하게 되었습니다. 헤브론에서 세겜까지 약 70㎞나 되는 먼 거리를 찾아갔으나 형들을 만날 수 없었습니다. 물어물어 북쪽으로 약 24㎞ 떨어져 있는 도단까지 찾아갔습니다. 그는 작은 심부름 하나라도 하나님 앞에 충성스럽게 감당했습니다. 그에게는 아버지께 대한 순종심, 맡은 바 일에 대한 책임감, 작은 일에 충성하는 충성심이 있었습니다.

요셉이 오는 것을 멀리서 본 형들은 그를 죽이고자 꾀하였습니다. 시기심이 살인하고자 하는 감정으로 발전하게 된 것입니다. 그러나 르우벤은 맏형으로서 책임감 때문에 요셉을 구원하고자 했습니다. 결국 그들은 요셉을 구덩이에 던졌다가 후에 유다의 주동으로 애굽으로 가는 이스마엘 상인들에게 은 20개를 받고 팔았습니다. 최초의 인신매매가 이루어졌습니다. 그리고 나서 그들은 자기 아버지에게 요셉이 악한 짐승에게 물려서 찢겨 죽은 것처럼 속였습니다. 이로 인해 야곱은 오랫동안 슬피 울었습니다.

요셉의 형들은 요셉의 인물됨을 아낄 줄을 몰랐습니다. 지난 대선에서 고배를 마신 한 분은 형제들과의 싸움으로 인하여 민낯이 세상에 공개되고 그것이 발목을 잡는 덫이 되기도 하였습니다. 성경은 이렇게 말합니다. 마른 떡 한 조각만 있고도 화목 하는 것이 제육이 집에 가득하고도 다투는 것보다 나으니라(잠17:1). 가족의 화목은 참 중요합니다. 옛부터 가화만사성이라 했습니다. 특별히 우리 예수 믿는 성도들은 더욱 화목한 가정을 이루어야 합니다. 예수님 안에 사랑과 용서와 나눔과 관용과 인내와 평화가 다 있기 때문입니다. 예수님이 가정의 주인이 되시고 다스리는 가정은 행복해야 합니다. 특별히 가정의 달 오월, 오늘은 어버이날이라고도 하는데, 형제간의 갈등이 있다면 용서하고 화목하는 것이 부모께 효도하는 길입니다. 예수님 안에서 화목하고 행복한 가정을 이룰 수 있기를 축원합니다.

♬ 찬556

2. 하나님의 섭리

요셉은 하루아침에 낯선 이방 땅에 노예로 팔려가는 비참한 신세가 되었습니다. 그러나 여기에는 보이지 않는 하나님의 섭리가 있었습니다. 만일 요셉이 아버지 집에서 채색 옷이나 입고 아버지의 사랑만 받고 자랐다면 그의 꿈은 개꿈이 될 수밖에 없었을 것입니다. 하나님은 그에게 지도자가 되는 꿈을 주시고, 그 꿈을 실현시키기 위해 그를 온실과 같은 집에서 끌어내어서 비바람이 몰아치는 거친 세상에 내보내어 훈련시키기 시작하신 것입니다. 이 훈련은 독수리 훈련이었습니다. 독수리는 새끼를 키울 때 보금자리에서 끌어내어 높은 곳으로 올라가 아래로 사정없이 떨어뜨립니다. 그러면 독수리 새끼는 죽지 않으려고 날개를 파닥거립니다. 그러다가 땅바닥에 떨어져 뇌진탕을 일으키기 직전에 날개로 받아냅니다. 이런 훈련을 반복해서 시키게 되면 나중에는 날개에 힘이 생겨 힘차게 창공을 날아다니게 되고, 새의 왕자로 군림할 수 있게 됩니다. 훌륭한 군인이 되기 위해서 피나는 훈련을 받고, 훌륭한 의사가 되기 위해서 10년이 넘도록 훈련을 받습니다. 하물며 영적인 지도자가 되기 위해서는 이보다 더 많은 훈련이 필요한 것입니다.

어떤 소년은 "나는 대통령의 꿈을 꾸었다" 하면서 꿈을 꾸었으니 다 되는 것으로 생각합니다. 이것은 스스로 속는 어리석은 일입니다. 우리는 꿈속에 자만하지 말고 실현되도록 노력하는 사람이 되어야 하는 것입니다. 사람의 성공은 반드시 학교 교육에만 의존할 것이 아닙니다. 옛날 사람 중에 성공한 사람들은 반드시 그 환경이 순조로워서 성공한 것이 아닙니다. 발명왕 토마스 에디슨은 "천재는 99%의 노력과 1%의 영감"이라고 말했습니다. 땀 없는 성공 없고, 노력 없는 천재란 없습니다. 남양에 델리포드 야자수는 높이 30m, 직경 80㎝, 잎사귀 직경 3-8m로, 40~50년 자라야 꽃이 피고 열매 맺게 되는데 열매를 맺으면 곧 말라 버린다고 합니다. 한 번 결실을 맺기 위해서 40~50년간 준비하는 것입니다. 우리 주님도 30년 동안 준비하시다가 구원 사역을 위해 3년 동안 일하셨다는 사실을 기억하고 열매 맺는 일, 즉 결과만 중시하지 말고 좋은 결실을 맺기 위해 준비를 잘할 수 있기를 축원합니다.

모세는 노예 백성으로 고통받는 동족들을 구원코자 하는 꿈이 있었습니다. 그러나 꿈만 있다고 되는 것이 아니었습니다. 그 꿈은 그 후 40년 후에 이루어졌습니다. 하나님은 위대한 꿈을 가진 모세의 그 꿈을 실현시키기 위해 하나님의 학교인 광야로 보내었던 것입니다. 광야 40년의 훈련은 그가 이스라엘 백성의 지도자가 되기에 충분한 자로 만들었습니다.

꿈 때문에 형들의 미움을 받은 요셉의 경우를 볼 때 인간적으로는 슬프고 기구합니다. 일찍이 어머니를 여의고 아버지의 사랑을 받는 듯싶더니 형들의 미움을 사서 죽을 고비를 간신히 넘기고 멀리 타국으로 노예로 팔려갑니다. 하루아침에 채색 옷을 입었던 자리에서 노예로 전락하게 되었으니 이 얼마나 기구한 운명입니까? 그러나 믿음이 없는 사람의 눈에는 이것이 기구한 팔자로 받아들여 인생을 원망하고 한탄하겠지만 그러나 믿음이 있는 사람은 이 속에 담긴 하나님의 섭리를 발견하는 것입니다. 하나님의 섭리를 발견하는 사람은 결코 절망하지 않습니다. 남을 원망하지 않습니다. 그러면 요셉은 어떻게 이 고난을 받아들이며 고난당하는 요셉을 하나님은 어떻게 보호하여 주십니까?

3. 하나님과 동행하는 요셉

하루아침에 아버지 집의 황태자에서 노예로 전락하게 된 요셉의 심정이 어떠했을까요? 그는 아버지 집에 대한 그리움과 고독, 슬픔, 실의와 좌절, 장래에 대한 불안과 두려움으로 인해 정신이상이 되거나 자살할 수밖에 없었을 것입니다. "마지막 황제"라는 영화를 보면 중국 청나라 마지막 황제가 감옥에 갇히게 되었을 때, 그 현실을 감당할 수 없어 동맥을 끊어 자살을 시도하는 것이 나옵니다. 요셉도 마찬가지였을 것입니다. 요셉이 가장 참기 힘들었던 것은 형들에 대한 증오심과 복수심이었을 것입니다. 그의 눈은 형들에 대한 복수심으로 이글거려 '어떻게 하면 보디발의 집을 탈출하여 복수할 것인가' 하는 생각으로 가득 찰 수 있었습니다. 그러나 요셉은 어떻게 했습니까?

창세기 39장 2절을 보십시오. "여호와께서 요셉과 함께 하심으로…"이 말씀은 요셉 편에서 보면 그가 하나님과 동행했다는 것을 말해줍니다. 그가 절망적인 상황을 극복할 수 있었던 것은 평소 하나님을 믿고 의지하는 개인 신앙이 있었기 때문입니다. 사람들 보기에 믿음이 좋은 것 같지만 개인 신앙이 없는 자는 역경의 때에 넘어지고 맙니다. 그러나 개인 신앙이 있는 자는 어려운 일을 만나면 그 가운데 두신 하나님의 뜻을 찾고 감사하고 하나님의 사랑을 더 깊이 느끼게 됩니다. 요셉은 역경의 때에 하나님을 바라보고 의지하며 붙들었습니다. 그는 하나님과 동행하기를 기뻐했습니다. 하나님께서도 이런 요셉과 함께하기를 기뻐했습니다. "여호와께서 요셉과 함께 하심으로 그가 형통한 자가 되어" 이 말씀은 요셉이 절망적인 상황을 극복하고 형통한 자가 될 수 있었던 것은 자신의 힘과 성실로 말미암은 것이 아니라 근본적으로 하나님께서 그와 함께 하셨기 때문임을 말해 줍니다.

하나님은 그와 함께 하사 그의 부모가 되어 주시고, 그의 친구가 되어 주셔서 그에게 힘과 위로를 주셨습니다. 하나님은 그와 늘 함께 하셔서 주인에게 은혜를 입어 가정총무가 되게 하셨습니다. 요셉은 그 집의 복덩어리가 되었습니다. 하나님은 그의 하나님이 되시기를 기뻐하셨습니다. 하나님과 요셉은 연합되었습니다. 하나님은 엘리에게 이렇게 말씀하셨습니다. "…나를 존중히 여기는 자는 내가 존중히 여기고 나를 멸시하는 자를 내가 경멸히 여기리라"(삼상 2:30) 요셉이 하나님을 사랑하고 존중히 여길 때 하나님께서도 요셉을 사랑하시고 그를 귀히 여기셨습니다. 주인도 하나님께서 요셉과 함께 하심을 보며 그의 범사에 형통케 하심을 보았습니다. 하나님께서 함께 하실 때 만사가 형통케 됩니다.

사랑하는 성도 여러분!

우리에게 꿈이 있습니까? 가수 인순이 씨가 불렀던 '거위의 꿈'이라는 노래가 있습니다. 거위는 오리과에 속한 가금인데, 가금이란 야생의 조류를 인간이 길들이고 품종을 개량한 조류를 의미합니다. 그렇기 때문에 거위는 날개가 있어도 날지를 못합니다. 그런데 그 거위 중에서도 아주 많이 못나고 버려진 거위가 꿈을 꾼다는 것입니다. 노래는 이렇게 시작합니다.

"난 난 꿈이 있었죠 버려지고 찢겨 남루하여도 내 가슴 깊숙이 보물과 같이 간직했던 꿈 혹 때론 누군가가 뜻 모를 비웃음을 내 등에 흘릴 때도 난 참아야 했죠 ~"

이 노래는 가수 인순이 씨 삶의 고백일 것입니다. 그녀 역시 혼혈아로 태어나서 어린 시절 학교에 다니며 많은 상처와 아픔과 좌절을 겪어야 했을 것입니다. 나는 혼혈아여서 안 된다는 거위 콤플렉스가 그녀를 휘감았을 것입니다. 그러나 그녀는 모든 현실, 운명의 벽을 넘어 많은 사람에게 감동을 주는 가수로 인정받는 진정한 거위의 꿈을 이루었습니다.

사실 요즘 우리는 날지 못하는 거위같이 돼 버렸습니다. 코로나가 우리를 훈련시켜서 날지 못하게 하였습니다. 사업 날개가 꺾이고, 취업 날개도 꺾이고, 우리 성도들에게는 예배 날개를 꺾어 버렸습니다. 코로나 상황에서 꿈을 꾸는 것은 고사하고 하루하루 버티며 살아가는 것조차 힘들어야 했습니다. 날개가 있으나 날지를 못합니다. 오랜 세월 동안 나는 연습을 하지 않았고, 날 생각조차 하지 않게 되었습니다. 그러나 가수 인순이처럼, 요셉처럼 우리는 꿈을 포기해서는 안 됩니다. 거위 중에서도 가장 못나고 버려지고 찢긴 남루한 거위 한 마리가 날아가는 꿈을 꾸듯이 우리는 다시 꿈을 꾸어야 됩니다. 하나님은 이런 자와 함께하시고 고난 가운데서도 넉넉히 승리토록 인도하실 것입니다. 꿈을 가지고 고난을 참고 인내하며 하나님과 함께 하시는 저와 여러분 되시기를 축원합니다.

집 나간 유다가 돌아오다

말씀 창세기 38:1~11
요절 창세기 38:2

"유다가 거기서 가나안 사람 수아라 하는 자의 딸을 보고
그를 데리고 동침하니"

어릴 때 저는 서해안 바닷가에 살아서 생선이 친숙하고 지금도 생선을 좋아합니다. 그런데 별로 좋아하지 않는 생선이 있었는데 그것은 전어라는 것입니다. 전어는 가시가 많고 비린내도 많이 납니다. 그래서 인기가 없고 생선 축에도 끼지 못하고, 돈도 별로 되지 않는 값싼 생선입니다. 그런데 이 전어가 어느 때부터인가 인기가 많아지기 시작했습니다. 그것은 이런 말이 나돌기 시작한 때부터입니다. "전어를 구우면 집 나간 며느리도 돌아온다" 누가 언제부터 한 말인지는 모르지만 이 말이 돌고부터 전어는 굴비 부럽지 않은 생선으로 거듭날 수 있게 되었습니다.

사실 전어는 생으로 회를 해서 먹으면 그나마 맛이 있는데, 구우면 가시가 다 드러나서 먹기가 쉽지 않습니다. 또 기름기가 많아서 자칫 잘못 구우면 금방 타버립니다, 그런데 이런 별 볼일 없는 전어에 사람이야기를 만들어 스토리를 입힌 것입니다. 왜 며느리가 집을 나갔는지는 알 수 없습니다. 시집살이가 너무 고달파서, 아니면 부부간에 사이가 안 좋아서, 아니면 바다 일이 너무 힘들어서 집을 나갔는지 잘 모릅니다, 그러나 어쨌든 전어를 구우면 집 나간 며느리가 돌아온다는 것입니다. 집나간 며느리가 돌아 올만큼 정말 전어가 맛이 있지는 않습니다. 또 이 말처럼 며느리가 집을 나갔는데 전어를 구우니까 며느리가 돌아왔다는 경험을 실제로 해본 사람은 아마 없을 것입니다. 그런데 이 전어에 스토리를 입히니까 전어 스토리텔링이 된 것입니다. 그러자 정말 전어가 맛있나 보다 하고 사람들의 호기심을 자극합니다. 가을 전어 철이 되면 오이도, 소래포구, 대부도 선착장은 사람들로 붐비고 꼭 한 번쯤은 구운 전어를 사먹어 보게 됩니다. 그래서 이런 것을 스토리텔링 마케팅이라고 합니다.

저는 생각해 보게 됩니다. 전어에 돌아온 며느리 간증을 입히니까 전어가 유명해지고 잘 팔리는데 하물며 예수님에게 우리의 간증을 입히면 어떻게 될까? 우리 광명교회에 우리 스토리를 입히면 어떻게 될까? 스토리텔링 복음 마케팅은 사실 초대교회 때 베드로, 바울사도를 비롯한 사도들과 성도들이 많이 하던 전도 방법입니다. "나는 부활하신 예수를 만났습니다. 나의 삶은 변화되었고, 나는 구원받은 하나님의 자녀가 되었고, 나는 행복한 사람입니다." 예수 만나 변화된 수많은 간증 스토리를 듣고, 방황하던 많은 이가 주께 돌아오는 역사가 있었습니다.

♬ 나는 행복해요

집 나간 며느리는 "전어" 때문에 돌아왔는데 집 나간 유다는 왜 돌아왔을까요? 성경에 집을 나갔다가 돌아온 탕자 이야기는 꽤 유명합니다. 집을 나갔던 탕자는 왜 돌아왔나요? 집 나간 며느리에게 다시 돌아올 빌미를 제공한 게 전어라면 유다에게 전어는 무엇이었을까요? 오늘 말씀을 통해 집 나갔다가 돌아온 유다 이야기를 통해 함께 은혜 받는 복된 시간이 될 수 있기를 축원합니다.

1. 집 나간 유다

오늘 본문은 유다의 가출로 시작됩니다. "그 후에 유다가 자기 형제들로부터 떠나 내려가서 아둘람 살마 히라와 가까이 하니라"(1) 유다가 집을 나갑니다. '그 후에'라고 말하므로 가출의 이유를 암시하여 줍니다. 어떤 사건이 있고 난 후 그것이 계기가 되어 유다가 집을 나갔다는 것입니다. 그것은 37장의 사건과 관련이 있습니다. 37장의 사건은 형들이 요셉을 시기하여 애굽 상인에게 팔아넘긴 사건입니다. 이 사건으로 왜 유다가 가출했을까요? 유다를 비롯한 형제들은 채색 옷을 입고 아버지의 특별한 사랑을 받는 요셉을 시기했습니다. 또 꿈 자랑까지 하는 요셉이 더 얄미웠습니다. 그래서 요셉을 죽이자고 하였습니다. 이때 맏형이었던 르우벤은 살인만은 막기 위해서 요셉을 구덩이에 던지자고 했습니다. 그리고 나중에 요셉을 건져내어 집으로 함께 가고자 했습니다. 요셉은 물 없는 구덩이에 던져졌습니다. 그때 유다가 나서서 요셉을 죽이는 것보다 애굽 상인에게 팔자는 제안을 하게 됩니다. 유다의 의견에 형제들이 동의하고 결국 요셉은 은 20에 애굽으로 가는 상인에게 노예로 팔려 가게 됩니다.

그런 후 저들은 아버지를 속이기 위해서 요셉이 입었던 채색 옷에 짐승을 잡아 피를 묻힌 후 들짐승이 요셉을 헤친 것처럼 가장하여 아버지 야곱에게 돌아왔습니다. 그리고 이렇게 말합니다. "우리가 이것을 발견하였으니 아버지 아들의 옷인가 보소서"(37:32) 야곱은 그 옷이 요셉의 옷인 것을 확인하고 요셉이 짐승들에게 잡아먹힌 줄 알고 옷을 찢고 굵은 베로 허리를 묶고 오래도록 애통하며 울었습니다. 아무리 아들들이 위로해도 슬픔을 달랠 수가 없었습니다. 야곱의 상심과 고통은 너무나 컸습니다.

이 사건 후에 유다는 충격을 받은 것입니다. 어쩌면 형제들이 죄를 모의해 놓고 모든 책임을 유다에게 떠넘겼는지 모릅니다. 왜냐면 요셉을 죽이는 것보다 생명을 살리려는 의도로 팔자고 제안했으나 결국 요셉을 노예로 파는 데 앞장섰던 사람은 유다가 되고 만 것입니다. 형제들이 죄를 떠넘기고, 또 아버지 야곱은 저렇게 날마다 슬피 울고 있으니 유다의 마음이 편치 않았던 것입니다. 이 죄의식은 모든 원인을 아버지께 화살을 돌리게 됩니다. 아버지가 요셉을 편애했기 때문에 벌어진 일이라고 떠넘겨 봅니다. 만일 요셉이 아니라, 다른 아들이 없어졌어도 아버지가 저렇게 슬피 울까 생각하니 더욱 아버지가 원망스러웠습니다. 결국 유다는 슬피 우는 아버지가 원망스럽고, 또 발뺌하는 형제들이 미웠던 것입니다. 이렇게 하여 가정에서 아버지에게, 형제들에게 크게 시험이 든 유다는 가출을 결심했던 것입니다.

당시 야곱의 가정은 교회와 같습니다. 아브라함, 이삭, 야곱으로 이어지는 가문은 가나안 땅에서 유일하게 하나님을 섬기는 가문이요, 교회였던 것입니다. 그곳에서 제단을 쌓고 신앙을 전수하며, 하나님의 백성을 큰 민족으로 형성하는 사명을 감당하고 있었던 것입니다. 그런데 이런 믿음이 공동체를 떠난다는 것은 단순한 가출이 아니라, 성도가 시험이 들어 교회를 떠나는 것과 마찬가지였던 것입니다.

2. 너는 나보다 옳도다

집을 나간 유다는 가나안 사람 수아라 하는 자의 딸을 보고 한눈에 반하여 자기들끼리 좋아서 동거에 들어갔습니다(2). 세 아들을 낳았고, 그 아들들이 성장해서 큰아들 엘이 다말이라는 여인과 결혼하게 됩니다. 그런데 엘이 죽고 다말은 청상과부가 됩니다. 젊은 엘이 죽은 것은 하나님께서 장자 엘이 여호와 보시기에 악하여서 그를 죽이셨다고 성경은 말합니다. 하나님 앞에서 악했다는 것은 통상적으로 우상숭배를 했다는 것입니다. 유다는 신앙을 다 까먹고, 아들들에게도 전혀 신앙을 물려주지 않고 불신자 가정이 되어 살았던 것입니다. 이는 유다에 대한 하나님의 경고이기도 했을 것입니다.

당시 형이 자식 없이 죽으면 동생이 형수와 결혼하는 계대결혼법이라는 풍습이 있었습니다. 유다는 다말을 둘째 오난과 결혼시켰습니다. 그런데 첫날밤 오난도 죽었습니다. 유다는 두려웠습니다. 이러다가 셋째 셀라마저 죽을 것 같아서 며느리 다말을 친정으로 보내버렸습니다. 이 일이 있은 후 두 아들을 잃은 충격 때문인지는 모르나 유다의 아내마저 세상을 뜨게 됩니다. 여섯 식구가 행복했던 집안에 딸랑 유다와 막내아들 셀라만 남게 되었습니다. 손주 볼 나이에 아들 밥해주고, 빨래해주고, 집안일까지 해야 하는 유다의 한숨

소리가 천둥처럼 집안에 울려 퍼지고 있었습니다.

유다는 괴로운 마음을 달래고자 세상 친구 히라와 함께 이웃동네로 양털을 깎으러 갔습니다. 시아버지가 양털을 깎으러 왔다는 소식이 며느리 다말의 귀에 들어왔습니다. 다말은 창기 복장을 하고 얼굴을 가리고 정체를 숨긴 뒤, 길목에서 유다를 기다리고 있다가 만나 그를 유혹하여 방으로 끌어 들였습니다. 유다는 화대가 없어서 자기의 도장과 지팡이와 허리끈을 담보 잡히고 며느리인 줄도 모르고 하룻밤을 청하였습니다. 그리고 얼마 후 다말이 임신했다는 소문이 유다의 귀에 들려 왔습니다. 유다는 너무 화가 나서 동네 청년들에게 다말을 끌어다가 불에 태워 죽이라고 했습니다. 끌려가면서 다말은 이렇게 외칩니다. "청하건대 보소서 이 도장과 그 끈과 지팡이가 누구의 것이니까, 내가 이 물건의 임자로 말미암아 임신하였나이다"(창38:25)

유다는 그 증거물이 자신의 것인 줄 알고 털썩 주저앉으며 이렇게 말합니다. "그는 나보다 옳도다" 이 말 속에는 많은 것이 담겨 있었습니다. 요셉을 팔던 때부터 집을 나오며 살아왔던 지난 세월의 거짓된 삶이 어쩌면 유다의 마음을 회오리바람처럼 휘젓고 지나갔을 것입니다. 유다는 결국 베레스와 세라라는 쌍둥이 아들을 얻게 됩니다. 이 사건 이후 유다는 집으로 돌아오게 됩니다. 왜일까요? 집을 나갔으면 출세하여 돌아와야 하는데, 유다는 세상 말로 쫄딱 망한 자가 되지 않았습니까? 며느리인지, 아내인지 헷갈리는 다말과 또 이상하게 태어난 쌍둥이 두 아들을 데리고 고향 땅 아버지 집으로 돌아온다는 것은 쉬운 일이 아닙니다. 그런데 유다는 모든 부끄러움과 자존심을 내려놓고 집으로 돌아왔습니다. 그 이유가 뭘까요? 유다를 집으로 돌아오게 한 "전어"는 무엇이었을까요?

3. 그 아이를 대신하여

앞서 요셉을 공부할 때 베냐민이 총리의 은잔을 훔쳤다는 누명을 뒤집어쓰고 잡히게 되었을 때 유다가 나서서 요셉에게 변호하는 말이 창세기 44:14~34장의 내용입니다. 이는 가장 설득력 있고 감동적인 최고의 웅변이라고 합니다. 이 말을 듣고 요셉은 자기의 정체를 드러내고 형들을 다 용서하게 됩니다. 여기에서 가장 중요한 핵심 내용은 "아버지"라는 단어입니다. 유다는 베냐민의 친형 요셉을 잃고 슬퍼했던 아버지, 그리고 이번에 베냐민마저 잃게 되면 아버지는 너무 슬픔에 빠져 죽게 될지 모른다고 합니다. 아버지의 슬픔을 자식으로서 더는 두고 볼 수 없다는 것입니다. 그러니 베냐민 대신 자신이 종으로 잡히겠다고 합니다. 자신의 목숨으로 베냐민을 무사히 데리고 오겠다는 아버지와의 약속을 지켜야 한다고 합니다.

전에 유다는 아버지의 마음을 몰랐습니다. 아버지 야곱이 베냐민에게 채색 옷을 입혀 줄 때 단순히 편애라고만 생각했습니다. 그러나 엄마 없는 빈자리를 채색 옷으로라도 채워 주려 했던 아버지의 마음을 헤아리게 되었습니다. 요셉을 잃고 오열하던 아버지를 이해 못 했는데, 두 아들을 잃고 보니 아버지의 마음을 이해했던 것입니다. 요셉을 잃은 것처럼 집을 뛰쳐 나온 자신을 동일하게 사랑하고 기다리고 계신 아버지의 마음을 이해하게 된 것입니다. 누가복음 15장의 집 나간 탕자가 집으로 돌아오듯 유다는 품꾼의 하나로라도 자신을 써달라고 해야겠다는 생각으로 집으로 돌아왔던 것입니다. 그리고 누구보다 아버지의 마음을 이해하는 아들이 되었던 것입니다. 유다의 후손으로 오신 예수님이 누가복음 15장에서 돌아온 탕자의 비유를 설명할 때 아마 유다를 생각하며 말했는지 모릅니다. 유다는 비록 넷째 아들이었지만 영적인 장자가 되어 메시야를 잉태하는 지파의 조상이 되는 축복을 받았습니다.

사랑하는 성도 여러분! 집나간 유다가 돌아오게 된 전어는 "아버지의 마음"이었습니다. 지금도 하나님 아버지는 우리가 돌아오기를 기다리고 계십니다. 십자가는 우리를 사랑하는 하나님 아버지 마음의 증표요, 두 팔 벌려 십자가에 못 박히시는 예수님은 우리를 두 팔 벌려 기다리는 아버지의 자비로운 품입니다. 돌아오는 역사가 우리에게 일어날 수 있기를 축원합니다.

형통의 축복을 받은 요셉

말씀 창세기 39장~41장
요절 창세기 39장 2절

"여호와께서 요셉과 함께 하시므로 그가 형통한 자가 되어
그 주인 애굽사람의 집에 있으니 그 주인이 여호와께서 그와 함께
하심을 보며 또 여호와께서 그의 범사에 형통케 하심을 보았더라"

우리는 '만사형통'이란 말을 좋아합니다. 그런데 그 말을 좋아하는
만큼 형통의 복을 누리며 사는 경우가 그리 흔치 않습니다. 그런데
요셉은 그리 흔치 않은 형통의 복을 받으며 산 신앙의 선배입니다.
지난 시간에 우리는 꿈 많은 요셉의 어린 시절에 대해 배웠고 또 그
꿈 때문에 요셉에게 시련이 닥치고 고난이 닥쳤던 것을 배웠습니다.
그러나 요셉은 고난 가운데서도 하나님과 동행하는 복을 받았으며
그는 이로써 형통의 복을 받을 수 있었음을 배웠습니다. 문제 없는
편안한 삶과 형통은 다른 것입니다. 인생은 많은 고난과 시련의 연
속이라고 해도 과언이 아닙니다. 왜냐면 세상은 광야로 비유되기 때
문입니다. 특히 하나님 나라에 소망을 두고 사는 거룩한 나그네들
인 성도들은 더욱 세상에서 고난이 많습니다. 그러므로 편안하기를
바라는 것은 십자가 지기 싫어하는 기복신앙입니다. 그러면 '형통'이
란 무엇입니까? '형통'은 고난이 고난으로 끝나는 것이 아니고, 또 문

제의 미궁에서 헤메는 것이 아니고, 어떤 고난이 닥치고, 시련과 문제가 닥쳐도 이를 헤쳐 나가고 그 시련과 고난을 뛰어넘고 승리하는 것이 형통입니다. 요셉에게도 많은 시련과 아픔이 있었지만 그는 형통의 복을 받았습니다. 하나님은 그와 함께 하셨고 하나님이 함께 하는 그는 형들의 모함으로 구덩이에 갇혔고, 또 낯선 이방에 노예로 팔려갔어도, 감옥에 갔었어도, 나라에 총리대신이 되었어도 그는 어디를 가나 무슨 일을 맡으나 그는 형통하여 승리하는 자가 되었고 그 주위에 있는 사람들도 그를 인하여 그 복을 함께 누렸습니다. 우리도 요셉과 같은 복을 누려야 됩니다.

오늘 본문 말씀은 요셉이 어떻게 형통의 복을 누리며 살았는가를 가르쳐 주고 있습니다. 말씀을 통하여 요셉의 신앙을 배우므로 우리도 형통의 축북을 누리며 살 수 있기를 축원합니다.

그러면 요셉은 어떻게 하여 형통의 복을 받을 수 있었습니까?

1. 형통의 축복은 하나님께로부터 온다는 사실을 알아야 됩니다.

창세기 39:2에 "여호와께서 그와 함께 하시므로 그가 형통한 자가 되었다"하였고, 3절에는 "여호와께서 그의 범사에 형통케 하심을 보았다"하였습니다. 이는 축복의 근원은 하나님이시라는 것을 알 수 있습니다.

축복의 근원이 여호와 하나님이시라는 것을 아는 것은 왜 중요합니까? 옛날 사람들은 땅이 축복의 근원인줄 알고 땅에 「지신제」를 지냈으며, 바다가 축복의 근원인 줄 아는 사람들은 바다에 '용왕신'

이 있다고 하여 바다에 제사를 지냈습니다. 또 지난 미국에서 통신위성을 띄울 때도 한국 과학자들은 돼지머리에서 축복이 오는 줄 알고 돼지머리를 올려놓고 제사를 지냈습니다. 직장이 축복의 근원인지 아는 사람은 젊은 시절은 좋은 직장 얻는 데 투자하고 직장에 들어가서는 하나님 섬기는 것보다 주일날도 직장 섬기기를 더합니다. 형통의 복을 주는 축복의 근원이 무엇인가를 아는 것은 이처럼 경배 문제와 직결되는 문제이므로 매우 중요합니다. 하나님에게서 형통이 복이 오는 줄로 아는 사람은 하나님만 경배합니다.

요셉은 이것을 알았던 것입니다. 요셉은 일생 동안 하나님만 붙들었고 여호와 하나님만 경배했습니다. 어떤 시련을 당하여도 하나님이 복 주실 줄 알고 그 하나님을 붙들었을 때 하나님은 이런 요셉을 기뻐하시고 그에게 형통의 복을 준 것입니다.

2. 맡은 일에 충성된 자가 형통의 복을 받습니다.

요셉은 형들의 시기로 노예상인에게 팔려 갔습니다. 보디발은 노예상인들에게서 요셉을 샀습니다. 요셉은 삯 때문에 일하고 삯을 받기 싫으면 일하지 않는 일꾼이 아니라 자기 힘으로는 노예 신분을 벗어날 수 없는 평생 종이 된 것입니다. 요셉은 이런 자기 신세를 한탄하지 않고 종으로써 충성되게 보디발의 집을 위해 애를 썼습니다. 요셉이 하는 일마다 일이 잘되는 것을 본 보디발은 하나님이 그와 함께 하는 것을 알았습니다. 만일 요셉이 심통이나 부리고 잔꾀나 부리고 신세 한탄이나 하였다면 불신자인 보디발이 '요셉은 정말 하나님이 함께 하는 진실한 신자'라고 인정하지 않았을 것입니다. 요셉은 집안일을 자기 일처럼 하였고 하나님은 이런 요셉과 함께 하였으며 불신자인 보디발도 정말 요셉이야말로 참된 신자인 것을 인정하지 않을 수 없었던 것입니다. 그래서 보디발은 요셉을 가정총무로 삼았습니다(창 39:4). 보디발이 자기 집과 그 모든 소유를 요셉에게 위임하였습니다. 이 말은 주인에게 충성된 자로 인정을 받았다는 증거입니다. 요셉에게 맡기면 안심이 된다는 말이고 요셉을 신임한다는 것입니다. 이것이 형통입니다. 또 요셉이 가정총무가 된 뒤부터 보디발의 집은 큰 축복을 받게 되었습니다(창 39:5). 요셉은 할 수 있으면 주인에게 유익을 끼치고자 노력했다는 것이며 하나님은 요셉을 인하여 보디발의 집에 복을 준 것입니다.

우리는 여기서 어떤 살림이 하나님께나 사람에게 인정받아 형통하게 되는가 배웁니다. 그것은 '충성'입니다. 또 '충성'이란 것은 맡긴 것에 최선을 다하여 유익을 남겨야 되는 것임을 배웁니다. 요셉은 가정총무를 맡았을 때 유익을 남기는 자가 되었습니다. 요셉으로 인하여 주인의 집도 형편이 좋아지고 여호와의 복을 받았습니다. 우리도 교회에서 맡겨준 직분에 충성하여 몸된 교회에 유익을 끼치고 나를 인하여 교회가 부흥되는 사람들이 되어야 합니다. 나를 인하여 교회가 복을 받고 가정이 복을 받고 이웃이 복을 받고 소속된 단체가 복을 받는 사람이 되어야 하는 것입니다.

3. 죄를 미워하고 성결된 삶을 사는 자가 형통의 복을 받습니다.

그런데 요셉이 가정총무가 되어 살만하게 되자 큰 시련이 닥쳐왔습니다. 요셉은 용모가 준수하고 아담한 청년이었습니다. 이런 요셉에게 반한 보디발의 처가 눈짓을 하고 아양을 떨더니 마침내 동침하기를 청하였습니다. 여인은 끈질기게 날마다 유혹하였습니다. 그렇더니 하루는 요셉이 시무하러 그 집에 들어갔는데 그 집에는 아무도 없고 두 사람만 남게 되었습니다. 보디발의 처는 요셉의 옷을 붙들고 동침하기를 청하였습니다. 요셉은 아무도 보는 사람이 없으므로 한 번만 잠깐 즐길 수도 있었습니다. 아니 오히려 재미도 보고 또 주인의 처를 이용하여 노예 신세도 벗어나고 출세도 할 수 있었습니다. 그러나 만일 요셉이 이 유혹에 진다면 순결을 잃고 사정없이 전락하게 됩니다. 그러면 하나님의 영이 더 이상 그와 함께 하실 수 없게 됩니다. 또한 구속 역사에 귀한 그릇으로 쓰일 수 없게 됩니다. 하나님께 쓰임 받으려면 반드시 세속으로부터 자신을 지키는 생활을 해야 합니다(딤후 2:19-22). 요셉에게는 현재 '육신의 정욕에 무릎을 꿇느냐? 아니면 이 유혹과 싸워 승리하느냐?' 하는 갈림길에 놓이게 되었습니다. 이 유혹은 정욕이 왕성한 20대 청년인 요셉에게는 참으로 견디기 힘든 내적 시련이었습니다. 그러나 요셉은 어떻게 하였습니까? 요셉은 이 유혹을 물리쳤습니다. 요셉은 철저히 죄를 미워하였습니다. 하나님은 이런 요셉이기에 그와 함께 하였고 그에게 형통의 복을 준 것입니다.

딤후 2:21에서는 이렇게 말합니다. "그러므로 누구든지 이런 것에서 자기를 깨끗이 하게 하면 귀히 쓰는 그릇이 되어 거룩하고 주인의 쓰심에 합당하며 모든 선한 일에 예비함이 되리라" 거룩하고 성결된 자를 하나님은 기뻐하시고 그를 쓰시는 것입니다. 그러므로 형통의 복을 받기를 원하면 하나님이 쓰실 만한 깨끗한 그릇으로 준비되어야 하는 것입니다.

그러면 요셉은 어떻게 죄의 유혹을 물리치고 성결된 삶을 살 수 있었습니까?

첫째, 상천하지의 하나님 앞에 살았습니다.

"내가 어찌 이 큰 악을 행하여 하나님께 득죄하리이까?"(창세기 39:9) 요셉은 보디발에게 죄를 범하는 행위이기 이전에 하나님께 득죄하는 것으로 알았다는 것입니다. 이는 그가 하나님을 두려워하고 하나님 앞에 살았다는 것입니다. 사람은 속일 수 있어도 하나님은 속일 수 없습니다. 요셉은 눈동자 같이 지켜보는 하나님을 인정하고 공경하였습니다. 이 하나님은 숨은 곳에서의 충성과 봉사와 헌신도 다 알고 축복하시는 분이시며 또한 은밀한 곳에서의 범죄도 다 아시고 벌하시는 공의로우신 하나님, 전능하신 하나님, 거룩하신 하나님인 것입니다. 요셉은 이 하나님을 인정하고 이 하나님 앞에 살았던 것입니다.

또한 하나님 앞에 산다는 것은 결국 하나님의 말씀을 좇아 산다는 것을 의미합니다. 시편기자는 "청년이 무엇으로 그 행실을 깨끗하게 할 수 있는가?" 고민하다가 한 해답을 얻었습니다. "주의 말씀을 따라 삼갈 것이니 이다. 내가 전심으로 주를 찾았사오니 주의 계명에서 떠나지 말게 하소서"(시 119:9~10) 하나님의 말씀을 좇아 살 때 성령의 충만함을 받아 죄의 소욕을 이기고 순결의 삶을 살 수 있습니다.

둘째, 주인에게 대한 은혜에 감사할 줄 알고 의리가 있었습니다.
"이 집에는 나보다 큰 이가 없으며 주인이 아무것도 내게 금하지 아니하였어도 금한 것은 당신뿐이니 당신은 자기 아내임이라"(창 39:9) 요셉은 주인의 은혜를 아는 사람이었습니다. 그리고 주인의 맡겨준 일에 책임을 다하고 분수를 알고 충성하는 자였습니다. 그는 주인과의 의리를 지킬 줄 아는 정의감이 있었습니다. 정말 이런 사람이 대장부 니다. 하나님은 사람 사이에서도 배은망덕한 사람은 기뻐하지 않습니다. 분수를 알고 받은 바 은혜를 아는 사람이 단호한 결단력이 있었습니다.

사람들은 알면서도 죄를 지을 때가 많습니다. 그러나 요셉은 단호한 결단력의 사람이었습니다. 요셉은 여인이 옷을 잡아끌 때 옷을 벗어버리고 도망하여 나갔습니다(창세기 39:12). 한마디로 그는 죄와 온몸으로 싸우고 죄에 대해서는 단호히 항거하였습니다. 유혹의 자리에 머물러서는 안 되는 것입니다. 머물다가 넘어가게 되고 머문다는 것은 죄에 끌린다는 것입니다. 그러므로 처음부터 유혹의 자리를 박차고 일어나는 결단력이 필요한 것입니다. 우리 마음에 있는 죄의 소욕은 불과 같습니다. 불을 안고 기름에 가까이 가면 활할 타오르게 됩니다(잠 6:27~28). 그러므로 처음부터 유혹의 자리를 피하는 것이 좋습니다.

4. 어디서나 섬기는 종의 삶을 가진 자에게 형통의 복이 있습니다.

요셉은 믿음으로 내적 큰 시련을 이길 수 있었지만 이 때문에 요셉은 억울한 누명을 뒤집어쓰고 감옥에 갇히게 되었습니다. 여기서 다시 배우는 것은 형통이라는 것이 단지 문제가 없는 편한 것만은 아닌 것을 알 수 있습니다. 시련은 있다는 것입니다. 그러나 그 시련도 종국은 더 좋은 것을 열매를 맺게 하기 위한 발판이라는 사실인 것입니다. 그러므로 형통은 닥친 문제를 승리하며 헤처 나가는 것입니다. '강간치사범'이라는 지저분한 누명을 쓰고 감옥에 갇히게 된 요셉, 세상은 너무나 죄악되어서 진실하게 살고자 몸부림치는 요셉을 사정없이 짓밟아 버린 것입니다. 요셉은 지도자가 되고자 했는데 상황은 점점 더 아래로 굴러떨어졌습니다. 그러나 이 가운데도 하나님의 놀라운 섭리가 숨어 있었습니다.

요셉이 감옥살이하면서 가장 견디기 힘든 것은 사람들로부터 받는 오해와 비난이었을 것입니다. 그보다도 하나님의 사랑에 대한 회의로 인해 하나님과의 관계성이 금이 가기 쉬웠을 것입니다. '난 의롭고 진실되게 하고자 하는데 왜 결과가 비참하게 되는가? 하나님이 정말 나와 함께 하시고 나를 사랑하시는가?' 이런 회의가 들면 사정없이 아래로 굴러떨어지게 됩니다. 이는 신앙적 위기입니다. 그러나 요셉은 하나님을 믿는 믿음에는 요동함이 없었습니다. 세상은 그의 몸을 구속하였지만 그의 믿음은 구속할 수 없었습니다. 그가 하나님과 동행했을 때 감옥도 천국이었습니다. 하나님은 이런 요셉과 함께 하셔서 그를 도와주셨습니다.(창세기 39:21) 하나님은 간수에게 은혜를 얻게하여 요셉으로 하여금 옥중 제반 사무를 맡게 하셨던 것입니다. 이로써 요셉은 가장 밑바닥까지 낮아진 곳에서도 섬기는 종의 삶을 살게 된 것입니다.

감옥살이는 괴로움만 당하고 무의미한 것같이 보입니다. 그러나 여기에도 하나님의 깊은 뜻이 숨어 있었습니다. 요셉의 꿈은 지도자가 되는 것이었습니다. 그런데 하나님께서 쓰실 만한 지도자가 되려면 무엇보다도 겸손해야 됩니다. 또한 어떤 종류의 사람도 품고 섬길 수 있는 내면성이 있어야 됩니다. 또한 감정과 혈기대로 하지 않고 인내하고 참고 견디는 인내심이 있어야 됩니다. 요셉은 밑바닥까지 낮아지므로 겸손 훈련을 받았습니다. 또한 냄새나는 죄인들을 품고 섬기는 좋은 훈련을 받았습니다. 또 하나님의 때를 기다리는 인내심 훈련도 받았습니다. "금은 도가니 속에서 연단되고 사람은 고난 속에서 연단된다"는 말이 있습니다. 하나님은 요셉을 애굽의 용광로 속에 넣어 그가 순수하고 강한 정금과 같은 믿음의 사람이 되도록 연단하셨습니다. 요셉의 믿음은 보이지 않는 가운데 더욱 깊이 뿌리를 내리고 그의 내면은 넓어졌습니다.

감옥에서 섬기는 종의 사명을 다하다가 요셉은 애굽 총리로 발탁되는 기회를 얻게 되었습니다. 그는 큰 축복을 받은 것입니다. 결국 감옥에서도 형통한 길이 열렸던 것입니다. 시련이 오히려 전화위복이 된 것입니다.

어떻게 이런 기회를 얻은 것입니까? 감옥에서도 요셉은 죄수들의 목자가 되어 그들을 섬기다가 기회를 얻게 된 것입니다. 바로 왕의 술 맡은 관원장과 떡 굽는 관원장이 범죄하여 감옥에 갇히게 되었을 때 그들의 꿈을 해석해 주며 겸손히 섬겼습니다. 그럴 때 이것이 계기가 되어 왕의 꿈도 해석하게 되고 이로 인해 요셉은 총리대신이 된 것입니다.

이로 볼 때 형통의 복을 받는 사람은 겸손히 하나님의 주시는 연단 가운데서 섬기는 종의 도리를 다하는 사람입니다.

5. 요셉은 기도하는 삶 속에서 형통의 복을 받았습니다.

요셉은 두 관원장의 꿈을 해석해 주었고, 또 왕의 꿈을 해석해 주었습니다. 그때 요셉의 말이 무엇입니까?

"해석은 하나님께 있습니다."(창세기 40:8)

"바로의 꿈은 하나이라 하나님이 그 하실 일을 바로에게 보이심이니이다."(창세기 41:25)

요셉은 기도하므로 하나님과 교통하였고, 그런 요셉에게 하나님은 영안을 열어주시고 하나님의 깊은 것이라도 통달할 수 있는 영의 사람이 되게 하셨습니다. 그가 기도하므로 영의 사람이 되자 그는 누구도 해석할 수 없는 왕의 꿈을 해석하고 이로써 감옥에 갇힌 죄수의 몸에서 총리대신까지 되는 은혜를 받은 것입니다. 기도하는 자는 형통의 복을 받습니다.

구약에 해몽으로 유명한 또 한 사람이 있으니, 그는 다니엘이었습니다. 다니엘도 바벨론 느부갓넷살 왕의 꿈과 그 꾼 꿈을 해석하여 그도 포로 신세에서 총리대신이 되었으며 박사 위에 박사가 되었습니다. 느부갓넷살 왕은 꿈을 꾸고 자기가 꾼 꿈조차 기억지 못하여 온 나라 박사에게 자기의 꾼 꿈과 그 꿈을 해석하도록 명하였고 해석지 못하면 다 죽이겠다고 하였습니다. 그러나 아무도 해석할 수 없었습니다. 다 죽게 된 상황에서 다니엘은 자기가 그 꿈을 해석할 수 있다고 고하였습니다. 그리고 집으로 돌아와 믿음의 친구 세 사람을 불러 하나님께 합심하여 기도했습니다. 그때 하나님은 밤에 이상으로 다니엘에게 나타나 보이셨습니다. 다니엘은 이 하나님을 밤새워 찬양하고 감사하였습니다(다니엘 2:16-23). 하나님은 기도하는 자에게 그 깊고 은밀한 일을 나타내시고 보이십니다. 그러므로 하나님께 기도하고 교제하는 자 그는 형통합니다.

6. 축복의 때에 겸손함으로 일생 형통의 복을 누리며 살 수 있었습니다.

요셉은 왕의 꿈을 해석하고 그 해결책까지 내놓게 되자 바로와 모든 신하가 그 제안을 좋게 받아들였습니다. 그리고 바로는 "이와 같이 하나님의 신이 감동한 사람을 우리가 얻을 수 있으리요"하며 그 즉시 요셉을 애굽의 국무총리로 임명했습니다. 그는 하루아침에 애굽을 다스리는 실권자가 되었습니다. 하나님은 요셉이 꿈을 꾼 후, 긴 연단 끝에 마침내 그 꿈을 실현시켜 주신 것입니다. 여기서 볼 때 하나님은 낮추기도 하시고 높이기도 하시는 분이심을 알 수 있습니다.

그러나 요셉은 일개 죄수에서 갑자기 총리가 되었으니 한없이 교만해지기 쉬웠습니다. 그는 권세를 남용하여 피의 숙청을 할 수도 있었습니다. 그는 축복의 때에 하나님을 잊고 자행자지하기 쉬웠습니다. 그러나 요셉은 고난의 때나 축복의 때나 조금도 변함없이 하나님과 동행하며 하나님을 섬겼습니다. 이는 그가 자식들의 이름을 짓는 데 잘 나타납니다. 그는 첫째 아들 므낫세를 낳고 "하나님이 나로 나의 모든 고난과 나의 아비의 온 집 일을 잊어버리게 하셨다"고 간증했습니다. 둘째 아들 에브라임을 낳고 "하나님이 나로 나의 수고한 땅에서 창성하게 하셨다"고 고백했습니다. 그는 영광 중에 하나님의 은혜를 기억하고 하나님께 영광을 돌렸습니다. 그는 매사에 "하나님이 나로 어떻게 하셨다"고 말했습니다. 그의 사고와 삶의 중심이 바로 하나님이었습니다. 하나님이 '주어'이고 자기는 '목적어'였습니다. 그는 자기에게 두신 하나님의 선하신 주권을 인정하고 범사에 하나님께 감사하고 하나님을 사랑하고 하나님과 동행했습니다. 그의 신앙은 철저하게 하나님 중심의 신앙이었습니다. 이로써 그는 교만을 이기고 총리직을 훌륭히 수행할 수 있었습니다.

결론적으로 하나님은 요셉이 아버지 집에 있을 때나 애굽에서 노예 생활을 할 때나 감옥살이할 때나 총리 생활을 할 때도 그 어디서나 그와 함께 하셨습니다. 하나님께서 그와 함께 하실 때 초막이나 감옥이나 궁궐이나 그 어디나 천국이었습니다. 그는 하나님이 함께 하시므로 형통한 삶을 살았습니다. 우리가 어떤 형편 가운데서도 하나님과 동행하므로 환경을 이기고 연약함을 이기고 운명을 이기고 교만을 이기고 승리의 인생을 살 수 있기를 축원합니다.

그리스도인의 성숙한 사랑

말씀 창세기 42:18~25
요절 창세기 42:24

"요셉이 그들을 떠나가서 울고 다시 돌아와서 그들과 말하다
가… 시므온을 끌어내어 그들의 눈앞에서 결박하고"

해마다 12월 31일만 되면 일본의 우동 집은 1년 중 가장 바쁜 날
을 보내게 됩니다. 삿포로에 있는 우동집 '북해정'은 그중에 유명한
식당입니다. 밤 10시가 되어 가게 문을 닫으려는데 두 명의 어린 아
들을 데리고 한 여인이 들어옵니다. "밤늦게 죄송한데 저 우동 1인
분만 시켜도 될까요?" 상냥한 주인 아주머니는 환한 얼굴로 대답합
니다. "네네, 자 이쪽으로 오세요" 그러더니 남편인 주방장에게 크게
소리쳤습니다. "여기 우동 1인분이요" 원래 무뚝뚝한 남편은 손님들
의 모습을 보더니 우동 반 덩어리를 더 넣어서 삶았습니다. 세 사람
의 행색을 보고 우동을 한 그릇밖에 시킬 수 없는 이유를 짐작했기
때문입니다. 우동을 갖다 주자 모자의 이야기 소리가 계산대와 주
방까지 들려왔습니다. "국물이 따뜻하고 맛있네요, 엄마도 잡수세
요" 그러자 둘째 아들은 젓가락으로 우동 가락을 집어서 엄마의 입
에 넣어 주었습니다. 비록 한 그릇의 우동이지만 세 식구는 너무나

맛있게 나누어 먹었습니다. 주인은 잘 먹었다고 인사하고 나가는 그들에게 "고맙습니다. 새해 복 많이 받으세요" 큰 소리로 목청을 돋워 인사했습니다.

그리고 한해가 지나 다시 12월 31일 밤 10시가 넘은 시각이 되자 그 세 명의 모자가 또 식당을 찾았고 여전히 1인분을 시켰습니다, 주인 여자가 주방에 들어와 3인분짜리 만들어 주자고 하니 주방장 남편은 그러면 도리어 저분들이 부담스러워서 다신 우리 집에 오지 못할 거라며 지난해처럼 둥근 우동 하나 반을 더 넣어 삶았습니다. 그날도 모자는 한 그릇 우동을 나누어 먹으면서 행복해했습니다. 그다음 해도 그 시각이 되자 세 모자는 이 우동 집을 찾았습니다. 그다음 해부터는 우동 값이 올라 한 그릇에 200엔이 되었지만 10시 쯤이 되자 식당 주인 부부는 메뉴판을 예전 가격 150엔으로 바꾸어 놓았습니다. 그런데 이번엔 우동 2인분을 시키는 것입니다. 그래서 우동 집 주인은 우동 세 덩어리를 넣어 끓였습니다. 이번에도 우동을 함께 먹는 세모자의 밝은 목소리가 들려 왔습니다. "사랑하는 아들들아, 오늘은 너희들에게 엄마가 고맙다고 말하고 싶구나, 너희들도 알다시피 택시 운전하던 아빠가 일으킨 사고로 아빠는 세상을 떠나고, 여덟 명이나 되는 사람들에게 부상을 입혔잖니. 일부는 보험금으로 보상을 해 줄 수 있었지만, 보상비가 모자라 모자란 만큼 빚을 얻어 지불했단다. 그리고 그 빚을 매월 갚아나갔던 거야, 그런데 실은 그 빚을 오늘 다 갚게 되었단다. 그동안 형은 아침저녁으로 신문 배달을 열심히 해 주었고, 동생은 장보기와 저녁 준비를 매일 해 주어서 엄마가 열심히 일하여 빚을 갚을 수 있었단다. 너희들이 너무나 고맙구나" 작은아들이 말합니다. "엄마, 여기 주인 아저씨는 우리가 우동 한 그릇을 시키는데도 한 번도 짜증을 안 내시고, 친절하고 반갑게 맞이해 주잖아, 그리고 갈 때는 고맙습니다. 새해 복 많이 받으세요 이렇게 인사할 때마다, 지지 말아라 힘을 내어 살아라 하는 것 같아서 너무 좋았어, 그래서 나도 크면 우동 가게를 차려서 힘들어 보이는 손님들에게 고맙습니다. 새해 복 많이 받으세요, 하고 인사해 주는 일본 최고의 우동가게 주인이 되고 싶어"라고 말하였습니다. 이 말을 듣고 있던 우동 가게 주인 내외는 흐르는 눈물을 연신 닦고 있었습니다.

그리고 10년 후 12월 31일 밤 세 모자는 다시 우동 가게에 나타났습니다. "저희 우동 3인분 주세요. 우리는 14년 전 이곳에서 셋이서 우동 1인분을 주문했던 사람입니다. 그때 한 그릇 우동에 용기를 얻어 우리 가족은 손을 맞잡고 열심히 살 수 있었습니다. 저는 올해 의사 국가고시에 합격하여 내년 4월부터 삿포로 종합병원에 근무하게 되었고, 동생도 열심히 공부하여 교토의 은행에 근무하게 되었습니다. 우동 집 주인은 되지 않았지만 오늘 우리는 지금까지 삶 중에 최고의 사치스러운 것을 계획했습니다. 그것은 오늘 북해정 우동 집을 찾아와 당당하게 3인분의 우동을 시키는 것이었습니다."

이 얼마나 감동적인 이야기입니까? 이는 일본의 작가 구리 료헤이가 쓴 「우동 한 그릇」이라는 단편 소설인데, 일본 전 열도를 감동하게 만들고 울린 소설입니다. 일본 국회회의장에서까지 낭독되어 감동의 눈물을 흘리게 했습니다. 우동집 주인의 따뜻한 연민, 그러나 상대방을 배려하면서 베푼 그 긍휼어린 마음과 행동이 위대한 인간 승리와 감동 스토리를 만들어 준 것입니다. 지금 우리 사회에도 이런 따뜻한 우동 한 그릇이 필요합니다. 오늘 본문에도 그 같은 감동의 스토리가 나오고 있습니다. 요셉이 자기를 노예로 팔아버린 형들을 용서하는 장면입니다. 오늘은 요셉을 통하여 따뜻한 사랑을 배우므로 예수님을 닮아가는 하나님의 사람으로 성장할 수 있기를 축원합니다.

1. 요셉을 찾은 형제들

요셉의 예언과 같이 7년의 풍년이 끝나고 애굽을 비롯한 온 세상에 흉년이 들기 시작했습니다. 각국의 백성이 양식을 사러 애굽으로 왔습니다. 기근은 요셉의 고향인 가나안 땅에도 강타하여 요셉의 형들도 애굽에 곡식을 사러 왔습니다. 그러나 야곱은 사랑하는 막내아들 베냐민은 보내지 않았습니다(42:4). 형들은 애굽에 와서 총리대신인 요셉 앞에 엎드렸습니다. 요셉 앞에 엎드리면서도 그들은 자기들이 20여 년 전에 팔아버린 요셉이 총리대신인 줄은 꿈에도 몰랐습니다. 요셉의 꿈대로 성취가 된 것입니다.

이때 요셉은 어떻게 처신하였습니까? 요셉은 자신의 정체를 숨기고 형들을 정탐꾼으로 몰았습니다. 그리고 삼일간 가두었습니다. 형들은 아버지와 막냇동생이 집에 있고, 자신들은 가족들을 먹여 살리기 위해 식량을 사러 온 것이지 정탐꾼들이 아니라며 자초지종을 이야기했습니다. 요셉은 그들을 풀어주면서 시므온만 결박하여 인질로 잡아두고 막냇동생을 데리고 오도록 함으로써 그들의 말이 진실임을 증명토록 하였습니다.

형들은 돌아가면서 20년 전에 요셉에게 지은 죄를 기억하고 죄의

식으로 괴로워했습니다. "그들이 서로 말하되 우리가 아우의 이로 말미암아 범죄하였도다 그가 우리에게 애걸할 때에 극 마음의 괴로움을 보고도 듣지 아니하였으므로 이 괴로움이 우리에게 임하도다"(42:21) 형들이 서로 말하며 괴로워하는 것을 지켜보면서 요셉은 많이 울었습니다. 그리고 그들을 보낼 때 곡물과 함께 곡물 값으로 지불한 돈도 다시 넣어 보냈습니다. 형들은 집에 돌아와 자초지종을 아버지 야곱에게 이야기했습니다. 야곱은 요셉도 잃고 시므온도 잃고 또한 베냐민까지 잃게 될 것을 생각하니 심히 괴로웠습니다. 그러나 너무 기근이 심하여 다시 애굽으로 내려가지 않으면 안 되었습니다. 그들은 베냐민을 데리고 그 나라 특산품인 각종 예물을 가지고 다시 양식을 구하러 애굽으로 가게 되었습니다.

도착한 그들에게 요셉은 야곱의 안부를 물어본 후 베냐민을 보자 마음이 타는 듯하므로 그 정을 억제하지 못하고 방안에 가서 울고 나왔습니다. 요셉은 형들을 나이 순서대로 앉히고 극진히 대접한 후 돌려보내었습니다. 그런데 돌아갈 때 요셉은 한 사건을 만들었습니다. 그는 청지기로 하여금 자기의 은잔을 베냐민의 자루에 넣게 함으로써 그들을 도둑으로 몰았습니다. 그들이 출발한 지 얼마 되지 않아서 바로 그 뒤를 쫓아가서 조사했습니다. 베냐민은 궁중의 은잔을 훔친 현장범이 되었습니다. 이때 그들은 과거 같으면 베냐민에게 책임을 전가하고 자신들의 살길을 강구하였을 것입니다. 그러나 이번에는 모두 종이 되겠다고 하였습니다(창세기 44:16). 그러나 요셉은 은잔이 발견된 베냐민만 종이 되고 모두 평안히 집으로 돌아가라고 하였습니다. 왜 요셉이 이렇게 한 것입니까? 이는 형들의 참모습을 테스트한 것입니다. 이때 유다가 요셉에게 가까이 가서 간청

하였습니다(창44장). 과거 그는 동생 요셉을 미워하고 시기하여 파는
데 앞장섰습니다. 그는 요셉이 얼마나 괴로워하고, 아버지가 얼마나
슬퍼할 것인가에 대해서는 전혀 관심이 없었습니다. 그러나 이제는
베냐민을 잃게 되면 늙으신 아버지가 돌아가시게 될 것이라고 생각
하게 되었습니다. 그는 자기 생명보다 아버지와 동생을 더 사랑하는
희생적인 사람의 소유자가 되었습니다. 요셉은 형들의 진실된 회개
의 모습을 보고 더 이상 자신을 숨기지 않고, 자신이 요셉임을 밝히
며 궁중의 모든 사람이 듣도록 기뻐서 방성대곡을 하였습니다.

　우리는 여기서 왜 요셉이 여러 가지 사건을 일부러 만들어 형들을
곤경에 빠뜨리고 괴롭게 한 것인가 그 진의를 알 수 있습니다. 그것
은 원수를 갚으려고 한 것이 아닙니다. 요셉은 형들을 진정으로 사
랑했습니다. 그래서 형들이 죄의식으로 괴로워할 때마다 마음이 아
파 그들을 떠나가서 울었습니다. 형들은 자기중심적이고 감정적이
고 무책임하여서 하나님께서 보실 때 아무 쓸모가 없었습니다. 그들
이 12지파의 조상이 되고 하나님께서 쓰실 만한 사람이 되려면 진
하되게 회개하여 영적인 사람이 되어야 했습니다. 그러기 위해서는
훈련이 필요했습니다. 요셉은 형들을 여러 모양으로 훈련시키므로
그들이 죄를 깨닫고 하나님이 쓰실 만한 사람이 되기를 원한 것입니
다. 여기서 우리는 진정한 사랑이 무엇인지 배웁니다.

2. 요셉의 사랑 방법

첫째는 용서의 사랑입니다.

요셉은 형들을 이미 용서하였던 것입니다. "당신들이 나를 이곳에 팔았다고 해서 근심하지 마소서 한탄하지 마소서 하나님이 생명을 구원하시려고 나를 당신들보다 먼저 보내셨나이다"(45:5) 요셉은 하나님의 크신 섭리 가운데 서 자신을 훈련하시고 자신을 세밀하게 인도하시는 것을 알고 있었던 것입니다. 요셉의 마음 가운데는 형들에 대한 원망보다 형제들에 대한 그리움과 사랑이 강물처럼 흐르고 있었습니다.

둘째는 훈련하는 사랑입니다.

요셉은 형들을 용서할 뿐만 아니라 형들이 진정 회개하여 하나님이 쓰실 만한 사람들이 되기를 바랐던 것입니다. 히브리서 12장 6절은 이렇게 말합니다."주께서 그 사랑하시는 자를 징계하시고 그의 받으시는 아들마다 채찍질하심이니라" 또 말하기를 "징계는 다 받는 것이거늘 너희에게 없으면 사생자요 참아들이 아니니라" 또 요한계시록 3장 19절은 말합니다. "무릇 내가 사랑하는 자를 책망하여 징계하노니 그러므로 네가 열심을 내라 회개하라"

용서한 사람을 끝까지 관심 갖고서 훈련하여 그를 회개시키고 거룩한 하나님의 백성으로 키우는 것입니다. 사람마다 하나님이 쓰실 수 없는 죄악 된 요소를 가지고 있습니다. 어떤 사람은 이기적이고, 혈기가 많고 감정적이고, 게으릅니다. 이런 것들은 신앙생활을 오래 한다고 없어지는 것이 아닙니다. 이는 훈련을 통해서 하나님 앞에서 죄악 된 자신을 발견하고 진실하게 회개할 때만 가능합니다. 훈련을 통해서 하나님께서 쓰실 만한 사람으로 돕는 것이 사랑인 것입니다. 훈련받는 사람도 깨어지는 아픔이 있지만 훈련시키는 사람은 그보다 더 큰 아픔이 있습니다.

　사랑하는 성도 여러분! 오늘 우리들에겐 따뜻한 사랑과 위로가 필요한 때인 것 같습니다. 흩어진 형제들이 다시 눈물의 상봉을 하는 것처럼 우리 내면에 메마른 심령에 사랑과 위로의 단비가 흠뻑 내리길 바랍니다. 그래서 다시 연합하고 용서하고 배려하고 긍휼을 베풀며 하나가 되는 공동체가 되길 소망합니다. 우리는 예수 안에 사랑을 나누는 가족 공동체이기 때문입니다. 그래서 다음주부터는 주일 점심을 함께 나누고자 합니다. 사랑의 애찬이 다시 시작되고 주님의 위로와 긍휼이 넘쳐나는 우리 '우동 한 그릇" 같은 감동이 넘치는 광명교회가 될 수 있기를 축원합니다.

하나님의 섭리를 믿는 믿음

말씀 창세기 45:1~8
요절 창세기 45:5
"당신들이 나를 이 곳에 팔았다고 해서 근심하지 마소서
한탄하지 마소서 하나님이 생명을 구원하시려고
나를 당신들보다 먼저 보내셨나이다"

뉴욕의 한 고등학교 3학년을 담임하는 여교사가 학생들에게 숙제를 하나 냈습니다. 학생들을 한 명씩 교단 앞으로 나오게 한 후 가슴에 파란색 리본을 달아주었습니다. '당신은 내게 특별한 사람입니다.' 리본에 적혀있는 글씨였습니다. 선생님은 리본을 3개씩 더 나누어 주면서 주변 사람들에게 달아주고 일주일 후에는 그 결과를 써 오라고 했습니다. 한 학생이 자신의 진로를 친절하게 상담해 주었던 아르바이트 하는 가게의 점장을 찾아갔습니다. 학생은 점장의 옷깃에 파란 리본을 달아준 다음 두 개의 리본을 건네주면서 말했습니다. "이건 저희 선생님이 생각해 내신 일인데요. 이 리본을 점장님께서 존경하는 특별한 사람에게 달아 주세요. 그리고 나머지 하나는 그 사람의 특별한 사람에게 달아주게 해 주세요" 그날 저녁 점장은 고민하다가 사장에게로 갔습니다. 사장은 직원들에게 일만 시키고 인간미가 없는 지독한 인물로 정평이 난 사람이었습니다. "사장님은

내게 특별한 사람입니다." 놀라는 사장님께 점장은 리본을 달아주며 부탁합니다. "제 부탁을 하나 들어주시겠습니까? 사장님이 가장 소중히 여기는 사람에게 이 리본을 달아주시기 바랍니다."

집에 돌아간 사장은 열일곱 살 난 아들을 부르더니 '당신은 내게 특별한 사람입니다'라고 적힌 리본을 가슴에 달아주었습니다. 그리고 이렇게 말했습니다. "난 오늘 집에 돌아오면서 누구에게 이 리본을 달아줄까 생각해 봤는데 금방 널 생각했단다. 사업하느라 하루 종일 눈코 뜰 새 없이 바쁘다 보니 너에게 별로 신경을 써 주지 못했지만 그래도 넌 누구보다 나에게 특별한 사람이고 소중한 존재란다" 그런데 갑자기 아들이 흐느껴 우는 것이었습니다. "아빠 사실 저는 내일 아침 죽으려고 마음먹었어요. 아빠가 저 같은 건 사랑하지 않는다고 생각했거든요. 저는 이 세상에 살 가치도 없는 쓸모없는 인간이라고 생각했었는데 이젠 그럴 필요가 없어졌어요"

우리는 어떤 존재입니까? "야곱아 너를 창조하신 여호와께서 지금 말씀하시느니라 이스라엘아 너를 지으신 이가 말씀하시느니라 너는 두려워하지 말라 내가 너를 구속하였고 내가 너를 지명하여 불렀나니 너는 내 것이라"(사43:1) 오늘은 하나님의 섭리 안에서 자신이 존재를 발견해가며 성숙한 신앙인의 길을 걸었던 요셉에 대해서 생각해 보고자 합니다. 말씀을 들으며 하나님 안에서 내 존재의 소중함을 깨닫는 복된 시간이 될 수 있길 축원합니다.

1. 요셉이 발견한 하나님의 섭리

요셉은 그동안 숨겼던 자신의 정체를 드러내었습니다. 요셉은 정을 억제하지 못하고 큰 소리로 울었습니다. 그리고 놀라는 형제들에게 말했습니다. "나는 당신들의 아우요 요셉이니 당신들이 애굽에 판 자라"이 말을 들을 때 형제들이 얼마나 가슴이 뜨끔했겠습니까? 이제 죽었다 생각했을 것입니다. 그런데 요셉은 무엇이라 말합니까? 본문 4~8절은 요셉의 간증 내용입니다. 여기서 우리는 요셉이 형들을 용서할 뿐 아니라 또한 뜨겁게 영접할 수 있었던 내적 힘이 어디에서 왔는가를 알 수 있습니다. 그것은 하나님의 섭리를 믿는 그의 믿음에서 나왔음을 알 수 있습니다. 5절을 보십시오. "당신들이 나를 이곳에 팔았다고 해서 근심하지 마소서 한탄하지 마소서 하나님이 생명을 구원하시려고 나를 당신들보다 먼저 보내셨나이다." 요셉은 자신의 인생이 형들의 손에 의해서 좌우된 것이 아니라 하나님의 절대적인 주권과 섭리 가운데 인도되었음을 증거했습니다. 형들은 시기심 때문에 요셉을 팔았지만 하나님은 이를 선으로 바꾸사 요셉을 연단하셔서 애굽의 총리로 세우셨습니다.

내 인생이 누구의 손에 의해 좌우되는가를 아는 것은 아주 중요한 문제입니다. 지금까지 자신의 삶이 형들에 의해 휘둘리고 좌지우지되었다고 생각하면 요셉의 가슴에는 증오와 상처밖에 남지 않습니다. 그러나 요셉은 형들이 자기를 판 것은 사실이지만 그러나 내 인생을 좌지우지하는 것은 하나님이시라는 것을 알았습니다. 내 인생을 인간 편에서 바라보느냐 하나님 편에서 바라보느냐는 참으로 중요한 것입니다. 만일 그가 하나님 편에서 보지 않고 운명이란 관점에서 보았다면 그의 생애는 얼마나 비참했겠습니까? 그는 세상에서 가장 운명적인 사람이 되었을 것입니다. 그는 야곱의 열두 아들 중 열한 번째로 태어나 배다른 형들과 함께 자라야 했습니다. 어릴 때 일찍 어머니를 여의고 늙은 아버지의 사랑을 받으며 자랐습니다. 어쩌다가 철없이 꿈 이야기를 한 것이 화근이 되어 어린 나이에 노예로 팔려가 낯선 이방 땅에서 종살이를 해야 했습니다. 불행 중 다행으로 가정 총무가 되었지만 또다시 억울한 누명을 쓰고 감옥 생활을 해야 했습니다.

얼마나 비참한 운명이었습니까? 요셉은 뼛속까지 스며드는 슬픔을 건디기 어려웠을 것입니다. "어머니 왜 날 낳으셨나요? 왜 날 홀로 두고 떠나셨나요?" 하며 슬픈 운명을 한탄했을 것입니다. 세상을 원망하고 저주할 수밖에 없었을 것입니다. 사람들에 대한 복수심으로 그의 눈은 이글거렸을 것입니다. 또 무슨 운명의 장난인지 일개 죄수에서 하루아침에 총리가 되었습니다. 이때 그는 한없이 교만해져서 자기에게 주어진 권세를 모두 복수하는 데 사용했을 수 있었을 것입니다. 그런데 요셉은 자기의 생애를 그렇게 보지 않았습니다. 하나님께서 자기 가족과 만민의 생명을 구원하시고자 이곳에 자기를 먼저 보내셨다고 믿었습니다. 로마서 8장 28절은 이렇게 말합니다. "우리가 알거니와 하나님을 사랑하는 자 곧 그 뜻대로 부르심을 입은 자들에게는 모든 것이 협력하여 선을 이루느니라"

요셉은 하나님께서 완전무결하신 그의 뜻 가운데서 자기의 인생을 인도하고 계신다는 하나님의 온전한 섭리를 믿었습니다. 요셉에게는 「운명, 실패, 허무, 방황, 무의미」란 단어가 없었습니다. 우리가 자신의 생애를 어떤 관점에서 보느냐에 따라 그 인생은 완전히 달라집니다. 하나님의 섭리를 믿는 믿음이 있을 때 인생은 밝아지고 긍정적이 됩니다. 모든 연약함과 슬픔과 고독을 물리치고 감사와 은혜가 충만한 힘찬 인생을 살게 됩니다. 요셉은 하나님의 섭리를 믿는 믿음으로 승리의 인생을 살 수 있었습니다. 그의 삶 한 순간 한 순간은 실패한 것 같고, 패배한 것 같고, 망하는 것 같았지만 모든 것을 합하여 볼 때는 결국 선이 되었습니다. 섭리를 믿는 믿음으로 그의 인생은, 고난 중에서나 영광중에서나 조금도 요동치 않고 하나님의 사람으로 꾸준히 성장할 수 있었습니다.

인간은 누구나 불행의 요소를 가지고 있습니다. 그 불행으로 인하여 삶의 의욕을 상실하고 왜 살아야 하는 이유를 모른 채 방황하는 사람이 많습니다. 그리고 사람들에게 휘둘리며 상처받고 증오하고 아파하고 분노합니다. 이런 사람은 하나님을 만나야 됩니다. 하나님 안에서 나라는 존재가 얼마나 소중한가를 발견해야 합니다. "당신은 특별한 사람입니다."

♬ 아주 먼 옛날

2. 인생의 마지막 장에서 서 계신 하나님

요셉은 하나님의 뜻이 어디에 있었는가 이렇게 간증합니다. "하나님이 큰 구원으로 당신들의 생명을 보존하고 당신들의 후손을 세상에 두시려고 나를 당신들 보다 먼저 보내셨나니" 요셉은 하나님의 섭리를 구원사적으로 풀어냅니다. 당신들의 생명을 구원하기 위해서라는 것입니다. 나는 고생했지만 그 고생한 이유가 있다는 것입니다. 그것은 생명구원역사입니다. 당신들뿐 아니라 당신들의 후손을 세상에 두어 하나님의 백성을 일으키기 위한 하나님의 뜻이라는 것입니다. 나를 통해 일하시는 하나님, 나를 통하여 남을 구원하시기를 원하시는 하나님, 이 하나님의 뜻을 요셉은 알았던 것입니다. 요셉은 하나님이 자신을 축복의 통로로 쓰시는 것을 알았습니다. 그렇기에 요셉은 인생의 끝이 여기까지구나 했을 때마다 하나님을 붙들 수 있었고, 사명을 붙들 수 있었고, 소망을 가질 수 있었습니다. 한없이 초라해져도 자신에 대한 존귀함을 잃지 않았고, 하나님의 구원역사에 반드시 쓰임 받을 것을 확신했습니다. 우리가 이 신앙이 있을 때 인생에 어떠한 시련이 와도 하나님을 붙들게 됩니다.

골리앗을 때려눕힌 다윗도 청소년의 나이에 역사의 무대에 등장했습니다. 그러나 다윗은 사울 왕의 질투심으로 위협을 받으며 산으로, 들로 도망 다니는 신세를 면치 못했습니다. 그는 막강한 군대의 총사령관직에서 하루아침에 실직하여 떠돌이 신세가 되었으니 마치 부도난 사람이요, 파산한 사람처럼 되었습니다. 그뿐 아니라 목숨을 걸고 달려가 블레셋 사람들 300명을 죽인 대가로 결혼한 아내 미갈은 다른 남자를 만나 제 갈 길을 찾아 떠나갔고, 어렵고 힘들 때마다 격려해 주고 용기를 주었던 인생의 스승인 사무엘 선지자도 졸지에 세상을 떠나갔습니다. 게다가 형제처럼 다정했던 친구 요나단조차도 만날 수 없는 환경이 되었으니 삭막한 광야 한복판에 홀로 선 듯 그는 그렇게 남겨지고 말았습니다. 산다는 게 뭔지 그는 목숨을 부지하기 위해 블레셋 사람들 앞에서 먼지를 뒤집어쓰고 지저분한 침을 질질 흘리며 미친 척 행동하며 스스로 조롱거리가 되었습니다. 마지막 자존심이 사람의 품위라고 했는데 다윗은 이마저도 버려야 했습니다. 오직 살기 위해서 그는 처절하게 몸부림쳤습니다. 도대체 하나님은 어디에 계신 걸까? 광야 한복판에 서 있는 듯한 다윗은 견디다 못해 인간 본성의 광기가 발동했습니다.

그는 이제부터는 내 힘으로 살아보리라고 결심하고 적군인 블레셋으로 망명했습니다. 그를 따르는 무리와 함께하며 그 지방의 주민들을 인정사정없이 죽이고 재물을 탈취하기 시작했습니다. 적어도 이때의 다윗은 잔인한 악당이었고, 간사한 거짓말쟁이요 도적 떼의 두목이었습니다. 다윗은 이런 모습으로 1년 4개월을 폭력배처럼 살았습니다. 시글락이라는 정착촌도 마련했고 아기스 왕의 신임도 얻었기에 일이 잘 풀리는 줄 알았습니다. 그러나 세상일이란 생각한 대로 되지 않는 법입니다. 다윗이 자리를 비운 사이에 아말렉의 습격을 받아 정착촌의 집들은 모두 불탔고 잿더미가 되어버렸습니다. 여인들과 아이들은 모두 포로로 잡혀갔고 재물은 모두 빼앗겼습니다. 다윗과 백성들은 땅바닥에 주저앉아 울 기력이 없을 만큼 울고 또 울었습니다. 더 이상 의지할 곳도 없고, 호소할 곳도 없었습니다. 그런데 이번에는 함께 울던 사람들이 갑자기 돌변하더니 다윗 때문에 이렇게 망했다며 돌을 들어 치려고 하였습니다. 다윗은 믿고 사랑했던 동족에 의해 돌에 맞아 죽을 지경이 되었습니다. 막다른 골목이었고 벼랑 끝이었습니다. 다윗의 인생은 여기가 끝이었습니다.

그러나 성경은 바로 이 마지막 자리에서 일어난 사건을 이렇게 기록하고 있다. "그의 하나님 여호와를 힘입고 용기를 얻었더라"(삼상 30:6) 하나님은 언제나 인생의 마지막 자리에 서 계십니다. 더 이상 한 발자국도 내어 디딜 수 없는 끝자리에서 우리를 만나주십니다. 더 이상 앞으로 나갈 수 없는 벼랑 끝이 하나님이 일하시는 시작점입니다.

사랑하는 성도 여러분! 지금 끝자리에 서 있다고 생각하는가요? 여기가 마지막이라고 마음을 내려놓았는가요? 그렇다면 안심하십시오. 하나님은 바로 그곳에서 우리를 기다리고 계십니다. 하나님은 한번 택하시고 부르신 사람은 결코 포기하는 법이 없으십니다. 잠깐 침묵하고 계시는 듯해도 마지막 자리, 벼랑 끝 그곳에선 언제나 전능하신 하나님이 우리를 기다리고 계십니다. 요셉과 함께하신 하나님, 다윗과 함께하신 하나님이 우리의 아버지가 되십니다. 전능하신 하나님 아버지가 우리에게 이렇게 말씀하십니다. "너는 내게 특별한 존재이다."

반드시 다시 돌아오리라

말씀 창세기 46:1~7
요절 창세기 46:4

"내가 너와 함께 애굽으로 내려가겠고
반드시 너를 인도하여 다시 올라올 것이며
요셉이 그의 손으로 네 눈을 감기리라 하셨더라"

저는 지난주 "구운 전어에 집 나간 며느리가 돌아온다"는 이야기를 하면서 코로나로 집 나간 성도들이 교회로 돌아올 수 있도록 간절히 소망하며 기도하였습니다. 2019년 12월 중국 우한에서 처음 발생한 코로나바이러스 감염증이 이듬해 우리나라에 상륙할 때만 해도 전염병의 세계적 대유행이 올 줄은 꿈에도 몰랐습니다. 초기 신천지 감염으로 확진자가 급증하면서 기하급수적으로 증가세를 보였고, 이때만 해도 한국 교회는 두려움과 함께 한편으로 박수를 보냈습니다. 코로나19가 하루아침에 신천지의 실체를 드러냈기 때문입니다. 그동안 신천지의 활약과 반사회, 반가정적인 탈선을 알면서도 누구도 건드리지 못했는데, 코로나로 인하여 신천지가 어떤 이단인지 실체가 드러났고, 교주는 온 국민 앞에 두 번이나 큰절을 올리고 여론에 만신창이가 되었습니다.

여기까지는 좋았습니다. 그러다가 코로나는 단순한 전염병이 아니라 한국 교회를 정조준하는 영적 전쟁임을 뒤늦게야 알게 되었습니다. 한국 교회는 전체적으로는 방역에 모범이었지만 100명 이상의 확진자가 교회에서 나왔기에 마치 교회가 전염병 진원지처럼 보여 무차별적으로 공격을 당했고, 교회도 할 말이 없게 되었습니다. 국난이 닥치면 꼭 누군가에게 책임을 떠넘겨 온 역사의 전례대로, 유독 대한민국에서만 교회는 코로나 진원지로 사회적인 공격과 여론의 대공격을 받았습니다. 마치 코로나는 단순한 바이러스가 아니라 AI 인공지능을 지닌 인격체처럼, 교회를 너무 잘 알고, 교회 생활에 대해 어디가 강점이고 어디가 취약점인가를 손바닥에 놓고 들여다보는 것 같았습니다.

코로나는 특히 예배를 겨냥했습니다. 교회는 예배가 생명입니다. 생명과 같이 귀한 예배가 중단되었습니다. 아무리 큰 공간이라도 20명 내외로 축소되었습니다. 커피숍에서 친목 모임은 괜찮은데 커피숍이라도 교회 이름으로 모이는 소그룹 모임은 안된다고까지 했습니다. 마치 교회가 염병처럼 취급받았습니다. 이로 인하여 대그룹 예배, 소그룹 예배가 다 정지되고 이름도 들어본 적이 없는 소위 비대면 예배가 도입되었습니다. 임시 대안으로 시작된 비대면 예배는 이제 어엿한 주일 예배로 둔갑하였습니다.

예배가 기독교의 본질이라면 교회 부흥과 신자들의 믿음 성장과 체험은 찬송과 기도의 힘이라 할수 있습니다. 그러나 찬송은 마스크에 가려진 입 속에서만 맴돌고, 기도는 밖으로 나오지 못하고 머릿속에서만 떠돌게 되었습니다. 그러니 열정과 야성이 죽어 버린 찬송과 기도가 돼 버렸습니다. 골리앗 앞에서 막사로 숨어버린 사울과 그의 군사들처럼 성도들은 그렇게 숨어 버렸습니다.

우리 사랑하는 광명교회 성도님들과 개척해서 지금까지 25년을 목회하면서 좋은 분들과 함께 행복한 목회를 해 왔습니다. 목회 성공의 비결을 묻는 말에 고 한경직 목사님은 "사람을 잘 만나야 한다"라고 한마디로 말하셨습니다. 그 말에 동의한다면 저는 참 좋은 성도님들을 만났다고 자부할 수 있습니다. 성전을 건축할 때도 너도 나도 달려들어 등짐을 지고 벽돌을 나르고, 페인트칠하였습니다. 한마음으로 밤을 새워 기도하였습니다. 특별히 저희 교회는 기도하는 교회였습니다. 개척 초기부터 밤 12시 자정 기도를 365일 매일 빠지지 않고 하였습니다. 명절 때도 휴가철에도 끊어지지 않았습니다. 그리고 말씀을 사랑하여 밤새워 성경 공부를 하였습니다. 내 성전은 없어도 해외 선교지에 건축을 위해 헌신하고 매년 선교지를 찾아가 전도하는 열정이 넘치는 성도들이었습니다. 가정 복음화를 위하여 한 알의 밀알이 되고자 눈물로 기도하고 이웃 전도를 위해 매일 전도지를 들고 가가호호 방문하여 전도하던 성도들입니다. 에어컨 하나 없는 주방에서 땀방울이 뒤범벅되도록 일하고, 꽁꽁 얼어붙는 겨울에 손을 호 불며 성전을 청소하면서도 불평 한마디 없이 기쁨으로 봉사하는 성도들이었습니다. 성도들 가정의 대소사는 내 일처럼 찾아가 축하해 주고 함께 아파해 주는 사랑 넘쳐나는 공동체였습니다.

저는 지난 25년 사랑하는 성도들과 행복한 목회를 해왔습니다. 그런데 코로나가 우리를 갈라놓기 시작했습니다. 마치 심술궂은 아이처럼 우리의 모임을 모두 깽판쳐 놓았습니다. 그리스도인은 예배 안에서 하나님과 교제를 누립니다. 말씀으로 하나님의 뜻을 알고, 찬송으로 하나님의 영광을 노래하고, 기도로 하나님의 능력을 공급받습니다. 이 3가지가 정상적으로 작동하지 않으면 우리의 믿음은 앞으로 나아가지 못하고 공회전만 하는 자동차와 같이 됩니다. 우리 교회는 좋은 믿음의 전통과 유산을 가지고 있습니다. 우리는 다시 회복해야 되겠습니다. 코로나로 사망의 그늘에 앉아 죽어가는 영혼들을 다시 끌어 내야 되겠습니다. 우리 스스로 영적인 굶주림에 갇힌 피폐해진 영혼을 다시 일으켜 세워야 하겠습니다. 올해는 광명교회 25주년이 되는 해입니다. 다시 회복을 넘어 부흥의 역사를 창조해 내야 하겠습니다. ♬ 사망의 그늘에 앉아

오늘은 야곱이 약속의 땅 가나안을 떠나 요셉이 있는 애굽으로 내려가는 이야기입니다. 오늘 말씀을 통하여 늘 예배하고 기도하는 노종 야곱을 통하여 은혜받는 복된 시간이 될 수 있기를 축원합니다.

1. 제단 쌓고 기도하는 야곱

야곱은 사랑하는 아들 요셉이 죽은 줄 알았습니다. 20여 년 동안 가슴에 요셉을 묻고 아픔 속에 살아왔습니다. 그런데 곡식을 구하러 갔던 아들들이 요셉이 살아 있다는 이야기를 합니다. 그것도 애굽의 총리가 되어 있다는 것입니다.

정말 믿어지지 않는 사실 앞에 야곱은 긴장하면서 다시 요셉을 볼 수 있다는 사실 앞에 뛰는 가슴을 멈출 수가 없었습니다. 요셉이 아버지를 모셔오라고 많은 예물과 마차도 보낸 것을 보고서야 실감이 났습니다. 요셉은 앞으로 기근이 5년 이상 더 남았으니 기근을 피하기 위해서라도 애굽으로 내려오라고 했습니다. 야곱은 뛰는 가

슴을 달래며 내가 죽기 전에 그를 보리라 하면서 단숨에 모든 소유를 이끌고 국경 근처 브엘세바까지 내려갔습니다. 그러나 야곱은 그곳에서 발걸음을 멈출 수밖에 없었습니다. 약속의 땅 가나안을 떠나 애굽으로 내려간다는 것이 두려웠습니다. 아무리 그곳에 요셉이 있어도, 그리고 흉년이 닥쳐와도 약속의 땅을 떠나는 것은 할 수 없었습니다. 야곱은 가던 발걸음을 멈추고 하나님 앞에 제단을 쌓았습니다. 그리고 하나님께 기도하였습니다. "이스라엘이 모든 소유를 이끌고 떠나 브엘세바에 이르러 그의 아버지 이삭의 하나님께 희생 제사를 드리니"(창46:1)

그는 진실된 마음으로 하나님 앞에 예배하며 하나님의 응답을 기다렸습니다. 타국으로의 이민이라는 중요한 문제 앞에 하나님의 결정을 기다리고 있는 것입니다. 야곱의 이민은 어찌 보면 온 이스라엘의 이민입니다. 야곱이 제단을 쌓은 곳인 브엘세바는 이삭과 리브가가 살던 곳이며, 야곱이 에서의 분노를 피하여 떠났을 때 그 여정이 시작된 곳입니다(창28:10). 야곱에게 있어 브엘세바는 유서 깊은 곳입니다. 그가 이 유서 깊은 곳에서 하나님께 예배를 드리며 간절히 기도하였던 것입니다. 그냥 가족들을 이끌고 국경을 훌쩍 넘어가면 그만입니다. 그런데 기도합니다. "하나님 가도 됩니까? 하나님, 기쁘고 즐거운 일인데, 이것이 하나님께서 원하시는 발걸음입니까? 제가 이 국경을 넘어서 진짜 내 아들 요셉을 만나러 가도 됩니까? 가장 좋은 일인데 하나님께 묻고 있는 것입니다.

우리가 지금까지 보아왔던 야곱은 이런 사람이 아니었습니다. 원하는 것은 어떤 수단과 방법을 가리지 않고 가지는 사람이었습니다, 장자권을 넣고자 할 때도 물론 영적 소원이다 말하긴 하지만 형을 속이고, 아버지를 속이며 쟁취하였습니다. 형과 갈등하게 되자 그는 형과 원만히 해결하지 못하고 집을 뛰쳐나가 외삼촌 집으로 도주합니다. 또 외삼촌 집에서는 한눈에 반한 라헬을 손에 넣고자 14년을 열심히 일합니다. 또 재산을 취하기 위하여 외삼촌과 치열한 전쟁을 치루며 얻게 됩니다. 외삼촌의 아들들과 갈등을 빚게 되자 또 야반도주하여 집으로 돌아옵니다. 돌아오면서 자신의 목숨을 지키기 위해 자기의 재산과 처자까지 에서에게 보내는 과정에서 가족들의 마음에 크게 상처까지 줍니다. 하나님은 벧엘에서 그를 기다리는데 그는 벧엘로 올라오지 않고 세겜에서 정착하며 하나님과 또 부딪힙니다.

이런 야곱의 인생을 쭉 돌이켜 보면 내가 원하는 것을 손에 움켜쥐려고 형제와 싸우고, 외삼촌과 싸우고, 세상과 싸우고, 또 하나님과도 싸웁니다. 그러면서 생채기가 나고 어려움을 겪게 됩니다. 그러나 인생의 말년이 오자 그도 변했습니다. 아마 사랑하는 요셉을 잃고 난 이후에 그리고 유다가 가출하여 집을 나갔다가 돌아온 이후에, 마음에 상처를 크게 받고 난 후 그때 하나님께 기도하면서 하나님이 주신 지혜인지도 모르겠습니다. 옛날 같으면 행동부터 하고 보았을 야곱인데, 지금은 예배합니다. 엎드려 기도합니다. 하나님 앞에 묻습니다. 이런 야곱에게 하나님은 어떻게 응답하십니까?

2. 응답하신 하나님

예배하는 야곱에게, 기도하는 야곱에게 하나님은 그 밤에 임재하셨습니다. 그리고 이렇게 부르십니다. "야곱아 야곱아" 이 얼마나 다정한 음성입니까? 그러자 야곱이 응답합니다. "내가 여기 있나이다". "나는 하나님이라 네 아버지의 하나님이니 애굽으로 내려가기를 두려워하지 말라 내가 거기서 너로 큰 민족을 이루게 하리라" 마치 사랑하는 아버지와 아들의 다정한 대화 같이 보이지 않습니까? 여기에 행복이 있는 것입니다.

지난주에는 교회 서재에서 설교를 준비하고 있는데, 아들이 퇴근하여 오더니 "아빠 피곤하지 않으세요?" 하는 것입니다. 그래서 "아니 괜찮은데" 그러자 아들이 "아빠도 나이가 있으니 좀 쉬면서 일하세요" 하는 것입니다. 그리고 잠시 후 주스가 담긴 컵을 건네면서 "아빠 이거 드시고 하세요" 하는 것입니다. 어린 줄로만 알았던 아들이 이제 아버지 건강까지 걱정하는 것입니다. 직장을 다니며 텅 빈 교회에 들어와 살면서 교회 사찰처럼 봉사하는 아들이 이제 든든하기까지 합니다.

딱딱한 의자에 그냥 앉으면 아프니까 방석을 깔아서 쿠션을 줍니다. 무릎에 관절과 관절이 부딪히면 아프니까 그 사이에 연골이 있어서 쿠션 역할을 합니다. 그런데 이 연골이 사라지면 관절염이 생기고 엄청난 통증을 유발하여 걷지를 못합니다. 우리 삶에도 한 번쯤 쉬어가는 쿠션이 필요합니다. 아무리 힘든 일이 생겨도 한 호흡 가다듬고 "하나님 이렇게 힘든 일이 생겼는데 어떻게 할까요?" 아무리 좋은 일이 생겨도 "하나님 이렇게 좋은 일인데, 내가 누려도 됩니까?" 이렇게 물어보는 쿠션이 필요합니다. 전에는 야곱이 부딪치며 살았습니다. 그런데 이제 브엘세바에서 한걸음 멈춰서서 예배를 드립니다. 기도합니다. 우리도 야곱처럼 한걸음 멈춰서서 교회에서 예배를 드립시다. 이것이 삶의 쿠션인 것입니다.

사랑하는 성도 여러분!

하나님은 야곱에게 이렇게 응답하셨습니다. "내가 너와 함께 애굽으로 내려가겠고 반드시 너를 인도하여 다시 올라 올 것이며 요셉이 그의 손으로 네 눈을 감기리라"(창46:4) 코로나로 가정에 내려가서 비대면 예배를 드릴 때도 하나님은 그곳에 계셨습니다. 그리고 이제 다시 우리를 인도하여 성전으로 올라오게 하실 것입니다. 이번 25주년이 되는 7월 첫 주일 예배를 기점으로 모든 성도가 교회로 와서 예배를 드림으로 온전한 예배 회복이 이루어지기를 축원합니다.

당연한 것은 없다

말씀 창세기 48:1~22
요절 창세기 48:5

"내가 애굽으로 와서 네게 이르기 전에 애굽에서 네가 낳은
두 아들 에브라임과 므낫세는 내 것이라…"

우리는 특권을 참 좋아합니다. 대한민국 국민이라서, 성별 때문에, 건강하고 잘난 신체 때문에, 부모님 때문에 누리는 특권들도 있습니다. 그리고 그러한 권리를 당연한 것으로 여기고 살 때가 많습니다. 저는 이대독자로 태어난 이유 하나로 특권을 많이 누렸습니다. 남들 36개월 복무하는 군대도 6개월 방위로 끝냈습니다. 보통 6개월 방위를 장군의 아들이라고 불렀습니다. 또 집안에서 항상 맛있는 음식은 먼저 먹었고, 닭다리는 할아버지께 갔다가 내게로 전달되었으며, 생선 머리는 어머님이 드시고 생선 꼬리는 누님들이 드시고, 생선 가운데 토막은 내가 먹었습니다. 제가 잘나서도 아니고, 그렇다고 집안일을 많이 해서도 아니고, 나이가 많은 것도 아니고, 그저 아들이라는 이유, 그것도 2대 독자라는 이유 하나만으로 이런 특별 대접을 받았습니다. 그리고 저는 그것을 당연한 것이라 받아들였습니다. 감사가 없었습니다. 오히려 그 당연한 것이 침해당할 때는 내가 가진 것을 빼앗긴 것 같은 생각에 분노를 터뜨렸습니다. 지내 놓고 생각해 보면 제가 만일 예수님을 만나지 못했다면 저는 이런 것들로 인하여 참 불행한 삶을 살았을 것 같다는 생각이 듭니다. 오늘 성경 본문은 야곱이 요셉의 두 아들 므낫세와 에브라임을 축복해 주는 사건입니다. 오늘 말씀을 통하여 그동안 당연하게 여겼던 것들을 감사하고, 또 운명의 굴레 속에서 한탄했던 것들은 과감히 떨쳐내고 일어설 수 있는 복된 시간이 될 수 있기를 축원합니다.

1. 내 것이라

요셉은 30세에 애굽의 국무총리가 되었고, 7년 풍년이 있을 때 애굽의 명문 제사장 보디베라의 딸 아스낫과 결혼했습니다. 그리고 흉년들기 전에 두 아들을 므낫세와 에브라임을 낳았습니다. 그 후 흉년 2년이 지나서 야곱은 가나안땅을 떠나 요셉이 있는 애굽으로 오게 됩니다. 그리고 17년의 세월이 흐르고 야곱의 나이 147세가 되어 기력이 쇠하게 되었습니다. 요셉은 아버지가 병들었다는 소식을 듣고 두 아들을 데리고 고센 땅에 사는 요셉을 방문했습니다. 이때 야곱은 요셉에게 이런 제안을 합니다. "내가 애굽으로 와서 네게 이르기 전에 애굽에서 네가 낳은 두 아들 에브라임과 므낫세는 내 것이라 르우벤과 시므온처럼 내 것이 될 것이요"(5) 다시 말하면 손주인 므낫세와 에브라임을 야곱의 아들 반열로 입양하겠다는 것입니다. 왜 갑자기 야곱은 이런 이야기를 하는 것일까요?

어쩌면 야곱에게 있어서 요셉의 두 아들에 관한 일은 큰 기도 제목이었습니다. 야곱이 애굽에 온 지도 십칠 년인데 오늘 손주를 처음 봅니다(11). 총리 관저에서 고센 땅까지가 아무리 멀다고 하였어도 그동안 왕래가 없었던 것입니다. 요셉의 두 아들 므낫세와 에브라임은 모태로부터 애굽 사람입니다. 어머니가 애굽 제사장의 딸이니 외가는 뼛속 깊이 애굽 족속입니다. 이방의 문화와 이방인의 피가 흐릅니다. 말도 애굽어를 쓰므로 히브리 민족인 야곱과는 언어가 통하지 않았습니다. 문화가 다르고 인종이 다르므로 왕래가 없었던 것입니다. 야곱은 아브라함으로부터 시작된 하나님의 언약 백성으로서 요셉의 두 아들 문제로 인하여 고민이 되었던 것입니다.

혈통이냐 믿음이냐? 이방인 같은 이들을 어떻게 받아 들을 것인가? 그런 야곱이 오늘 대단한 결단을 한 것입니다. "너의 두 아들 므낫세와 에브라임은 내 아들로 입양 한다." '그들은 내 것이라' 이 말씀은 하나님께서 자주 하셨던 말씀이기도 합니다. 하나님은 이스라엘 백성 중 '장자는 내 것이라' 하였습니다. "처음 태어난 자는 다 내 것임은 내가 애굽 땅에서 그 처음 태어난 자를 다 죽이던 날에 이스라엘의 처음 태어난 자는 사람이나 짐승을 다 거룩하게 구별하였음이니 그들은 내 것이 될 것임이니라 나는 여호와이니라"(민3:13) 이사야 43장 1절에서는 이스라엘 백성을 "너는 내 것이라" 하셨습니다. 지금 야곱은 요셉의 두 아들을 친히 아들의 반열로 입양하므로 언약 백성으로 받아들이는 것입니다. 이는 대단한 믿음의 결단이었습니다.

이렇게 하는 이유를 야곱은 무엇이라고 합니까? 3, 4절을 보십시오. 전에 야곱이 창28장에서 루스 땅 벧엘에서 하나님을 만난 이야기를 합니다. 그때 하나님께서 야곱에게 생육하고 번성하여 네게서 많은 백성이 나게 하겠다는 축복을 주었습니다. 이것이 오늘 므낫세와 에브라임을 아들로 입양하는 이유입니다. 이방인 같은 이들도 언약 백성이 되어 하나님 나라의 기업을 잇기를 바라는 것입니다. 그래서 이렇게 축복합니다. "나를 모든 환난에서 건지신 여호와의 사자께서 이 아이들에게 복을 주시오며 이들로 내 이름과 내 조상 아브라함과 이삭의 이름으로 칭하게 하시오며 이들이 세상에서 번식되게 하시기를 원하나이다"(창48:16) 그리고 이 축복은 요셉을 위한 축복이라고 합니다. "그가 요셉을 위하여 축복하여 이르되"(창48:15) 므낫세와 에브라임을 축복함으로 아들 요셉을 축복해 주었던 것입니다.

야곱은 믿음으로 므낫세와 에브라임을 축복합니다. 이방인 같은 손주들을 아들로 입양하여 하나님의 백성이 되게 하고, 언약 백성이 되어 12지파의 기업을 있도록 합니다. 이 믿음대로 므낫세와 에브라임은 한 지파의 조상이 됩니다. 우리도 야곱처럼 혈통을 뛰어넘어, 문화의 장벽을 뛰어넘어 축복하는 마음을 가질 수 있기를 바랍니다. 예수 믿지 않는 가족, 친족들을 하나님의 백성으로 축복할 수 있기를 바랍니다. 이것이 우리가 세상에서 크리스천으로 살아가는 사명이기도 합니다.

제게는 장인어른이 예수님을 믿는 것이 큰 기도 제목이었습니다. 그런데 지난주 장인어른이 급성폐렴이 와서 대구 영대병원 응급실에 실려 갔습니다. 하루를 넘기기 힘들고 혼수상태에 빠져 아무도 알아보지 못한다 하였습니다. 처형들과 아내는 갑자기 접한 소식에 울며 대구로 급히 내려갔습니다. 저는 수요 예배를 마치고 KTX를 타고 내려가는데 마음 한편이 아려왔습니다. 코로나로 인하여 몇 년간 찾아뵙지도 못했습니다. "하나님 이대로 가면 안 됩니다. 하나님 긍휼을 베풀어 주셔서 제가 내려갈 때까지 생명을 연장해 주시고, 그리고 정신도 잠깐이라도 돌아오게 해 주세요. 마지막 전도라도 할 수 있게 해 주세요" 간절한 마음으로 기도하였습니다. 밤 11시에 도착하여 응급실에 들어갔을 때 기적이 일어났습니다. 장인어른이 정신이 돌아왔습니다. 저는 먼저 축복기도를 한 후 복음을 전하고 예수님을 믿고 하나님의 자녀가 되고, 천국에 가실 것을 권하였습니다. 그때 아버님은 마음을 열고 복음을 받아들이고 아멘으로 예수님을 생명의 구주로 영접하였습니다. 하나님의 은혜로 복음을 영접하고 퇴원 후 교회에 나갈 소망 가운데 폐렴과 힘겨운 투쟁을 하고 계십니다. 우리는 축복의 통로입니다. 우리는 이 시대에 복이 되어야 합니다. 가족과 친족들에게 복이 되고 이웃들에게 복이 되고, 이 나라와 민족과 그리고 세계 열방 국가들에게 복이 되어야 하겠습니다.

♬ 당신은 하나님의 언약 안에 있는 축복의 통로

2. 팔을 바꾸어 얹었더라

요셉은 장남 므낫세를 앞세우고 에브라임은 뒤에 세웠습니다. 앞에선 므낫세도 뒤에선 에브라임도 당연하게 생각했을 것입니다. 므낫세를 아버지 야곱의 오른쪽에 에브라임은 왼쪽에 앉게 했습니다. 그런데 야곱은 손을 맞바꾸어 좌수로 장남을 우수로 차남을 안수했습니다. '아버지 아닙니다.' 하며 요셉은 억지로 아버지의 손을 잡아 원위치 시키려 했습니다. 그러나 야곱은 단호히 말합니다. "나도 안다 내 아들아 그도 한 족속이 되며 그도 크게 되려니와 그의 아우가 그보다 큰 자가 되고 그의 자손이 여러 민족을 이루리라" 요셉이 얼마나 당황했을까요? 당연하다고 생각했던 므낫세도 당혹스럽고, 뜻밖의 처사에 에브라임은 민망했을 것입니다. 물론 므낫세가 어떤 잘못이 있어서 이렇게 됐을 수도 있습니다. 그런데 성경은 거기까지 기록하지 않습니다. 물론 에브라임이 하나님 보시기에 어떤 귀한 일을 해서 이런 축복을 받을 수도 있지만 성경은 그것도 기록하지 않습니다. 아무런 이유도 달지 않습니다.

우리는 여기서 배우는 것이 있습니다. 하나님 나라에서 은혜를 받을 때 당연한 것은 없다는 것입니다. 내가 받을 만하니 당연히 받는 것이다라는 공식은 없습니다. 내가 교회 신앙생활을 몇 십 년 했으니, 나는 3대째 예수 믿는 집안이니 하나님이 당연히 복을 주신다는 것은 없다는 것입니다. '장남이기 때문에 하나님께서 무조건 가장 큰 복을 주셔야 된다.' 이런 당연성은 없는 것입니다. 성경에는 장남이지만 복 받지 못한 사람이 얼마든지 많이 있습니다. 에서가 그러했고 르우벤이 그랬습니다. 성경에 보면 당연한 것은 없습니다.

예수님께서 부활 승천하신 후 가룟 유다의 자리를 대신하여 사도를 채우고자 제비뽑을 때 조건이 있었습니다. 예수님이 세례요한에게 세례받을 때부터 승천할 때까지 함께 다녔던 자 중에서 정하자는 것이었습니다. 그런 범주로 본다면 바울 사도는 사도가 될 수 없습니다. 바울은 예수님과 함께 밥을 먹은 적도 없고 동행한 적도 없습니다. 오히려 바울은 자신을 말할 때 죄인 중의 괴수라고 하였고, 사도 중에서도 가장 작은 자라고 말했습니다. 그런데 하나님께서는 신약성경 27권 중 13권이 바울의 손에 의해 기록되도록 이끌었습니다. 내가 예수님과 3년을 다녔기 때문에 그래서 나는 당연히 큰일을 하고 당연히 복을 받아야 한다는 것은 없는 것입니다. 모든 것이 자격이 있어서 당연히 받는 것이 아니고, 모든 것이 하나님 은혜라는 것입니다. ♬은혜

또 하나는 에브라임이기 때문에 좌절할 필요도 없다는 것입니다. "나는 둘째이기 때문에 나는 그냥 차남이기 때문에 축복에서 약간 비켜있는 존재다"라는 것도 없습니다. 복음서에 보면 예수님의 형제들, 이웃들이 얼마나 오랜 시간 예수님과 시간을 보냈습니까? 그런데 같은 마을 사람들은 예수님이 복음을 전해도 듣지를 않습니다. 예수님의 집안은 어떻고 아버지가 요셉이고 어머니가 마리아인데 저 사람이 어떻게 저렇게 말을 잘하는가 하면서 받아들이려 하지 않았습니다. 반면에 예수님을 한 번도 본적 없는 맹인들, 예수님의 말씀도 한번 듣지 못했던 귀머거리들, 사람들이 죄인이라고 정죄했던 세리나 창기들이 오히려 큰 은혜를 받았습니다. 당연히 은혜를 받으리라 던 그 시대의 명문가 출신 바리새인들이 아니라, 무시받던 변방의 아웃사이더들이 은혜를 받았습니다.

혹 우리 가운데 에브라임 콤플렉스에 빠져 있는 분은 없습니까? 나는 교회 생활을 잘 못하니까. 나는 물질이 없어서 잘 드리지 못하니까, 나는 시간이 없어서 봉사를 잘 못하니까, 하나님이 나에게 복을 주실까? 나는 복과는 거리가 먼 사람이라고 생각할 수 있습니다. 그러나 그렇지 않습니다. 므낫세라고 자만 할 필요 없고, 에브라임이라고 절망할 필요도 없습니다. 하나님 앞에는 당연한 것이라고는 없습니다. 당연한 것이라고 생각하는 순간 나는 의인이 됩니다. 감사

가 사라집니다. 하나님과는 상관 없는 자가 됩니다. 하나님 나라에는 모든 것이 은혜입니다.

사랑하는 성도 여러분! 우리가 므낫세의 정체성을 가지고 있다면 다시 한번 겸손히 엎드려야 됩니다. 당연한 것은 없습니다. 혹 우리가 에브라임의 낙심과 절망과 열등감속에 살아왔다면 에브라임의 정체성을 과감히 버리고 '하나님 긍휼을 베풀어 주옵소서'하고 매달릴 수 있기를 바랍니다. 우리는 하루하루 은혜로 살아갑니다. 하나님의 은혜가 우리 모두에게 충만하길 축복합니다.

이스라엘 12지파의 탄생

"야곱이 그 아들들을 불러 이르되 너희는 모이라 너희가 후
일에 당할 일을 내가 너희에게 이르리라"

요즘 이런 말이 떠돕니다. 늙어서 남자에게 필요한 다섯 가지가
있는데 첫째 마누라, 둘째 아내, 셋째 애들 엄마, 넷째 집사람, 다섯
째 와이프라는 것입니다. 남자들은 나이가 들수록 여자 없이 못 산
다는 풍자입니다. 그런데 여자들이 문제입니다. 여자들은 나이가 들
수록 필요한 것이 첫째 돈, 둘째 건강, 셋째 딸, 넷째 친구, 다섯째
강아지라는 것입니다. 세상에 남편이 강아지보다 못 합니다. 그래서
늙은 남자들이 이사 갈 때가 되면 강아지를 꼭 품에 안고 있다는 것
입니다. 이사 갈 때 혹시 버리고 갈까 봐 그렇다는 겁니다. 부부가
신혼 때는 정말 소중했는데 자식들 다 장가보내고 병들과 쇠약한
늙은이들이 되어서 별 도움이 안 된다고 버리면 그것은 불쌍한 것
입니다. 늙을수록 부부가 더 소중한 것입니다.

오늘 왜 이런 말을 하느냐면 최근에 달라이 라마가 쓴 「종교를 넘
어서」라는 책을 읽었는데, 그가 참 불쌍한 말을 하고 있기 때문입니

다. 평생 승복을 입고 붓다의 제자로 살아온 사람입니다. 그런데 종교가 별 쓸모가 없다는 것입니다. 자기가 아파서 병원에 입원했는데 수많은 사람이 자기를 위해서 기도해 주었답니다. 그런데 그것보다 더 중요한 것은 그가 입원한 병원의 최신식 의료 장비가 더 위로되고, 더 소중한 것이 되었더라는 것입니다. 이런 사람이 어떻게 티벳의 정신적 지주가 되고 중국과 싸우며 유명한 사람이 되었는지 참 불쌍하다는 생각이 들었습니다.

다 늙어서 필요 없다고 늙은 영감을 버리고 할망구를 버린다면 그 사람은 인생을 잘못 살아온 것입니다. 남의 종교를 이렇다 저렇다 비판할 필요는 없지만, 그러나 이 땅에 진정한 참 종교는 인류의 근본 문제인 죄 문제와 죽음 문제를 해결해 주는 종교여야 한다는 것입니다. 붓다는 '업보 중생 제도 불능' 즉, 자신이 지은 죄는 자신이 당해야 한다는 말을 남겼고, 공자는 '획죄어천 무소도야' 하늘을 향해 지은 죄는 빌 곳도 없다는 말을 남겼습니다. 도대체 빌 곳도 없으니 어떻게 죄를 용서받고 해결 받을 수 있었겠습니까? 그래서 붓다의 제자였던 달라이 라마도 늙어서 불교에 실망하고 현대 의료 장비를 위로 삼아 노년을 살아갔던 것입니다.

그래서 유교는 죽은 무덤을 숭배하고 죽은 제삿날을 기념하고, 불교는 죽은 자의 몸에서 나온 사리를 자랑하고 기념하지만, 예수님은 죽어서 남긴 사리도, 죽어서 장사지낸 무덤도 없습니다. 예수님은 부활하셨기 때문입니다. 우리가 믿는 예수님은 나의 죄를 십자가의 보혈로 씻어 주시고, 죽음에서 부활하시어 사망 권세를 깨드리신 참 구원자가 되십니다. 이 예수님은 우리의 생명이며 소망이고 일평생 영원토록 사랑할 분이십니다. 그래서 나이가 들수록 우리는 변함없이 주님을 사랑하고, 천국을 소망하게 되는 것입니다. 이 예수님을 사랑하는 사람들은 십자가 사랑 안에서 부부와 가정의 소중한 가치를 알고 끝까지 서로 사랑하며 행복한 가정을 이루어 가는 것입니다.

오늘 이렇게 가정의 이야기를 꺼내는 것은 야곱의 12아들에 대한 가정 이야기를 해 보려고 하기 때문입니다. 야곱의 12아들이 12지파가 됩니다. 말씀을 통하여 우리 가정들을 기독교 명문 가정으로 세우고자 하는 소망과 비전을 붙들 수 있기를 축원합니다.

1. 열두 지파는 어떻게 생기게 되었습니까?

하나님은 아브라함을 부르셔서 구원하시고 그에게 큰 민족을 이루는 꿈을 주셨습니다. 아브라함이 믿음의 조상으로 큰 민족의 기초를 놓았고, 그 아들 이삭은 아버지의 믿음을 계승하여 야곱을 축복하며 신앙을 잘 전수하여 기둥을 세웠습니다. 이제 믿음의 3대 조상 야곱 대에 이르러 나무에 꽃이 피고 열매를 맺었는데 그 자녀들이 바로 12지파의 조상이 되었습니다.

야곱은 하나님 앞에서 "이스라엘"이라는 새 이름을 받았으며, 바로 이때부터 이스라엘 민족과 그 나라의 이름이 기원했음을 성경이 말해주고 있습니다. 지금도 성경 말씀대로 현재 이스라엘이라는 이름의 국가가 존재하는 것입니다. 또한 이스라엘 민족은 처음에 열두 지파로 형성되었고 지금도 그 계보를 그대로 간직하고 있습니다. 성경은 단순히 누가 지은 책이 아니라, 이렇게 역사 속에 실재하는 하나님 말씀인 것입니다.

2. 야곱의 12아들의 탄생

야곱의 아내는 모두 4명이었습니다. 일부일처의 원리는 성경의 사상입니다. "이러므로 사람이 그 부모를 떠나서 아내에게 합하여 그 둘이 한몸이 될지라.…하나님이 짝지어 주신 것을 사람이 나누지 못할 지니라"(마19:5~6) 그러므로 아내를 하나 이상 얻는 것은 하나님의 뜻에 합당한 것은 아닙니다. 그러나, 구약성경에서는 아내를 하나 이상 얻는 것을 어느 정도 허용하셨다는 것을 볼 수 있으나, 이것을 구약성경과 같이 현재에도 적용될 수 있다고 주장해서는 안 됩니다.

처음에 야곱은 "라헬"을 좋아했습니다. 그런데 야곱이 결혼해서 첫날밤을 보내고 난 후 이튿날 아침에 일어나 보니 곁에 있는 여자는 그가 사랑하고 결혼식을 올렸던 라헬이 아니라 언니 레아였습니다. 라반의 속임수로 이렇게 엮이게 된 것입니다. 결과적으로 야곱의 최초 여인은 레아가 되었습니다. 그러나 라헬을 포기할 수 없었던 야곱은 7년을 더 일하는 조건으로 다시 라헬을 아내로 맞아들입니다. 그리고 이 두 여인 사이에는 아들 낳기 경쟁이 시작됩니다. 자기 아들만 가지고는 부족하다고 느꼈던 여인들은 자신들의 시녀를 남편에게 주어서 자기편의 아들을 낳는 경쟁을 시작합니다.

첫 부인 레아를 통해서 낳은 자녀는 르우벤, 시므온, 레위, 유다입니다. 라헬은 남편의 사랑은 받았는데 자식이 없자 자신의 시종 빌하를 남편에게 줍니다. 그래서 빌하를 통해 단과 납달리가 태어납니다. 레아도 시녀인 실바를 야곱에게 줍니다. 실바를 통해서 갓과 아셀이 나옵니다. 어느 날 레아가 아기를 낳을 수 있다는 합환채라는 약초를 캐서 달여 먹으려 하자, 라헬이 남편의 침실을 양보하는 조건으로 합환채를 얻게 됩니다. 이렇게 합환채라는 불임치료제를 주고 남편과의 침실을 확보한 레아에게서 잇사갈과 스블론 그리고 딸인 디나가 태어납니다. 그리고 합환채의 효력이었는지 드디어 불임이었던 라헬에게서 요셉과 베냐민이 태어나서 야곱은 모두 12명의 아들과 딸 한 명을 얻게 됩니다.

그런데 요셉에 대하여는 12지파를 말할 때 요셉지파라고 하지 않습니다. 그것은 지난주 말씀에서 설명한 것처럼 야곱의 손자이며 요셉의 두 아들인 므낫세와 에브라임이 아들의 반열로 올라와 두 지파의 분깃을 요셉이 가져가게 되기 때문입니다. 그래서 요셉 가문에서는 므낫세와 에브라임지파로 명명하게 됩니다. 그러면 요셉이 빠지고 2지파가 들어가니 13지파가 됩니다. 그런데 어떻게 12지파라고 하는지요? 여기에 레위지파는 제사장 지파로서 특별히 분리됩니다. 레위지파는 제사장지파로서 하나님께 성별되어 거룩하게 드린 지파가 됩니다. 이들은 성전에 봉사하며 혹은 각 지파 사이에 섞여 살면서 하나님의 백성들에게 말씀을 가르치고 예배를 섬기게 됩니다.

야곱이 4명의 아내를 얻은 것과 그들 가운데서 12아들이 태어나서 12지파를 이루는 것을 보면 하나님의 오묘한 섭리를 체험하게 됩니다. 라반의 속임수와 두 부인의 아기 낳기 경쟁을 통하여 12지파의 기원되는 아들들이 태어나는 것입니다. 하나님은 이와 같은 인간의 연약함과 투기심까지 사용하셔서 하나님의 구원 역사를 이루어 가신 것입니다. 오늘날도 하나님은 오묘하신 섭리 가운데 우리들을 인도하여 주십니다.

영국의 유명한 찬송 작가인 윌리엄 카우퍼(William Cowper)는 서른두 살이 되었을 때 인생이 너무나 고통스럽다고 느낀 나머지 이런 인생을 계속 살기보다 차라리 인생을 포기하겠다는 결론을 내렸습니다. 그래서 그는 강에 뛰어내릴 작정으로 마부에게 테임즈강을 향해 가자고 말했습니다. 그런데 이 청년의 표정을 수상하게 여긴 마부는 청년을 내려놓고는 그를 지켜보고 있다가 그가 강에 투신하려는 순간에 붙잡았습니다. 그리고는 이 청년을 향해 이렇게 격려하고 돌아갑니다. "앞길이 창창한 젊은이가 이런 일을 하면 어떻게 합니까? 그 용기를 가지고 굳세게 사십시오." 그 마부 때문에 그의 첫 번째 계획은 실패합니다.

그는 집에 돌아오자마자 음독자살을 시도했습니다. 그러나 그 이웃집에 사는 사람이 우연히 그의 집을 방문했다가 그가 아직 숨 쉬고 있음을 확인하고 해독제를 먹여서 살려냈습니다. 두 번째 자살에도 실패한 그는 '내가 이래서는 죽을 수 없겠구나'라고 생각하여 이번에는 면도날을 가지고 손목의 동맥을 끊고자 했습니다. 그러나 그 순간 놀랍게도 면도날이 부러지는 바람에 세 번째 시도도 실패하고 말았습니다. 그래도 그는 포기하지 않고 네 번째는 꼭 성공하리라 결심하며 목을 매달았습니다. 그러나 목을 매단 순간 또 이웃집 사람이 와서 매달려 있는 그를 발견하고는 곧 끈을 풀어 병원으로 데려가 살렸습니다. 그는 병원에서 어렴풋하게 '아, 나는 죽을 수도 없는 운명이구나!'라는 생각을 했습니다.

그러나 그의 정신적인 상태는 이루 말할 수 없이 피폐해져 정신병 징후에 시달렸고 계속해서 정신적인 고통을 당했습니다. 그렇지만 그를 사랑했던 이웃들의 배려와 손길을 통하여 교회로 초청받았고 복음의 말씀을 통해서 그는 그리스도를 영접하고 주님을 의지하기 시작했습니다. 이때 그에게 가장 도움을 주었던 분은 "나 같은 죄인 살리신"(Amazing Grace, 찬송가 405장)을 작사했던 존 뉴톤 목사님이었습니다.

존 뉴톤 목사님은 그의 친구가 되어 늘 신앙적인 대화를 나누며 상담해주고 격려하면서 그의 믿음을 북돋아 주었습니다. 그런데 그에게도 목사님처럼 시적인 재능이 있었습니다. 자기를 양육해준 목사님을 따라 그도 자기를 구원해 주신 예수 그리스도와 하나님을 위해서 찬송시를 쓰기 시작했습니다. 그가 쓴 찬송시 중에는 찬송가가 되어 전 세계 사람들에게 불리고 있는 곡이 무려 67곡이나 됩니다. 그중 우리 찬송가에 세 곡이 있는데 그중에 하나는 우리가 잘 알고 있는 "샘물과 같은 보혈은"(258장)입니다.

♬ 샘물과 같은 보혈은

3. 후일에 당할 일을 너희에게 이르리라

오늘 본문에 야곱은 이제 죽음을 앞두고 마지막 힘을 내어 12아들을 불러 놓고 축복합니다. 이 축복은 단순한 축복이 아니라 앞으로 그 자손들이 어떻게 될 것인가라는 예언적인 내용을 담고 있습니다. 한 아버지 밑에서 자라났지만 그 아들들에 대한 축복은 달랐습니다. 그 조상들의 믿음과 그 분량에 따라 그 지파의 장래가 달라 졌습니다. 우리는 앞으로 12지파들에 대한 야곱의 축복을 근거로 우리가 믿음의 조상으로서 어떤 삶을 살아야 하는지 배워 나갈 것입니다.

사랑하는 성도 여러분! 오늘은 12지파의 형성 배경을 통하여 하나님의 섭리를 배웠습니다. 우리가 어떤 처지와 환경 가운데 있더라도 하나님의 크신 사랑과 오묘한 섭리를 굳게 믿으며 승리하는 삶을 살아갈 수 있기를 축원합니다. 꽃을 꺾어도 봄은 오는 것처럼, 그 어느 누구도 하나님의 오묘하신 섭리와 역사를 막을 수 없습니다. 모든 것을 협력하여 선을 이루어 가시는 하나님을 바라보며 오늘의 고난과 아픔도 견디고 내일을 꿈꾸는 우리 모두가 될 수 있기를 축원합니다.

물의 끓음 같았은 즉

말씀 창세기 49:3~4
요절 창세기 49:4

"물의 끓음 같았은즉 너는 탁월하지 못하리니 네가 아버지의
침상에 올라 더럽혔음이로다 그가 내 침상에 올랐었도다
(르우벤에 대한 예언)"

사람들과 교제하다 보면 사람은 좋은데 오래지 않아 깨진 유리
조각처럼 남에게 상처를 주는 사람이 있습니다. 그런데 대인관계에
서 만나면 만날수록 좋은 사람이 있습니다. 성경에 보면 그런 사람
이 바로 바나바였습니다. 그는 주연은 아니고 늘 2인자의 자리에 있
었습니다. 바나바는 멀리 다소까지 찾아가 교회를 핍박한 전력을
가지고 있는 바울을 데려다가 사도들에게 소개하고 그를 역사의 무
대로 끌어올려 주었습니다. 바나바는 바울의 스승이었고, 멘토였습
니다. 그런데 바나바가 스카우트하고 공을 들여 키웠던 제자 바울
이 스승인 바나바와 심하게 다투고 헤어지는 일이 있었습니다. 첫
번째 선교 여행을 데리고 갔던 바나바의 조카 마가가 어느 날 말도
없이 고향 예루살렘으로 돌아갔습니다. 바울은 이것을 지적하며 두
번째 선교 여행에는 이런 사람은 절대로 데리고 갈수 없다고 단호히
거절했습니다. 바나바는 그래도 데리고 가자고 요구 하다가 다투게

된 것입니다.

똑같은 주의 일을 하면서도 바울은 일 중심이었고, 바나바는 관계 중심이었습니다. 바울은 철저한 담즙질의 사람으로 철두철미하게 일에 몰두하는 스타일이었습니다. 반면 바나바는 '위로의 아들'이라는 별명을 가질 만큼 온화한 성품의 사람으로 인간 관계를 중시하였습니다. 바울과 바나바가 비록 싸우고 갈라서기는 했지만 그로 인해 선교사역은 확장되어 두 개의 선교팀이 구성되어 복음은 더욱 편만하게 전파되었습니다. 바나바는 마가를 데리고 떠난 이후 성경의 무대에서 사라졌습니다. 그럼에도 불구하고 바나바는 끝까지 마가를 포기하지 않았습니다. 사람을 따뜻하게 포용하며, 때로는 실수도 품어주고, 위로하고 격려하면서 가능성을 키워주었습니다. 바울처럼 탁월하지는 못해도, 그는 그런 탁월한 사람들을 세워주고 일을 잘하도록 도왔습니다. 대부분의 사람들이 1등이 아니면 실패라고 생각할 때 그는 누군가의 뒤에서 2인자로서 자존감을 가지고 살아갔던 사람입니다.

세월이 흘러 바울의 임종이 가까웠습니다. 그때 가장 보고 싶은 사람이 바로 마가였습니다. 이 마가 때문에 바나바와 싸우고 헤어졌는데 세삼 이 마가가 자기 일에 가장 유익하니 데려오라고 합니다. "네가 올 때에 마가를 데리고 오라, 그가 나의 일에 유익하니라"(딤후 4:11) 관계를 중시하는 바나바의 노고가 빛을 발하는 순간이었습니다. 마가는 후에 마가복음서를 쓴 위대한 하나님의 종이 되었습니다. 바나바가 아니었으면 위대한 종이 꽃을 피우지 못하고 시들 뻔하였습니다. 이처럼 관계는 참 중요합니다. 하나님과의 관계, 하나님의 종과의 관계, 부모와의 관계, 형제와 이웃과의 관계, 직장에서 상사와 동료 직원과, 그리고 사업파트너들과의 관계, 이 모두가 우리 인생을 꽃피우는 참 중요한 요소입니다.

야곱은 죽기 전 마지막 힘을 내어 12아들을 불러 축복합니다. 이 축복은 단순한 축복이 아니라 아들들의 삶을 지켜보면서, 그들의 믿음의 분량대로 각 개인의 인생뿐만 아니라 장래 그들을 통해 이루어질 자손들의 장래까지 아우르는 예언적 축복이었습니다. 아버지이기 전에 하나님의 종으로서의 사명을 가지고 그는 믿음으로 축복했습니다. 오늘은 그 첫 시간으로 맏아들 장남 르우벤에 대한 축복입니다. 말씀을 통하여 우리가 어떤 관계성 속에서 살아야 하는지 배우는 복된 시간이 될 수 있길 축원합니다.

1. 너는 내 장자요, 내 능력이요, 내 기력의 시작이다

보통 아버지들이 장자에게 거는 기대는 거의 같습니다. 야곱도 장자 르우벤에게 거는 기대가 있었습니다. "너는 내 장자다. 내 능력이고, 내 기력의 시작이다" 처가살이 하며 힘들고 외로웠는데 이제 아버지가 되는 것입니다. 첫 아들을 낳고 야곱은 너무나 흥분되고 기뻤습니다. "너는 내 장자다, 너를 보면 힘이 나고, 주저 앉았다가도 다시 기운을 내어 일어서게 된다" 이게 야곱이 첫아들 르우벤을 본 소감입니다. 그리고 르우벤은 또 그런 아버지의 기대와 같이 능력도 많고 탁월했습니다. "위풍이 월등하고 권능이 탁월하다" 물론 모든 아버지가 자기 아들을 볼 때 다 잘나고, 다 잘생기고, 다 능력 있어 보입니다. 그러나 성경이 말하는 것을 볼 때 르우벤에 대한 야곱의 평가는 사실이었습니다. 그러니 르우벤을 앞세우고 걸을 때마다 야곱은 처가살이하면서 축 처진 어깨가 쑥 올라오고 위풍당당했습니다.

저도 첫아들을 낳았을 때 그랬습니다. 아버지는 독자였습니다. 그러니 얼마나 아들을 원했는지 모릅니다. 그런데 연년생으로 딸만 둘을 낳았습니다. 아버지의 어깨가 축 처져 있었는데 바로 아들인 제가 태어난 것입니다. 저는 병약하고 키도 작았지만 아버지는 저보고 키도 크고 잘생겼다고 하였습니다. 네가 최고라고 하였습니다. 그런데 저는 첫째로 아들을 낳았습니다. 괜히 아버지보다 내가 더 능력이 있는 것 같고, 아버지 앞에서 아들을 자랑했습니다. 내가 낳은 아들이 아버지가 낳은 저보다 더 잘생기고 키도 크고 능력 있다고 자랑했습니다. 이는 어느 시대나 다 비슷한 아버지들의 마음인 것 같습니다. 야곱에게 르우벤은 그런 존재였습니다.

그런데 우리 하나님은 그런 하나밖에 없는 독생자 예수그리스도를 우리에게 보내주셨습니다. 저는 아들을 키우며 독생자 예수 그리스도를 우리에게 보내주신 하나님의 사랑이 얼마나 귀한가를 많이 느끼고 배우게 됩니다. 그리고 나 한 사람의 존재가 하나님 보시기에 얼마나 귀하고 가치 있고 소중한 존재인가를 늘 깨닫게 됩니다. 가장 귀한 아들의 생명과 나를 바꾸었기 때문입니다.

한때 사람의 얼굴을 흉하게 만들었던 천연두라는 전염병이 있었습니다. 오래전 미국의 한 마을에 전염병이 돌아 거의 모든 아이가 죽었습니다. 다섯 살짜리 소녀 그레이스도 예외는 아니었습니다. 얼굴에 열꽃이 피고 고열이 몇 날 동안 지속되었습니다. 천연두로 인해 그레이스의 오빠와 동생을 잃은 엄마는 어떻게 해서든 그레이스만은 살려야 되겠다 생각하고 그레이스의 얼굴에 난 열꽃 하나하나를 뾰족한 것으로 모두 파내었습니다. 다행히 천연두는 나았지만 그레이스의 얼굴에 지울 수 없는 흔적이 남겨졌습니다. 그레이스가 학교에 다니게 되자 남자아이들은 괴물이라고 놀려댔고, 짝이 되는 것을 혐오했습니다. 그때마다 상처받고 돌아오는 그레이스에게 엄마는 이렇게 말했습니다. "네가 어렸을 적에 천연두라는 전염병에 걸린 적이 있었단다. 그 병은 네 오빠와 동생의 생명을 빼앗아 갔는데 이웃의 많은 아이도 그때 죽었다. 하지만 하나님이 너만은 살려 주셨어" "왜요?" 그레이스는 울음을 멈추고 놀란 표정으로 엄마에게 물었습니다. "넌 소중하니까 그리고 네가 얼마나 소중하고 귀한 아이인지를 기억하라고 하나님께서는 네 얼굴에 천연두 자국을 남기셨단다. 그래서 네 얼굴의 흉터는 아주 특별하고 소중하다는 표시야. 네 이름이 '그레이스'로 갚을 수 없는 선물인 이유이기도 하지" 엄마는 그레이스의 얼굴을 어루만지며 말을 이어갔습니다. "또 예수님의 못 자국 난 손은 너를 향한 하나님 사랑의 흔적이기도 하단다. 너는 무엇과도 바꿀 수 없는 소중한 존재란다"

그레이스는 이때부터 괴물과 같은 자신의 얼굴을 볼 때마다 하나님의 사랑을 깨닫고, 자신이 얼마나 소중한 존재인가를 알게 되었습니다. 그레이스는 열심히 공부하여 하버드대학교 로스쿨에 들어갔습니다. 한번은 파티에서 마음에 드는 남학생을 발견하고 다가가 말을 건네었는데 그 남학생은 그레이스의 얼굴을 보자마자 실망한 눈치였습니다. 그레이스는 당당히 말했습니다. "당신의 반응은 당연해요, 그렇지만 내 얼굴에 대해서 이야기할 기회를 주세요" 여전히 밝히 웃으면서 당당하게 말하는 그레이스의 모습에 그 남학생은 진지하게 이야기를 들어 주었습니다. 그 후 그들은 좋은 만남을 이어 갔고, 마침내 결혼을 하였습니다. 그리고 남편은 미국 상원의원이 되었고, 그레이스는 하원 의원이 되었습니다.

얼굴은 정신을 뜻하는 얼과 모양을 뜻하는 꼴의 합성어라고 합니다. 사람들은 꼴을 가꾸기 위해 비싼 화장품도 바르고 투자하지만 얼을 가꾸는 데는 투자하지 않는 것이 안타깝습니다. 하나님 앞에서 내 존재의 소중함을 깨닫는 것이야말로 얼을 가꾸는 가장 필요한 투자입니다. 겉으로 드러난 얼굴을 가꾸듯 내면의 얼을 가꾸어 빛나는 사람, 진정 가치있는 존귀한 사람들이 될 수 있기를 축원합니다. ♬ 당신은 소중한 사람

2. 너는 탁월하지 못하리라

야곱은 그렇게 자랑스럽게 생각했던 르우벤을 축복하는데 좀 당황스러운 축복을 합니다. "너는 위풍이 월등하고 권능이 탁월하다마는 물의 끓음 같이 너는 탁월하지 못하리니"(4) 끓는 물을 보면 뭔가 불안합니다. 터질 것 같고, 요란하며, 불안정합니다. 성격이 끓는 물 같다면 얼마나 다혈질이고, 요동치고 스스로를 다스리지 못하게 되는 것입니다. 탁월한 능력으로 많은 기대를 받는 장자 르우벤이 왜 이런 축복 아닌 저주를 받는 것입니까? 그 이유를 이렇게 말합니다. "네가 아버지의 침상에 올라 더럽혔음이로다 그가 내 침상에 올랐었도다" 이 말은 아버지의 첩인 빌하와 동침한 사건을 두고 하는 말입니다.(창35:22)

라헬이 길에서 난산하여 베냐민을 낳다가 죽은 후 얼마 안 되는 때에 르우벤이 라헬의 여종이며 야곱의 첩인 빌하를 범한 일이 있었습니다. 르우벤이 오늘 이런 일을 저지른 것은 물론 르우벤의 거친 성격과 강한 욕정으로 인해 우발적으로 일어난 사건일수 있습니다. 또 아버지인 야곱이 그의 친어머니인 레아보다 라헬을 더 사랑했던 것에 대한 불만일 수 있습니다. 그래서 라헬이 죽자마자 그 여종을 범하여 엄마의 분풀이를 하였다 할 수 있습니다. 그리고 생각해 볼 것은 르우벤이 야곱으로부터 가족의 통제권, 재산권, 가장권을 빼앗으려 했기 때문으로 볼 수 있습니다. 이것은 마치 압살롬이 아버지 다윗의 왕권을 찬탈하기 위해서 다윗의 후궁들과 동침한 것과 같습니다. 또한 다윗이 죽고 시종 들던 아비삭을 아도니야가 달라고 청하자 솔로몬은 이를 자신의 왕권을 찬탈하려는 의도로 이해했습니다.

아무튼 이러한 범죄로 인해, 르우벤은 결국 장자권을 박탈당하였습니다. 그 장자권은 요셉에게 넘어갔으며(대상5:1) 제사장권은 레위에게 넘어갔습니다. 그 후손도 탁월치 못해서, 르우벤 지파에서는 위대한 사사나 예언자, 왕이 한 명도 배출되지 않았습니다. 르우벤의 죄는 단순히 혈기 방자한 그의 육체적 욕망 때문만이 아닙니다. 성경은 분명히 말합니다. "아버지의 침상을 더럽혔다" 관계의 파괴입니다. 아버지를 업신여겼다는 것입니다. 아버지를 뛰어넘어 하나님이 세우신 권위에 도전했다는 것입니다. 탁월한 능력이 오히려 그를 교만케 하는 독이 되었습니다. 중요한 것은 꼴이 아니라 얼이었던 것입니다. 장자라는 꼴, 위광이 탁월한 꼴은 타고나는 것이지만, 그것을 다스리고 가꾸는 얼은 본인이 만들어 가는 것입니다. 끓는 물

같은 성격을 바꾸고 다스러야 됩니다. 그렇지 않으면 자신의 인생도 망치고 이것이 쓴 뿌리가 되어 자녀들에게 나쁜 영적 흐름으로 유전되는 것입니다.

사랑하는 성도 여러분! 우리는 관계성 속에서 살아갑니다. 하나님과의 관계에 있어서 넘지 말아야 할 선을 넘고 있는 것은 없습니까? 가족과의 관계에서 틀어져 있는 것은 없습니까? 이웃과 친구와의 관계에서 꼬인 것은 없습니까? 우리 속에 관계를 틀어지게 하는 내면적 요소들을 철저히 회개하고 하나님 앞에 긍휼을 구할 수 있기를 축원합니다. 내 대에서 나쁜 독소 같은 것들은 철저히 뿌리 뽑고 부드러운 마음을 후손에게 물려 줄 수 있는 믿음의 사람이 될 수 있길 축원합니다.

그들의 칼은

말씀 창세기 49:5~7
요절 창세기 49:5

"시므온과 레위는 형제요 그들의 칼은 폭력의 도구로다"

인간사는 칼의 역사라고도 합니다. 칼로 남을 쳐내고 일어섰다가 또 다른 칼에 무너집니다. 그래서 옛말에 '칼로 흥한 자는 칼로 망한다'고 하였는가 봅니다. 양날의 검이란 말이 있듯이, 칼은 어떻게 쓰느냐에 따라 생존에 필요한 도구가 되기도 하고, 사람을 위협하는 무기가 될 수도 있습니다. 똑같은 칼이라도 의사가 들면 수술 도구가 되어 생명을 살리기도 하고, 강도가 들면 남을 위협하고 생명을 빼앗는 살인 무기가 될 수도 있습니다.

오늘은 칼을 잘 다루었던 두 사람 시므온과 레위에 대하여 이야기해보고자 합니다. 야곱은 시므온과 레위를 함께 엮어서 축복합니다. 오늘 말씀을 통하여 우리는 누구의 칼이 되어야 하는가? 어떤 칼이 되어야 하는가? 함께 묵상하며 은혜받는 복된 시간이 될 수 있길 축원합니다.

1. 하나님이 들으셨도다.

창세기 29장 33~34절은 시므온과 레위의 출생에 얽힌 이야기가 나옵니다. 레아는 본 부인이지만 남편의 사랑을 받지 못했습니다. 그러던 중 첫아들을 낳게 되었을 때 너무나 행복했습니다. 그래서 '보라 아들이다' 자랑스럽게 외치며 장남의 이름을 르우벤이라 지었습니다. 그리고 남편이 이제 나를 사랑하겠지, 라는 기대를 걸었습니다. 그런데 야곱의 마음은 돌아오지 않았습니다. 모든 환경은 자신의 뜻대로 되지 않았습니다. 레아는 하나님께 간절히 기도하기 시작했습니다. 드디어 레아는 응답받고 잉태하게 되었습니다. 마침내 아들을 낳으면서 외칩니다. "주께서 내가 사랑받지 못함을 인하여 간절히 기도하며 부르짖었더니 나의 기도를 마침내 들으셨도다" 그래서 아들의 이름을 '하나님이 들으심'이라는 뜻으로 시므온이라고 지었습니다. 하나님의 응답에 감사하는 레아에게 하나님은 또 생각지 않게 셋째 아들을 허락하여 주셨습니다. 레아는 이제 확신이 들었습니다. 남편의 사랑을 받지 못하고, 나의 거처도 잘 오지 않고, 본부인으로서 존재감이 떨어지고 무시당했는데 이제 남편이 나와 연합하리라 확신이 들었습니다. 그래서 그 아들의 이름을 '연합'이라고 지었습니다.

이스라엘 민족은 이름에 가장 민감하고 큰 의미를 담습니다. 왜냐하면 이름은 그냥 지어준 것이 아니라 하나님과의 관계 속에서 체험하는 신앙을 담아서, 그리고 자녀들에 대한 축복과 기대를 담아 이름을 지었기 때문입니다. 하나님께서 세상 만물을 창조하시고 아담에게 이름을 짓도록 하고, 아담이 어떻게 이름을 짓나 보셨다

고 하였습니다. "여호와 하나님이 흙으로 각종 들짐승과 공중의 각
종 새를 지으시고 아담이 무엇이라고 부르나 보시려고 그것들을 그
에게로 이끌어 가시니 아담이 각 생물을 부르는 것이 곧 그 이름이
되었더라"(창2:19) 그러므로 이름은 창조와 함께 그의 존재를 담는 중
요한 의미를 가지게 된 것입니다.

'시므온' 하나님이 응답해 주십니다. 하나님께서 내 기도를 들어
주신다는 것은 구약의 하나님의 백성들에게 언제나 하나님께 받을
수 있는 가장 커다란 은총 중에 하나였습니다. '시므온'이라는 이름
을 부르며, 또 들을 때마다 하나님이 우리의 기도를 들어 주시는구
나라는 믿음이 생기게 됩니다. 힘들고 어려운 일들을 당하면 그래
기도해야지 레아처럼 기도해야 되겠다. 하는 것입니다. 시므온은 그
것을 늘 깨닫게 하는 이름이었습니다. 그래서 '시므온'이라고 부르기
만 해도 하나님의 응답을 확신하기에 늘 위로가 되었던 것입니다.

우리는 어떤 이름을 가지고 있습니까? 우리는 거듭나 새사람이
된 다음 '크리스천'이라는 새로운 이름으로 불리게 되었습니다. 그리
스도인 즉, 예수의 사람이라는 것입니다. 나는 예수인이구나, 예수
의 사람이구나, 이것이 우리의 존재요. 삶의 의미가 될 수 있기를 축
원합니다.

2. 폭력의 칼

야곱은 시므온과 레위를 함께 엮어서 축복해 줍니다. "시므온과
레위는 형제요 그들의 칼은 폭력의 도구로다"(창49:5) 이는 창세기 34

장에 나오는 한 사건을 배경으로 합니다. 레아가 낳은 딸 디나가 히위 족속의 추장 하몰의 아들 세겜에게 강간을 당하는 일이 있었습니다. 이를 계기로 세겜은 디나와 결혼하길 원했습니다. 그러자 야곱의 아들들은 히위 족속 모든 남자가 할례받는 조건으로 디나의 결혼을 승낙하였습니다. 하몰과 그의 아들 세겜은 모든 성 사람들을 다 모아놓고 할례를 행하였습니다. 보통 할례를 행하면 고통스러워 며칠은 움직일 수 없습니다. 이 틈을 타서 시므온과 레위는 칼을 차고 가서 하몰과 세겜을 죽이고, 성의 모든 남자를 죽이고, 누이 디나를 집으로 데려오고, 그리고 성읍의 모든 재물을 다 노략질하였습니다. 여동생이 강간당한 것이 계기가 되어 결혼까지 하였는데, 이것이 수치가 된다고 이렇게 보복을 한 것은 너무한 것입니다. 이는 보복을 넘어 하나님의 백성답지 않은 중대한 범죄입니다. 이것 때문에 시므온과 레위는 축복을 받지 못합니다.

이들의 칼은 가족을 지키고 생명을 살리는 칼이 아니라 보복하는 칼이었습니다. 폭력의 칼이었습니다. 강도의 칼이었습니다. 하나님은 우리에게 좋은 달란트와 은사를 주셨습니다. 그 은사를 어떻게 쓰느냐 하는 것은 대단히 중요합니다. 그런데 어떤 이는 말합니다. 나는 아무런 재능도 없는데요. 그런 이들에게 좋은 달란트 하나를 소개합니다. 그것은 눈물입니다.

예레미야는 눈물의 선지자로 유명합니다. "내 눈이 눈물에 상하며 내 창자가 끊어지며 내 간이 땅에 쏟아졌으니 이는 딸 내 백성이 패망하여 어린 자녀와 젖 먹는 아이들이 성읍 길거리에 기절함이로다"(애2:11) 당시 멸망의 길로 접어드는 조국 유다를 향하여 흘린 눈물입니다. 백성들은 우상을 섬기고, 정치인들은 힘없는 백성들의 토지를 불법으로 약탈하며 사리사욕을 채우는 데 혈안이 되어 있었습니다. 하나님으로부터 어떤 계시도 영감도 받은 적이 없는 거짓 선지자들이 설쳐대었습니다. 예루살렘 성의 부패는 극에 달하여 성중에 사람들은 인산인해를 이루었지만 그중에 하나님의 성전을 찾아 예배하는 진정한 예배자는 단 한 사람도 없었습니다. 하나님도 이렇게 범죄하여 타락한 백성들을 보시며 울고 또 우셨습니다. 자식의 종아리를 때리는 부모의 마음처럼 소리 없는 통곡이었습니다.

결국 하나님은 심판의 칼을 들었습니다. "이스라엘 땅에게 이르기를 여호와의 말씀에 내가 너를 대적하여 내 칼을 칼집에서 빼어 의인과 악인을 네게서 끊을지니"(겔21:3) 그런데 하나님은 눈물로 간구하는 예레미야를 보고 더 이상 칼을 내려치지 못하고 한 가지 제안을 합니다. "너희가 만일 정의를 행하며 진리를 구하는 자를 한 사람이라도 찾으면 내가 이 성읍을 용서하리라"(렘5:1) 이에 예레미야는 백성들에게 이렇게 권면합니다. "딸 시온아 너는 밤낮으로 눈물을 강처럼 흘릴지어다 스스로 쉬지 말고 네 눈동자를 쉬게 하지 말지어다. 초저녁에 일어나 부르짖을 지어다 네 마음을 주의 얼굴 앞에 물 쏟듯 할지어다"(애2:19) 이렇게 살길을 제시하며 함께 눈물로 기도하자고 외쳤지만 끝내 백성들은 듣지 않았고, 결국 예루살렘은 망할 수밖에 없었습니다.

"주여 내가 여기 있나이다." 이 혼탁하고 흑암이 가득한 시대에 하나님이 찾으시는 한 사람이 필요합니다. 우리는 누구나 눈물을 가지고 있습니다. 헤어짐으로 흘리는 눈물도 있고, 서러워 흘리는 눈물도 있고, 아파서 흘리는 눈물도 있습니다. 그러나 그보다 값진 눈물이 있습니다. 하나님 앞에 부르짖으며 흘리는 눈물입니다. 흔한 눈물도 어떻게 쓰임받느냐? 가 중요합니다. 나의 눈물 한 방울이 이 시대를 살리고, 하나님 심판의 칼을 멈추게 하는 생명의 눈물이 될 수 있습니다. 한 방울 눈물의 기적을 이루어 내는 우리 성도들이 될 수 있기를 축원합니다.

♬ 이 땅의 황무함을 보소서

3. 신앙의 좋은 친구가 있습니까?

야곱은 계속하여 이렇게 축복합니다. "내가 그들을 야곱 중에서 나누며 이스라엘 중에서 흩으리로다" "그들을"이라고 시므온과 레위는 이렇게 묶어서 말합니다. 이는 친구가 얼마나 중요한가를 가르치고 있습니다. 친구도 잘 사귀어야 합니다. 시므온과 레위, 두 사람 중 한 사람이 형제를 만류했어도 이런 일은 없었을 것입니다. 좋은 신앙 생활하기 위한 가장 중요한 비밀 중의 하나는 내 주변에 얼마나 경건한 신앙인들이 나를 둘러싸고 있느냐에 달려 있습니다. 내 신앙이 연약할 때 나를 돌봐주고, 격려해 줄 수 있는 신앙의 사람들이 주위에 있어야 합니다. 크리스천의 교제는 그 사람의 신앙과 인격의 질을 결정합니다. 서양 속담에 "여러분의 친구를 나에게 보여 주시오. 그러면 여러분이 어떤 사람인가를 나도 여러분에게 말할 수가 있을 것이요" 라는 말이 있습니다. 친구는 내 인격의 거울입니다. 내 주변에 신앙적으로 좋은 영향을 줄 수 있는 사람들이 있으면 그 모임은 서로가 닮으면서 거룩한 믿음의 공동체를 형성해 나가게 됩니다. 반면 부정적이며 비판적인 생리에 젖어 있는 사람들과 함께 자리하기 시작하면 자연히 내 삶의 형태는 부정적일 수밖에 없는 것입니다.

시므온과 레위는 신앙인답지 않은 악한 일에 담합하였습니다. 그래서 함께 저주를 받는 것입니다. 증오의 씨를 뿌린 사람들은 그 삶에 대한 대가를 하나님은 그 자손들을 통해서 받아내십니다. 민수기 1:23절에 보면 시므온 지파의 계수함을 입은 자가 오만구천삼백 명이라 하였습니다. 그런데 역사가 흘러가면서 민수기 26장 14절에 보면 시므온 지파의 인구는 이만이천이백 명밖에 안 됩니다. 절반 이상으로 줄어들었습니다. 후에 모세는 죽음을 앞두고 신명기 33장에서 12지파를 축복하는데 시므온 지파는 빠지게 됩니다. 시므온은 이렇게 점점 쇠약해졌고 잊힌 지파가 되었습니다.

인간을 향한 하나님의 최대 형벌이 있다면 그것은 잊히는 것입니다. 마태복음 7장에 이런 비극이 기록되어 있습니다. 어떤 사람들이 마지막 날 예수님 앞에 나와서 말합니다. "주님 우리가 주의 이름으로 선지자 노릇을 했습니다. 주의 이름으로 귀신을 쫓아내기도 했습니다. 주의 이름으로 많은 권능도 행했습니다." 이들에게 주님께서 다시 말씀하십니다. "내가 너희를 도무지 알지 못하니 불법을 행하는 자들아 내게서 떠나가라"(마7:23) 내가 너희를 도무지 알지 못한다는 이 선언이 인간에게 있어서 최대 비극인 것입니다. 디나의 사건이 비록 가슴 아픈 이유에서 출발했지만 신앙인답지 않은 방법으로 복수, 살인, 미움 등 잘못된 감정을 가지고 문제를 해결하려고 했을 때 이 지파는 잊힌 지파가 되었습니다. 신앙인이 신앙인답지 않은 삶을 살면 안 됩니다. 비신앙적인 방법과 비성경적인 수단과 방법으로 살면 안 됩니다. 이어서 예수님은 말합니다. "그러므로 누구든지 나의 이 말을 듣고 행하는 자는 그 집을 반석 위에 지은 지혜로운 사람 같으리니 ”(마7:24) 신앙인은 하나님의 말씀대로 살아야 됩니다.

사랑하는 성도 여러분! 이스라엘 12지파 가운데 하필이면 이러한 지파가 섞어 있을까요? 그것은 오고 오는 시대에 하나님의 백성들 가운데도 이들처럼 살아갈 어떤 사람들이 있을지 모르기 때문입니다. 시작이 중요한 것처럼 끝도 중요합니다. 하나님이 들으신다는 '시므온'으로 출발했지만 하나님께 잊힌 지파가 되어가는 불행이 없어야 하겠습니다. 그러기 위해 우리가 눈물의 사람이 될 수 있길 바랍니다. 눈물로 부르짖는 사람이 되어 진정한 '시므온'의 축복을 받는 우리 성도들이 될 수 있기를 축원합니다.

여호와께 헌신하는 칼

말씀 창세기 49:5~7, 출애굽기 32:25~29
요절 출애굽기 32:29

"모세가 이르되 각 사람이 자기의 아들과 자기의 형제를 쳤으
니 오늘 여호와께 헌신하게 되었느니라 그가 오늘 너희에게
복을 내리시리라"

칼을 잘 다루는 은사를 가진 시므온과 레위는 그 칼을 잘못 사용
하여 저주를 받았습니다. 그래서 시므온 지파는 그 숫자가 점점 작
아지고 잊힌 지파가 되어 갔습니다. 그런데 레위 지파는 좀 달랐습
니다. 레위 지파는 제사장 지파로 하나님께 쓰임을 받고 영화로운
가문을 이루게 됩니다. 어떻게 이렇게 되었는가를 오늘 말씀을 통
해 함께 배우고 은혜받는 복된 시간이 될 수 있길 축원합니다.

1. 여호와 편에 서는 사람

레위지파는 시므온 지파와 함께 세겜 성 사람들을 죽인 일로 이
스라엘 중에서 흩어질 수밖에 없는 저주를 받았습니다. 시므온 지
파는 인구수가 줄어들었고 나중에 모세의 축복에서도 빠지는 잊힌

지파가 되어 갔습니다. 레위지파의 인구도 다른 지파에 비하여 현격하게 적었습니다. 민수기 1장에서 각 지파별로 20세 이상의 싸움에 나갈 만한 장정들을 계수하였는데 12지파 전체가 603,550명이었습니다(민1:46). 평균 5만 명 정도 되었습니다. 그런데 레위지파는 생후 1개월 이상 된 남자들을 다 계수했는데도 그 수가 22,273명밖에 안 됩니다(민3:43). 평균보다 절반이나 적습니다. 레위가 칼을 잘못 써서 받은 저주가 그 후손들이 그대로 받고 있는 것을 봅니다.

그런데 레위 지파는 특별한 은혜를 받습니다. 제사장 지파로 하나님께서 택하시고 하나님의 성전에서 섬기는 사명을 주십니다. "보라 내가 이스라엘 자손 중에서 레위인을 택하여 이스라엘 자손 중에 태를 열어 태어난 모든 맏이를 대신하게 하였은즉 레위인은 내 것이라"(민3:12) "레위인은 증거의 성막 사방에 진을 쳐서 이스라엘 자손의 회중에게 진노가 임하지 않게 할 것이라 레위인은 증거의 성막에 대한 책임을 지킬 지니라 하셨음이라"(민1:53) 출애굽 할 때 애굽에 있는 모든 집안에 처음 태어난 장자를 다 죽이던 날에 이스라엘의 처음 난 장자는 하나님이 구별하여 살리셨습니다. 이 일로 인하여 장자는 하나님의 것이었습니다. 그런데 하나님은 이제 장자를 대신하여 레위 지파가 하나님의 것이라고 구별하십니다. 그리고 레위 지파는 거룩한 성막에서 제사장의 사명을 감당하게 됩니다. 그리고 성막을 중심으로 사방에 진을 치고 살면서 이스라엘 백성에게 하나님의 진노가 임하지 않도록 저들을 가르치고 살피라는 사명을 주십니다(민1:53). 이같은 중차대한 사명을 주시며, 레위 지파를 특별하게 대우하시는 이유가 무엇입니까?

출애굽기 32장에서 모세가 시내산에 올라가 하나님의 말씀을 받고 있는 사이 산 밑에서는 이스라엘 백성들이 금송아지 우상을 만드는 사건이 있었습니다. 저들은 모세를 기다리다가 지쳐서 자기들을 인도할 신을 만들자고 합니다. 이에 모든 금을 모아서 거대한 금송아지를 만들고 거기에 번제와 화목제를 드리며 먹고 마시며 뛰고 축제를 합니다. 십계명과 성막의 설계도를 주시던 하나님은 이 광경을 보고 너무나 진노하시고 모든 이스라엘 백성을 멸하고 다시 모세를 통해 새로운 민족을 이루겠다고 하십니다. 이에 놀란 모세가 눈물로 간구하며 하나님의 진노를 누그러뜨리고 산을 내려옵니다. 모세는 너무 화가 나서 너희는 말씀을 받을 자격이 없다며 십계명의 두 돌 판을 던져 깨뜨리고, 금송아지를 다 갈아서 백성에게 먹입니다. 그리고 그들의 죄를 책망한 다음 하나에 편에 선 자는 나오라 명합니다. 이때 레위 지파가 나오게 됩니다. 모세는 레위 지파에게 허리에 칼을 차라고 합니다. 그리고 그 칼로 우상숭배에 앞장선 이웃과 형제와 친구들을 다 죽이라 명합니다. 레위 지파는 지체하지 않고 즉시 칼을 차고 달려가 그날에 칼로 죽인 자가 삼천 명 가량이나 되었습니다. 이에 모세는 이렇게 레위 지파를 축복합니다. "모세가 이르되 각 사람이 자기의 아들과 자기의 형제를 쳤으니 오늘 여호와께 헌신하게 되었느니라 그가 오늘 너희에게 복을 내리시리라"(출32:29) 우상 숭배에 가담하지 아니하고 하나님 편에 서서 헌신한 지파가 바로 레위 지파였습니다.

신명기 33장에서 모세는 레위 지파을 이렇게 축복합니다. "그는 그의 부모에게 대하여 이르기를 내가 그들을 보지 못하였다 하며 그의 형제들을 인정하지 아니하며 그의 자녀를 알지 아니한 것은 주의 말씀을 준행하고 주의 언약을 지킴으로 말미암음이로다"(신

33:9) 사사로운 정에 얽매이지 않고 사명을 위해 살았다는 것입니다. 예수님은 제자들에게 이렇게 사명자의 자세를 가르쳤습니다. "예수께서 이르시되 손에 쟁기를 잡고 뒤를 돌아보는 자는 하나님의 나라에 합당하지 아니하니라 하시니라"(눅9:62) "아버지나 어머니를 나보다 더 사랑하는 자는 내게 합당치 아니하고 아들이나 딸을 나보다 더 사랑하는 자도 내게 합당하지 아니하며"(마10:37) "예수께서 이르시되 내가 진실로 너희에게 이르노니 나와 복음을 위하여 집이나 형제나 자매나 어머니나 아버지나 자식이나 전토를 버린 자는 현세에 있어 집과 형제와 자매와 어머니와 자식과 전토를 백 배나 받되 박해를 겸하여 받고 내세에 영생을 받지 못할 자가 없느니라"(막10:29)

레위 지파는 사사로운 정을 부인하고 하나님 편에 서서 하나님의 의를 이루기 위하여 칼을 썼습니다. 전에는 사사로운 감정을 억제하지 못하고 칼을 휘두르는 바람에 그는 살인을 저지르고 가족들을 위기에 빠뜨리고 저주를 받았습니다.

그러나 실수는 한 번으로 족하고, 그것을 거울삼아 철저히 회개하고 이제는 그 칼을 하나님을 위해 사용하고 있습니다. 그의 칼은 폭력의 칼이 아니라, 하나님께 헌신하는 칼이 되었습니다. 하나님은 이런 레위 지파를 기억하고, 그 칼이 하나님의 성전에서 봉사하는 칼이 되도록 제사장 지파로 거룩히 구별하여 주셨습니다. 레위 지파는 대제사장 아론을 도와 성전에서 봉사하는 일을 합니다. 매일 소와 양을 잡아야 됩니다. 칼을 잘 써야 됩니다. 사람을 죽이는 칼이 이제는 성전에서 하나님을 섬기는 칼이 된 것입니다. 말씀은 칼입니다(엡6:17, 히4:12). 레위 지파는 이제 말씀의 칼을 잘 버리어 백성들에게 주의 율례와 법도를 가르치게 되었습니다. "주의 법도를 야곱에게, 주의 율법을 이스라엘에게 가르치며 주 앞에 분향하고 온전한 번제를 주의 제단 위에 드리리로다"(신33:10)

레위라는 이름의 뜻이 연합이라고 하였습니다. 레위는 이제 그 이름값을 하게 되었습니다. 제사장은 하나님과 인간 사이의 중재자요, 화목케 하는 자입니다. 진정한 연합은 죄인과 하나님 사이를 화목케 하는 것입니다. 이 사명을 레위 지파가 감당하게 된 것입니다.

그리고 이 일을 우리 예수님이 그 몸으로 다 완성하셨습니다. "그는 우리의 화평이신지라 둘로 하나를 만드사 원수 된 것 곧 중간에 막힌 담을 자기 육체로 허시고"(엡2:14) "또 십자가로 이 둘을 한 몸으로 하나님과 화목하게 하려 하심이라 원수된 것을 십자가로 소멸하시고"(엡2:16) 예수님께서 하나님과 사람 사이의 막힌 죄의 담을 허무시고, 하나님과 원수되었던 것을 화목하게 하셨습니다.

그리고 이 일을 우리에게 맡겨 주셨습니다. "그런즉 누구든지 그리스도 안에 있으면 새로운 피조물이라 이전 것은 지나갔으니 보라 새것이 되었도다. 모든 것이 하나님께로서 났으며 그가 그리스도로 말미암아 우리를 자기와 화목하게 하시고 또 우리에게 화목하게 하는 직분을 주셨으니"(고후5:7,18) 우리 거듭난 크리스천들은 화목하게 하는 사람들입니다. 그리스도 안에서 새로운 피조물이 된 우리는 과거와 달라야 합니다. 레위도 과거엔 칼을 함부로 휘두르고 살았습니다. 그러나 거듭난 레위는 그 칼을 하나님의 영광을 위해 사용했습니다. 하나님과 멀어진 백성들을 하나님과 화목시키고 연합시키는 일을 위해 사용했습니다. 레위 지파는 한곳에 뭉쳐 살지 않고 백성들 틈에 살면서 그들이 범죄하여 하나님의 진노를 사지 않도록 성경을 가르치고, 기도하게 하고, 예배하도록 도왔습니다. 우리도 거듭난 새로운 피조물의 삶을 살아야 됩니다.

♬ 주님 것을 내 것이라고

2. 레위 지파에게 내리는 축복

중국의 춘추전국 시대에 있었던 일입니다. 노나라의 어느 마을에 가난한 여인이 살고 있었습니다. 그때 제나라에서 군사를 일으켜 쳐들어 왔습니다. 제나라 군사들이 갑자기 이 여인이 살던 마을에 들이닥치자 여인은 젖먹이 아기를 품에 안고 또 다른 어린아이의 손을 잡은 채 필사적으로 도망을 쳤습니다. 그러나 얼마 가지 못해서 제나라 군사들에게 잡힐 위기에 놓이게 되었습니다. 군사들이 코밑까지 뒤쫓아 오는 것을 본 여인은 눈물을 머금고 둘 중 한 아이를 버리기로 작정합니다. 여인은 품에 안고 있던 젖먹이를 풀숲에 내려놓았습니다. 그리고는 손을 잡고 걸려 오던 어린아이를 들쳐 업고는 혼신의 힘을 다해 달렸습니다. 그러나 여인은 결국 제나라 군사들에게 잡히고 말았습니다.

제나라의 지휘관은 조금 이상하다는 듯이 물었습니다. "어찌하여 품에 안고 있던 아기는 내려놓고 어린아이만 데리고 도망했느냐?" 여인은 담담하게 대답하였습니다. "내가 품에 안고 있던 젖먹이는 내 자식이고, 손을 잡고 있던 아이는 형님의 자식입니다. 나는 누구보다 내 아기를 사랑합니다. 그러나 내 아기를 돌보는 것은 사적인 사랑이고 형님의 아이를 돌보는 것은 공적인 '의'입니다. 형님의 자식을 버리고 내 자식을 구하는 것은 공적인 의를 버리고 사적인 사랑을 선택하는 것입니다. 나는 그럴 수 없다고 생각했습니다. 만약 내 자식만을 구하고 형님의 자식을 버린다면 우리 집안 꼴은 어떻게 될 것이며 나아가 모든 백성이 공의를 버리고 사욕을 따라 산다면 나라 꼴은 어떻게 되겠습니까?"

이 말을 들은 제나라 지휘관은 "공의가 무엇인지 아는 여자가 있는 도성이라면 쳐들어갈 수 없다"라고 말하며 공격을 멈추고 철수했다고 합니다. 공의가 무엇인지 알고 있는 한 여인이 성읍을 구했던 것입니다. 백만 명의 군사보다 한 여인의 공의로움이 더 강했던 것입니다. 레위 지파는 사사로운 정을 땅에 묻고, 온전히 하나님의 의를 위해 헌신했습니다. 이로 인하여 전 민족이 멸망할 위기에서 구원받고 새로운 기회가 주어졌습니다. 한 사람의 의로운 행동과 결단과 삶이 이처럼 중요한 것입니다.

이런 레위 지파에게 하나님은 제사장의 사명을 주셨습니다. 그리고 이 사명을 잘 감당할 수 있도록 물질의 축복도 주십니다. "여호와여 그의 재산을 풍족하게 하시고 그의 손의 일을 받으소서 그를 대적하여 일어나는 자와 미워하는 자의 허리를 꺾으사 다시 일어나지 못하게 하옵소서"(민33:11) 뿐만 아니라 이렇게 하나님 앞에 제사장의 사명을 감당하는 자를 대적하고, 거침돌이 되면 하나님께서 친히 그를 대적하시고 허리를 꺾으시겠다고 하였습니다.

사랑하는 성도 여러분! 우리는 오늘 젊은 날 폭발하는 감정을 잘못 다스리고 칼을 마구 사용했던 레위가 하나님 앞에 거듭나서 하나님 편에 서서 하나님의 의를 위하여 칼을 쓰는 변화된 삶을 사는 것을 보았습니다. 우리는 그리스도 안의 새로운 피조물입니다. 거듭 난 하나님의 자녀가 되었으며, 천사도 흠모하는 왕 같은 제사장들이 되었습니다. 쟁기를 들고 뒤를 돌아보는 어리석은 자가 되지 말고, 레위와 같이 하나님의 영광을 위하여 살아가는 성도들이 될 수 있길 축원합니다. 많은 영혼을 십자가 앞으로 인도하는 화목케 하는 직분을 감당하는 성도들이 될 수 있기를 축원합니다.

유다의 축복

말씀 창세기 49:8~12
요절 창세기 49:8

"유다야 너는 네 형제의 찬송이 될지라 네 손이 네 원수의 목
을 잡을 것이요 네 아버지의 아들들이 네 앞에 절하리로다"

부흥사 무디 목사님을 따라다니며 늘 찬양을 인도하였던 생키라
는 분이 여객선을 타고 여행하고 있었습니다. 신문에서 그의 사진을
자주 본 사람들이 그를 알아보고 그분의 유명한 찬송곡인 '선한 목
자 되신 우리 주여'를 불러달라고 졸랐습니다. 생키가 그 찬송을 부
르기를 마치자 한 사람이 다가와서 말했습니다. "생키 선생님, 남북
전쟁 당시 북군으로 참전한 일이 있습니까?""네, 있었습니다" "저는
그때 남군으로 참전했는데 당신을 본 적이 있습니다. 당신은 북군의
파란 군복을 입고 있었고 그날 밤 만월이었는데 제 사정거리 안에
있었습니다. 제가 당신을 겨냥해 방아쇠를 막 당기려고 하는데 당신
이 노래를 부르기 시작했습니다. 오늘 밤에 부른 바로 그 찬송이었
지요. 그런데 제 어머니께서 그 찬송을 자주 부르셨거든요. 찬송을
부르는 당신을 도저히 쏠 수가 없었습니다" 생키는 너무 감격하여
그를 힘껏 끌어안고 이렇게 말씀을 외웠습니다. "여와는 나의 힘이

요 나의 방패시니 내 마음이 그를 의지하여 도움을 얻었도다. 그러므로 내 마음이 크게 기뻐하며 내 노래로 그를 찬송하리로다"(시편 28:7)

오늘은 '찬송'이라는 뜻의 이름을 가진 유다에 대한 축복 내용입니다. 아버지 야곱은 유다에 대하여만큼은 길고 긴 축복기도를 해 줍니다. 이 축복대로 유다와 그의 후손은 큰 복을 받게 되고 명문가를 이루게 됩니다. 훗날에 우리 주님 예수 그리스도께서 이 땅에 심판주로 재림하시게 될 때 그 모습을 요한계시록 5장은 이렇게 기록하고 있습니다. "장로 중의 한 사람이 내게 말하되 울지 말라 유대 지파의 사자 다윗의 뿌리가 이겼으니 그 두루마리와 그 일곱 인을 떼시리라 하더라"(계5:5) "the Lion of the tribe of Juda, the Root of David" 예수님을 유다 지파의 사자(Lion)라고 표현합니다. 유다 지파를 상징하는 동물이 바로 사자입니다. 오늘은 유다 지파가 받은 복을 통하여 함께 은혜 나누는 복된 시간이 되길 축원합니다.

1. 유다가 살아온 길

유다는 야곱이 레아에게서 얻은 4번째 아들입니다. 레아가 유다를 낳고 이렇게 고백합니다. "내가 이제는 여호와를 찬송하리로다" 그래서 아들의 이름을 유다라고 지었습니다. 그러나 유다는 그 이름처럼 찬송이 되지 못했습니다. 그는 젊은 날 많은 방황을 하게 됩니다. 동생 요셉을 시기하여 은 30에 애굽 상인에게 팔아 먹었습니다. 그리고는 집을 나갑니다. 가출한 유다는 이방인 친구들과 어울리고 이방인 여인과 사랑에 빠져 동거하게 됩니다. 엘과 오난과 셀라 세 아들을 낳고 잘 사는 듯하였으나 불행이 닥쳐오기 시작합니다. 이방인 처녀 다말을 데려다가 장자와 결혼을 시켰는데 곧 장자 엘은 죽게 됩니다. 동네 풍습대로 다말을 둘째인 오난과 결혼시켰지만 그마저 하나님의 저주를 받고 죽게 됩니다. 다말과 동침만 하면 아들들이 죽는 모습을 보고 두려움을 느낀 유다는 다말을 친정으로 내쫓았습니다. 그런데 얼마 후 아내마저 세상을 뜨게 됩니다. 화목했던 가정은 풍비박산 나고 유다는 외로움에 못이겨 밤거리를 배회하다가 창녀를 만나게 됩니다. 그런데 그 창녀는 변장한 자기의 며느리 다말이었습니다. 며느리인 줄 알아보지 못한 유다는 도장과 허리끈과 지팡이를 담보하고 하룻밤을 지내게 됩니다. 다말은 얼마 후 임신을 하게 되었고, 이를 안 유다는 화가 머리끝까지 치솟아 올라 다말을 끌어다 죽이려 하였습니다. 그때 다말이 외칩니다. "이 도장과 허리끈과 지팡이가 누구의 것인가 보세요. 이 증거물의 주인으로 말미암아 내가 잉태하였나이다" 내민 증거 앞에 유다는 망연자실하고, 털썩 주저앉을 때 과거 한 사건이 머리를 스치고 지나갔습니다. 그것은 과거 자신이 요셉을 팔아 먹고는 아버지를 속일 때의 모습이었습니다. 짐승의 피를 묻힌 요셉의 채색 옷을 증거물로 들이대며 아버지를 속였습니다. "보소서 아버지 누구의 것인가?" 유다는 자신이 저지를 죄에 대한 인과응보라고 생각했습니다. 그리고 너는 나보다 옳도다 하면서 자신의 허물을 시인하고 다말을 용서할 수밖에 없었습니다. 이렇게 유다는 파멸해 갔고 삼류인생을 살았습니다. 그런 유다가 받은 축복이 무엇입니까?

2. 유다가 받은 축복

다른 아들들에 대하여 짧게 축복하는데 유다에게 만큼은 8절부터 13절까지 무려 6절로 축복을 해 줍니다. 그럼 유다는 어떤 축복을 받게 됩니까?

첫째로 형제의 찬송이 된다는 것입니다. 이 말은 유다는 형제들의 자랑거리가 되고, 형제들로부터 칭송을 받으며, 형제들이 유다로 인하여 기뻐하게 된다는 것입니다. 사실 유다는 집안의 망신거리였습니다. 베레스와 세라를 데리고 들어왔을 때, 세상 사람들에게 얼마나 놀림감이 되었겠습니까? 형제들은 유다 때문에 동네에서 얼굴 들고 다닐 수 없다고 비난했을 것입니다. 그런데 그런 유다가 형제들의 찬송이 된다는 것입니다. 이 축복대로 유다로 인하여 죽을 뻔한 베냐민이 살고, 또 굶주려 죽을 수밖에 없는 가족과 형제들이 살게 되었습니다. 그때부터 유다는 형제들의 찬송이 되었습니다.

둘째는 승리의 축복입니다. "네 손이 네 원수의 목을 잡을 것이요" 맹수들이 짐승들을 잡을 때 꼭 목을 물어 죽입니다. 유다는 원수의 목을 잡을 거란 말은 승리를 말하는 것입니다. 유다의 후손들은 이 축복대로 승승장구하게 되고, 유다 지파를 통해 오신 예수님은 우리의 원수 사단 마귀의 목을 잡아 비틀고 죽음에서 부활하셨습니다.

셋째는 지도자의 축복입니다. "네 아버지의 아들들이 네 앞에 절하리로다” 임금의 아들이 여럿인데 그중에 막내가 세자로 책봉이 되면 모든 왕자가 세자 앞에 절을 합니다. 이처럼 유다는 넷째 아들이지만 장자의 권리를 차지하게 된다는 것입니다. 이는 가문의 우두머리요 지도자가 되는 것입니다. 이 말씀대로 유다 지파는 동쪽 해 돋는 편에 장막을 치고 모든 지파를 대표하는 지도자 지파가 되었습니다.

넷째는 사자같이 용맹하게 되는 축복입니다. 9절을 보십시오. 모름지기 사내는 사자같이 용맹하고 담대한 대장부가 되어야 합니다. 두려워 떨며 뒷걸음치는 연약한 자가 되면 안 됩니다. 성경은 늘 말합니다. “너는 강하고 담대하라” 이 말씀대로 유다 지파는 광야 길에서나 가나안 정복역사를 할 때 항상 전장에 앞장섰고, 유다 지파가 출전한 전투마다 승리를 거두었습니다. 유다 지파를 인도했던 지도자는 갈렙 장군이었습니다. 85세 된 백발 노령의 갈렙은 아낙 자손이 버티고 있는 헤브론 공략을 앞두고 이렇게 여호수아에게 요청합니다. “오늘 내가 팔십오 세로되 모세가 나를 보내던 날과 같이 내가 여전히 강건하니 …그날에 여호와께서 말씀하신 이 산지를 지금 내게 주소서” 이런 용기가 우리 속에도 넘쳐날 수 있기를 축원합니다.

다섯째, 왕족이 되는 축복입니다. “규가 유다를 떠나지 아니하며” 규란 통치자, 즉 왕이 가지고 있는 지휘봉입니다. 유다 지파가 왕족이 됩니다. 이 말씀같이 유다 지파의 후손 다윗이 통일 이스라엘의 왕이 되고, 하나님께서 내 마음에 합한 왕이라고 칭찬하였습니다.

여섯째, 메시야가 유다 지파를 통해 오십니다. "실로가 오시기까지 이르리니 그에게 모든 백성이 복종하리로다"(10) 여기서 실로란 메시야를 가리킵니다. 유다지파를 통하여 메시야가 오신다는 말씀대로 예수님은 다윗의 후손으로 베들레헴에서 탄생하셨습니다. 이로서 유다는 자손대대 왕족을 이루고 구원자가 오시는 가문의 축복을 받아서 기독교 명문 가문을 이루게 되었습니다.

일곱째, 풍요의 축복입니다(11, 12). 나귀는 식성이 좋아서 포도나무에 메면 포도송이를 다 먹어 치웁니다. 그런데 얼마나 풍요로운지 유다 지파는 나귀를 포도나무에 매어 놓고 키웁니다. 얼마나 포도가 많은지 포도즙에 옷까지 빱니다. 얼마나 우유를 많이 먹었던지 이가 다 희게 됩니다. 그만큼 물질적으로 풍요롭고 풍부하다는 것입니다. 유다와 그 후손들은 물질적으로 엄청난 축복을 받게 된다는 것입니다. 이 말씀처럼 유다 지파는 그 인구수도 최고로 많았으며 옥토를 분양받고 정복하여 풍족한 삶을 누렸습니다.

성경학자들은 유다가 받은 축복은 인간이 받을 수 있는 최고의 축복이라고 말합니다. 한번 생각해 보세요. 가장 비참하게 살았던 유다가, 어떻게 저렇게 기름지고 영광스러운 엄청난 축복을 받았을까? 다 망가지고 형편없던 유다도 저런 축복을 받았다면, 오늘 우리들에게도 희망이 있는 것입니다. 유다처럼 가문을 일으켜 세우는 축복이 우리에게도 일어날 수 있기를 축원합니다.

3. 유다가 받은 축복의 비밀

창세기 37장부터는 요셉에 대한 이야기입니다. 그런데 37장 마지막 절은 요셉이 보디발의 집에 노예로 팔려 갔다는 내용이고, 39장 1절이 그 내용을 받아서 요셉이 보디발의 집에서 일어난 사건을 기록하고 있습니다. 그리고 37장과 39장 사이에 뜬금없이 유다의 이야기가 들어가 있습니다. 유다의 몰락과 그의 비참한 삶을 기록하고 있습니다. 요셉의 이야기를 할 때 반드시 유다의 이야기를 하지 않으면 안 된다는 어떤 논리입니다. 그리고 38장 사건 이후 다시 유다가 등장하는 42장을 보면, 집을 나가서 갖은 풍상을 다 겪은 유다는 다시 집에 돌아와 있습니다. 그리고 곡식을 구하러 애굽으로 가서 요셉과 만나는 과정이 기록되고 있습니다. 여기서 유다는 총리의 은잔 도둑으로 몰려 죽을 뻔한 베냐민을 위해 목숨을 건 감동의 변호를 합니다. 그 변론은 자기가 목숨 걸고 구할 정도로 배다른 동생 베냐민을 사랑하기 때문도 아니요, 그의 의협심도 아니었습니다. 단 한 가지 이유는 아버지 때문이라고 말합니다. 베냐민을 잃고 아파하실 아버지를 차마 볼 수 없다는 것입니다. 아버지를 생각하는 유다의 마음은 진심이었습니다. 여기에 요셉도 감동받고 형제들과 아름다운 재회를 하게 됩니다.

전에 유다는 아버지의 마음을 몰랐습니다. 아버지가 베냐민에게 채색 옷을 입혀 줄 때 단순히 편애라고만 생각했습니다. 그러나 엄마 없는 빈자리를 채색 옷으로라도 채워 주려 했던 아버지의 마음을 헤아리게 되었습니다. 요셉을 잃고 오열하던 아버지를 이해 못했는데, 두 아들을 잃고 보니 아버지의 마음을 이해했던 것입니다.

나아가 집을 뛰쳐나온 자신을 동일하게 사랑하고 기다리고 계신 아버지의 마음을 알게 된 것입니다. 그래서 빈털터리가 되고 집 나간 탕자와 같은 신세가 되었지만 두 아들을 데리고 아버지 집으로 돌아왔던 것입니다. 누가복음 15장의 집나간 탕자가 집으로 돌아오는 모습니다. 이렇게 돌아온 유다는 누구보다 아버지의 마음을 이해하는 아들이 되었습니다. 그리고 야곱은 이런 유다를 신임하고, 기뻐하였고, 유다를 이렇게 가장 크게 축복하였던 것입니다.

사랑하는 성도 여러분! 아버지의 마음을 헤아렸던 유다의 후손으로 하나님의 마음에 합한 다윗 왕이 나왔습니다. 그 다윗의 후손으로 하나님 아버지의 뜻을 온전히 이루어 내는 메시야 예수님이 이 땅에 오셨습니다. 그 아들은 온 인류를 구원코자 하시는 아버지의 마음을 알아 십자가에 죽기까지 순종하였습니다. 이처럼 나의 삶은 고스란히 자녀들에게 영향을 끼치게 되어 있습니다. 내가 어떤 삶을 사느냐에 따라 내 가족과 후손들의 삶이 달라집니다. 유다와 같은 사람도 다시 세우시고 쓰시는 하나님께서 우리의 인생도 다시 세우시고 축복하여 주실 줄 믿습니다. 하루하루 어떤 삶을 살아갈 것인가 무게감을 가지고 살아가며 하나님의 마음을 알아서 유다와 같은 축복을 받는 우리 성도들이 될 수 있기를 축원합니다.

♬ 아버지 불러만 봐도

마지막까지 믿음으로

말씀 창세기 50:1~26
요절 창세기 50:24

"요셉이 그의 형제들에게 이르되 나는 죽을 것이나
하나님이 당신들을 돌보시고 당신들을 이 땅에서 인도하여
내사 아브라함과 이삭과 야곱에게 맹세하신 땅에
이르게 하시리라 하고"

사랑하는 성도 여러분, 사람의 인생 마지막 장면에는 그 사람의 신앙 깊이와 방향이 드러납니다. 우리는 평생 동안 많은 일을 겪습니다. 기쁨과 눈물, 성공과 실패, 배신과 용서가 얽히고설키면서, 우리의 인격과 믿음이 다듬어집니다. 그러나 그 모든 여정의 결론은 '마지막에 무엇을 붙들고 있는가'로 드러납니다.

오늘 우리가 함께 읽은 창세기 50장은 요셉 이야기의 마지막 장면이자, 창세기 전체를 마무리하는 결론입니다. 한 소년이 형들의 시기와 미움으로 인해 구덩이에 던져지고, 노예로 팔려가고, 억울한 누명을 쓰고 감옥에 갇혔지만, 하나님께서 그 모든 과정을 사용하셔서 애굽의 총리로 세우시고, 수많은 생명을 살리는 도구로 쓰셨습니다.

하지만 오늘 본문은 요셉의 '권세의 절정'을 그리는 것이 아니라, '믿음의 결론'을 보여줍니다. 아버지 야곱이 죽자 형들은 두려움에

떱니다. "혹시 이제 요셉이 우리에게 보복하지 않을까?" 그 순간, 요셉은 자신을 해하려 했던 형들에게 이렇게 고백합니다.

"당신들은 나를 해하려 하였으나 하나님은 그것을 선으로 바꾸사…"(창 50:20)

이 한마디 안에는 요셉이 평생 붙든 신앙이 담겨 있습니다. 요셉의 시선은 형들의 죄에 머물지 않았습니다. 그는 그 모든 사건 위에 계셨던 하나님의 섭리를 보았습니다. 그래서 형들을 원망하지 않고, 오히려 위로하며, 끝까지 하나님의 약속을 바라보았습니다.

사랑하는 여러분, 우리도 인생을 돌아보면 '당신들은 나를 해하려 하였으나'라고 말할 수밖에 없는 순간들이 있습니다. 사람의 의도는 악했지만, 하나님은 그것을 선으로 바꾸셨던 경험이 있을 것입니다. 그리고 어떤 일은 아직 이해되지 않고, 여전히 답이 보이지 않을 수도 있습니다.

오늘 말씀을 통해, 우리는

1. 사람의 악을 넘어서는 하나님의 계획을 배우고,

2. 끝까지 사랑으로 섬기는 믿음을 배우며,

3. 죽음마저 약속 안에서 바라보는 신앙을 배우게 될 것입니다.

이 시간, 요셉의 마지막 고백을 통해 우리의 마지막도 믿음으로 마무리할 수 있는 길을 함께 나누는 복된 시간되기를 축원합니다.

1. 사람의 악을 넘어서는 하나님의 계획 (15-21절)

아버지 야곱이 세상을 떠나자, 요셉의 형들은 다시금 불안에 사로잡혔습니다. 그들의 마음속에는 오랫동안 묻어둔 죄책감과 두려움이 있었습니다. 과거에 요셉을 죽이려 했던 일, 노예로 팔아넘긴 일… 그것이 이제 자신들에게 부메랑처럼 돌아올까봐 두려웠던 것입니다. 그래서 그들은 요셉에게 사람을 보내어 이렇게 말합니다.

"당신의 아버지가 돌아가시기 전에 우리에게 이렇게 명령하셨습니다. '네 형들이 네게 악을 행하였을지라도, 그들의 허물과 죄를 용서하라.'"

형들의 말은 진심이라기보다 두려움에서 나온 행동이었습니다. 하지만 그들의 두려움을 들은 요셉의 반응은 전혀 달랐습니다. 성경은 "요셉이 그 말을 들을 때 울었다"(17절)고 기록합니다. 왜 울었을까요?

첫째, 오랜 세월이 지났음에도 여전히 자신을 믿지 못하는 형들의 마음을 보며

둘째, 하나님이 하신 일을 형들이 아직 깨닫지 못하는 현실을 보며

셋째, 하나님의 섭리를 가린 채 여전히 인간적인 계산에 사로잡힌 형들을 보며

요셉은 눈물로 대답합니다.

"당신들은 나를 해하려 하였으나 하나님은 그것을 선으로 바꾸사 오늘과 같이 많은 백성의 생명을 구원하게 하셨나이다." (20절)

이 고백은 단순히 '좋게 생각하자'는 긍정적인 마인드가 아닙니다. '해하려 하였다'는 인간의 분명한 악의 의도를 직시하고 있습니다.

그러나 그 위에 하나님의 주권과 섭리를 인정하고 있습니다. 사람의 악한 계획은 제한적이지만, 하나님의 선한 계획은 변함없이 이루어진다는 믿음입니다.

성경은 여러 곳에서 이 진리를 증언합니다.

로마서 8:28 "하나님을 사랑하는 자, 곧 그 뜻대로 부르심을 입은 자들에게는 모든 것이 합력하여 선을 이루느니라."

시편 76:10 "사람의 노여움은 주를 찬송하게 될 것이요…"

바울의 복음 사역도 감옥에 갇힘으로 멈추는 듯 보였지만, 오히려 온 시위대와 황제의 시중드는 자들에게까지 복음이 전해졌습니다 (빌 1:12-13).

사랑하는 성도 여러분,

우리의 삶에도 '해하려는' 사람들이 있습니다. 때로는 그들의 말과 행동이 우리의 마음을 깊이 상하게 하고, 앞길을 막는 것처럼 보입니다. 그러나 하나님의 계획은 그 모든 상황 위에 있습니다. 사람의 악한 의도마저도, 하나님은 당신의 선하신 뜻을 이루는 도구로 사용하십니다.

그러므로 우리는 복수심에 마음을 빼앗기기보다, 하나님의 주권을 바라보아야 합니다. 지금 당장은 이해할 수 없어도, 언젠가 하나님이 하신 일을 돌아볼 때 우리는 요셉처럼 고백하게 될 것입니다.

"그때는 힘들었지만, 하나님은 그것을 선으로 바꾸셨습니다."

2. 마지막까지 섬기고 위로하는 삶(21절)

요셉은 형들에게 하나님의 섭리를 고백하는 것으로 끝내지 않았습니다. 그는 실제 행동으로 형들을 위로하고, 그 자녀들까지 돌보겠다고 약속합니다. "당신들은 두려워하지 마소서. 내가 당신들과 당신들의 자녀를 기르리이다 하고, 그들을 강하게 위로하였더라."(21절)

형들은 자신들의 과거 죄 때문에 불안했습니다. 하지만 요셉은 그 불안을 없애주기 위해 구체적인 언어로, 그리고 실질적인 약속으로 위로합니다. 이는 단순한 용서를 넘어, 선대(善待)의 단계로 나아간 모습입니다.

용서를 넘어 섬김으로

요셉은 '복수하지 않겠다'는 소극적 용서를 넘어, '오히려 기르겠다'는 적극적인 사랑을 선택했습니다. 예수님께서 말씀하신 원수 사랑과 같은 정신입니다. "너희 원수를 사랑하며, 너희를 박해하는 자를 위하여 기도하라"(마 5:44). 진정한 용서는 단순히 과거를 덮는 것이 아니라, 앞으로의 관계를 세우는 것입니다.

말뿐 아닌 행동으로

'위로하다'(히브리어 nacham)는 단순한 말 위로가 아니라, 마음 깊은 곳을 안심시키는 행동까지 포함합니다. 요셉은 애굽의 총리로서 풍족한 자원과 권한을 가지고 형들의 가정을 실제로 부양했습니다. 말만이 아니라, 삶으로 '나는 당신들을 받아들인다'는 메시지를 보낸 것입니다.

관계 회복의 완성

관계 회복은 '미안하다'에서 끝나지 않습니다. '다시는 그 상처를 반복하지 않겠다'는 증거와 '앞으로는 선하게 대하겠다'는 태도가 필요합니다. 요셉은 하나님 앞에서 이미 형들을 용서했지만, 형들의 마음이 완전히 풀릴 때까지 행동으로 그 사랑을 보여주었습니다.

사랑하는 성도 여러분,

우리가 누군가를 용서한다고 말하면서도, 실제로는 거리를 두거나 마음의 문을 닫아버린 적이 있지 않습니까? 요셉은 하나님의 섭리를 믿는 믿음을, '관계 회복'이라는 구체적 행동으로 증명했습니다.

진짜 신앙은 예배당 안에서만 빛나는 것이 아닙니다. 가정과 직장, 교회 공동체 안에서, 나를 힘들게 한 사람조차 '위로하고, 기르는' 자리로 나아갈 때 세상은 우리 안에 계신 하나님을 보게 됩니다.

3. 죽음마저 약속 안에서 바라보는 신앙(22-26절)

요셉은 애굽에서 110세까지 살면서 에브라임과 므낫세 후손 3대까지 보는 장수를 누렸습니다. 그러나 그의 마음은 끝까지 약속의 땅을 향해 있었습니다. 죽음을 앞두고 그는 형제들에게 이렇게 말합니다.

"하나님이 반드시 당신들을 돌보시고, 당신들을 이 땅에서 인도하

여 내사, 아브라함과 이삭과 야곱에게 맹세하신 땅에 이르게 하시리라." (24절)

그리고 그는 자신의 유해를 가나안으로 가져가 달라고 부탁합니다. 이는 단순한 유언이 아니라, 하나님의 언약을 믿는 신앙 고백이었습니다.

현재가 아니라 미래를 바라본 믿음

요셉은 애굽에서 총리로서 부와 권세를 누렸지만, 그것이 자신의 '영원한 집'이 아님을 알았습니다. 하나님이 조상들에게 주신 약속, 곧 가나안 땅이 하나님의 백성의 궁극적 안식처임을 믿었습니다. 믿음의 사람들은 현실의 안락함보다 하나님의 약속을 선택합니다(히 11:13-16).

죽음을 넘어서는 언약 신앙

'해골을 메고 올라가라'는 부탁은, 출애굽의 때까지 수백 년 동안 그의 믿음을 후손들이 기억하게 하는 신앙의 유산이었습니다. 실제로 출애굽기 13:19에서 모세가 요셉의 유해를 가지고 나왔고, 여호수아 24:32에서 세겜 땅에 장사되며 약속이 성취됩니다. 믿음은 죽음 앞에서도 하나님의 말씀을 의심하지 않는 것입니다.

다음 세대에게 믿음을 전수하는 삶

요셉은 자신의 죽음을 하나님의 약속을 가르치는 마지막 기회로 삼았습니다. "하나님이 반드시 돌보신다"는 말은 두려움에 사로잡힐 후손들에게 주는 영적 유산이었습니다. 우리의 마지막 모습이 자녀와 공동체에 남기는 영향은 큽니다. 죽음 앞에서도 하나님의 약속을 붙드는 모습을 보여줄 때, 그 믿음은 대를 이어 전해집니다.

여러분! 우리는 종종 '어떻게 살아갈 것인가'만 고민하지만, 사실 '어떻게 마무리할 것인가'가 더 중요합니다. 요셉처럼, 죽음을 앞두고도 하나님의 약속을 붙들며, 그 약속을 다음 세대에 전하는 인생이 되기를 바랍니다. 우리의 소망은 이 땅의 성공이나 안락이 아니라, 하나님이 준비하신 영원한 나라입니다. 그 나라를 바라보며 오늘을 살아가는 것이 믿음입니다.

좋습니다. 앞서 작성한 서론과 1, 2, 3대지를 바탕으로 설교의 흐름을 묶어주는 결론을 완성해 드리겠습니다.

사랑하는 성도 여러분!

창세기 50장은 요셉의 성공 이야기가 아니라, 믿음으로 마무리하는 이야기입니다. 그의 인생에는 수많은 아픔과 억울함이 있었습니다. 그러나 요셉은 그 모든 순간 위에 계셨던 하나님의 손길을 보았습니다. 그래서 그는 "당신들은 나를 해하려 하였으나 하나님은 그것을 선으로 바꾸셨다"고 고백할 수 있었습니다.

그 믿음은 말로만 머물지 않았습니다. 그는 형들과 그 자녀들을 위로하고 섬겼습니다. 원수였던 자들을 가족으로 품었고, 과거의 상처보다 하나님의 사랑을 더 크게 선택했습니다. 그리고 죽음을 앞두고도 하나님의 약속을 굳게 붙들며, 그 믿음을 다음 세대에 유산으로 남겼습니다.

우리도 마찬가지입니다. 때로는 사람들의 말과 행동이 우리를 해하려고 하는 것처럼 보입니다. 억울한 일을 당하고, 마음에 깊은 상처가 남을 때도 있습니다. 그러나 하나님은 그 모든 것을 합력하여 선을 이루십니다. 그러므로 우리는 복수나 원망 대신, 섬김과 위로의 길을 선택해야 합니다. 그리고 이 땅의 안락이 아니라, 하나님의 약속과 영원한 나라를 바라보며 살아야 합니다.

오늘 예배를 마치고 돌아가는 우리의 발걸음이, 요셉처럼 하나님의 섭리를 신뢰하고, 사랑으로 관계를 세우며, 약속의 나라를 향해 나아가는 발걸음이 되기를 바랍니다. 그리하여 우리 인생의 마지막 순간, 자녀들과 공동체가 우리를 바라보며 이렇게 말하게 되기를 소망합니다.

"그는 끝까지 하나님을 믿었고, 그 믿음을 우리에게 물려주었다."